Hans-Christoph Goßmann

Offener Himmel – weiter Raum

Inhalte christlichen Glaubens

Ökumenische Predigtbücher

Band 7

Steinmann

Hans-Christoph Goßmann

Offener Himmel – weiter Raum

Inhalte christlichen Glaubens

Steinmann

Für
Katharina Salome
und
Jona Johannes

Erste Auflage

ISBN 978-3-927043-54-1
Covergestaltung: Elsa von Rahden, Kassel
Titelfoto: Hans-Christoph Goßmann, privat
Autorenfoto: Hans-Christoph Goßmann, privat
Herstellung: Books on Demand GmbH, Norderstedt

www.steinmannverlag.de

Inhalt

Vorwort

Was die Aussagen des christlichen Glaubens konkret bedeuten, wie christlicher Glaube gelebt werden kann – das sind Fragen, die nicht abschließend beantwortet werden können. Denn der christliche Glaube ist ein lebendiger Glaube, der in den unterschiedlichen Phasen des Lebens unterschiedlich erlebt und gelebt werden kann. Und was für das Glaubensleben jeder einzelnen Christin und jedes einzelnen Christen gilt, gilt selbstredend auch für das Leben jeder Gemeinde. Je nachdem, welcher Konfession sie angehört, in welcher Zeit, an welchem Ort und in welcher Kultur sie lebt, gestaltet sie ihr Gemeindeleben auf die ihrer jeweiligen Situation entsprechende Art und Weise. Deshalb sind die eingangs genannten Fragen, was die Aussagen des christlichen Glaubens konkret bedeuten und wie christlicher Glaube gelebt werden kann, immer wieder neu zu stellen. In jeder Zeit und an jedem Ort gilt es, diese Fragen zu bedenken.

In diesem Buch sind Predigten zusammengestellt, in denen Inhalte christlichen Glaubens thematisiert worden sind. Diese Predigten sind fast alle in den Jahren 2009 bis 2013 in der evangelisch-lutherischen Jerusalem-Gemeinde zu Hamburg gehalten worden. Neben der Predigtreihe über das *Vaterunser* aus dem Jahr 2010, das *Apostolische Glaubensbekenntnis* aus dem Jahr 2011 und über die *Zehn Gebote* aus dem Jahr 2012, die bereits als ‚Jerusalemer Impulse' veröffentlicht worden sind, enthält dieser Band Predigten über Stationen des Kirchenjahres sowie über einzelne Themen christlichen Glaubens.

Durch die hier zusammengestellten Predigten wurden in der Jerusalem-Gemeinde viele Gespräche über die Bedeutung des christlichen Glaubens ausgelöst. Dabei wurden auch neue Zugänge zu lange bekannten und vertrauten Themen eröffnet. Ich wünsche den Leserinnen und Lesern dieses Buches, dass es ihnen bei der Lektüre dieser Predigten auch so gehen möge.

Hamburg, zu Ostern 2013 *Hans-Christoph Goßmann*

I.

Das Apostolische Glaubensbekenntnis

Ich glaube an Gott,

Das Apostolische Glaubensbekenntnis hat in unserer liturgischen Praxis seinen festen Ort. Wir sprechen es in jedem Abendmahlsgottesdienst. In vielen anderen Gemeinden ist es sogar usus, es in jedem Gottesdienst zu sprechen. Somit ist es ein fester Bestandteil unserer Gottesdienste. Vielen gilt es als unentbehrlich, wenn sie Gottesdienst feiern.

Werfen wir jedoch einen Blick auf die Geschichte des christlichen Gottesdienstes, dann sehen wir, dass dies ursprünglich keineswegs der Fall war. Ganz im Gegenteil: Das Glaubensbekenntnis war eines der letzten Elemente, die in die Liturgie aufgenommen worden sind. Ursprünglich wurde es nicht in jedem Gottesdienst gesprochen, sondern nur bei Taufen. Taufbewerber und -bewerberinnen wurden im christlichen Glauben unterwiesen. Die Voraussetzung für ihre Taufe bestand darin, dass sie sich bewusst in die Gemeinschaft der Gläubigen stellten, indem sie zum Ausdruck brachten, dass sie den christlichen Glauben der Gemeinde, in die sie hinein getauft werden, teilen wollen. Dies taten sie, indem sie das Glaubensbekenntnis sprachen.

Somit war das Glaubensbekenntnis von Anfang an etwas, was sowohl die individuelle wie zugleich auch die kollektive Identität zum Ausdruck bringt. Die individuelle insofern, weil jede und jeder sich durch das Sprechen dieses Bekenntnisses ganz persönlich dazu bekennt. Niemand kann dies stellvertretend für andere Glaubensgeschwister tun. Beim Sprechen des Glaubensbekenntnisses kann man sich nicht vertreten lassen. Denn da geht es um den je eigenen, ganz persönlichen Glauben. Zugleich geht es beim Sprechen des Glaubensbekenntnisses um die kollektive christliche Identität der Gemeinde. Deshalb spricht nicht jede ihr bzw. jeder sein eigenes, selber formuliertes Glaubensbekenntnis, sondern die Gemeinde spricht gemeinsam ein und denselben Text, den überlieferten Text des Apostolischen Glaubensbekenntnisses, wie er in der Zeit der Alten Kirche formuliert worden ist.

Diese Koinzidenz des Ausdrucks von individueller und kollektiver Identität bestimmt die Art, in der das Glaubensbekenntnis in der Gemeinde gesprochen wird: Es wird von allen gemeinsam gesprochen, aber zugleich mit den Worten „Ich glaube“ eingeleitet – und nicht mit den Worten „Wir glauben“.

Dabei gibt es ja das Bedürfnis, den eigenen Glauben auf die eigene, unverwechselbare Art und Weise in Worte zu kleiden – gerade in unserer Zeit, die in hohem Maß vom Individualismus geprägt ist. Die Zeitschrift „Publik-Forum“

hat vor einigen Jahren auf dieses Bedürfnis mit ihrem „Credo-Projekt“ reagiert: Die Leserinnen und Leser der Zeitschrift wurden aufgefordert, ihr je eigenes Glaubensbekenntnis zu formulieren. Die Resonanz war überwältigend: Über zweitausend selbst formulierte Bekenntnisse, von Einzelpersonen wie auch von Gruppen, wurden an die Redaktion der Zeitschrift geschickt. Eine Auswahl dieser Glaubensbekenntnisse wurde in einzelnen Ausgaben von „Publik-Forum“ sowie in insgesamt drei Sammelbänden veröffentlicht. Diese selbst formulierten Bekenntnisse sind oft von spirituellem Tiefgang und von einer Sprachfähigkeit geprägt, die man durchaus als kreativ bezeichnen kann.

Das Bedürfnis, unseren Glauben auf unsere je eigene Art und Weise zum Ausdruck zu bringen, auf eine Art und Weise, die unserer eigenen Glaubensgeschichte und Glaubensgegenwart entspricht, werden auch viele von uns haben. Kann diesem Bedürfnis der Text des Apostolischen Glaubensbekenntnisses entsprechen – ein Text, der nicht von uns formuliert wurde und der aus einer Zeit stammt, die nicht die unsere ist? Heutige Konfirmandinnen und Konfirmanden empfinden diesen Text zunächst oft als Relikt aus der Vergangenheit und tun sich nicht zuletzt aufgrund seiner sprachlichen Gestalt sehr schwer damit, ihn auswendig zu lernen. Vielen Erwachsenen würde dies wohl nicht sehr viel leichter fallen.

Dennoch denke ich, dass das Glaubensbekenntnis dem Bedürfnis entsprechen kann, unseren Glauben auf unsere je eigene Art und Weise zum Ausdruck zu bringen, die unserer eigenen Glaubensgeschichte und Glaubensgegenwart entspricht – vorausgesetzt, wir finden unseren Zugang zu den einzelnen Aussagen. Dafür ist es unerlässlich, diese Aussagen detailliert in den Blick zu nehmen:

Das Apostolische Glaubensbekenntnis beginnt mit den Worten „Ich glaube an Gott“. Durch das Personalpronomen „Ich“, mit dem dieser Satz beginnt, ist deutlich, dass diese Worte auf das Engste mit der Person verbunden sind, die sie spricht. Hier geht es darum, von dem Glauben und der Hoffnung zu sprechen, in der und von der die bzw. der Sprechende lebt. Es geht also nicht in einer allgemeinen Weise um den Glauben an sich, um gleichsam allgemeingültige Glaubensaussagen. Denn die gibt es nicht, weil ein Glaube nie losgelöst von den Menschen gesehen werden kann, die in ihm ihre religiöse Heimat haben. Wer den eigenen christlichen Glauben bekennt, entspricht damit der Aufforderung des Ersten Petrusbriefes: „Seid allezeit bereit zur Verantwortung vor jedermann, der von euch Rechenschaft fordert über die Hoffnung, die in euch ist“ (3, 15b). Wer dieser Aufforderung Folge leistet und sich zum eigenen christlichen Glauben bekennt, macht sich angreifbar, denn er macht damit etwas zutiefst Persönliches öffentlich. Das ist in unseren Tagen so, in denen christlicher Glaube oft als etwas Überholtes betrachtet wird und Gläubige ob ihrer vermeintlichen Rückständigkeit zuweilen milde belächelt werden, und das war in der Zeit, als der Erste Petrusbrief geschrieben wurde, erst recht der Fall. Damals liefen Christinnen und Christen wegen ihres christlichen Bekenntnisses nicht nur Gefahr, belächelt und vielleicht auch verspottet, sondern verfolgt und getötet zu werden. Im vierten Kapitel des Ersten Petrusbriefes wird dies sehr direkt zur Sprache gebracht. Dort lesen wir: „… freut euch, dass ihr mit Christus leidet, damit ihr auch zur Zeit der Offenbarung seiner Herrlichkeit Freude und Wonne haben mögt. Selig seid ihr, wenn ihr geschmäht werdet um des Namens Christi willen, denn der Geist, der ein Geist der Herrlichkeit und Gottes ist, ruht auf euch“ (Vers 13f.). Der Brief bereitet seine Leserinnen und Leser darauf vor, dass sie wegen ihres Bekenntnisses zum christlichen Glauben leiden werden und so hat Angelika Reichert diesen Brief in der Überschrift ihrer Monographie über diesen neutestamentlichen Text „Eine urchristliche praeparatio ad martyrium“ genannt (Angelika Reichert, Eine urchristliche praeparatio ad martyrium. Studien zur Komposition, Traditionsgeschichte und Theologie des 1. Petrusbriefes [Beiträge zur biblischen Exegese und Theologie, Bd. 22], Frankfurt am Main; Bern; New York; Paris: Peter Lang 1989). Das Bekenntnis zum christlichen Glauben ist eine ernste und ernst zu nehmende Angelegenheit. Dies ist Anlass, die Aussagen dieses Bekenntnisses in den Blick zu nehmen. Wozu bekennen sich Christinnen und Christen mit diesem Glaubensbekenntnis?

Sie sagen: Ich glaube an Gott. Dies mag heutzutage eher unverbindlich wirken und so gar nicht zu dem eben genannten Ernst passen. So heißt es im Volksmund: „Glauben heißt nicht wissen.“ Glauben wird somit als Ausdruck von Unsicherheit verstanden. Demgegenüber gilt es wahrzunehmen, dass mit „glauben“ in biblischen Kontexten etwas gänzlich anderes bezeichnet wird, nämlich Vertrauen. Glaube ist Vertrauen. Sowohl die hebräische Vokabel אמן (im Verbalstamm Hiph’il), die im Alten Testament die Bedeutung „glauben“ hat, als auch die griechische Vokabel πιστεύειν, die diese Bedeutung im Neuen Testament hat, haben die Bedeutung: vertrauen. Im Lateinischen sind diese Vokabeln mit dem Verb *credere* wiedergegeben. Dieses lateinische Wort geht auf *cor dare*, zu Deutsch: (das) Herz geben, zurück und hat dementsprechend ebenfalls die Bedeutung „vertrauen". Diese Bedeutung hat auch in unserer Umgangssprache ihren Niederschlag gefunden: Gilt jemand als „kredit"-würdig, so kann ihm Geld anvertraut werden.

Wenn wir sagen „Ich glaube an Gott", bringen wir somit unser Vertrauen zu Gott zum Ausdruck. Es geht also nicht um die Frage, ob es (einen) Gott gibt oder nicht. Die Frage, ob es (einen) Gott gibt oder nicht, ist eine der Neuzeit, nicht eine der Antike. In der Antike gab es nicht den Atheismus, der unsere Zeit prägt. Aber vielleicht ist die derzeitige Situation, in der wir die vielerorts thematisierte „Rückkehr der Religion" erleben, ja gar nicht so grundlegend anders als die Situation der Antike.

Bei dem Glauben, der in den Worten „Ich glaube an Gott" seinen Ausdruck findet, geht es also um vertrauenden Glauben, um glaubendes Vertrauen. In der christlichen Dogmatik wird dieser Glaubensakt als *fides qua creditur* bezeichnet, als Glaube, mit dem geglaubt wird – im Gegensatz zur *fides quae creditur*, dem Glauben, der geglaubt wird und bei dem es also um den Inhalt des Glaubens geht. Ginge es beim Apostolischen Glaubensbekenntnis lediglich um die *fides qua creditur*, so wäre mit den einleitenden Worten „Ich glaube an Gott" bereits alles gesagt. Da es jedoch auch darum geht, den Inhalt des Glaubens in Worte zu fassen und darzulegen, wird die *fides quae creditur* thematisiert.

Das Apostolische Glaubensbekenntnis ist also nicht nur Bekenntnis, sondern auch Erklärung des Glaubens. Diese Erklärung wird in den drei Artikeln des Apostolischen Glaubensbekenntnisses formuliert, in denen der trinitarische Glaube an Gott entfaltet wird – der Glaube an den Vater, den Allmächtigen, den Schöpfer des Himmels und der Erde, an den Heiligen Geist und an Jesus Christus. Dabei stehen die *fides qua creditur* und die *fides quae creditur* keineswegs im Widerspruch zueinander. Denn bei der *fides quae creditur* geht es nicht um eine abstrakte theologische Theorie, die vom Glaubensleben gleichsam abgekoppelt ist. Das wird in der Erklärung des Ersten Artikels des Apostolischen Glaubensbekenntnisses durch Martin Luther in seinem Kleinen Katechismus deutlich. Dort heißt es:

> Ich glaube an Gott, den Vater, den Allmächtigen, den Schöpfer des Himmels und der Erde.
>
> Was ist das?

Ich glaube, dass mich Gott geschaffen hat samt allen Kreaturen, mir Leib und Seele, Augen, Ohren und alle Glieder, Vernunft und alle Sinne gegeben hat und noch erhält; dazu Kleider und Schuh, Essen und Trinken, Haus und Hof, Weib und Kind, Acker, Vieh und alle Güter; mit allem, was Not tut für Leib und Leben, mich reichlich und täglich versorgt, in allen Gefahren beschirmt und vor allem Übel behütet und bewahrt; und das alles aus lauter väterlicher, göttlicher Güte und Barmherzigkeit, ohn' all mein Verdienst und Würdigkeit: für all das ich ihm zu danken und zu loben und dafür zu dienen und gehorsam zu sein schuldig bin.
Das ist gewisslich wahr.

den Vater, den Allmächtigen,
den Schöpfer des Himmels und der Erde.

Im Apostolischen Glaubensbekenntnis wird der Glaube an Gott, das Vertrauen auf ihn, bekannt. Da wir Christinnen und Christen an Gott in seiner Dreieinigkeit, in seiner Trinität glauben, wird unser Glaube dabei in den drei Artikeln des Glaubensbekenntnisses trinitarisch entfaltet. Dies ist Anlass für die kritische Rückfrage von Andersgläubigen, insbesondere von Menschen jüdischen und islamischen Glaubens, ob wir eigentlich an *einen Gott* glauben oder an *drei Götter*, mit anderen Worten: ob unser christlicher Glaube ein monotheistischer Glaube ist. Hinter dieser Frage steht das Missverständnis der Trinität, der Dreieinigkeit, als Tritheismus, als Glaube an drei Götter. Dieses Missverständnis ist nur allzu verständlich, sprechen wir doch von den drei Personen Gottes. Gemäß heutigem Verständnis ist eine Person ein Individuum. Nehmen wir jedoch die ursprüngliche Bedeutung des Wortes Person in den Blick, dann ergibt sich ein anderes Bild. Denn das lateinische Substantiv ‚persona' hat die Bedeutung ‚Theatermaske'. Die drei Personen Gottes stellen somit drei verschiedene Offenbarungs- und Erscheinungsweisen ein und desselben Gottes dar, da Gott sich unterschiedlich, sprich: jeweils hinter einer anderen Theatermaske, offenbart. Angesichts der eben genannten kritischen Hinterfragung unseres christlichen trinitarischen Glaubens können wir also darauf verweisen, dass es sich bei der Trinität, der Dreieinigkeit, um drei Erscheinungsweisen ein und desselben Gottes handelt und somit kein Widerspruch zum Monotheismus gegeben ist.

Diese modalistische Erklärung hat zweifellos ihr begrenztes Recht. Bei dieser Erklärung darf es jedoch in einem Gespräch, in dem andersgläubige Gesprächspartnerinnen und -partner den christlichen Glauben an die Trinität Gottes verstehen wollen, nicht bleiben. Denn die für den christlichen Glauben konstitutive innergöttliche Differenzierung kommt bei dieser Erklärung nicht zur Sprache.

Wir sehen also, dass Anfragen von nichtchristlichen Mitmenschen hilfreiche Anstöße sein können, ihnen – und damit auch uns selbst – Rechenschaft über den eigenen Glauben zu geben. Was beinhaltet unser christlicher Glaube, den wir mit den Worten des Apostolischen Glaubensbekenntnisses zum Ausdruck bringen? Um uns einer Antwort auf diese Frage zu nähern, werden wir die Aussagen der drei Artikel dieses Glaubensbekenntnisses im Einzelnen in den Blick nehmen. Beginnen wir mit dem Ersten Artikel! Er lautet: „Ich glaube an Gott, den Vater, den Allmächtigen, den Schöpfer des Himmels und der Erde." Auf den ersten Blick können diese wenigen Worte irritierend wirken. Wir entfalten unseren christlichen Glauben trinitarisch, indem wir in den drei Artikeln des Glaubensbekenntnisses unterschiedliche Aussagen über Gott zur Sprache bringen. Dementsprechend wird in jedem der drei Artikel eine „Person" Gottes thematisiert. Aber werden im Ersten Artikel nicht vielmehr drei unterschiedliche Aussagen über Gott gemacht, indem er als Vater, als Allmächtiger und als Schöpfer des Himmels und der Erde bezeichnet und bekannt wird? Haben wir also innerhalb des Apostolischen Glaubensbekenntnisses somit zwei Differenzierungsebenen vor uns: zum einen die trinitarische Differenzierung zwischen den drei Personen Gottes und zum anderen gleichsam eine Binnendifferenzierung innerhalb der einzelnen Artikel – beim Ersten Artikel die Differenzierung zwischen Gott als Vater, als Allmächtiger und als Schöpfer des Himmels und der Erde? Es geht also um die Frage, in welchem Verhältnis diese drei Bezeichnungen und Offenbarungsweisen Gottes zueinander stehen. Um diese Frage beantworten zu können, ist es unerlässlich, sie und ihre jeweilige Bedeutung in den Blick zu nehmen.

Beginnen wir mit der Bezeichnung Gottes als Vater: Mit dieser Bezeichnung stellt sich das Apostolische Glaubensbekenntnis in biblische Traditionen. Um nur einige wenige Beispiele zu nennen: Im 31. Kapitel des Jeremiabuches, in dem die Verheißung des neuen Bundes entfaltet wird, lesen wir: „Sie werden weinend kommen, aber ich will sie trösten und leiten. Ich will sie zu Wasserbächen führen auf ebenem Wege, dass sie nicht zu Fall kommen, denn ich bin

Israels Vater, und Ephraim ist mein erstgeborener Sohn“ (Vers 9). In der Verheißung an David in Psalm 89 heißt es: „Er wird mich nennen: Du bist mein Vater, mein Gott und Hort, der mir hilft. Und ich will ihn zum erstgeborenen Sohn machen, zum Höchsten unter den Königen auf Erden“ (Verse 27f.). Im 63. Kapitel des Jesajabuches steht: „Bist Du doch unser Vater; denn Abraham weiß von uns nichts, und Israel kennt uns nicht. Du, Herr, bist unser Vater; ‚Unser Erlöser‘, das ist von alters her Dein Name“ (Vers 16). Im Neuen Testament wurde diese vertrauensvolle Anrede übernommen. Im Johannesevangelium spricht Jesus Gott durchweg als ‚Vater‘ an und das Vaterunser, das Gebet, das er seinen Jüngern gibt, beginnt mit den Worten „Vater unser“, wie auch in dem jüdischen Gebet „Awinu malkenu“ Gott als „Unser Vater, unser König“ angesprochen wird. In den Briefen des Apostels Paulus wird dargelegt, dass Christinnen und Christen Gott ebenfalls als ‚Vater‘ anreden können. Im achten Kapitel des Römerbriefes steht: „Denn ihr habt nicht einen knechtischen Geist empfangen, dass ihr euch abermals fürchten müsstet; sondern ihr habt einen kindlichen Geist empfangen, durch den wir rufen: Abba, lieber Vater!“ (Vers 15) und im vierten Kapitel des Galaterbriefes heißt es entsprechend: „Weil ihr nun Kinder seid, hat Gott den Geist seines Sohnes gesandt in unsre Herzen, der da ruft: Abba, lieber Vater!“ (Vers 6).

Die Bezeichnung Gottes als Vater ist Ausdruck tiefsten Vertrauens. Durch diese vertrauensvolle Bezeichnung im Glaubensbekenntnis wird deutlich, dass der Glaube an Gott im Vertrauen zu ihm Gestalt annimmt. Wenn Martin Luther in seiner Erklärung des Ersten Artikels des Apostolischen Glaubensbekenntnisses im Kleinen Katechismus schreibt, dass er glaubt, dass Gott ihn „mit allem, was Not tut für Leib und Leben, […] reichlich und täglich versorgt, in allen Gefahren beschirmt und vor allem Übel behütet und bewahrt; und das alles aus lauter väterlicher, göttlicher Güte und Barmherzigkeit“, dann artikuliert er eben dieses Vertrauen zu Gott. Dann macht er deutlich, dass er in einer vertrauensvollen Beziehung zu ihm steht. Wie es beim Glaubensbekenntnis nicht darum geht, lediglich zu bekennen, dass es Gott gibt, sondern dass ihm tiefes Vertrauen entgegengebracht wird, so geht es bei der Bezeichnung Vater nicht darum, Gott durch diesen Begriff gleichsam zu definieren, sondern die Beziehung zu ihm in Worte zu kleiden.

Auf die Bezeichnung Gottes als Vater folgt – gleichsam im selben Atemzug – die Bezeichnung ‚Allmächtiger‘. Diese Bezeichnung hat mit der unmittelbar davor stehenden Bezeichnung ‚Vater‘ viel gemeinsam – auch dergestalt, dass sich viele Gläubige mit beiden Bezeichnungen schwer tun. Wer mit dem eigenen Vater keine guten Erfahrungen hat machen können, wird Probleme damit haben, Gott als Vater zu bekennen und durch diese Bezeichnung Gottes uneingeschränktes Vertrauen zu ihm zum Ausdruck zu bringen. Die Probleme mit der Gottesbezeichnung ‚Allmächtiger' sind keineswegs geringer, wirft diese doch in Anbetracht der Übel und des Bösen in dieser unserer Welt unweigerlich die Theodizeefrage auf: Wie kann Gott nur zulassen, dass es die Übel und das Böse gibt, wo er doch allmächtig ist, mit anderen Worten, wo er durch seine Allmacht doch in der Lage wäre, dies ein für allemal aus der Welt zu schaffen? Diese Anfrage ist sehr ernst zu nehmen. Im Atheismus wird sie herangezogen, um zu begründen, dass es Gott gar nicht gibt.

Was also ist gemeint, wenn Gott als ‚Allmächtiger' bezeichnet wird; wie können wir diese Bezeichnung verstehen? Um uns einer Antwort auf diese Frage anzunähern, ist es hilfreich, sich zu vergegenwärtigen, dass der Glaube an Gott sich in der Geschichte nicht gegen den Atheismus behaupten musste, sondern gegen den polytheistischen Glauben in seinen unterschiedlichen Erscheinungsformen. Gegen den Glauben an eine Vielzahl von Göttern, der die damaligen Mehrheitsgesellschaften prägte, wurde der Glaube an den einen Gott, von dem die biblischen Texte auf ihre je eigene Art und Weise Zeugnis ablegen, gelebt. Es versteht sich von selbst, dass im Rahmen eines polytheistischen Glaubens nicht ein einziger der vielen Götter als allmächtig geglaubt werden kann. Dies ließe sich mit dem Glauben an die Existenz der anderen Götter schwerlich in Einklang bringen. Die Götter galten im Gegensatz zu den Menschen als unsterblich, nicht jedoch als allmächtig. Gott als allmächtig zu bekennen, ist also auf das Engste mit dem Monotheismus verbunden, mit dem Glauben, dass es nur einen einzigen Gott gibt. Das Bekenntnis zur Allmacht Gottes kann somit auch als Ablehnung von jeder Art des Polytheismus verstanden werden.

Dies löst nicht die Theodizeefrage, die Frage, warum Gott das Leiden in der Welt zulässt. Auch Hiob erhielt von Gott keine Antwort auf die ihn so bedrängende Frage nach den Gründen für seine Leiden, auf seinen verzweifelten Ruf: „Der Allmächtige antworte mir!" (31, 35b). Durch die rhetorischen Fragen „Wo warst du, als ich die Erde gegründet habe?" (38, 4a) und „Hast du einen Arm wie Gott, und kannst du mit gleicher Stimme donnern wie er?" (40, 9) führt Gott ihm seine Unfähigkeit vor Augen, die Welt zu erschaffen und somit zu verstehen. Auf seine Frage bekommt Hiob keine Antwort, die alles klärt. Er kann sie nicht bekommen. Wir Menschen können die Welt letztlich nie zur Gänze verstehen – und auch nicht die Frage, warum es in ihr Leiden gibt. Angesichts der Theodizeefrage haben wir die Rolle des Hiob inne. Aber wir dürfen als Christinnen und Christen darauf vertrauen, dass Gott unserem Leiden nicht teilnahmslos und distanziert gegenübersteht, sondern vielmehr selbst in Jesus von Nazareth in unsere Welt kam und das Leiden auf sich nahm. Das gibt uns die Zuversicht, dass Gott auch bei uns ist, wenn wir Leid zu ertragen haben. Gott erklärt uns die Gründe für unser Leiden nicht, aber er ist bei uns, wenn wir Leid zu ertragen haben. Er begleitet uns auf dem Weg des Leidens. Und das ist mehr wert als jede Erklärung.

Nehmen wir die dritte Bezeichnung Gottes im Ersten Artikel des Apostolischen Glaubensbekenntnisses in den Blick: die Bezeichnung als ‚Schöpfer des Himmels und der Erde'. Diese Bezeichnung ist – wie auch die als ‚Allmächtiger' – Ausdruck des monotheistischen Glaubens an den einen Gott. Der Ausdruck ‚Himmel und Erde' steht für die gesamte Welt. Alles, was existiert, ist von Gott geschaffen. Damit wird all den angeblichen Göttern, die im Rahmen polytheistischer Religionen angebetet werden, abgesprochen, irgendetwas in dieser Welt erschaffen zu haben. Ja mehr noch: Es wird ihnen letztlich auch ihre Existenz abgesprochen. Im Schöpfungsbericht im ersten Kapitel der Bibel wird geschildert, dass Gott am dritten Tag die Sonne, den Mond und die Sterne erschaffen hat. Die Gestirne werden also als Geschöpfe Gottes dargestellt. Für die Babylonier waren die Gestirne dagegen Götter. Da der so genannte priesterschriftliche Schöpfungsbericht im ersten Kapitel in die Zeit des babylonischen Exils datiert wird, liegt hiermit also eine polemische Auseinandersetzung mit dem polytheistischen Glauben der Babylonier vor: Indem die Gestirne, die von den Babyloniern als Götter verehrt wurden, als Teil der Schöpfung des einen, einzigen Gottes, an den die Exilierten glauben, angesehen werden, wird der polytheistischen Religion der Babylonier die Grundlage entzogen. Das Bekenntnis zu Gott als dem Schöpfer des Himmels und der Erde bringt zudem – wie die Bezeichnung Gottes als Vater – das Verhältnis derjenigen, die dieses Bekenntnis sprechen, zu Gott zum Ausdruck. Denn wer Gott als Schöpfer des Himmels und der Erde bekennt, der versteht sich selbst als Geschöpf Gottes. Der bringt damit den Glauben zum Ausdruck, deshalb auf dieser Welt zu leben, weil Gott ihn erschaffen und ihm das Leben geschenkt hat. Auch bei dem Bekenntnis zu Gott als dem Schöpfer des Himmels und der Erde geht es somit nicht ausschließlich um Gott, sondern um die Beziehung, die die Gläubigen zu ihm haben.

Die drei Bezeichnungen Gottes im Ersten Artikel des Apostolischen Glaubensbekenntnisses sind also auf das Engste miteinander verwoben. Es geht keineswegs um drei gegensätzliche Bezeichnungen oder gar Offenbarungsweisen Gottes, denn Gott ist als Vater der Allmächtige und als solcher der Schöpfer des Himmels und der Erde. Es geht im Ersten Artikel um *eine* der drei Personen Gottes, nicht um *drei*. Aber in unseren menschlichen Denkkategorien und damit in unserer Sprache können wir diese eine Person nur durch die drei Begriffe Vater, Allmächtiger und Schöpfer des Himmels und der Erde erfassen und umschreiben. Und dies tun wir, wenn wir mit den Worten des Apostolischen Glaubensbekenntnisses unseren christlichen Glauben bekennen.

und an Jesus Christus, seinen eingeborenen Sohn, unsern Herrn,

Wer war Jesus von Nazareth? Diese Frage wurde bereits zu Lebzeiten Jesu gestellt, intensiv diskutiert und auf sehr unterschiedliche Art und Weise beantwortet: So wurde Jesus als Prophet, als Messias und als Sohn Gottes gesehen. Der Zweite Artikel des Apostolischen Glaubensbekenntnisses ist eine Antwort auf eben diese Frage – die Frage, wer Jesus war und ist. Dieser Artikel des Glaubensbekenntnisses beginnt mit den Worten: „Und an Jesus Christus, seinen eingeborenen Sohn, unsern Herrn". Damit werden drei Aussagen über Jesus gemacht. Drei? Wird er hier nicht lediglich als eingeborener Sohn und unser Herr bezeichnet, so dass es somit zwei Aussagen über Jesus sind? Dieser Einwand scheint sich förmlich aufzudrängen. Aber ich habe mich nicht verzählt. Es sind in der Tat drei Aussagen über Jesus, die hier gemacht werden, und nicht nur zwei, denn die erste Aussage ist, dass er Christus ist. Oft wird Jesus Christus wie ein Name gebraucht. Der Name ist jedoch nur Jesus. Der griechische Name Ιησους ist die Wiedergabe des hebräischen Namens ישוע, der auf die hebräische Verbwurzel ישע zurückzuführen ist, die im Verbalstamm Hiph'il die Bedeutung ‚retten' hat. Diese Namensgebung wird im Matthäusevangelium begründet. In dessen erstem Kapitel wird geschildert, dass Josef Maria wegen ihrer Schwangerschaft verlassen wollte und ihm daraufhin ein Engel im Traum erschien, der ihm sagte: „Josef, du Sohn Davids, fürchte dich nicht, Maria, deine Frau, zu dir zu nehmen; denn was sie empfangen hat, das ist von dem Heiligen Geist. Und sie wird einen Sohn gebären, dem sollst du den

Namen Jesus geben, denn er wird sein Volk retten von ihren Sünden“ (Verse 20b.21). Dem entspricht die Darstellung der Apostelgeschichte, dass Petrus in seiner Apologie vor dem Hohen Rat über Jesus sagt: „Und in keinem andern ist das Heil, auch ist kein andrer Name unter dem Himmel den Menschen gegeben, durch den wir sollen selig werden“ (4, 12). Auch hier wird auf die Bedeutung des Namens Jesu Bezug genommen.

Wenn dieser Name mit einer näheren Bestimmung versehen wurde, dann war dies nicht ‚Christus', sondern die Herkunftsangabe: von Nazareth. Das Wort ‚Christus' ist also nicht Bestandteil des Namens Jesu. Wenn Konfirmandinnen und Konfirmanden zuweilen fragen, ob Jesus der Vor- und Christus der Nachname sei, so ist dies zwar angesichts der Tatsache, dass unsere Namen aus Vor- und Nachnamen bestehen, durchaus verständlich, aber nicht zutreffend. Das Wort ‚Christus' ist kein Namensteil, sondern ein Titel, der von dem griechischen Verb χριω abgeleitet ist, das ‚ich salbe' bedeutet. Das griechische Wort Χριστος hat dementsprechend die Bedeutung: Gesalbter. Es ist somit die griechische Übersetzung des hebräischen Nomens משיח, das auf die hebräische Verbwurzel משח zurückzuführen ist, die die Bedeutung ‚salben' hat. ‚Gesalbter' war im Alten Israel die Bezeichnung für einen König, denn Könige wurden in Israel damals nicht gekrönt, so wie wir dies aus unserer Geschichte kennen, sondern gesalbt.

Im Ersten Buch Samuel wird beschrieben, wie Samuel Saul zum König salbt. Dort heißt es: „Da nahm Samuel den Krug mit Öl und goss es auf sein Haupt und küsste ihn und sprach: Siehe, der HERR hat dich zum Fürsten über sein Erbteil gesalbt“ (10, 1). Entsprechend wird in diesem biblischen Buch berichtet, wie Samuel David zum König salbte: „Da nahm Samuel sein Ölhorn und salbte ihn mitten unter seinen Brüdern. Und der Geist des HERRN geriet über David von dem Tag an und weiterhin“ (16, 13). Nachdem die Zeit des Königtums in Israel zu ihrem Ende gekommen war, erfuhr der Ausdruck משיח im Laufe seiner weiteren Geschichte vielfältige Bedeutungsveränderungen und -erweiterungen. So wurde der Messias zurzeit Jesu als politischer Befreier erwartet, der das Joch der römischen Besatzungsmacht abwirft. Der Messias wurde darüber hinaus auch als Heilsbringer einer umfassenden Friedensordnung erwartet. In den Schriften von Qumran begegnet gar die Vorstellung von zwei Messias-Gestalten. Aber in jedem Fall sind diese Messiasvorstellungen – so unterschiedlich sie im Einzelnen auch sein mögen – mit der Hoffnung auf das Heil für Israel untrennbar verbunden.

Die Jünger Jesu von Nazareth erkannten in ihm den Messias. So ist im ersten Kapitel des Johannesevangeliums zu lesen, dass Andreas seinem Bruder Simon Petrus sagt: „Wir haben den Messias gefunden, das heißt übersetzt: der Gesalbte“ (Vers 41b). Das Bekenntnis des Petrus bringt dies gleichsam in aller Kürze und Prägnanz auf den Punkt: „Du bist der Christus!“ (Markus 8, 29b). Somit wurde der Messias-Titel auf Jesus von Nazareth übertragen. Die Bezeichnung Jesu als Jesus Christus ist also bei weitem nicht nur die Nennung seines Namens, sondern vielmehr ein Bekenntnis: das Bekenntnis, dass Jesus von Nazareth der erwartete Messias ist. Der Apostel Paulus verwendet diese bekenntnishafte Bezeichnung Jesu als ‚Jesus Christus' in seinen Briefen fast durchgängig. Die nächste Aussage, die im Zweiten Artikel des Apostolischen Glaubensbekenntnisses über Jesus gemacht wird, ist die, dass er der eingeborene Sohn Gottes ist. Dies stellt uns vor die Frage, wie diese Aussage verstanden werden kann. Was ist gemeint, wenn Jesus hier als Sohn Gottes bezeichnet wird? War er schon von Anfang an der Sohn Gottes? Es legt sich nahe, zur Beantwortung dieser Fragen das Neue Testament heranzuziehen, denn Jesus wird bereits in dessen Schriften als Sohn Gottes bezeichnet. Das Problem besteht jedoch darin, dass im Neuen Testament mehrere Antworten auf diese Fragen zu finden sind, die sich z.T. nicht ohne weiteres miteinander in Einklang bringen lassen.

Gemäß den Briefen des Apostels Paulus wurde Jesus durch die Auferstehung zum Sohn Gottes. Das Präskript seines Römerbriefes beginnt mit den Worten: „Paulus, ein Knecht Christi Jesu, berufen zum Apostel, ausgesondert zu predigen das Evangelium Gottes, das er zuvor verheißen hat durch seine Propheten in der Heiligen Schrift, von seinem Sohn Jesus Christus, unserm Herrn, der geboren ist aus dem Geschlecht Davids nach dem Fleisch, und nach dem Geist, der heiligt, eingesetzt ist als Sohn Gottes in Kraft durch die Auferstehung von den Toten“ (Verse 1-4). Hinsichtlich seiner menschlichen Abstammung wird Jesus hier als jemand bezeichnet, „der geboren ist aus dem Geschlecht Davids nach dem Fleisch“. Hinsichtlich seiner göttlichen Abstammung ist er dagegen „nach dem Geist, der heiligt, eingesetzt [...] als Sohn Gottes in Kraft durch die Auferstehung von den Toten“. Jesus von Nazareth war also gemäß der Sicht des Paulus nicht bereits als Mensch Sohn Gottes, sondern wurde dies „durch die Auferstehung von den Toten“.

Ein anderes Bild ergibt sich, wenn wir vom Markusevangelium ausgehen. Da wird Jesus durch die Taufe am Jordan zum Sohn Gottes. Im ersten Kapitel dieses Evangeliums lesen wir: „Und es begab sich zu der Zeit, dass Jesus aus

Nazareth in Galiläa kam und ließ sich taufen von Johannes im Jordan. Und alsbald, als er aus dem Wasser stieg, sah er, dass sich der Himmel auftat und der Geist wie eine Taube herabkam auf ihn. Und da geschah eine Stimme vom Himmel: Du bist mein lieber Sohn, an dir habe ich Wohlgefallen“ (Verse 9-11). Wer jemanden zu seinem Sohn erklärt, adoptiert ihn gleichsam. Und so wird in Bezug auf die Christologie des Markusevangeliums von einer „adoptianischen Christologie“ gesprochen. Die Zusage „Du bist mein lieber Sohn“ ist ein Zitat aus dem zweiten Psalm. Dort heißt es: „Kundtun will ich den Ratschluss des HERRN. Er hat zu mir gesagt: ‚Du bist mein Sohn, heute habe ich dich gezeugt‘“ (Vers 7). Derjenige, dem dies hier zugesprochen wird, ist ein König, der anderen Königen überlegen ist, weil Gott sich zu ihm als zu seinem Sohn bekannt hat. Gott nimmt somit einen von ihm erwählten Menschen als seinen Sohn an und gibt ihm dadurch Macht. Indem im Markusevangelium darauf Bezug genommen wird, wird also zum Ausdruck gebracht, dass Gott Jesus von Nazareth durch die Taufe am Jordan berufen und ihn dadurch zum Sohn Gottes eingesetzt hat.

In den beiden anderen synoptischen Evangelien, dem Matthäus- und dem Lukasevangelium, wird dies anders dargestellt. In diesen beiden Evangelien wird betont, dass Maria als Jungfrau durch das Wirken des Heiligen Geistes schwanger wurde. In der Ankündigung der Geburt Jesu im ersten Kapitel des Lukasevangeliums wird Maria vom Engel verheißen: „Der Heilige Geist wird über dich kommen, und die Kraft des Höchsten wird dich überschatten; darum wird auch das Heilige, das geboren wird, Gottes Sohn genannt werden“ (Vers 35). Die Gottessohnschaft Jesu wird hier also damit begründet, dass Maria durch den Heiligen Geist schwanger wurde. Dass Maria durch den Heiligen Geist schwanger wurde, lesen wir auch im ersten Kapitel des Matthäusevangeliums: „Die Geburt Jesu Christi geschah aber so: Als Maria, seine Mutter, dem Josef vertraut war, fand es sich, ehe er sie heimholte, dass sie schwanger war von dem Heiligen Geist“ (Vers 18). Sowohl im Lukas- als auch im Matthäusevangelium ist Jesus somit von Anbeginn seines Lebens an Sohn Gottes.

Im Johannesevangelium ist Jesus dagegen nicht nur von Anbeginn seines Lebens, sondern von Anbeginn alles Existierenden Gottes Sohn, ja mehr noch: Gott selbst. Der erste Vers des Johannesprologs lautet: „Im Anfang war das Wort, und das Wort war bei Gott, und Gott war das Wort.“ Dass das Wort Gottes niemand anders ist als Jesus, der Sohn Gottes, kommt im vierzehnten Vers des Prologs zum Ausdruck: „Und das Wort ward Fleisch und wohnte unter uns, und wir sahen seine Herrlichkeit, eine Herrlichkeit als des eingeborenen Sohnes vom Vater, voller Gnade und Wahrheit."

Hinsichtlich der Frage, ob Jesus von Nazareth von Anfang an Gottes Sohn war oder nicht, finden sich in den Schriften des Neuen Testaments somit unterschiedliche Aussagen. Bei Johannes war er dies von Anbeginn an, bei Matthäus und Lukas ab seiner Geburt, bei Markus ab seiner Taufe im Jordan und bei Paulus ab seiner Auferstehung.

Gemeinsam ist allen, dass Jesus von Nazareth der Sohn Gottes ist. Durch diese Bezeichnung wird die Zugehörigkeit Jesu zu Gott zum Ausdruck gebracht. Ein Abschnitt aus dem Buch des Propheten Amos verdeutlicht, was mit einer solchen Zugehörigkeit gemeint ist. Als Amos aus Bethel ausgewiesen wird, beginnt er seine Erwiderung mit der Selbstvorstellung: „Ich bin kein Prophet noch ein Prophetenjünger, sondern ich bin ein Hirt, der Maulbeeren züchtet" (7, 14). Wenn wir den hebräischen Text an dieser Stelle wörtlich übersetzen, dann heißt es hier: „Ich bin nicht ein Prophet und nicht ein Sohn – im hebräischen Text steht an dieser Stelle das Nomen בן – eines Propheten". Denn das hebräische Nomen בן hat die Grundbedeutung: Sohn. Aber es ist keineswegs so, dass Amos hier sagt, dass weder er noch sein Vater Propheten seien. Über den Beruf seines Vaters macht er hier keine Aussage. Denn בן drückt eine Zugehörigkeit aus, die im Verhältnis eines Sohnes zu seinen Eltern ihren Ausdruck findet, aber eben auch auf andere Art und Weise zum Ausdruck kommen kann. Amos sagt hier, dass er selbst kein Prophet sei und dass er nicht zu der Gruppe der Propheten gehöre. Luther hat dies angemessen wiedergegeben, wenn er übersetzt, dass Amos sagt, er sei kein „Prophetenjünger". Wir können die Gottessohnschaft Jesu verstehen, wenn wir ihn als בן Gottes verstehen, also dergestalt als Sohn Gottes, dass er zu Gott gehört. Auch wenn er ein Mensch ist, so erschöpft sich seine Existenz nicht darin. Denn er ist als בן Gottes zugleich gleichsam auf der Seite Gottes zu verorten. In ihm, dem Menschen Jesus von Nazareth, begegnet Gott selbst den Menschen. Dies wird durch die Bezeichnung Jesu als Sohn Gottes zum Ausdruck gebracht. Dieses einzigartige Verhältnis Jesu Christi zu Gott wird im Apostolischen Glaubensbekenntnis zudem dadurch zum Ausdruck gebracht, dass er als „eingeborener" Sohn bekannt wird. In der Erklärung des Zweiten Artikels des Apostolischen Glaubensbekenntnisses in seinem Kleinen Katechismus beschreibt Martin Luther dieses Verhältnis, indem er über Jesus Christus sagt, er sei „wahrhaftiger Gott vom Vater in Ewigkeit geboren und auch wahrhaftiger Mensch". Das entspricht der

Aussage, er sei „wahrhaft Gott und wahrhaft Mensch“, die auf dem Konzil von Chalcedon im Jahr 451 formuliert wurde.

Dieses einzigartige Verhältnis Jesu Christi zu Gott wird auch durch unser Bekenntnis zu ihm als „unsern Herrn“ in Worte gekleidet. Diese Bezeichnung gibt zu Missverständnissen Anlass, wenn sie losgelöst von ihrem Hintergrund in den Blick genommen wird. In der Hebräischen Bibel begegnet der Gottesname יהוה, der nicht ausgesprochen wird. Deshalb wird an seiner Stelle אדני gelesen, zu Deutsch: mein Herr (eigentlich: meine Herren). In der Septuaginta, der bedeutendsten Übersetzung der Hebräischen Bibel in die griechische Sprache, ist der Gottesname durch κυριος, zu Deutsch: Herr, wiedergegeben, wie auch Martin Luther in seiner Bibelübersetzung den Gottesnamen mit ‚Herr' wiedergegeben hat. Die Bezeichnung ‚Herr' ist also eine Gottesbezeichnung mit einer langen Geschichte. Diese Bezeichnung wurde bereits sehr früh auf Jesus Christus übertragen. Auch dadurch wurde das einzigartige Verhältnis Jesu Christi zu Gott zum Ausdruck gebracht, der Glaube, dass in ihm, dem Menschen Jesus von Nazareth, Gott selbst den Menschen begegnet.

Die Bezeichnung Gottes und Jesu Christi als ‚Herr' stößt in unserer Zeit jedoch oft auf vehemente Ablehnung. Es wird – insbesondere von Vertreterinnen der feministischen Theologie – das hierarchische und männlich geprägte Gottesbild abgelehnt, das in dieser Bezeichnung ihren Ausdruck findet. Sollen wir Gott als Herrscher sehen und uns ihm als Untertanen unterordnen oder können wir ihn nicht vielmehr im Antlitz unseres leidenden Mitmenschen entdecken? Diese Anfrage hat zweifellos ihre Berechtigung. Aber dabei wird nicht angemessen wahrgenommen, dass der Bezeichnung Gottes und Jesu Christi als Herr auch ein Befreiungspotential innewohnt. Denn die Bezeichnung als κυριος, als Herr, wurde zur Zeit der frühen Christenheit im Herrscherkult verwendet. Wenn Christen nun Jesus Christus als κυριος, als Herren, bezeichnet haben, haben sie damit eben auch zum Ausdruck gebracht, dass sie nicht den jeweiligen weltlichen Herrscher als κυριος, als Herrn, anerkennen, sondern allein Jesus Christus, was konkret zur Folge hatte, dass sie die Teilnahme am damaligen Kaiserkult verweigerten. Die Macht des weltlichen Herrschers wurde somit relativiert und ins rechte Licht gerückt. Die Bezeichnung Gottes und Jesu Christi als Herr ist somit auch Ausdruck einer herrschaftskritischen Einstellung, da sie eine Absage an die Herren dieser Welt beinhaltet.

Das kann in seiner Bedeutung gar nicht hoch genug geschätzt werden. Denn wir dürfen als Christinnen und Christen darauf vertrauen, dass Jesus Christus uns als Herr nicht knechtet und uns unserer Freiheit beraubt, sondern vielmehr von aller anderen Herrschaft befreit. Durch Jesus Christus sind wir, um es mit den Worten des Apostels Paulus zu sagen, „zur Freiheit berufen“ (Galater 5, 13).

empfangen durch den Heiligen Geist,
geboren von der Jungfrau Maria,

Die nächste Zeile des Apostolischen Glaubensbekenntnisses ist diejenige, die vielen die größten Schwierigkeiten bereitet. Sie lautet: „Empfangen durch den Heiligen Geist, geboren von der Jungfrau Maria“. Dass Jesus von Nazareth von Maria als Jungfrau geboren worden sein soll, empfinden viele als schlechterdings so unglaublich, dass sie es für vollkommen unmöglich halten und somit diese Zeile des Apostolischen Glaubensbekenntnisses nicht mitsprechen wollen bzw. können.

Andere hingegen nehmen genau dies zum Anlass, die Kraft ihres Glaubens anderen gegenüber – und nicht zuletzt auch sich selbst gegenüber – gleichsam unter Beweis zu stellen: Wenn sie etwas glauben, das so unglaublich ist, dann steht ja wohl außer Frage, dass sie einen wirklich starken Glauben haben. Das Problem bei einer derartigen Demonstration von Glaubensstärke besteht freilich darin, dass der Glaube damit zu einem Werk wird, was der Mensch vollbringt. Nach biblischem Verständnis wird er jedoch vom Heiligen Geist bewirkt, also von Gott selbst, und ist somit gerade kein Werk, das der Mensch von sich aus vollbringen könnte.

Uns stellt sich also die Frage, wie wir diese Aussage des Apostolischen Glaubensbekenntnisses verstehen können. Wird uns als Menschen, die mit Verstand begabt sind, damit etwas zugemutet, dessen Übernahme einer Selbstverleugnung gleichkäme? Diese Frage hat ihre Berechtigung, ist doch auch unser Verstand eine gute Gabe Gottes, die er uns gegeben hat, damit wir unser Leben verstehen und gestalten können.

Nehmen wir diese Aussage des Glaubensbekenntnisses also genauer in den Blick, die Aussage „Empfangen durch den Heiligen Geist, geboren von der Jungfrau Maria“. Durch sie wird auf die direkt davor stehende Aussage Bezug genommen, dass Jesus Christus der eingeborene Sohn Gottes ist, und damit auf die Darstellungen der Geburt Jesu und deren Ankündigung im Matthäus- sowie im Lukasevangelium. In beiden Evangelien steht im Vordergrund, dass Maria durch das Wirken des Heiligen Geistes schwanger wurde, also dadurch, dass Gott als Heiliger Geist direkt und unmittelbar in das Leben der Menschen eingriff, indem er die Schwangerschaft der Maria auslöste. Es geht somit nicht in erster Linie um eine biologische Aussage. Es geht nicht primär um die Frage, ob Maria zum Zeitpunkt der Geburt ihres Sohnes Jesus biologisch betrachtet eine Jungfrau gewesen ist oder nicht. Es geht vielmehr um eine theologische Aussage: die Aussage, dass Gott selbst in dem neugeborenen Kind Jesus in diese unsere Welt kommt. Dass Gott in unsere Welt kommt, ist ein Ereignis, das ausschließlich auf ihn zurückgeht und für das er kein menschliches Handeln braucht: Gott braucht keinen menschlichen Vater, um in diese Welt zu kommen. Das ist der theologische Inhalt der Aussage, dass Jesus durch den Heiligen Geist empfangen und von der Jungfrau Maria geboren ist.

In vielen Kirchengemeinden ist es üblich, im Heiligabendgottesdienst die Verheißung der Geburt des Immanuel aus dem siebenten Kapitel des Jesaja-Buches zu lesen, die in der Lutherübersetzung folgenden Wortlaut hat: „Siehe, eine Jungfrau ist schwanger und wird einen Sohn gebären, den wird sie nennen Immanuel“ (Vers 14b). Dies erweckt den Eindruck, als habe bereits der Prophet Jesaja die Geburt Jesu durch Maria als Jungfrau verheißen. Aber im hebräischen Text dieser Verheißung ist von einer Jungfrau nicht die Rede. Dort begegnet das Nomen עלמה, das im Deutschen die Bedeutung ‚junge Frau' hat, nicht jedoch die Bedeutung ‚Jungfrau'. Von einer Jungfrau ist erst in der Septuaginta, der bedeutendsten griechischen Übersetzung der Hebräischen Bibel, die Rede. Dort ist das hebräische Nomen עלמה in dieser Verheißung durch das griechische Substantiv παρθένος wiedergegeben, das zwar auch die Bedeutung ‚junge Frau' haben kann, aber dessen Grundbedeutung ‚Jungfrau' ist. So wurde diese Verheißung in späterer Zeit mit der Vorstellung einer Jungfrauengeburt verbunden, einer Vorstellung, die bei Jesaja selbst jedoch nicht begegnet.

Mit der Vorstellung der Jungfrauengeburt ist die spätere Marienfrömmigkeit der römisch-katholischen Kirche auf das Engste verbunden. Aber dies ist erst ein Phänomen der weiteren Kirchengeschichte. Erst im fünften Jahrhundert, auf dem Konzil von Ephesus im Jahr 431, fand im Kontext der da formulierten christologischen Aussagen die Bezeichnung Marias als θεοτόκος, zu Deutsch: Gottesgebärerin, Anerkennung. Mit dem Neuen Testament selbst lässt sich dies nicht so ohne weiteres begründen. So wird eine besondere Verehrung der Maria bereits im Lukasevangelium zurückgewiesen. Im elften Kapitel dieses Evangeliums heißt es: „Und es begab sich, als er so redete, da erhob eine Frau im Volk ihre Stimme und sprach zu ihm: Selig ist der Leib, der dich getragen hat, und die Brüste, an denen du gesogen hast. Er aber sprach: Ja, selig sind, die das Wort Gottes hören und bewahren“ (Vers 27f.).

Die Aussage des Apostolischen Glaubensbekenntnisses „Empfangen durch den Heiligen Geist, geboren von der Jungfrau Maria“ knüpft somit an die vorhergehende an, in der der Glaube „an Jesus Christus, seinen eingeborenen Sohn, unsern Herrn“ bekannt wird, und entfaltet diese, indem auch sie die Einmaligkeit und Göttlichkeit Jesu Christi zur Sprache bringen. Zugleich setzt sie dabei neue Akzente. Bei dem Text des Glaubensbekenntnisses werden Aussagen nicht lediglich aus stilistischen Gründen wiederholt. Bei jeder seiner Aussagen, ja mehr noch: bei jedem seiner Worte kann davon ausgegangen werden, dass sie sehr bewusst so und nicht anders formuliert worden sind. Und so wird auch durch die Aussage „Empfangen durch den Heiligen Geist, geboren von der Jungfrau Maria“ ein Inhalt christlichen Glaubens zum Ausdruck gebracht, der im Rahmen des Glaubensbekenntnisses schlicht unverzichtbar ist. Es ist die Aussage, dass Gott in unsere Welt kommt, ohne dafür in irgendeiner Weise auf unser menschliches Handeln angewiesen zu sein. Das ist ein Ereignis, das ausschließlich auf ihn zurückgeht und für das er uns Menschen nicht braucht. Dies wird im Apostolischen Glaubensbekenntnis anhand der Jungfrauengeburt gesagt: Um in diese unsere Welt zu kommen, braucht Gott nicht die Unterstützung durch einen menschlichen Vater. Gott kommt in unsere Welt – auch da, wo wir es vielleicht am wenigsten erwarten. Er kommt bei weitem nicht nur dann, wenn wir es erbitten und erwarten. Gott lässt sich in seinem Eingreifen in unsere Welt nicht berechnen – weder aufgrund einzelner Bibelstellen noch aufgrund theologischer Spekulationen. Als er sich dem Mose im brennenden Dornbusch offenbarte, stellte er sich ihm mit den Worten vor: אהיה אשר אהיה (Exodus 3,14), zu Deutsch: ich bin, der ich bin, oder: ich werde sein, der ich sein werde. Dieser kurze hebräische Relativsatz kann im Deutschen auch mit dem Satz wiedergegeben werden: Ich werde mich als der erweisen, als der ich mich erweisen werde. Es ist deutlich: Gott entzieht sich mit dieser Selbstvorstellung jeder definierenden Festlegung. Er und sein Handeln in dieser Welt sind für uns Menschen nicht verfügbar. Maria ist durch das Wirken des Heiligen Geistes schwanger geworden und der weht, wo er will (Johannes 3, 8) – auch da, wo Menschen ihn nicht in ihre Lebensplanung integriert haben. Maria hätte sicher nie damit gerechnet, durch das Wirken des Geistes schwanger zu werden und Jesus Christus, den Sohn Gottes, zur Welt zu bringen. Aber genau das geschah.

Wenn wir die Worte des Apostolischen Glaubensbekenntnisses sprechen, bekennen wir uns damit zu Gott in seiner Unverfügbarkeit. Wir bekennen unseren Glauben, dass Gott auch dann in unser Leben eingreifen kann, wenn wir dies am wenigsten erwarten und ohne, dass wir irgendetwas dafür tun. Letztlich erkennen wir damit an, dass wir Gott und sein Wort nicht wie einen Besitz haben können. Martin Buber schrieb über das Wort Gottes: „... das Wort Gottes fährt vor meinen Augen nieder wie ein fallender Stern, von dessen Feuer der Meteorstein zeugen wird, ohne es mir aufleuchten zu machen, und ich selber kann nur das Licht bezeugen, nicht aber den Stein hervorholen und sagen: Das ist es“ (Martin Buber, Zwiesprache. Traktat von dialogischen Leben, Heidelberg: Verlag Lambert Schneider 1978, S. 22).

Wenn wir unseren christlichen Glauben so verstehen, leben und bezeugen können, dann können wir uns von Gottesbildern lösen, die versuchen, Gott einzuengen, indem sie ihn auf ein bestimmtes Gottesbild festlegen, auf ein Bild, das wir uns von ihm gemacht haben, und dabei das Gebot missachten, eben dies nicht zu tun. Das ist befreiend. Können wir uns von diesen festlegenden Bildern lösen, dann können wir uns auch von den einengenden Bildern lösen, die wir uns von unseren Mitmenschen und auch von uns selbst gemacht haben. Dann führt uns unser christlicher Glaube in die Freiheit.

Wenn wir unseren christlichen Glauben mit den Worten des Apostolischen Glaubensbekenntnisses zur Sprache bringen und dabei die Worte sprechen „Empfangen durch den Heiligen Geist, geboren von der Jungfrau Maria“, dann können wir uns dadurch an die Freiheit erinnern lassen, die uns durch unseren Glauben an Jesus Christus geschenkt ist.

gelitten unter Pontius Pilatus, gekreuzigt, gestorben und begraben,

Das Apostolische Glaubensbekenntnis wird mit den Worten fortgesetzt: „gelitten unter Pontius Pilatus, gekreuzigt, gestorben und begraben“. Das ist bemerkenswert. Denn direkt vor dieser Aussage geht es um die Geburt Jesu: „geboren von der Jungfrau Maria“. Das Leben Jesu sowie seine Taten, die in den Evangelien so ausführlich dargestellt werden, kommen im Apostolischen Glau-

Glaubensbekenntnis nicht zur Sprache. Sind Jesu Taten für unseren Glauben an ihn somit nicht von Bedeutung?

Formulieren wir die Frage so, werden wir sie zu verneinen haben. Unser Glaube führt uns in die Nachfolge Jesu Christi und um die gestalten zu können, ist es gut, sich an dem Verhalten Jesu zu orientieren, wie es in den Evangelien beschrieben wird. Aber Menschen, an deren Verhalten wir uns orientieren können und die für uns damit zu Vorbildern werden können, die gibt es auch sonst – Gott sei es gedankt! Das ist jedoch kein Grund, sie in einem christlichen Glaubensbekenntnis zu nennen.

Und so kommt im Apostolischen Glaubensbekenntnis auch die Vita Jesu nicht zur Sprache, sondern nur das, was die Einzigartigkeit Jesu ausmacht: dass er Sohn Gottes war und ist und dass er vom Tod auferstanden ist. Im Apostolischen Glaubensbekenntnis findet somit eine Reduktion auf das – theologisch betrachtet – Unverzichtbare und im wahrsten Sinne des Wortes Notwendige statt, also auf das, was die Not von uns Menschen wendet. Und das sind die Inkarnation, also die Menschwerdung Gottes in Jesus Christus, und das Ostergeschehen, die Überwindung des Todes, die uns die Hoffnung schenkt, dass auch für uns der Tod nicht das letzte Wort haben wird. Nun können wir jedoch nicht begreifen, was Ostern in seiner Tiefe wirklich bedeutet, wir können nicht aus vollem Herzen in den Ruf „Der Herr ist auferstanden! Er ist wahrhaftig auferstanden!“ einstimmen, wenn wir uns zuvor nicht den Tiefen des Karfreitags ausgesetzt haben. Und deshalb ist es bei aller Reduktion auf die Kernaussagen des christlichen Glaubens im Apostolischen Glaubensbekenntnis unverzichtbar, das Leiden Jesu Christi zur Sprache zu bringen. Und das wird durch die Worte getan: „gelitten unter Pontius Pilatus, gekreuzigt, gestorben und begraben“.

Die Darstellung seines Leidens wird durch die Worte eingeleitet: „gelitten unter Pontius Pilatus“. Hier geht es um das Leiden am Kreuz. Aber dennoch wäre es zu kurz gegriffen, würden wir bei dem Hinweis auf das Leiden Jesu Christi lediglich an seine leidvolle Kreuzigung denken. Denn Jesus hat gelitten, weil er dem Leiden nicht ausgewichen ist. In seinem Gebet in Gethsemane sprach er: „Vater, willst du, so nimm diesen Kelch von mir; doch nicht mein, sondern Dein Wille geschehe!“ (Lukas 22, 42). Führen wir uns dieses Gebet Jesu und die Situation, in der er es gesprochen hat, vor Augen, so wird deutlich, dass Jesus das Leiden keineswegs gesucht hat. Wenn ihm dieses Leiden hätte erspart bleiben können, hätte er diese Möglichkeit wohl nicht abgelehnt.

Einer Verherrlichung des Leidens wird weder im Neuen Testament noch im Apostolischen Glaubensbekenntnis das Wort geredet, aber der Bereitschaft, für andere Leid auf sich zu nehmen. Für andere da zu sein, mit ihnen zu leiden – das war der Weg Jesu von Nazareth in seinem irdischen Leben.

Was charakterisiert diesen Weg? Eine Antwort auf diese Frage lautet: die Leidensbereitschaft. Für andere da zu sein, auch und gerade, wenn sie leiden, ist ein Weg, der ins Leid führt, denn er führt dazu, mit anderen zu leiden. Das ist weit mehr als das, was umgangssprachlich im Allgemeinen als Mitleid bezeichnet wird. Jesus war zeitlebens diesen Weg gegangen und dieser Weg führte ihn nun ans Kreuz.

Worin besteht die Alternative zu diesem Weg, zu der Bereitschaft, für andere da zu sein und mit ihnen zu leiden? Sie besteht in dem Weg der Gefühlskälte und dem der Macht. Dieser Weg ist dadurch bestimmt, dass man sich dem Leid der anderen nicht aussetzen kann oder will und dementsprechend nicht nachempfinden kann oder will, was die Nächsten erleben und erleiden. Wer diesen Weg geht, kann – zumindest vordergründig betrachtet – sicher ein leidloseres Leben führen. Aber er zahlt dafür einen hohen Preis: Wer nicht leiden kann, kann auch nicht solidarisch mit anderen leben und ihnen nicht in emotionaler Offenheit begegnen. Jegliche Spontaneität ist ihm letztlich verwehrt. Wer nicht leiden kann, kann auch nicht lieben. Und wenn die Beziehung zu den Nächsten nicht durch Liebe bestimmt ist, dann tritt oft die Macht an deren Stelle. Wer sich über andere Menschen erhebt und Macht über sie ausübt, setzt sich deren Gefühlen und deren Leid nicht aus. Anderen in Gefühlskälte zu begegnen und Macht über sie auszuüben oder mit ihnen zu leiden – das sind zwei Wege, die sich gegenseitig ausschließen. Jesus von Nazareth ist in seinem Leben den Weg der Leidensbereitschaft und des Machtverzichts gegangen und wer sein Leben in seiner Nachfolge gestalten möchte, tut gut daran, sich daran zu orientieren, und der Versuchung der Machtausübung über andere nicht nachzugeben.

Diesen Weg des Machtverzichts und der Leidensbereitschaft ging Jesus nun konsequent zu Ende, als er der Kreuzigung nicht auswich. Der Tod am Kreuz war nicht nur äußerst schmachvoll, sondern auch äußerst schmerzhaft. Jesus wusste das. Er wusste, was ihn erwartete. Aber er war bereit, diesen Weg des Leidens zu gehen, obwohl er, als er allein im Garten Gethsemane war, ohne weiteres hätte fliehen können.

Die Angabe über das Leiden Jesu wird im Apostolischen Glaubensbekenntnis noch mit einer näheren Bestimmung versehen. Denn dort steht nicht nur, er habe „gelitten“, sondern „gelitten unter Pontius Pilatus“. Es ist eine höchst zweifelhafte Ehre, die dem römischen Prokurator Pontius Pilatus zuteil wurde, indem sein Name in den Text des Glaubensbekenntnisses aufgenommen wurde. Denn so ist er untrennbar mit der schrecklichen Hinrichtung Jesu verbunden. Die Erinnerung, dass niemand anders als er es war, der diese Hinrichtung befohlen hatte, wird damit von Generation zu Generation weitergegeben. Und damit ist diese ergänzende Angabe „unter Pontius Pilatus“ weit mehr als die Angabe, dass Jesus hingerichtet wurde, als er Prokurator war. Es geht hier somit bei weitem nicht nur um eine Zeitangabe. Es geht darum, dass an dieser Stelle zur Sprache gebracht wird, dass die römische Besatzungsmacht, die allein Todesurteile vollstrecken konnte, Jesus zum Tod verurteilt und auch hingerichtet hat.

Dies tat sie, indem sie Jesus kreuzigen ließ. Das Kreuz war zu damaliger Zeit das Instrument, mit dem Menschen auf eine Art und Weise hingerichtet wurden, die an Grausamkeit, Brutalität, Menschenverachtung und Sadismus wohl kaum zu überbieten war. Menschen wurden nackt oder fast nackt an ein Holzkreuz genagelt oder gebunden, an dem sie oft Tage hingen, bis sie qualvoll verendeten. Dagegen mutet die standrechtliche Erschließung, bei der ein zu Tode Verurteilter an die Wand gestellt und von mehreren Schützen erschossen wird, vergleichsweise human an. Zudem wurden Kreuzigungen öffentlich vollzogen. Den Gekreuzigten wurde somit nicht nur das Leben, sondern auch noch die Ehre genommen. Wir werden uns wahrscheinlich nur ansatzweise vorstellen können, was die Jünger Jesu empfunden haben werden, als sie hilflos zusehen mussten, wie Jesus von Nazareth, in dessen Nachfolge sie gelebt haben, auf diese Art und Weise hingerichtet wurde. Auf ihn hatten sie alle ihre Hoffnungen gesetzt und jetzt schienen all diese Hoffnungen auf das Schrecklichste enttäuscht.

Über die Jahrhunderte hinweg ist das Kreuz zu einem Symbol des Christentums geworden. Viele, die sich zum christlichen Glauben bekennen, tragen es an einer Halskette. So schön dies auf der einen Seite zweifellos ist, so darf auf der anderen Seite jedoch nicht in Vergessenheit geraten, was das Kreuz ursprünglich war. Sonst droht eine Verniedlichung unseres christlichen Glaubens, bei der der Karfreitag mit seinen Abgründen nicht mehr ernst genommen wird. Die Erinnerung daran wird nicht zuletzt dadurch wach gehalten, dass wir im Apostolischen Glaubensbekenntnis sagen, dass Jesus Christus „gekreuzigt“ worden ist.

Die nächste Aussage ist nicht weniger ernst und dementsprechend auch nicht weniger ernst zu nehmen: die Aussage, dass Jesus Christus „gestorben" ist. Das heißt nichts anderes, als dass er wirklich tot war. Jesus Christus, der Sohn Gottes, Jesus Christus, in dem sich Gott selbst offenbart hat, starb. Das ist eine schockierende Aussage. Im Neuen Testament wird dies klar gesagt, ohne irgendwelche Beschönigungen. So lesen wir im Matthäusevangelium: „Aber Jesus schrie abermals laut und verschied" (27, 50). Wir, die wir wissen, dass auf den Karfreitag der Ostermorgen folgen wird, stehen in der Gefahr, dies Schockierende nicht mehr als solches wahrzunehmen. Deshalb ist es wichtig, dass wir uns dies immer wieder aufs Neue vergegenwärtigen, wenn wir unseren christlichen Glauben mit den Worten des Apostolischen Glaubensbekenntnisses bekennen. Nicht etwa, weil es uns gut täte, unsere Gedanken und vor allem unsere Gefühle ausschließlich auf den Tod zu richten und somit innerlich gleichsam beim Tod zu bleiben, sondern weil wir nur dann begreifen können, was für ein Wunder das Ostergeschehen ist, wenn wir realisieren, dass Jesus Christus wirklich gestorben ist und tot war.

Dies wird im Apostolischen Glaubensbekenntnis noch durch die Aussage betont, dass Jesus „begraben" ist. Als der Apostel Paulus in seinem Ersten Korintherbrief die Kernaussagen des christlichen Glaubens in gleichsam telegrammartiger Kürze und Prägnanz zusammenfasste, fehlte dementsprechend auch die Aussage nicht, dass Jesus Christus begraben wurde: „Dass Christus gestorben ist für unsre Sünden nach der Schrift; und dass er begraben worden ist; und dass er auferstanden ist am dritten Tage nach der Schrift" (15, 3b.4).

Dem entspricht, dass das Begräbnis in den Evangelien ausführlich geschildert wird. Um noch einmal das Matthäusevangelium zu Wort kommen zu lassen: „Am Abend aber kam ein reicher Mann aus Arimathäa, der hieß Josef und war auch ein Jünger Jesu. Der ging zu Pilatus und bat um den Leib Jesu. Da befahl Pilatus, man sollte ihm ihn geben. Und Josef nahm den Leib und wickelte ihn in ein reines Leinentuch und legte ihn in sein eigenes neues Grab, das er in einen Felsen hatte hauen lassen, und wälzte einen großen Stein vor die Tür des Grabes und ging davon. Es waren aber dort Maria von Magdala und die andere Maria; die saßen dem Grab gegenüber" (27, 57-61; vgl. Markus 15, 42-47; Lukas 23, 50-56; Johannes 19, 38-42). Die Aussage über Jesus Christus im Apostolischen Glaubensbekenntnis, er habe „gelitten unter Pontius Pilatus" und sei „gekreuzigt, gestorben und begraben", ist alles andere als Evangelium, als eine gute Nachricht. Aber diese Aussage ist für unseren christlichen Glauben unverzichtbar, um das Evangelium in seiner Tiefe begreifen zu können. Denn das Evangelium ist die Gute Nachricht, dass er vom Tod auferstanden ist und somit auch wir in der Hoffnung leben dürfen, vom Tod aufzuerstehen.

**hinabgestiegen in das Reich des Todes,
am dritten Tage auferstanden von den Toten, aufgefahren in den Himmel;
er sitzt zur Rechten Gottes, des allmächtigen Vaters;**

Im Zweiten Artikel des Apostolischen Glaubensbekenntnisses werden die soteriologisch relevanten Daten des Lebens und Wirkens Jesu Christi genannt: seine Geburt, sein Leiden und Sterben, seine Auferstehung und seine Himmelfahrt. Sie werden dabei deutlich voneinander unterschieden: So sehr Karfreitag und Ostern fraglos untrennbar zusammengehören, so sind es dennoch zwei gänzlich unterschiedliche Daten, die dementsprechend klar voneinander unterschieden werden müssen. Da mag sich die Frage stellen, ob es angemessen ist, nun über die folgenden Worte des Apostolischen Glaubensbekenntnisses in dieser Zusammenstellung nachzudenken: „hinabgestiegen in das Reich des Todes, am dritten Tage auferstanden von den Toten, aufgefahren in den Himmel; er sitzt zur Rechten Gottes, des allmächtigen Vaters“.

In der zweiten und dritten Aussage dieses Abschnitts geht es um die Auferstehung Jesu Christi sowie um Seine Himmelfahrt. Wie verhält es sich aber mit der ersten Aussage, dass Jesus Christus „hinabgestiegen [ist] in das Reich des Todes“? Gehört diese Aussage nicht vielmehr in den Kontext des Karfreitags, der in dem vorigen Abschnitt des Apostolischen Glaubensbekenntnisses zur Sprache gebracht worden ist, da es dort heißt: „gelitten unter Pontius Pilatus, gekreuzigt, gestorben und begraben“? Hätte die Aussage, dass Jesus Christus „hinabgestiegen [ist] in das Reich des Todes“, nicht vielmehr in diesem Zusammenhang, dem des Karfreitags, thematisiert werden sollen?

Um diese Frage beantworten zu können, ist es wichtig, den Inhalt der Aussage, dass Jesus Christus „hinabgestiegen [ist] in das Reich des Todes“, näher in den Blick zu nehmen. Was ist mit diesen Worten gemeint?

Es geht um die Frage, was mit denjenigen geschieht, die nicht zum Glauben an Jesus Christus haben finden können, weil sie gestorben sind, bevor er auf Erden gewirkt hat. Sind sie deshalb von dem Heil ausgeschlossen, das mit Jesus Christus gekommen ist, weil sie ihn nicht mehr erlebt haben? Es gibt eine

Erzählung aus der Zeit der Germanenmission, die dies illustriert: Ein Mann hatte sich vom Evangelium ansprechen und berühren lassen. Er hatte seinen Willen bekundet, sich taufen zu lassen. Vor seiner Taufe stellte er aber noch die Frage, was mit seinen Angehörigen geschehen werde, die ungetauft gestorben seien. Er bekam die Antwort, dass sie in die Hölle kommen würden. Als er dies hörte, verweigerte er die Taufe mit der Begründung, er wolle sich von seinen Angehörigen nicht abwenden. Die Verbundenheit mit seinen Angehörigen bedeutete ihm so viel, dass er nicht um den Preis getauft werden wollte, sich von ihnen trennen zu müssen (vgl. Ilse Dummer, Das Glaubensbekenntnis in unserer Zeit [Glauben weitersagen, Bd. 3], Breklum 2000, S. 31).

Man mag sich über die Antwort des Priesters empören, man mag sich fragen, ob der zunächst taufwillige Germane nicht sehr viel mehr von der Liebe Gottes verstanden hat als dieser Priester. Seelsorgerlich betrachtet war es wohl die schlechteste aller nur denkbaren Antworten. Wie hätte der Priester anders antworten können, ohne die Bedeutung des göttlichen Heilshandelns in Jesus Christus zu relativieren, mit anderen Worten: Wie hätte er eine andere Antwort theologisch begründen können?

Die Antwort auf diese Frage findet sich im Ersten Petrusbrief. Dort heißt es: „Denn auch Christus hat ‚einmal' für die Sünden gelitten, der Gerechte für die Ungerechten, damit er euch zu Gott führte, und ist getötet nach dem Fleisch, aber lebendig gemacht nach dem Geist. In ihm ist er auch hingegangen und hat gepredigt den Geistern im Gefängnis, die einst ungehorsam waren, als Gott harrte und Geduld hatte zur Zeit Noahs, als man die Arche baute, in der wenige, nämlich acht Seelen, gerettet wurden durchs Wasser hindurch" (3, 18-20). Christus hat, „getötet nach dem Fleisch", also selber tot, anderen Toten, nämlich den „Geistern im Gefängnis" gepredigt. Auch diejenigen, die bereits gestorben sind, können somit die Predigt des Evangeliums hören. Niemand wird von dem Heil in Jesus Christus ausgeschlossen, nicht einmal die, „die einst ungehorsam waren, als Gott harrte und Geduld hatte zur Zeit Noahs, als man die Arche baute", also die schlimmsten Sünder. Denn das Sintflutgeschlecht gilt in der jüdischen Tradition in einzigartiger Weise als sündig, ist doch aufgrund ihrer Sünden die Sintflut über die Erde gekommen. Aber selbst sie werden vom Heil in Jesus Christus nicht ausgeschlossen. Auch sie bekommen die Möglichkeit, am Heil in Jesus Christus Anteil zu haben. Jesus Christus wendet sich allen Menschen zu, sogar den bereits Gestorbenen. Darum geht es in dem Glauben an den *descensus ad inferos*, dem Glauben an die „Höllenfahrt Christi", der im Zweiten Artikel des Apostolischen Glaubensbekenntnisses zur Sprache gebracht ist. Vor der Textrevision des Glaubensbekenntnisses im Jahr 1971 hieß es an dieser Stelle nicht: „hinabgestiegen in das Reich des Todes“, sondern: „niedergefahren zur Hölle“. Diese frühere Fassung des Textes klingt zweifellos sehr viel drastischer als die jetzige, aber sie ist durchaus angemessen; wendet sich Christus doch selbst denen zu, die aufgrund ihrer Sünden in der Hölle lokalisiert werden. Es geht bei dieser Aussage des Glaubensbekenntnisses also um das Heilhandeln Jesu Christi und somit ist es angebracht, sie gleichsam in einem Atemzug mit dem Heilshandeln Gottes in der Auferstehung Jesu Christi zu nennen – so, wie es im dem Osterlied „Wir wollen alle fröhlich sein in dieser österlichen Zeit“ (Evangelisches Gesangbuch, Nr. 100) im ersten Teil der dritten Strophe heißt: „Er hat zerstört der Höllen Pfort, / die Seinen all herausgeführt / und uns erlöst vom ewgen Tod.“ Und so folgen im Apostolischen Glaubensbekenntnis auf die Aussage, Jesus Christus sei „hinabgestiegen in das Reich des Todes“, unmittelbar die Worte: „am dritten Tage auferstanden von den Toten“. In diesen Worten geht es um das Ostergeschehen und somit gleichsam das Gründungsdatum der christlichen Gemeinschaft. Wenn es kein Ostern gegeben hätte, würde es heute weder unsere noch irgendeine andere christliche Gemeinde geben. Wäre es beim Karfreitag geblieben, wäre Jesus den schmachvollen Tod am Kreuz gestorben, ohne dass er vom Tod auferstanden wäre, dann hätten sich seine Jünger wohl in alle Winde zerstreut und die Nachfolge Jesu, die sie jahrelang praktiziert haben, wäre lediglich eine Episode in ihrem Leben geblieben, nach deren Ende sie sich in ihrem Leben neu orientiert hätten. Christlicher Glaube hätte dann unter uns Menschen nie wachsen können.

Es bedarf somit keiner weiteren Erklärung, warum das Osterereignis in jedem Jahr im Rahmen eines großen Festes vergegenwärtigt wird. Zur Zeit der frühen Christenheit war Ostern das wichtigste christliche Fest schlechthin. Das Weihnachtsfest hat sich demgegenüber erst sehr viel später entwickelt und wurde damals gar nicht gefeiert.

Dabei feiern wir genau genommen Ostern nicht nur einmal pro Jahr, sondern jeden Sonntag, denn jeden Sonntag feiern wir die Auferstehung Jesu, seinen Sieg über den Tod. Es gibt einen Auto-Aufkleber, der dies kurz und prägnant auf den Punkt bringt. Er hat den Text: „Jeden Sonntag Ostern feiern“. Das ist im Judentum übrigens ganz ähnlich. Der wichtigste jüdische Feiertag ist der Schabbat und der wird ebenfalls einmal in jeder Woche begangen und gefeiert.

Das Osterereignis kann in seiner Bedeutung für uns gar nicht hoch genug geschätzt werden. Denn wir dürfen aufgrund der Auferstehung Jesu Christi in dem Vertrauen leben, dass wir an seiner Auferstehung Anteil haben werden. Dementsprechend bekennen wir im Apostolischen Glaubensbekenntnis in Bezug auf Jesus Christus unseren Glauben, er sei „am dritten Tage auferstanden von den Toten". Dies steht in unmittelbarem Zusammenhang mit dem Bekenntnis im Dritten Artikel des Apostolischen Glaubensbekenntnisses, dass wir an die „Auferstehung der Toten und das ewige Leben" glauben.

Bemerkenswert ist nicht zuletzt auch die Zeitangabe, die in Hinblick auf die Auferstehung Jesu Christi gemacht wird: „am dritten Tage". Diese Angabe findet sich bereits im 15. Kapitel des Ersten Korintherbriefes, das im Allgemeinen als ‚Auferstehungskapitel' bezeichnet wird. Dort schreibt der Apostel Paulus: „Denn als erstes habe ich euch weitergegeben, was ich auch empfangen habe: Dass Christus gestorben ist für unsere Sünden nach der Schrift; und dass er begraben worden ist; und dass er auferstanden ist *am dritten Tage* nach der Schrift" (Verse 3f.). Es gibt in der Hebräischen Bibel Stellen, an denen der dritte Tag von besonderer Bedeutung ist. So war Jona „im Leib des Fisches drei Tage und drei Nächte" (Jona 2, 1b). Im Matthäusevangelium wird die Auferstehung Jesu Christi am dritten Tag zu dieser Angabe im Jona-Büchlein in Beziehung gesetzt, wenn es dort heißt: „Denn wie Jona drei Tage und drei Nächte im Bauch des Fisches war, so wird der Menschensohn drei Tage und drei Nächte im Schoß der Erde sein" (Matthäus 12, 40).

Im Anschluss an die Auferstehung Jesu Christi wird seine Himmelfahrt zur Sprache gebracht: „aufgefahren in den Himmel; er sitzt zur Rechten Gottes, des allmächtigen Vaters". Diese unmittelbare Folge von Ostergeschehen und Himmelfahrt im Apostolischen Glaubensbekenntnis wirft die Frage auf, in welchem Verhältnis diese beiden Ereignisse zueinander stehen. Mussten die Jünger bei der Himmelfahrt wieder von Jesus Christus Abschied nehmen, nachdem er im Ostergeschehen vom Tod erstanden und ihnen erschienen ist?

Um diese Frage beantworten zu können, ist es hilfreich, sich zu vergegenwärtigen, dass Jesus Christus nicht nur eine menschliche, sondern auch eine göttliche Natur hat. Auf dem Konzil von Chalcedon im Jahr 451 war formuliert worden, dass er „wahrhaft Gott und wahrhaft Mensch" sei. Er ist „wahrhaft Mensch" gewesen – mit aller Freude und allem Leid, das zum Menschsein dazugehört. Zugleich ist er „wahrhaft Gott", denn in ihm ist Gott selbst in unsere Welt gekommen.

In der Himmelfahrt wird deutlich, dass er nicht nur wahrhaft Mensch gewesen ist, sondern auch wahrhaft Gott ist. Denn in seiner Himmelfahrt begab er sich wieder in den Bereich, aus dem er zu uns gekommen war, in den Bereich des Göttlichen, der nicht den Gesetzen von Raum, Zeit und Materie unterworfen ist. Das ist gemeint, wenn es heißt, dass Jesus in den Himmel aufgefahren ist. Mit dem Himmel ist hier nicht der Himmel gemeint, den wir über uns sehen, sondern der Bereich Gottes. In der deutschen Sprache gibt es für beides nur den einen Begriff „Himmel“. In der englischen Sprache wird hier differenziert: Der Himmel, den wir über uns sehen, wird als „sky“ bezeichnet und der Bereich Gottes als „heaven“.

Die Himmelfahrt Jesu wurde und wird oft in dem Sinne missverstanden, dass Gott das Gesetz der Schwerkraft aufgehoben hat und Jesus dann wie in einem Senkrechtstarter nach oben verschwand und sich den Blicken seiner Jünger entzog. Hinter dieser Überzeugung steht das Missverständnis, dass der Himmel, der der Bereich Gottes ist, mit dem Himmel identisch ist, den wir über uns sehen. Aber um den geht es bei der Himmelfahrt Jesu Christi nicht. Wenn davon die Rede ist, dass Jesus bei seiner Himmelfahrt in den Himmel aufstieg, dann ist mit Himmel heaven gemeint, nicht sky.

Deshalb geht es bei der Himmelfahrt auch nicht um Jesu Abschied von der Erde. Mit der Himmelfahrt Jesu wird der Himmel im Sinne von heaven zum Ort, an dem Christus präsent ist – und zwar in dieser unserer Welt. Wenn Jesus Christus „sitzt zur Rechten Gottes, des allmächtigen Vaters“, dann ist er nicht nur für die Menschen da, denen er seit seiner Auferstehung erschienen ist, sondern für alle Menschen.

Es wurde in der Kunst versucht, dies darzustellen. So hat sich in der Barockzeit der Brauch entwickelt, eine an einem Seil hängende Christusfigur durch eine Dachluke nach oben zu ziehen und, wenn diese nicht mehr zu sehen war, Oblaten auf die Gläubigen fallen zu lassen, um auf diese Weise zu zeigen, dass der erhöhte Christus im Abendmahl präsent ist.

Solche Bräuche mögen wir heutzutage als ein wenig skurril empfinden, aber bei derartigen (Ab)Wertungen gilt es zu berücksichtigen, dass es im Grunde kaum möglich ist, das, was sich in der Himmelfahrt Christi ereignet hat, in angemessener Weise darzustellen.

In den Worten „hinabgestiegen in das Reich des Todes, am dritten Tage auferstanden von den Toten, aufgefahren in den Himmel; er sitzt zur Rechten Gottes, des allmächtigen Vaters“ wird somit in dreifacher Weise zum Ausdruck gebracht, dass das Heil in Jesus Christus keinen Einschränkungen unterworfen ist:

- Indem er hinabgestiegen ist in das Reich des Todes, hat er auch denjenigen den Weg zum Heil eröffnet, die bereits gestorben waren, bevor er in die Welt gekommen ist,

- indem er von den Toten am dritten Tage auferstanden ist, hat er allen Menschen die Möglichkeit gegeben, an seiner Auferstehung Anteil zu gewinnen,

- indem er in den Himmel aufgefahren ist und zur Rechten Gottes, des allmächtigen Vaters, sitzt, ist er für alle Menschen da und nicht nur für die, denen er seit seiner Auferstehung erschienen ist.

Wir dürfen als Christinnen und Christen somit darauf vertrauen, dass das Heilshandeln Gottes in Jesus Christus an keine Grenzen gebunden ist. Dieses Vertrauen gibt uns die Kraft, die Grenzen zu überwinden, denen wir in unserem Leben begegnen. Denn weil das Heil in Jesus Christus keinen Grenzen unterworfen ist, können wir in unserem Leben die von Grenzen befreiende Kraft des Evangeliums erfahren.

von dort wird er kommen,
zu richten die Lebenden und die Toten.

Vorladungen zu Gerichtsterminen lösen im Allgemeinen keine Freude aus. Wer nicht z.B. als Anwalt regelmäßig mit Gerichten zu tun hat, für den haben derartige Vorladungen meistens etwas Beunruhigendes – selbst dann, wenn man nur als Zeuge geladen ist. Um wie viel mehr, wenn man als Angeklagter vor Gericht zu erscheinen hat. Das kann in der Tat als überaus verunsichernd und auch beängstigend empfunden werden.

Im Apostolischen Glaubensbekenntnis wird uns allen eben dies vor Augen gestellt: dass wir vor einem Richter erscheinen müssen und ein Urteil zu erwarten haben – und zwar wir alle, ohne Ausnahme, unabhängig davon, ob wir noch am Leben sind oder ob wir bereits gestorben sind. Alle haben wir vor dem Richterstuhl Christi zu erscheinen. Denn im Apostolischen Glaubensbekenntnis heißt es im letzten Teil des Zweiten Artikels über Jesus Christus: „Von dort wird er kommen, zu richten die Lebenden und die Toten".

Bei unserer bisherigen Beschäftigung mit dem Apostolischen Glaubensbekenntnis ist immer wieder deutlich geworden, dass in diesem Text die wesentlichen Glaubensinhalte benannt werden. Es wäre über den christlichen Glauben sicher noch viel mehr zu sagen, das steht außer Frage. Aber im Glaubensbekenntnis finden wir eine Reduzierung auf die zentralen Glaubensaussagen, also auf das, was ohne inhaltlichen Substanzverlust nicht weggelassen werden kann. Gehört es also zu den zentralen Inhalten unseres christlichen Glaubens, dass wir vor einem Richter erscheinen müssen, ein Urteil zu erwarten und uns somit zu fürchten haben? Gehört Furcht somit etwa konstitutiv zum christlichen Glauben?! Wie könnte dies möglich sein, da Glaube an Gott doch nichts anderes als Vertrauen auf Gott ist? Vertrauen ist das Gegenteil von Furcht; diese beiden Gefühle schließen sich gegenseitig aus. Wie ist dann aber die Ankündigung des Gerichts im Apostolischen Glaubensbekenntnis zu verstehen? Ist es kein Gericht, vor dem wir uns fürchten müssen?

Was wird im Neuen Testament zu dieser Frage gesagt? Im fünfundzwanzigsten Kapitel des Matthäusevangeliums ist eine Darstellung des Gerichts überliefert, die uns bei der Beschäftigung mit unserer Frage nach seinem Charakter entscheidende Impulse zu geben vermag. Der Text lautet in der Übersetzung durch Martin Luther:

„Wenn aber der Menschensohn kommen wird in seiner Herrlichkeit und alle Engel mit ihm, dann wird er sitzen auf dem Thron seiner Herrlichkeit, und alle Völker werden vor ihm versammelt werden. Und er wird sie voneinander scheiden, wie ein Hirt die Schafe von den Böcken scheidet, und wird die Schafe zu seiner Rechten stellen und die Böcke zur Linken. Da wird dann der König sagen zu denen zu seiner Rechten: Kommt her, ihr Gesegneten meines Vaters, ererbt das Reich, das euch bereitet ist von Anbeginn der Welt! Denn ich bin hungrig gewesen und ihr habt mir zu essen gegeben. Ich bin durstig gewesen und ihr habt mir zu trinken gegeben. Ich bin ein Fremder gewesen und ihr habt mich aufgenommen. Ich bin nackt gewesen und ihr habt mich gekleidet. Ich bin krank gewesen und ihr habt mich besucht. Ich bin im Gefängnis gewesen und ihr seid zu mir gekommen. Dann werden ihm die Gerechten antworten und sagen: Herr, wann haben wir dich hungrig gesehen und haben dir zu essen gegeben, oder durstig und haben dir zu trinken gegeben? Wann haben wir dich als Fremden gesehen und haben dich aufgenommen, oder nackt und haben dich gekleidet? Wann haben wir dich krank oder im Gefängnis gesehen und sind zu dir gekommen? Und der König wird antworten und zu ihnen sagen: Wahrlich, ich sage euch: Was ihr getan habt einem von diesen meinen geringsten Brüdern, das habt ihr mir getan. Dann wird er auch sagen zu denen zur Linken: Geht weg von mir, ihr Verfluchten, in das ewige Feuer, das bereitet ist dem Teufel und seinen Engeln! Denn ich bin hungrig gewesen und ihr habt mir nicht zu essen gegeben. Ich bin durstig gewesen und ihr habt mir nicht zu trinken gegeben. Ich bin ein Fremder gewesen und ihr habt mich nicht aufgenommen. Ich bin nackt gewesen und ihr habt mich nicht gekleidet. Ich bin krank und im Gefängnis gewesen und ihr habt mich nicht besucht. Dann werden sie ihm auch antworten und sagen: Herr, wann haben wir dich hungrig oder durstig gesehen oder als Fremden oder nackt oder krank oder im Gefängnis und haben dir nicht gedient? Dann wird er ihnen antworten und sagen: Wahrlich, ich sage euch: Was ihr nicht getan habt einem von diesen Geringsten, das habt ihr mir auch nicht getan. Und sie werden hingehen: diese zur ewigen Strafe, aber die Gerechten in das ewige Leben."

Matthäus 25, 31-46

In diesem Text wird das kommende Gericht angekündigt, von dem auch im Zweiten Artikel des Apostolischen Glaubensbekenntnisses die Rede ist. Das wirkt sperrig und scheint nicht so recht in unser Bild von Jesus Christus, unseren Herrn und Heiland zu passen. Dieses Bild ist eher das des guten Hirten, nicht jedoch das des Hirten, der die Schafe von den Böcken scheidet. Von dem König, der von den Gesegneten des Vaters, von den Erben des Reiches Gottes und vom ewigen Leben spricht, sprechen wir gerne. Nicht dagegen von dem König, der von den Verfluchten und von ewiger Strafe spricht. Das war in früheren Zeiten jedoch anders. Da war die Vorstellung vom Endgericht fast allgegenwärtig. Auf Kirchenwänden wurde es dargestellt, das Endgericht, bei dem Gerechte und Sünder voneinander geschieden werden, die einen zum ewigen Leben in den Himmel emporgehoben werden und die anderen von Dämonen in die Tiefe gerissen und böse gepeinigt werden. Schön sind diese Darstellungen nicht. Die Vorstellung eines derartigen Gerichts ist in höchstem Maße angstbesetzt. Niemand kann eine „schwarze Pädagogik", bei der Menschen durch die Androhung von Höllenstrafen zum richtigen Handeln gebracht werden sollen, ernsthaft wollen. So ist es durchaus zu begrüßen, dass diese Vorstellung in unserem gegenwärtigen mitteleuropäischen Umfeld fast verschwunden ist. Aber damit wird auch etwas ausgeblendet, das durchaus unsere Aufmerksamkeit ver-

verdient. Der Theologe Karl Barth, der oft als Kirchenvater des zwanzigsten Jahrhunderts bezeichnet wird, legt dies in Überlegungen über die *Apokatastasis pantōn* dar. Er sagte im Rahmen der Fragebeantwortung bei der Konferenz des Weltbundes christlicher Studenten im Jahr 1960 in dem Gesprächsabschnitt über die Realität des Bösen und der Hölle:

„Was verstehen wir unter Apokatastasis? Es ist eine Theorie, nach der schließlich und endlich alle Menschen und möglicherweise auch der Teufel gerettet werden, ob sie wollen oder nicht. Es ist eine Theorie, die zuerst von Origenes vorgelegt worden ist und dann von vielen anderen. Es ist eine recht angenehme Theorie; es ist ja sehr nett, sich vorzustellen, dass am Ende alles gut ausgeht. Ich habe niemals diese Theorie vertreten und werde es niemals tun … Wir sollten nicht versuchen, dieses Problem der Zukunft mit zwingender Automatik zu lösen, sondern wir können nur sagen: da ist völlige Rettung für alle Menschen in Christus; wir sind eingeladen, an ihn zu glauben, wir wollen unser bestmöglichstes tun, und es wird uns vor seinem Richterthron offenbar werden, was wir in unserm irdischen Leben getan haben, Gutes und Böses …“

Nehmen wir die Aussagen über das Endgericht ernst, die uns im fünfundzwanzigsten Kapitel des Matthäusevangeliums zugemutet werden, und weichen wir ihnen nicht aus, so stellt sich die Frage, wozu sie in diesem Text stehen, worin ihre Funktion besteht. Nehmen wir den Text in den Blick: Er ist klar gegliedert. In den Rahmen der Gerichtsszene fügen sich zwei Gesprächsgänge, der erste mit den Gerechten, der zweite mit den Verdammten. In jedem dieser Gesprächsgänge werden jeweils in der Begründung des Urteils sowie in der darauf folgenden Antwort sechs Werke der Barmherzigkeit genannt. Diese stehen somit im Zentrum des Textes. Die kirchliche Tradition spricht in Bezug auf diesen Text von den „Sieben Werken der Barmherzigkeit“, weil sie hier in wohlgeordneter Form genannt sind. Bemerkenswert ist allerdings, dass zwar das Versorgen der Hungrigen mit Essen, das Versorgen der Durstigen mit Getränken, das Beherbergen der Fremden und Obdachlosen, das Bekleiden derjenigen, die nicht einmal eigene Kleidung besitzen, das Besuchen und Pflegen der Kranken und das Besuchen der Gefangenen genannt sind, nicht jedoch das siebente Werk der Barmherzigkeit, das Begraben der Toten. Ob dies daran liegen mag, dass Jesus gesagt hat: „Lasst die Toten ihre Toten begraben!“ (Matthäus 8, 22; Lukas 9, 69)? Das ist durchaus möglich, aber mit Bestimmtheit können wir dies nicht sagen. Wie dem auch sein mag, mit den genannten sechs Werken werden bedürftige Mitmenschen in ihrer physischen und psychischen Not wahrgenommen und es wird ihnen das gegeben, was ihre jeweilige Not lindert.

Damit ist dieser Text einer von denjenigen aus dem Neuen Testament, die uns Christinnen und Christen auf das Tiefste mit dem Judentum verbinden. Denn nach Schimon ha-Zaddiq sind die Liebeswerke einer der drei Säulen, auf denen die Welt ruht (Mischna 1, 2) und nach R. Schimon ben Gamliel ist nicht die Lehre, sondern die Tat entscheidend. Dem entspricht, dass in dem Text der Glaube an Jesus Christus als Kriterium für die Urteilsfindung nicht genannt wird. Es ist ausschließlich das konkrete Tun – oder eben auch Nicht-Tun – der Liebeswerke, die für das Urteil von Relevanz ist. Dass dieser Text gleichsam als *magna charta* der Diakonie gilt, ist nicht verwunderlich. Dies erinnert an einen christologischen Hoheitstitel Christi der besonderen Art: Im Römerbrief des Apostels Paulus findet sich die Bezeichnung *diakonos täs peritomäs*, Diakon der Beschneidung. Dieser Diakon Israels formuliert in diesem Evangeliumstext als Weltenrichter diakonisch bestimmte Kriterien für das Bestehen im Weltgericht.

Um den Text richtig verstehen zu können, ist eine Frage zu klären: Wer sind die „geringsten Brüder“ bzw. Geschwister? Ein Blick in das Buch der Sprüche hilft hier weiter: Im vierzehnten Kapitel heißt es: „Wer den Geringsten bedrückt, schmäht dessen Schöpfer, doch ehrt ihn, wer sich des Armen erbarmt“ (Vers 31). Da am Ende des Textes nur noch von den „Geringsten“ und nicht mehr von den „geringsten Brüdern“ bzw. Geschwistern die Rede ist, werden mit ihnen wohl alle Menschen gemeint sein. Alle Menschen, auch die geringsten und schwächsten, sind als Ebenbilder Gottes geschaffen. Ihnen soll mit den im Text genannten Liebeswerken gedient werden. Dieser Text hat also nicht nur die Geschwister im Glauben, die Mitchristinnen und Mitchristen im Blick, sondern alle Menschen. Die implizite Aufforderung, anderen mit solchen Liebeswerken zu dienen, hat also universalen Charakter. Der Neutestamentler Klaus Berger weist in seinem im Jahr 1994 erschienenen Buch ‚Theologiegeschichte des Urchristentums’ darauf hin, dass diese Universalität für den Schluss des Matthäus-Evangeliums charakteristisch ist, wenn er schreibt: „Das MtEv endet in doppelter Universalität, der des Gerichts (Mt 25, 32) und der der Verkündigung des Evangeliums an alle Völker (Mt 18, 19) …“ (S. 706).

Es geht in diesem Text um nichts Geringeres als um das Verhalten allen Menschen gegenüber. Und im Verhalten ihnen gegenüber geht es um nichts weniger als um das Verhalten Gott gegenüber, denn die Menschen sind Geschöpfe und Ebenbilder Gottes und am Verhalten ihnen gegenüber wird deutlich, ob Gott geehrt oder geschmäht wird. Das wird uns im Text über das Weltgericht in aller nur möglichen Deutlichkeit vor Augen gestellt, indem auch von der ewigen Strafe gesprochen wird. Und so müssen wir diesen Text nicht als Ausdruck einer „schwarzen Pädagogik" verstehen, sondern können ihn als eindringlichen Appell hören und lesen, unseren jeweiligen Nächsten in Liebe zu begegnen und ihnen das zu gewähren, was sie benötigen – und wir dürfen hoffen, dass unsere Nächsten auch uns so begegnen.

Da drängt sich die Frage auf: Ist denn in dem Text gar nicht vom Glauben die Rede, sondern nur vom Handeln? Das widerspräche der reformatorischen Erkenntnis Martin Luthers zutiefst. Auf den ersten Blick könnte dieser Eindruck, dass es hier lediglich um gute Werke, nicht hingegen um den Glauben geht, durchaus entstehen. Aber dies wäre nur der erste Blick, der an der Oberfläche bleibt. Der zweite Blick zeigt, dass es letztlich um nichts anderes als um den Glauben an Gott geht – an Gott, der uns als seine Ebenbilder erschaffen hat. Denn der Glaube an ihn nimmt darin konkrete Gestalt an, dass Gott Vertrauen entgegen gebracht wird und er geehrt wird. Und dies wiederum zeigt sich im Verhalten gegenüber den je eigenen Mitmenschen, die uns als Mitgeschöpfe an die Seite gestellt sind und in deren Gesichtern wir das Antlitz Gottes erkennen können. Glaube und konkretes Verhalten sind untrennbar verbunden. Im Jakobusbrief wird dies in aller Deutlichkeit benannt. Dort heißt es: „So ist auch der Glaube, wenn er nicht Werke hat, tot in sich selber" (2, 17).

Es geht bei der Ankündigung des Gerichts somit um den Appell, an Jesus Christus zu glauben und sich entsprechend zu verhalten, um errettet zu werden. Dies entfaltet Jesus dem Nikodemus in ihrem nächtlichen Gespräch, wenn er sagt: „Denn Gott hat seinen Sohn nicht in die Welt gesandt, dass er die Welt richte, sondern dass die Welt durch ihn gerettet werde. Wer an ihn glaubt, der wird nicht gerichtet; wer aber nicht glaubt, der ist schon gerichtet, denn er glaubt nicht an den Namen des eingeborenen Sohnes Gottes. Das ist aber das Gericht, dass das Licht in die Welt gekommen ist, und die Menschen liebten die Finsternis mehr als das Licht, denn ihre Werke waren böse. Wer Böses tut, der hasst das Licht und kommt nicht zu dem Licht, damit seine Werke nicht aufgedeckt werden. Wer aber die Wahrheit tut, der kommt zu dem Licht, damit offenbar wird, dass seine Werke in Gott getan sind“ (Johannes 3, 17-21).

Dass Gott in Jesus Christus nicht erschienen ist, um zu richten, sondern zu retten, hat Jochen Klepper in der zweiten Strophe seines Liedes ‚Die Nacht ist vorgedrungen’ (Evangelisches Gesangbuch, Nr. 16) in einer sprachlich – wie ich finde – überaus schönen Form zum Ausdruck gebracht. In dieser Strophe heißt es: „Gott selber ist erschienen / zur Sühne für sein Recht. / Wer schuldig ist auf Erden, / verhüll nicht mehr sein Haupt. / Er soll errettet werden, / wenn er dem Kinde glaubt.“ Dementsprechend heißt es in der fünften und letzten Strophe dieses Liedes über Gott: „Als wollte er belohnen, / so richtet er die Welt. / Der sich den Erdkreis baute, / der läßt den Sünder nicht. / Wer hier dem Sohn vertraute, / kommt dort aus dem Gericht.“

Die Aussage über Jesus Christus im Apostolischen Glaubensbekenntnis „Von dort wird er kommen, zu richten die Lebenden und die Toten“ ist somit kein Anlass zu Furcht, aber gegebenenfalls durchaus zu einem Erschrecken über die Einsicht in das eigene Verhalten gegenüber Mitmenschen, Mitgeschöpfen, der Schöpfung und auch sich selbst, damit im Glauben an Jesus Christus der Weg zu einem anderen Verhalten gefunden werden kann – einem Verhalten, das dem Willen Gottes entspricht.

Ich glaube an den Heiligen Geist,

Der Dritte Artikel des Apostolischen Glaubensbekenntnisses beginnt mit den Worten „Ich glaube an den Heiligen Geist“. Wenn wir über diese Worte und deren Bedeutung nachdenken, so stellt uns dies vor spannende Herausforderungen, denn der Geist ist nicht in Begriffen gleichsam einzufangen: Er entzieht sich jeder definierenden Festlegung. Im nächtlichen Gespräch mit Nikodemus sagt Jesus: „Der Wind bläst, wo er will, und du hörst sein Sausen wohl; aber du weißt nicht, woher er kommt und wohin er fährt“ (Johannes 3, 8). Wir können etwas darüber sagen, wie der Heilige Geist in unserem Leben – in unserem persönlichen Leben wie auch im Leben unserer Gemeinde – wirkt, aber wir können keine ontologische Aussage machen und sagen, was er *ist*.

Das führt zu vielen Missverständnissen. In der deutschen Sprache wird diesen Missverständnissen Tor und Tür geöffnet, weil das Substantiv Geist auch etwas gänzlich Anderes bezeichnen kann, was mit dem biblisch bezeugten Heiligen Geist nichts, aber auch gar nichts zu tun hat. Wir werden diese andere

Bedeutung sofort verstehen, wenn wir das Wort Geist in den Plural setzen: Wenn von Geistern die Rede ist, so hat dies nichts zu tun mit der dritten Person des einen, des einzigen Gottes, an den wir glauben, auf den wir vertrauen. Hier ist die englische Sprache genauer als die deutsche. Da wird der Geist, an dem wir als Heiligen Geist glauben, als „spirit" bezeichnet, und der andere Geist als „ghost". Entsprechendes haben wir gesehen, als wir uns mit der Aussage des Apostolischen Glaubensbekenntnisses „aufgefahren in den Himmel" beschäftigt haben. Da haben wir uns vor Augen geführt, dass mit dem dort genannten Himmel nicht der Himmel gemeint, den wir über uns sehen, sondern der Bereich Gottes, der nicht den Gesetzen von Raum, Zeit und Materie unterworfen ist. In unserer Sprache gibt es für beides nur einen Begriff: den Begriff „Himmel". Die englische Sprache ist auch da genauer. Da wird der Himmel, den wir über uns sehen, als „sky" bezeichnet und der Bereich Gottes als „heaven".

Die Unterscheidung zwischen Geist im Sinne von spirit und Geist im Sinne von ghost wird jedoch nicht immer in der notwendigen Klarheit getroffen. Vor kurzem erschien das neue Album der Popgruppe Girls aus San Francisco. Es trägt den Titel ‚Father, Son, Holy Ghost'. In den Texten der Lieder dieses Albums geht es zwar nicht um die Trinität, auch wenn im Schlussteil des Liedes ‚Vomit' Gospel-Gesang zu hören ist. Aber es ist bemerkenswert, dass für dieses Album der Titel ‚Father, Son, Holy Ghost' gewählt wurde. Dabei ist es letztlich nicht von Relevanz, ob hinter dieser Titelwahl nun das völlige Missverständnis des Heiligen Geistes und damit auch der Trinität steht oder ob der unzutreffende und unangemessene Begriff ‚Ghost' hier bewusst als Stilmittel eingesetzt wurde. In jedem Fall werden wir davon auszugehen haben, dass bei vielen, die den Titel dieses neuen Albums lesen, ein unzutreffendes Verständnis des Heiligen Geistes und seines Wirkens ausgelöst wird oder dass sie in diesem Missverständnis bestärkt werden.

Was ist der Heilige Geist? Wo kommt er her? Diese Fragen werden wir mit unserem Verstand letztlich nicht klären können. Aber dennoch – oder gerade deswegen – haben sie in Geschichte und Gegenwart des Christentums immer wieder zu intensiven Auseinandersetzungen und teilweise sogar zu Zerwürfnissen geführt. So liegt es keineswegs nur am Primat des Papstes, dass eine Wiedervereinigung der orthodoxen Kirchen mit der römisch-katholischen Kirche nach der Trennungsphase seit dem so genannten Morgenländischen Schisma als undenkbar erscheint. Dieses Schisma wurde im Jahr 1054 deutlich, als Papst Leo IX. den Patriarchen von Konstantinopel exkommunizierte, und währt nun somit fast schon ein ganzes Jahrtausend. Es gibt noch einen weiteren Trennungsgrund und der ist von theologisch ungleich größerem Gewicht. Es war das *filioque*, an dem der Konflikt aufbrach. *Filioque* ist ein lateinischer Ausdruck, der die Bedeutung hat: und dem Sohn. Dieser Ausdruck ist ein späterer Zusatz zum Absatz über den Heiligen Geist im Glaubensbekenntnis von Nizäa-Konstantinopel aus dem Jahr 381. Dieser Absatz lautet in der lateinischen Übersetzung seiner ursprünglichen griechischen Fassung: *et in Spiritum Sanctum, Dominum et vivificantem, qui ex Patre procedit*, zu Deutsch: und an den Heiligen Geist, den Herrn und lebendig machenden, der aus dem Vater hervorgeht. Der Relativsatz *qui ex Patre procedit*, der aus dem Vater hervorgeht, wurde um den Zusatz *filioque* erweitert, so dass er nun lautet: *qui ex Patre Filioque procedit*, zu Deutsch: der aus dem Vater und dem Sohn hervorgeht. Über die Frage, ob der Heilige Geist nur vom Vater oder auch vom Sohn ausgeht, wurde im Laufe der Kirchen- und Dogmengeschichte mehrere Jahrhunderte lang diskutiert – ohne dass es möglich war, einen Konsens zu finden und somit diesen theologischen Streit beizulegen. Denn an diesem Streit treffen unterschiedliche Verständnisse der Trinität aufeinander, die nicht miteinander in Einklang zu bringen sind. Im Rahmen der westlichen Theologie ist die Wesenseinheit von Vater und Sohn grundlegend. Beide sind in gegenseitiger Liebe miteinander verbunden und der Heilige Geist wird als die die beiden verbindende Liebe verstanden. Dementsprechend wird die Trinität in der kirchlichen Kunst dargestellt: Vater und Sohn als Personen, der Heilige Geist dagegen als Taube und somit „nur" als Tier. Demgegenüber wird in den orthodoxen Kirchen betont, dass der Vater der einzige Ursprung innerhalb der Trinität sei und Sohn und Heiliger Geist somit quasi als rechter und linker Arm des Vaters zu sehen sind. Der Zusatz *filioque* wird in den orthodoxen Kirchen auch deshalb abgelehnt, weil er den Eindruck erweckt, dass der Heilige Geist erst durch den Sohn ins Leben gerufen worden sei. Zwar habe Jesus angekündigt, den Heiligen Geist zu senden, aber daraus sei nicht zu folgern, dass er nicht schon vorher existierte. Seitens der orthodoxen Kirchen wird zudem betont, dass alle drei Personen der Trinität – Vater, Sohn und Heiliger Geist – in Ewigkeit existieren und somit Sohn und Heiliger Geist nicht als nach dem Vater existierend zu denken sind. Darüber hinaus wird durch das *filioque* der Heilige Geist dem Vater und dem Sohn untergeordnet. Hier kommt die orthodoxe Kritik an der westlichen Theologie zum Ausdruck, dass die Lehre vom Heiligen Geist dort nur marginal behandelt werde. In der westlichen Theologie wurde hingegen das *filioque* damit begründet, dass durch diese Ergänzung zum Ausdruck gebracht werde, dass Vater und Sohn gleichberechtigt seien und der Sohn nicht etwa eine geringere Bedeutung habe als der Vater – wie dies von den Arianern behauptet wurde.

Der Zusatz *filioque* war und ist somit für die orthodoxen Kirchen nicht akzeptabel, weil er zu ihrem Verständnis der Trinität in Widerspruch steht. Die mit diesem Ausdruck verbundenen theologischen Konsequenzen sind ein maßgeblicher Grund für die bis heute andauernde Kirchenspaltung zwischen den orthodoxen Kirchen und der römisch-katholischen Kirche. Der evangelische Theologe Jürgen Moltmann, emeritierter Professor für Systematische Theologie, vertritt die Auffassung, dass „mit der Zurücknahme des *Filioque* … ein kirchliches Schisma beendet werden kann", räumt jedoch ein, „dass eine gemeinsame theologische Diskussion über die Trinitätslehre eröffnet werden muss" (Jürgen Moltmann, Trinität und Reich Gottes, München: Christian Kaiser 1980, S. 197). Dabei ist – so Moltmann – die Kirchenspaltung „nicht schon durch die Rückkehr zum ursprünglichen Text des Nicaeno-Constantinopolitanum zu erreichen, sondern erst durch eine gemeinsame Antwort auf die Frage nach dem Verhältnis des Sohnes zum Heiligen Geist und des Heiligen Geistes zum Sohn" (Jürgen Moltmann, a.a.O., S. 198).

Die Frage des Heiligen Geistes ist also höchst brisant, auch wenn wir als evangelisch-lutherische Christinnen und Christen dies im Allgemeinen nicht so wahrnehmen, hat doch die Vereinigte Evangelisch-Lutherische Kirche (VELKD) im Jahr 2007 in einer Stellungnahme betont, „dass in ökumenischen Gottesdiensten mit Kirchen, bei denen das Nicaeno-Constantinopolitanum (NC) ohne ‚filioque' in Gebrauch ist, auch lutherische Christen und Christinnen das NC ohne ‚filioque' sprechen können" (Ökumenisch den Glauben bekennen. Das Nicaeno-Constantinopolitanum von 381 als verbindendes Glaubensbekenntnis [Texte aus der VELKD, Nr. 139], Hannover 2007).

Aber auch wenn die Frage des Heiligen Geistes für uns somit weniger konfliktbelastet ist, so ist sie für uns damit keineswegs von geringerer Bedeutung. Was ist der Heilige Geist für uns? Welche Bedeutung hat er in unserem Glaubensleben? Diese Fragen sind zu wichtig, als dass wir sie mit dem Hinweis darauf abtun könnten, dass sie für uns kein kirchenpolitisches Konfliktpotential beinhalten. Denn bei der Frage des Heiligen Geistes geht es um nichts Geringeres als um die Frage, wer Gott für uns ist.

Wenden wir uns dieser Frage zu, indem wir die Pfingstlieder in den Blick nehmen: Es sind gesungene Gebete, in denen der Heilige Geist unmittelbar als Gott angesprochen wird. Um nur die Anfänge von zwei Pfingstliedern aus dem Evangelischen Gesangbuch (EG) zu zitieren: Das Lied Nr. 125 beginnt mit den Worten „Komm, Heiliger Geist, Herre Gott“ und das darauf folgende Lied Nr. 126 mit den Worten „Komm, Gott Schöpfer, Heiliger Geist“. In beiden Liedern wird Gott als Heiliger Geist angesprochen bzw. der Heilige Geist als Gott. Das entspricht der Einsicht, dass die drei Personen Gottes drei verschiedene Offenbarungs- und Erscheinungsweisen ein und desselben Gottes darstellen. Der Heilige Geist ist somit eine dieser Offenbarungs- und Erscheinungsweisen. Dies hat bereits der Apostel Paulus in seinem zweiten Brief an die Gemeinde in Korinth zur Sprache gebracht, wenn er schreibt: „Der Herr ist der Geist; wo aber der Geist des Herrn ist, da ist Freiheit“ (3, 17).

Fragen wir nun, was diese Offenbarungs- und Erscheinungsweise Gottes von denen als Vater und Sohn unterscheidet, dann wird deutlich, dass Gott als Schöpfer die Grundlage für unser Leben gelegt hat. Der Schöpfungsakt liegt in ferner Vergangenheit, aber er ist für uns nach wie vor von höchster Aktualität, denn er ist untrennbar mit der Verantwortung für die Schöpfung verbunden, die Gott uns übertragen hat. Das Geschenk der Erlösung, die Gott uns in Jesus Christus gegeben hat, liegt ebenfalls in der Vergangenheit – schließlich trennen uns von dem irdischen Leben Jesu von Nazareth rund zweitausend Jahre –, aber diese Erlösungstat ist für uns von unüberbietbarer Bedeutung, weil uns durch sie eine Nähe zu Gott eröffnet ist, die wir ohne sie nicht haben würden. Mit der Gabe des Heiligen Geistes, die wir zu Pfingsten feiern, verhält es sich entsprechend. Das Pfingstgeschehen liegt auch in der Vergangenheit, ist für uns Heutige jedoch ebenfalls von nicht zu überbietender Bedeutung, weil Gott als Heiliger Geist in unserer Welt, in unserem Leben, in unserem Alltag präsent ist und uns im wahrsten Sinne des Wortes begeistert. Der Glaube an den Heiligen Geist ist das Vertrauen, dass Gott selbst in seinem Geist anwesend ist. Sprechen wir Christinnen und Christen vom Heiligen Geist, ist somit also dasselbe gemeint, was in jüdischer Terminologie als Schekhina, als Einwohnung Gottes, bezeichnet wird.

Wie wir eingangs gesehen haben, ist der Heilige Geist nicht in Begriffen gleichsam einzufangen, da er sich jeder definierenden Festlegung entzieht. Das heißt jedoch keineswegs, dass wir uns nicht auf ihn verlassen können. Ganz im Gegenteil.

Das wird auch in der Erzählung der Berufung des Mose deutlich. Da hatte sich Gott dem Mose im brennenden Dornbusch mit den Worten offenbart „ich bin, der ich bin“ bzw. „ich werde sein, der ich sein werde“ (Exodus 3, 14). Durch diese Worte, mit denen Gott sich hier dem Mose vorstellt, macht er zum einen deutlich, dass er sich – genauso wenig wie der Heilige Geist – definieren lässt. Zum anderen gibt er mit ihnen die Verheißung, dass er da sein wird. Darauf hat Mose vertraut und dieses Vertrauen wurde nicht enttäuscht. Entsprechend können wir auch darauf vertrauen, dass der Heilige Geist, über den wir nicht verfügen können, weil er weht, wo er will, da ist: in unserer Welt, in unserem Leben, in unserem Alltag. Wir können darauf vertrauen, dass Gott als unverfügbarer, nicht zu definierender Heiliger Geist so verlässlich für uns da ist, wie Gott es dem Mose seinerzeit am brennenden Dornbusch durch seine Selbstvorstellungsformel zugesagt hatte.

die heilige christliche Kirche, Gemeinschaft der Heiligen,

Auf den Bekenntnissatz „Ich glaube an den Heiligen Geist“ folgen die Worte „die heilige christliche Kirche, Gemeinschaft der Heiligen“. Es ist offensichtlich, dass sich auch diese Worte auf das einleitende „Ich glaube“ beziehen. Das lässt uns aufhorchen. Wir glauben an Gott in seiner dreieinigen Gestalt als Vater, Sohn und Heiliger Geist in dem Sinne, dass wir im Leben und im Sterben all unser Vertrauen ganz auf ihn werfen. Nun wird hier zur Sprache gebracht, dass wir auch an die Kirche glauben. Können wir an die Kirche glauben – so, wie wir an Gott glauben? Würden wir damit nicht die Kirche Gott gleichsetzen?

Hier ist es weiterführend, die lateinische Fassung des Apostolischen Glaubensbekenntnisses aus dem Missale Romanum von 1970 in den Blick zu nehmen. Dort lautet der Anfang des Dritten Artikels: „Credo in Spiritum Sanctum, sanctam Ecclesiam catholicam, Sanctorum communionem“, zu Deutsch: „Ich glaube an den Heiligen Geist, die heilige katholische Kirche, Gemeinschaft der Heiligen“. Es ist wichtig, die lateinische Formulierung an dieser Stelle genau in den Blick zu nehmen. Sie beginnt mit dem Satz „Credo *in* Spiritum Sanctum“ – „Ich glaube *an* den Heiligen Geist“. Vor dem „Spiritum Sanctum“ steht das Wörtchen *in*, zu Deutsch: *an*. Dieses *in* steht dagegen nicht vor „sanctam Ecclesiam catholicam“ – „die heilige katholische Kirche“. Wir glauben nicht *an* die Kirche, wie wir an Gott glauben. Deshalb – so der evangelische Systematiker Wolfhart Pannenberg – „hat der römische Katechismus von 1564 in seiner Textfassung des Apostolikums das Bekenntnis zur Kirche mit Recht als ein *credo ecclesiam* abgehoben von dem unmittelbar vorangehenden Bekenntnis des Glaubens ‚an' den Heiligen Geist (*credo* in *Spiritum Sanctum*)" (Wolfhart Pannenberg, Das Glaubensbekenntnis: ausgelegt und verantwortet vor den Fragen der Gegenwart [GTB, Nr. 165], Gütersloh, 3. Auflage, 1979, S. 152; Hervorhebungen im Original). Pannenberg begründet dies folgendermaßen: „Der Christ glaubt nicht ‚an' die Kirche (im Sinne eines *credere in*), so wie er an Gott in seiner dreifachen Wirklichkeit als Vater, Sohn und Geist glaubt. Aber er bekennt sich zur Kirche trotz ihrer Fehler und Mängel: Er bekennt sich zur Kirche als dem Wirkungsfeld des Geistes Christi." (Ebd.; Hervorhebung im Original). Das ist ein entscheidender Unterschied. Denn es ist etwas grundlegend Anderes, ob ich mich zur Kirche bekenne, auch wenn ich um ihre Fehler und Mängel weiß, oder ob ich an sie so glaube wie an Gott selbst. Es ist kein Zufall, dass dieses so verstandene Bekenntnis zur Kirche seinen Ort im Apostolischen Glaubensbekenntnis im Dritten Artikel hat, in dem es um den Glauben an den Heiligen Geist geht. Denn er weckt den Glauben und schafft somit die Grundlage dafür, dass es überhaupt eine Kirche gibt.

Wenn wir unseren christlichen Glauben mit den Worten des Apostolischen Glaubensbekenntnisses in Worte kleiden, dann bekennen wir uns also zur Kirche mit allen ihren Ecken und Kanten. Wenn sie aber Ecken und Kanten hat, wenn sie weit davon entfernt ist, fehlerfrei zu sein, wenn es in ihr „menschelt", wie wir zu sagen pflegen, wenn es wieder einmal so zugeht, wie es eigentlich nicht der Fall sein sollte, warum wird sie dann als „heilig" bezeichnet? Was ist mit diesem Ausdruck gemeint? Nach biblischem Verständnis ist alles heilig, was zum Bereich Gottes gehört und was mit Gott verbunden ist, weil er es erwählt hat. Es geht somit nicht allein um das, was von der Welt abgesondert ist. Denn Gott hat sich in seiner Inkarnation, in seiner Menschwerdung in Jesus von Nazareth, ganz in die Welt hineinbegeben und diese damit geheiligt. Die Kirche ist Kirche in dieser Welt – und zugleich ist sie aus dieser Welt ausgesondert, weil sie mit Gott und seinem Reich verbunden ist. Das wird bereits deutlich, wenn wir nach der Bezeichnung „Kirche" und ihrer Bedeutung fragen: Dieses Substantiv kommt aus dem Griechischen: κυριακή ἐκκλησία kann im Deutschen als „dem Herrn gehörige Versammlung" wiedergegeben werden.

Bemerkenswert ist, dass die Kirche nicht nur als „heilig“, sondern auch als „christlich“ bezeichnet wird. Dass die Kirche christlich ist, versteht sich von selbst. Denn selbst wenn aufgrund der eben genannten Bedeutung des Substantivs „Kirche“ dieses theoretisch auch in Bezug auf das Judentum, den Islam und andere monotheistische Religionen verwendet werden könnte, so ist es in der Praxis ausschließlich christlich konnotiert, so dass es nur hinsichtlich des Christentums Verwendung findet. Warum wird die Kirche also im Apostolischen Glaubensbekenntnis – einem Text, der die wesentlichen Inhalte unseres christlichen Glaubens kurz und prägnant auf den Punkt bringt – scheinbar überflüssigerweise als „christlich“ bezeichnet?

Auch die Antwort auf diese Frage finden wir, wenn wir die lateinische Fassung des Apostolischen Glaubensbekenntnisses aus dem Missale Romanum von 1970 lesen. Da steht nämlich „sanctam Ecclesiam *catholicam*“ – also: „die heilige *katholische* Kirche“. In den evangelischen Kirchen im deutschen Sprachraum wird der Ausdruck „katholische Kirche“ an dieser Stelle jedoch nicht verwendet. Stattdessen begegnen die Bezeichnungen „christliche Kirche“ – wie in der bei uns gebräuchlichen Fassung des Apostolischen Glaubensbekenntnisses – oder „allgemeine Kirche“ oder auch „allgemeine christliche Kirche“. Das liegt daran, dass es bei der Erarbeitung des ökumenischen Textes nicht möglich war, zu einer gemeinsamen Übersetzung des Adjektivs *catholicam* zu gelangen.

Bereits Martin Luther hatte das Wort „katholisch“ durch „christlich“ ersetzt, da der Begriff auch schon zu seiner Zeit meist ausschließlich mit der römisch-katholischen Kirche in Verbindung gebracht wurde. So nachvollziehbar dies zweifellos ist, so ist es dennoch bedauerlich, weil der Begriff „katholisch“ in seiner ursprünglichen Bedeutung weit mehr bezeichnet. Das griechische καθολικός bedeutet ‚das Ganze betreffend‘, ‚allgemein‘. Es entspricht in seiner Bedeutung also dem Wort „ökumenisch“. Denn das griechische οἰκουμένη bedeutet „die (ganze) bewohnte (sc. Erde)“, „Erdkreis“ und hat somit die entsprechende Bedeutung. Bei dem Adjektiv „katholisch“ geht es letztlich also um die ökumenische Dimension der Kirche. Diese Dimension wird durch das Adjektiv „christlich“ nicht auf eine entsprechende Art und Weise zum Ausdruck gebracht.

Die Ökumenizität der Kirche ist etwas, was diese in entscheidendem Maße charakterisiert. Denn hier geht es um ihre Einheit, die Ausdruck des verbindenden christlichen Glaubens ist. Diese Einheit muss nicht zwangsläufig so verstanden werden, dass die unterschiedlichen Schismen, die zu der konfessionellen Vielfalt geführt haben, die es jetzt in der Christenheit gibt, gleichsam rückgängig zu machen sind, so dass es nur eine Einheitskonfession gibt. Nein, viel wichtiger erscheint mir, dass wir uns in der so bunten Familie der weltweiten Christenheit jenseits aller bestehenden kulturellen und theologischen Unterschiede gegenseitig als Geschwister im Glauben, als Glieder an dem einen Leib Christi sehen und respektieren. Das ist leichter gesagt als getan. Die Formel der „Einheit in der Vielfalt" geht uns leicht von den Lippen, deren Umsetzung kann jedoch im konkreten Einzelfall eine echte Herausforderung darstellen. Dass diese Aufgabe jedoch erfüllt werden kann und das auf eine Art und Weise, die von den Beteiligten als bereichernd und beglückend erfahren werden kann, machen die Aktivitäten des Ökumenischen Rates der Kirchen (ÖRK) ebenso deutlich wie die der Arbeitsgemeinschaft Christlicher Kirchen (ACK). Was für Chancen in einer so verstandenen und so praktizierten Ökumene liegen, wurde während der Themensynode der Nordelbischen Evangelisch-Lutherischen Kirche (NEK) zum Thema Ökumene deutlich, die am 21. und 22. September 2000 in Lübeck durchgeführt wurde. Sie stand unter der programmatischen Überschrift: „Ökumene – die andere Globalisierung". Die Kirche, zu der wir uns im Dritten Artikel des Apostolischen Glaubensbekenntnisses in aller ihrer Unvollkommenheit bekennen, ist eine Kirche, die Menschen weltweit miteinander verbindet und eben dadurch dem Wirken des Heiligen Geistes Raum gibt.

Die Worte „die heilige christliche Kirche" wurden später durch einen Zusatz ergänzt, indem die Worte „Gemeinschaft der Heiligen", lateinisch: Sanctorum communionem, hinzugefügt worden sind. Dieser Zusatz ist zuerst in Serbien gegen Ende des vierten Jahrhunderts belegt, wurde dann in Gallien übernommen und fand schließlich in Rom Eingang in das Bekenntnis.

Es stellt sich die Frage, was mit diesem Zusatz gemeint ist. Wer sind die „Heiligen", von denen hier die Rede ist? Auch wenn sich der Gedanke an die in der römisch-katholischen Kirche verehrten Heiligen aufdrängen mag – diese sind hier nicht gemeint. Auch wenn dies zunächst ein wenig merkwürdig anmuten mag, mit den „Heiligen" sind die Christinnen und Christen gemeint, also Gemeindeglieder wie Du und ich. So spricht der Apostel Paulus die Empfänger seiner Briefe als „Heilige" an. Um dafür nur drei Beispiele zu nennen: Im Brief an die Gemeinde in Rom schreibt Paulus „an alle Geliebten Gottes und berufenen *Heiligen* in Rom" (Römer 1, 7), in seinem ersten Brief an die Gemeinde in

Korinth „an die Gemeinde Gottes in Korinth, an die *Geheiligten* in Jesus Christus“ (1. Korinther 1, 2) und in seinem zweiten Brief an diese Gemeinde „an die Gemeinde Gottes in Korinth samt allen *Heiligen* in ganz Achaja“ (2. Korinther 2, 1). Da mag sich die Frage aufdrängen, warum Paulus die Empfänger nicht einfach als „Christen“ angeredet hat. Die Antwort auf diese Frage lautet: Weil es die Bezeichnung „Christen“ seinerzeit noch gar nicht gab. Im elften Kapitel der Apostelgeschichte lesen wir: „In Antiochia wurden die Jünger zuerst Christen genannt“ (Vers 26b). Entsprechend wird in Artikel 7 der Confessio Augustana (CA), die am 25. Juni 1530 auf dem Reichstag zu Augsburg Kaiser Karl V. von den Reichsständen der lutherischen Reformation dargelegt wurde und die heute zu den verbindlichen Bekenntnisschriften der lutherischen Kirchen gehört, die Kirche als Versammlung der *Heiligen* bestimmt. Somit bezeichnet der Ausdruck „Gemeinschaft der Heiligen“ die Gemeinschaft der Kirchenglieder untereinander, auch wenn der lateinische Ausdruck „Sanctorum communionem“ ursprünglich auch die Gemeinschaft am Heiligen, d.h. an den Sakramenten, sowie die Gemeinschaft mit den Heiligen, d.h. mit den bereits Verstorbenen, bezeichnet haben kann und in der Geschichte der Auslegung des Apostolischen Glaubensbekenntnisses auch auf diesen beiden Weisen verstanden worden ist.

Die Worte „die heilige christliche Kirche, Gemeinschaft der Heiligen“ des Apostolischen Glaubensbekenntnisses beinhalten also die für uns befreiende Aussage, dass wir als Christinnen und Christen Heilige sind, weil wir von Gott geheiligt und somit von ihm angenommen sind. Und das ist im wahrsten Sinne des Wortes Evangelium, zu Deutsch: Gute Nachricht.

Vergebung der Sünden, Auferstehung der Toten und das ewige Leben. Amen.

Das Apostolische Glaubensbekenntnis mündet in die Worte ein: (Ich glaube an die) „Vergebung der Sünden, Auferstehung der Toten und das ewige Leben. Amen.“ Unmittelbar zuvor wurde das Bekenntnis zur „heilige[n] christliche[n] Kirche, Gemeinschaft der Heiligen“ zur Sprache gebracht. Da stellt sich die Frage, in welchem Verhältnis diese beiden Aussagen zueinander stehen, zumal es gerade der hier zur Sprache gebrachte Glaube an die Sündenvergebung und deren Notwendigkeit ist, der bei vielen Zeitgenossinnen und Zeitgenossen Widerstände auslöst. Viele empfinden sich nicht als Sünder und sind deshalb davon überzeugt, eine Vergebung der Sünden nicht zu benötigen. Sie werfen der Kirche vor, den Menschen einzureden, sie seien Sünder, und sie somit klein zu halten. Dementsprechend fordern sie, dass man sich von diesem von der Kirche vertretenem Menschenbild lösen müsse. Dieser Vorwurf und die daraus resultierende Forderung machen deutlich, wie wichtig es ist, Zentralbegriffe unseres christlichen Glaubens immer wieder aufs Neue in die Sprache des jeweiligen Alltags zu übersetzen, weil sie sonst missverstanden werden können. Der Begriff ‚Sünde' ist einer von diesen Ausdrücken, die erklärungsbedürftig sind. Er gilt als verstaubt und überholt. Im allgemeinen Verständnis bezeichnet er eine einzelne Verfehlung. Von Sünde ist fast nur noch die Rede, wenn es um die so genannten Verkehrssünder geht, um Verstöße gegen den Diätplan oder um Sex. Das hat jedoch mit dem, was in der Bibel unter ‚Sünde' verstanden wird, nur wenig zu tun. Der biblischen Bedeutung dieses Wortes kommen wir auf die Spur, wenn wir die etymologische Verbindung von ‚Sünde' und ‚Sund' in den Blick nehmen. Ein Sund ist eine Meerestiefe, die zwei Landesteile voneinander trennt. Dementsprechend ist die Sünde ebenfalls etwas Trennendes: Sie trennt Gott und den Menschen. Es geht also nicht um eine einzelne Verfehlung, sondern um den Zustand des Getrennt-Seins von Gott. Die einzelnen Verfehlungen sind lediglich Ausdruck eben dieses Zustandes. Wir Menschen können diese Trennung von Gott nicht aus eigener Kraft überwinden. Deshalb sind wir darauf angewiesen, dass Gott diesen Zustand überwindet, indem er uns nahe kommt. Wir Christinnen und Christen vertrauen darauf, dass Gott diesen Zustand der Sünde, in dem wir uns befinden, überwunden hat, indem er in Jesus von Nazareth selbst Mensch geworden und uns auf diese Weise nahe gekommen ist. Wenn wir uns im Apostolischen Glaubensbekenntnis zu unserem Glauben an die „Vergebung der Sünden" bekennen, dann bringen wir unsere Hoffnung darauf zum Ausdruck, dass das überwunden wird, was uns von Gott trennt und uns einsam macht. Denn Sünde macht einsam, weil sie uns nicht nur von Gott trennt, sondern letztlich auch von Gottes Ebenbildern, unseren Mitmenschen. Wenn die Sünde vergeben und damit überwunden wird, dann ist der Weg zur Gemeinschaft mit anderen wieder frei. Bei der „Vergebung der Sünden" geht es also um die Befreiung aus der Einsamkeit, in der wir uns aufgrund der Sünde befinden. Damit ist auch deutlich, in welchem Verhältnis das Bekenntnis zum Glauben an die „Vergebung der Sünden" zu dem davor genannten Bekenntnis zur „heilige[n] christliche[n] Kirche, Gemeinschaft der Heiligen" steht: Da der Ausdruck „Gemeinschaft der Heiligen" die Gemeinschaft der Kirchenglieder untereinander bezeichnet, geht es also um eine Gemeinschaft, die es ohne die „Vergebung der Sünden“, ohne die Überwindung der Trennung von Gott und unseren Mitmenschen und somit auch von unseren Mitchristinnen und -christen gar nicht geben könnte.

Daran schließt sich das Bekenntnis zum Glauben an die „Auferstehung der Toten und das ewige Leben“ an. Auch hier stellt sich die entsprechende Frage, was dieses Bekenntnis mit dem unmittelbar zuvor genannten zur „Vergebung der Sünden“ gemeinsam hat.

Von der Auferstehung war bereits im Zweiten Artikel des Apostolischen Glaubensbekenntnisses die Rede, als über Jesus Christus gesagt wurde, er sei „auferstanden von den Toten“. Nun geht es um die Auferstehung der übrigen Menschen. Der Glaube an beide – an die Auferstehung Jesu Christi und an die der übrigen Menschen – hängen untrennbar zusammen. Denn wir dürfen aufgrund der Auferstehung Jesu Christi in dem Vertrauen leben, dass wir an seiner Auferstehung Anteil haben werden. Dieses Vertrauen bringen wir zum Ausdruck, wenn wir im Dritten Artikel des Apostolischen Glaubensbekenntnisses bekennen, dass wir an die „Auferstehung der Toten und das ewige Leben“ glauben.

In der ursprünglichen Fassung des Apostolischen Glaubensbekenntnisses hieß es an dieser Stelle nicht „Auferstehung *der Toten* (lateinisch: mortuorum)“, sondern „Auferstehung *des Fleisches* (lateinisch: carnis)“. Dieser Eingriff in den Textbestand wurde im Rahmen der Textrevision von 1971 vollzogen. Damit wurde hier ein ursprünglicher Begriff des Apostolikums durch einen des Nicänums ersetzt. Man war offensichtlich der Ansicht, dass der alte überlieferte Text dem modernen Menschen nicht mehr zugemutet werden könne. Aber diese alte Formulierung hat durchaus ihre Berechtigung. Denn mit dem Ausdruck „Fleisch“ wird die Verletzlichkeit des Menschen, seine Vergänglichkeit in einer Deutlichkeit zum Ausdruck gebracht, die kaum noch zu überbieten ist. Und eben diesem verletzlichen, vergänglichen Menschen wird in der Vergänglichkeit, die sein irdisches Leben kennzeichnet, die Auferstehung zugesprochen. Durch die ursprüngliche Formulierung „Auferstehung des Fleisches“ wurde eine Glaubensaussage, die immer auch in der Gefahr steht, in eine theologische Richtigkeit zu mutieren, die zwar richtig, aber auch ziemlich blutleer ist, geerdet. Durch diese Formulierung wurde deutlich, dass die Hoffnung auf die Auferstehung ganz normalen Menschen gilt, Menschen wie dir und mir.

Und wie wird sie konkret Gestalt annehmen, die Auferstehung? Darüber wird im Apostolischen Glaubensbekenntnis nichts gesagt und das ist auch gut so. Das können wir nicht wissen und das müssen wir auch nicht wissen. Es reicht, wenn wir das Vertrauen haben, dass der Tod in unserem Leben nicht das letzte Wort haben wird, dass wir in der Hoffnung leben dürfen, an der Auferstehung unseres Herrn und Bruders Jesus Christus Anteil haben zu werden. Der Theologe Ingo Baldermann sagt hinsichtlich der Frage, was uns nach dem Tod erwarten wird, treffend: „Was immer wir sagen werden: Es sind Sätze der Sehnsucht und des Vertrauens." (Ingo Baldermann, Ich glaube. Erfahrungen mit dem Apostolischen Glaubensbekenntnis, Neukirchen-Vluyn 2004, S. 138).

Wie das ewige Leben, auf das wir im Glauben an die Auferstehung hoffen dürfen, sein wird, können wir nicht sagen. Wir könnten höchstens den Versuch unternehmen zu sagen, wie es *nicht* sein wird: Es wird wohl nicht so sein wie unser jetziges irdisches Leben, das den Gesetzen von Raum, Zeit und Materie unterworfen ist, sondern gänzlich anders. Denn als ewiges Leben ist es eben diesen Gesetzen nicht unterworfen. Mehr als diese via negationis formulierte Aussage ist uns verwehrt – und selbst diese Aussage ist auf Grund einer Logik formuliert, die in diesem Leben ihren Ort hat. Ob sie auch ihren Ort im künftigen, im ewigen Leben haben wird, wissen wir nicht.

Aber – und das ist das Entscheidende: Wir dürfen darauf vertrauen, dass wir im künftigen, im ewigen Leben Gemeinschaft mit dem auferstandenen Christus haben werden. Christus ist „auferstanden von den Toten als Erstling unter denen, die entschlafen sind" (1. Korinther 15, 20). Mit dem Ausdruck „Erstling" wird zum Ausdruck gebracht, dass die Auferstehung Jesu Christi den Beginn der „Auferstehung der Toten" markiert. Der Glaube an die Auferstehung ist die Gewissheit, dass wir an der Auferstehung Jesu Christi Anteil haben, ihm auf diesem Weg somit nachfolgen und mit ihm im ewigen Leben vereint sein werden.

Damit ist auch deutlich, in welchem Verhältnis das Bekenntnis zum Glauben an die „Auferstehung der Toten und das ewige Leben" zu dem davor genannten Bekenntnis zum Glauben an die „Vergebung der Sünden" steht: Wie schon bei der „Vergebung der Sünden" geht es auch hier um Gemeinschaft mit Gott.

Diese große Hoffnung wird im letzten Teil des Dritten Artikels des Apostolischen Glaubensbekenntnisses in Worte gekleidet. Martin Luther erklärt diese Worte in seinem Kleinen Katechismus so: Ich glaube, dass der Heilige Geist

„am Jüngsten Tag mich und alle Toten auferwecken wird und mir samt allen Gläubigen in Christus ein ewiges Leben geben wird.“

Wir dürfen darauf vertrauen, dass dieser Glaube im Leben wie auch im Sterben trägt. Und so können wir voller Vertrauen auf das Wirken des Heiligen Geistes auch in unserem Leben in die Worte Luthers einstimmen, in die er die Erklärung des Dritten Artikels einmünden lässt:
„Das ist gewisslich wahr.“

II.

Themen christlichen Glaubens

Gottes Ja zu den Menschen und das Ja des Menschen

Eine Ansprache zu Taufe und Konfirmation

Liebe Taufgemeinde!
Sie werden sich vielleicht wundern, dass ich Sie als Taufgemeinde anspreche. Schließlich ist heute ja zunächst einmal ein ganz gewöhnlicher Sonntag und Sie sind als ganz gewöhnliche Gemeinde heute zum Gottesdienst gekommen. Aber da im heutigen Gottesdienst Taufen vollzogen werden, wird dadurch aus einer Gemeinde automatisch eine Taufgemeinde. Denn die Bedeutung der Taufe besteht nicht zuletzt darin, in die Gemeinde aufgenommen zu werden, in der man getauft wird. Wenn jemand in einer Gemeinde getauft wird, so wird er oder sie damit in diese Gemeinde hinein getauft. Damit seid Ihr neue Gemeindeglieder unserer Gemeinde. Mit der Taufe werdet Ihr in die Gemeinschaft unserer Gemeinde hinein getauft. Die Taufe ist also etwas, was die gesamte Gemeinde unmittelbar angeht. Das findet auch darin seinen Ausdruck, dass Ihr hier und jetzt im Sonntagsgottesdienst unserer Gemeinde getauft werdet.

In diesem Sinne also: Liebe Taufgemeinde!
Wir taufen Euch mit Wasser. Wasser ist für uns so selbstverständlich, dass wir es im Allgemeinen gar nicht als etwas Besonderes ansehen. Brauchen wir es, so müssen wir lediglich den Wasserhahn aufdrehen. Wir vergessen daher leicht, wie wichtig Wasser für uns Menschen sein kann. Wer schwimmt oder in einem Boot fährt, erfährt die tragende Kraft des Wassers; wer auf einer langen Wanderung zu einer Quelle kommt, erfährt die erfrischende und Leben spendende Kraft des Wassers. Wasser ist also sehr viel mehr als lediglich die chemische Verbindung H_2O, sondern weist über sich hinaus. In der Taufe beginnt der neue Weg eines Menschen mit Gott. Auf diesen neuen Weg weist uns das Wasser der Taufe. Auf diesem Weg werdet Ihr nicht allein sein. Denn der christliche Glaube ist nicht etwas, das nur allein – sozusagen im stillen Kämmerlein – Gestalt annimmt. Der christliche Glaube wird in der Gemeinschaft mit anderen Christinnen und Christen gelebt.

Wir werden heute sechs Taufen vollziehen. Fünf dieser Taufen sind Erwachsenentaufen, denn fünf Konfirmandinnen und Konfirmanden haben sich entschlossen, sich taufen zu lassen. Da Ihr Konfirmanden alle älter als 14 Jahre seid, seid Ihr religionsmündig und somit in religiöser Hinsicht volljährig. Es handelt sich bei Euren Taufen somit um Erwachsenentaufen.

Erwachsenentaufen sind für uns eher ungewohnte Feiern, da wir uns daran gewöhnt haben, neugeborene Kinder zu taufen. In anderen christlichen Konfessionen ist das ganz anders. Für Baptisten wäre eine Taufe gar nicht anders denkbar als in der Form der Erwachsenentaufe.

In Bezug auf die Taufe ist es wichtig wahrzunehmen, was Christinnen und Christen anderer Konfessionen denken, denn die Taufe ist die Aufnahme in den Leib Christi, in die weltweite Gemeinschaft aller Christinnen und Christen, wo immer sie auch leben mögen und welcher Konfession sie auch immer angehören mögen.

Es lohnt der Frage nachzugehen, warum in anderen Konfessionen Menschen erst dann getauft werden, wenn sie erwachsen sind. Der Grund liegt darin, dass bei den Täuflingen eine bewusste Entscheidung vorausgesetzt wird. Wer sich taufen lassen will, soll wissen, was er da tut und warum er es tut. Wenn ein religionsmündiger Mensch zum christlichen Glauben „Ja" sagt, bekennt er sich vor Gott und der Gemeinde zu seinem christlichen Glauben. Diese Begründung leuchtet ein.

Bei uns werden dagegen im Allgemeinen neugeborene Kinder getauft, d.h. Menschen in einem Alter, in dem sie gar nicht selber „Ja" zu ihrem Glauben sagen können. Sie können in diesem Alter nicht verstehen, nicht intellektuell erfassen, was mit ihnen geschieht. Sie sind weit davon entfernt, religionsmündig zu sein. Deshalb bekennen Eltern, Patinnen und Paten stellvertretend für sie den christlichen Glauben.

Warum vollziehen wir die Taufe in diesem Alter? Diese Frage, die zugleich eine kritische Anfrage an die gängige Taufpraxis innerhalb unserer Volkskirche darstellt, wird von Christinnen und Christen anderer Konfessionen gestellt und sie ist berechtigt. Wenn wir dieser Frage nachgehen, stoßen wir auf die dahinter liegende Frage, was die Taufe symbolisiert.

Die Antwort auf diese Frage lautet: die Annahme des Menschen durch Gott ohne irgendeine Vorleistung, die der Mensch zu erbringen hat. Neugeborene Kinder können keine Form von Vorleistung erbringen. Indem wir Kinder in diesem Alter taufen, bringen wir zum Ausdruck, dass jeder Mensch die Annahme durch Gott nur wie ein neugeborenes Kind empfangen kann – ohne selbst irgendetwas dafür tun zu können.

Dies wirft sogleich die nächste Frage auf: Spielt die bewusste Entscheidung des Täuflings, das bewusste und verantwortete „Ja" zum christlichen Glauben vor Gott und der Gemeinde bei dieser Taufpraxis keine Rolle? Die Antwort auf diese Frage lautet: Doch, deshalb gibt es die Konfirmation. Das deutsche Wort ‚Konfirmation' ist die eingedeutschte Form des lateinischen Substantivs ‚confirmatio' und bedeutet: Bestätigung. Menschen, die als neugeborene Kinder getauft wurden und zum Zeitpunkt der Taufe selbst nicht „Ja" zum christlichen Glauben sagen konnten, holen dies in dem Alter, in dem sie religionsmündig sind, gleichsam nach. Sie bestätigen in der Konfirmation das „Ja", das ihre Eltern, Patinnen und Paten stellvertretend für sie bei ihrer Taufe gesprochen haben.

Es wird deutlich, dass die Taufe neugeborener Kinder und die Erwachsenentaufe keineswegs in Widerspruch zueinander stehen. Denn diese beiden unterschiedlichen Formen der Taufe betonen lediglich unterschiedliche Aspekte, die je für sich betrachtet ihre Berechtigung haben.

Bei der Taufe war zur Zeit der Alten Kirche ein weiterer Aspekt von Relevanz: dass das Leben nach der Taufe ein sündloses Leben sein sollte. Nur, wer kann sicher sein, nach der Taufe keine Sünden mehr zu begehen? Diese selbstkritische Frage führte zum Brauch des Taufaufschubs. Die Taufe wurde erst auf dem Totenbett vollzogen. Denn da – so wurde argumentiert – war es ja nicht mehr möglich, Sünden zu begehen – zumindest keine Sünden in Form von Werken.

Im Sündenbekenntnis heißt es: „Ich bekenne, dass ich gesündigt habe in Gedanken, Worten und Werken." Auch wenn Sünden in Form von Werken auf dem Totenbett im Allgemeinen nicht mehr möglich sind, so doch zumindest noch Sünden in Form von Gedanken und Worten. Dies setzt hinter die Praxis der Taufe auf dem Totenbett zumindest ein kleines Fragezeichen.

Dass es mit der Terminierung der Taufe auf dem Totenbett auch einmal misslingen kann, weil der Täufling auch sterben kann, bevor er das Sakrament der Taufe empfangen hat, markiert demgegenüber schon ein größeres Fragezeichen, das hinter diese Art der Taufpraxis zu setzen ist.

Das größte Fragezeichen ist jedoch angesichts des Sündenverständnisses zu setzen, das hinter diesem Taufkonzept steht: Sünde als konkrete einzelne Verfehlung eines Menschen. Dies entspricht zwar dem Verständnis des Begriffes ‚Sünde', wie es in unserer Umgangssprache begegnet. Fragt man jedoch, was theologisch mit dem Begriff ‚Sünde' gemeint ist, dann ergibt sich eine vollkommen andere Antwort: Im theologischen Verständnis bezeichnet dieser Begriff die Ferne des Menschen von Gott. Und eben diese Gottesferne wird in der Taufe von Gott selbst überwunden. Gott selbst sagt „Ja" zum getauften Menschen – ohne wenn und aber. Und selbst wenn der betreffende Mensch dann später, nach der Taufe, Sünden in Form von Werken begeht – und wer tut das nicht? –, ändert dies nichts an dem im wahrsten Sinne grundlegenden „Ja“ Gottes zu ihm. Denn Gott ist treu und steht zu seinen Verheißungen.

Es stellt sich nun eine Frage, die Euch Konfirmanden betrifft: Warum wird es für Euch noch eine Konfirmation geben, wenn Ihr bereits heute als religionsmündige Christinnen und Christen im Rahmen Eurer Taufe vor Gott und dieser Gemeinde Euer „Ja“ zum christlichen Glauben sagt?

Die Antwort auf diese Frage nimmt das Wesen des christlichen Glaubens in den Blick. Christlicher Glaube ist nicht statisch, sondern dynamisch. In den unterschiedlichen Phasen des Lebens nimmt er unterschiedliche Gestalten an. Deshalb ist es gut, sich des eigenen christlichen Glaubens im Laufe des eigenen Lebens immer wieder zu vergewissern, immer wieder „Ja“ zu ihm zu sagen und ihn dadurch immer wieder aufs Neue zu bestätigen. Deshalb ist es nicht nur der Anlass für ein schönes Familienfest, sondern wirklich angebracht, wenn Ihr nach Eurer heutigen Taufe Eure Konfirmation gestalten, erleben und feiern werdet. Es hat manchmal viel für sich, die Feste so zu feiern, wie sie fallen.

Es ist ein Grund zum Feiern, dass Gott sich in Eurer Taufe zu Euch bekennt und Ihr in die Gemeinschaft der Christenheit und damit auch in die Gemeinschaft unserer Gemeinde aufgenommen werdet.
Amen.

Zweifel

Johannes 20, 19-29

Seit dem Jahr 1989 gibt es eine neue Gottesdienstform, die Thomasmesse. Sie ist eine Gottesdienstform der evangelischen Kirche, die von ökumenischer Offenheit geprägt ist. Ihre Ursprünge liegen in Helsinki. Pfarrer Olli Valtonen, der als Redakteur tätig war, war auf der Suche nach einer liturgischen Form, in der er zum einen selbst neue Kraft schöpfen kann und in der sich kirchenferne Zeitgenossen mit ihren Fragen, Wünschen und Sehnsüchten wieder finden können. Valtonen traf Menschen, die dieses Anliegen teilten. Es bildete sich eine Gruppe von ca. vierzig Menschen, die sich regelmäßig trafen, um eine liturgische Form zu entwickeln, die Menschen anspricht, die heute der Kirche fern stehen. Das Ergebnis war die Thomasmesse, die seit dem Jahr 1989 regelmäßig an jedem Sonntagabend in der Agricola-Kirche in Helsinki gefeiert wird.

Im Jahr 1993 hat die Thomasmesse auch ihren Weg nach Deutschland gefunden, zunächst wurde sie in Winsen an der Luhe und Hannover gefeiert, aber seitdem auch an vielen anderen Orten in Deutschland. Mittlerweile wird diese besondere liturgische Form in ca. fünfzig Orten Deutschlands praktiziert und mit Leben gefüllt.

Angesichts dieser bemerkenswerten Resonanz stellt sich die Frage, worin das Besondere dieses Gottesdienstes besteht. Es sind wohl nicht in erster Linie seine Elemente, sondern der Prozess der Entstehung und Umsetzung, bei dem viele Laien, dagegen nur wenige Hauptamtliche, beteiligt sind.

Die Thomasmesse richtet sich in erster Linie an fragende Christinnen und Christen, an Menschen, die sich durch andere Gottesdienstformen nicht angesprochen fühlen. Neue Lieder haben in ihr ebenso ihren Ort wie das eigene Beobachten, Einfühlen, langsame Annähern und eigenes Mitmachen und Mitgestalten.

In ihrem Namen wird auf die Gestalt des Thomas Bezug genommen, der sich schwer tat, an die Auferstehung Jesu zu glauben, solange er ihn nicht mit eigenen Augen hat sehen können. Dies wird im zwanzigsten Kapitel des Johannes-Evangeliums berichtet:

„Am Abend aber dieses ersten Tages der Woche, als die Jünger versammelt und die Türen verschlossen waren aus Furcht vor den Juden, kam Jesus und trat mitten unter sie und spricht zu ihnen: Friede sei mit euch! Und als er das gesagt hatte, zeigte er ihnen die Hände und seine Seite. Da wurden die Jünger froh, dass sie den Herrn sahen. Da sprach Jesus abermals zu ihnen: Friede sei mit euch! Wie mich der Vater gesandt hat, so sende ich euch. Und als er das gesagt hatte, blies er sie an und spricht zu ihnen: Nehmt hin den Heiligen Geist! Welchen ihr die Sünden erlasst, denen sind sie erlassen; und welchen ihr sie behaltet, denen sind sie behalten.

Thomas aber, der Zwilling genannt wird, einer der Zwölf, war nicht bei ihnen, als Jesus kam. Da sagten die andern Jünger zu ihm: Wir haben den Herrn gesehen. Er aber sprach zu ihnen: Wenn ich nicht in seinen Händen die Nägelmale sehe und meinen Finger in die Nägelmale lege und meine Hand in seine Seite lege, kann ich's nicht glauben. Und nach acht Tagen waren seine Jünger abermals drinnen versammelt und Thomas war bei ihnen. Kommt Jesus, als die Türen verschlossen waren, und tritt mitten unter sie und spricht: Friede sei mit euch! Danach spricht er zu Thomas: Reiche deinen Finger her und sieh meine Hände, und reiche deine Hand her und lege sie in meine Seite, und sei nicht ungläubig, sondern gläubig! Thomas antwortete und sprach zu ihm: Mein Herr und mein Gott! Spricht Jesus zu ihm: Weil du mich gesehen hast, Thomas, darum glaubst du. Selig sind, die nicht sehen und doch glauben!“

Johannes 20, 19-29

Dieser Bibeltext besteht aus zwei Erzählungen: In der ersten (Verse 19 bis 23) geht es darum, dass der Auferstandene seinen Jüngern erscheint und sie bevollmächtigt und in der zweiten (Verse 24 bis 29) um Thomas. Die erste Erzählung könnten wir ohne weiteres für sich in den Blick nehmen, die zweite ist dagegen nicht zu verstehen ohne die vorausgehende erste.

Die Jünger hatten sich versammelt und das aus gutem Grund. Maria von Magdala hatte ihnen unmittelbar zuvor erzählt, dass sie den auferstandenen Jesus gesehen hatte. Das wird bei ihnen neue Hoffnung, aber gewiss auch Fragen und Zweifel ausgelöst haben. Nun werden sie sich darüber ausgetauscht haben, wie sie die Aussage der Maria verstehen können. Das ist zugegebenermaßen nichts als eine reine Vermutung. In unserem Bibeltext steht nichts darüber, worüber die Jünger gesprochen haben, als sie sich am ersten Tag der Woche trafen. Aber unmittelbar vor unserem Text steht der Satz: „Maria von Magdala geht und verkündigt den Jüngern: Ich habe den Herrn gesehen, und das hat er zu mir gesagt“ (Vers 18). Es ist nahe liegend, dass die Jünger darüber gesprochen haben, auch wenn dies im Text nicht explizit zur Sprache kommt. In dieses Treffen kommt Jesus selbst und begrüßt seine Jünger. Dass er den Raum betreten konnte, in dem sich die Jünger versammelt hatten, war für sich bereits ein Wunder, denn dessen Türen waren verschlossen, aber dieses Wunder verliert angesichts des ungleich größeren Wunders, dass Jesus von den Toten auferstanden ist, fast jegliche Bedeutung. Vielleicht war angesichts dieses nahezu unfassbaren Wunders die Frage bei dem einen oder anderen Jünger da, ob derjenige, der da zu ihnen gekommen war, wirklich der war, der am Kreuz gestorben war. Ausgesprochen hat diese Frage niemand von ihnen. Aber es ist gut vorstellbar, dass sie unausgesprochen im Raum stand. Jesus hat dies wahrgenommen und darauf reagiert, indem er ihnen seine Hände und seine Seite zeigte. Damit war seine Identität mit dem auf Golgatha Gekreuzigten offensichtlich. Nun war klar, dass er selbst es war, ihr Meister, der zu ihnen gekommen war, und niemand anders. Freude breitete sich unter den Jüngern aus. Als klar war, wer er war, wiederholte er seinen Gruß an die Jünger, den Friedensgruß, mit dem sich Menschen zur damaligen Zeit gegenseitig zu begrüßen pflegten: „Friede sei mit euch!“ Auf diese erneute Begrüßung folgte die Sendung der Jünger: „Wie mich der Vater gesandt hat, so sende ich euch“ (Vers 21). Diese Sendung ist eine Aufgabe, die der Auferstandene seinen Jüngern anvertraut – eine große Aufgabe, die ohne eine entsprechende Gabe nicht ausgeführt werden kann. Und so gibt Jesus ihnen den heiligen Geist: „Und als er das gesagt hatte, blies er sie an und spricht zu ihnen: Nehmt hin den Heiligen Geist!“ (Vers 22). Mit dieser Gabe des Heiligen Geistes wird Pfingsten gleichsam antizipiert. Damit befähigt Jesus seine Jünger, den ihnen gegebenen Auftrag wahrzunehmen. Wie weit reichend dieser Auftrag ist, wird an der konkreten Vollmacht deutlich, die Jesus den Seinen zuspricht: „Welchen ihr die Sünden erlasst, denen sind sie erlassen; und welchen ihr sie behaltet, denen sind sie behalten“ (Vers 23). Die Tragweite dieser Aussage kann schwerlich überschätzt werden. Die Jünger und damit die Gemeinde Jesu bekommen die Vollmacht zugesprochen, Sünden zu vergeben; sie bekommen die Vollmacht, das zerrüttete Verhältnis zwischen Gott und Mensch wieder zu heilen. Könnte es eine größere, eine bedeutsamere Vollmacht geben als diese?

Mit dem Zuspruch dieser Vollmacht erreicht unsere Erzählung ihren Höhepunkt und ihr Ende. Nun folgt die zweite Erzählung unseres Textes, die ohne diese erste Erzählung nicht verstanden werden könnte.

Thomas, einer der Jünger, war nicht dabei, als der Auferstandene sich seinen Jüngern zeigte, ihnen den Geist Gottes gab und die Vollmacht der Sündenvergebung zusprach. Die anderen Jünger erzählen ihm, was geschehen ist. Er hört das, was er selbst nicht hat miterleben können. Nun wiederholt sich die Geschichte: War es zuerst Maria von Magdala, die den Jüngern erzählte, dass der auferstandene Jesus ihr erschienen ist, und waren die Jünger dabei in der Rolle derjenigen, die diesen Bericht lediglich hören, jedoch ihrerseits nicht bestätigen konnten, so haben sie nun gegenüber Thomas die Rolle der Maria von Magdala inne: Sie berichten ihm, dass ihnen der auferstandene Jesus erschienen ist. Angesichts dieses Berichts empfindet Thomas Zweifel und diesen Zweifel äußert er auch: „Wenn ich nicht in seinen Händen die Nägelmale sehe und meinen Finger in die Nägelmale lege und meine Hand in seine Seite lege, kann ich's nicht glauben“ (Vers 25). Thomas verlangt damit nichts anderes als das, was den anderen Jüngern zuteil geworden ist: Sie haben den Auferstandenen mit eigenen Augen sehen und mit eigenen Ohren hören können und das möchte er auch – nicht mehr und nicht weniger. Ob die anderen Jünger das unmittelbar haben verstehen können, wissen wir nicht. Der Text sagt dazu direkt nichts. Aber es ist bezeichnenderweise auch keine Rede davon, dass sie die Forderung des Thomas in irgendeiner Weise kritisiert haben. Nach einer weiteren Woche versammelten sich die Jünger erneut. Diesmal war Thomas bei ihnen. Wieder erschien ihnen der Auferstandene; wieder kam er zu ihnen, obwohl die Türen verschlossen waren, und wieder grüßt er sie mit den Worten: „Friede sei mit euch!“ Unmittelbar danach spricht er Thomas direkt an und fordert ihn auf, ihn zu berühren: „Reiche deinen Finger her und sieh meine Hände, und reiche deine Hand her und lege sie in meine Seite, und sei nicht ungläubig, sondern gläubig!“ (Vers 27). Jesus ist der Wunsch des Thomas bekannt. Mit keinem Wort kritisiert Jesus diesen Wunsch oder spricht ihm gar seine Legitimität ab. Ganz im Gegenteil: Er fordert Thomas auf, genau das zu tun, was dieser zu tun gewünscht hatte. Und dies ist in der Tat bemerkenswert. Denn zu Maria von Magdala hatte Jesus kurz zuvor noch gesagt: „Rühre mich nicht an! Denn ich bin noch nicht aufgefahren zu meinem Vater“ (Vers 17a). Aber Thomas scheint Jesus gar nicht berührt zu haben. In unserem Predigtext ist nicht die Rede davon, dass Thomas dieser Aufforderung Jesu gefolgt ist und Jesus tatsächlich berührt hat. Als Jesus plötzlich vor ihm stand, schien dies gar nicht mehr notwendig gewesen zu sein. Es reicht vollständig, die Wunden Jesu zu sehen, um sich davon zu überzeugen, dass der, der vor ihm steht, mit dem Gekreuzigten identisch ist. Jetzt ist aller Zweifel verflogen und Thomas antwortet mit einem Bekenntnis, das umfassender nicht sein könnte: „Mein Herr und mein Gott!“ Jesus fasst kurz und präzise zusammen, was geschehen ist: „Weil du mich gesehen hast, Thomas, darum glaubst du.“ Auch an dieser Stelle wird Thomas nicht kritisiert, weil es für seinen Glauben wichtig war, Jesus mit eigenen Augen zu sehen. Jesus kritisiert ihn dafür so wenig wie die übrigen Jünger. Offensichtlich war ihm bewusst, wie schwer es ist zu glauben, was nicht mit eigenen Augen gesehen wird. Ihm war auch bewusst, dass genau dies die Herausforderung ist, vor der alle stehen, die zukünftig an ihn glauben werden. Und so mündet der Text in eine Seligpreisung, einen Makarismus, ein: „Selig sind, die nicht sehen und doch glauben!“ Wer glaubt, auch wenn er nicht mit eigenen Augen sehen kann, obwohl er sich dies vielleicht ebenso sehr wünscht wie Thomas, der wird hier selig gepriesen.

Dass ein Glaube ohne die Möglichkeit, das Geglaubte mit eigenen Augen zu sehen, zuweilen schwer ist, wird hier nicht verschwiegen. Dass sich zu einem solchen Glauben immer wieder der Zweifel gesellt, ist eine Erfahrung, die wohl alle gläubigen Menschen gemacht haben. Die übrigen Jünger haben diesen Zweifel nicht kritisiert, Jesus hat ihn nicht kritisiert und auch wir tun gut daran, ihn nicht zu kritisieren. Denn zu einem Glauben, der nicht tot, nicht statisch, sondern vielmehr lebendig, dynamisch ist, gehört der Zweifel. In jedem Glaubensleben gibt es Phasen des Zweifels. Das mag für diejenigen, die solche Phasen zu durchleben haben, sehr belastend sein, aber es ist ein Zeichen für einen Glauben, der lebt.

Hermann Hesse brachte dies einmal auf eine kurze und prägnante Weise zum Ausdruck, als er sagte: „Glaube und Zweifel bedingen einander wie Ein- und Ausatmen; sie gehören zusammen.“ Und so können wir auch in das „Lob des Zweifels“ von Brecht einstimmen, der schreibt:

> „Gelobt sei der Zweifel! Ich rate euch,
> begrüßt mir heiter und mit Achtung
> den der euer Wort wie einen schlechten Pfennig prüft!“

Dabei macht Brecht allerdings deutlich, dass Zweifel auch destruktiv wirken kann und diese Form von Zweifel möchte er keineswegs gelobt wissen. So heißt es an anderer Stelle in seinem „Lob des Zweifels“:

„Freilich, wenn ihr den Zweifel lobt,
so lobt nicht das Zweifeln, das ein Verzweifeln ist!"

Der konstruktive Zweifel, der uns nicht verzweifeln lässt, gehört zu unserem Glauben konstitutiv dazu. Was diesen Zweifel angeht, so ist uns Thomas viel näher, als uns oft bewusst ist. Darauf kann uns auch der Name „Thomas" hinweisen. Denn dieser Name ist die gräzisierte Form des hebräischen Nomens „Thaom", zu Deutsch: Zwilling. Was den Zweifel angeht, so können wir in Thomas einen Bruder, ja mehr noch: einen Zwilling, erkennen. Und so stellt sich die Frage, ob es eigens einer gottesdienstlichen Form für zweifelnde Zeitgenossen bedarf. Die Thomasmesse ist eine liturgische Gestaltungsmöglichkeit, die ich sehr zu schätzen gelernt habe. Aber es wäre verfehlt, sie als die Gottesdienstform für Gläubige zu betrachten, die in ihrem Glaubensleben Zweifel kennen – und dementsprechend andere gottesdienstliche Formen als adäquat für Menschen zu erachten, die keinen Glaubenszweifel haben. Zweifel und lebendiger Glaube sind untrennbar miteinander verbunden. Was den Zweifel betrifft, so sind wir dem Jünger Thomas sehr nahe.
Aber wir sind ihm nicht nur im Zweifel nahe, sondern auch im Bekenntnis. Und so können wir in unserem lebendigen Glauben an den Auferstandenen mit allen seinen Höhen und Tiefen wie Thomas bekennen: „Mein Herr und mein Gott!"

Kain und Abel
oder: Grundlegendes zum biblischen Menschenbild
1. Mose 4, 1-16a

Einer der bekanntesten Texte der Hebräischen Bibel ist die Geschichte, in der dargestellt wird, dass Kain seinen Bruder Abel totschlägt. Sie steht im Buch Genesis im vierten Kapitel. In der Übersetzung durch Martin Luther hat sie folgenden Wortlaut:

„Adam erkannte seine Frau Eva, und sie ward schwanger und gebar den Kain und sprach: Ich habe einen Mann gewonnen mit Hilfe des HERRN. Danach gebar sie Abel, seinen Bruder. Und Abel wurde ein Schäfer, Kain aber wurde ein Ackermann. Es begab sich aber nach etlicher Zeit, dass Kain dem HERRN Opfer brachte von den Früchten des Feldes. Und auch Abel brachte von den Erstlingen seiner Herde und von ihrem Fett. Und der HERR sah gnädig an Abel und sein Opfer, aber Kain und sein Opfer sah er nicht gnädig an. Da ergrimmte Kain sehr und senkte finster seinen Blick. Da sprach der HERR zu Kain: Warum ergrimmst du? Und warum senkst du deinen Blick? Ist's nicht also? Wenn du fromm bist, so kannst du frei den Blick erheben. Bist du aber nicht fromm, so lauert die Sünde vor der Tür, und nach dir hat sie Verlangen; du aber herrsche über sie. Da sprach Kain zu seinem Bruder Abel: Lass uns aufs Feld gehen! Und es begab sich, als sie auf dem Felde waren, erhob sich Kain wider seinen Bruder Abel und schlug ihn tot. Da sprach der HERR zu Kain: Wo ist dein Bruder Abel? Er sprach: Ich weiß nicht; soll ich meines Bruders Hüter sein? Er aber sprach: Was hast du getan? Die Stimme des Blutes deines Bruders schreit zu mir von der Erde. Und nun: Verflucht seist du auf der Erde, die ihr Maul hat aufgetan und deines Bruders Blut von deinen Händen empfangen. Wenn du den Acker bebauen wirst, soll er dir hinfort seinen Ertrag nicht geben. Unstet und flüchtig sollst du sein auf Erden. Kain aber sprach zu dem HERRN: Meine Strafe ist zu schwer, als dass ich sie tragen könnte. Siehe, du treibst mich heute vom Acker, und ich muss mich vor deinem Angesicht verbergen und muss unstet und flüchtig sein auf Erden. So wird mir's gehen, dass mich totschlägt, wer mich findet. Aber der HERR sprach zu ihm: Nein, sondern wer Kain totschlägt, das soll siebenfältig gerächt werden. Und der HERR machte ein Zeichen an Kain, dass ihn niemand erschlüge, der ihn fände. So ging Kain hinweg von dem Angesicht des HERRN."

1. Mose 4, 1-16a

Die Geschichte beginnt damit, dass Adam und Eva, das erste Menschenpaar, eine Familie gründen und zwei Söhne bekommen, erst Kain und dann Abel. Bemerkenswert ist die Formulierung der Aussage von Eva nach der Geburt von Kain: „Ich habe einen Mann gewonnen mit Hilfe des HERRN“ (Vers 1b). In der hebräischen Verbform קָנִיתִי, die Luther mit den Worten übersetzt „ich habe … gewonnen“, klingt bereits der Name קַיִן (Kain) an. Wir können dieses hebräische Wort auch übersetzen als „ich habe erschaffen“. Damit wird deutlich, dass es bei der Geburt Kains um einen Schöpfungsakt geht. Adam und Eva sind als erste Menschen nicht geboren, sondern von Gott geschaffen. Kain ist nun der erste Mensch, der durch eine Geburt auf die Welt kommt. Wenn Eva sagt, dass sie einen Mann geschaffen hat, deutet sie die Geburt ihres ersten Sohnes somit als Schöpfungsakt – wobei sie sich allerdings nicht an die Stelle Gottes setzt. Denn sie sagt keineswegs, dass sie nun den Kain erschaffen habe, wie Gott zuvor sie und Adam erschaffen hat. Nein, sie sagt, dass sie Kain „mit Hilfe des HERRN“ erschaffen habe, und benennt Gott somit als denjenigen, der ihr die Möglichkeit der Geburt eines Kindes überhaupt erst eröffnet hat. Bereits in Bezug auf die erste Geburt, von der in der Bibel die Rede ist, wird also von der Mutter des Kindes gesagt, dass dies ein Schöpfungsakt sei, der von Gott ermöglicht und von den Menschen vollzogen worden ist. Dies halte ich für eine wichtige Erkenntnis, über die allerdings bei der Interpretation dieses Textes oft hinweggegangen wird, weil sich die Aufmerksamkeit von Anfang an auf den Gewaltakt richtet, in dem Kain seinen jüngeren Bruder Abel ums Leben bringt.

Diese Erkenntnis wird heutzutage oft in Worte gekleidet, wenn nach der Geburt eines Kindes gesagt wird, Gott habe den Eltern ein Kind „geschenkt“. Nichts anderes ist es, was Eva mit den Worten gesagt hat, sie habe ihr Kind „mit Hilfe des HERRN“ erschaffen, denn die „Hilfe des HERRN“ ist nichts anderes als ein Geschenk. Wenn wir uns klarmachen, dass Gott uns Menschen durch diese seine Hilfe in sein schöpferisches Handeln mit einbezieht, dann mag sich der Gedanke an den achten Psalm nahe legen, wo es heißt: „Was ist der Mensch, dass du seiner gedenkst, und des Menschen Kind, dass du dich seiner annimmst? Du hast ihn wenig niedriger gemacht als Gott, mit Ehre und Herrlichkeit hast du ihn gekrönt“ (Verse 5f.).

Nun mag es ein wenig irritieren, dass Eva davon spricht, dass sie einen אִישׁ, einen „Mann“, geschaffen habe. Schließlich geht es ja um Kain als neugeborenen Säugling, der später zu einem Mann heranwächst, aber jetzt noch ein Baby ist. Aber das hebräische Nomen איש hat nicht nur die Bedeutung „Mann“, sondern kann auch „Mensch“ bedeuten, und das wird an dieser Stelle die angemessene Übersetzung sein, so dass Eva sagt, sie habe mit Hilfe Gottes einen (neuen) Menschen erschaffen. Bevor es in diesem Bibeltext um die Auslöschung menschlichen Lebens geht, wird also zunächst gesagt, was die Geburt menschlichen Lebens ist.

Menschliches Leben ist immer auch von Vergänglichkeit bestimmt. Auch Menschen, die nicht gewaltsam ums Leben kommen, sterben. Vielleicht ist diese Erkenntnis, die ebenso grundsätzlichen Charakter hat wie die zuvor gemachte Aussage über die Geburt menschlichen Lebens, durch den Namen des zweiten Sohnes angedeutet: Abel, hebräisch: הבל. Denn dieser Name hat die Bedeutung „Windhauch“, „Hauch“. Und ein Windhauch bzw. Hauch ist nichts, was Bestand hat. Das hebräische Nomen הבל begegnet übrigens auch bei Qohälät. Wenn es dort heißt, alles sei Nichts (Qohälät 1, 2 u.a.), dann steht auch da das Nomen הבל. Ob durch diesen Namen bereits angedeutet ist, dass das Leben von Abel keinen Bestand haben wird, weil Kain ihn erschlagen wird? So wird dieser Name oft gedeutet. Diese Deutung hat sicher ihre Berechtigung, aber es würde zu kurz greifen, den Namen des jüngeren Bruders lediglich vor dem Hintergrund seines bevorstehenden gewaltsamen Endes zu verstehen. Denn hier geht es um mehr: Es geht um die grundsätzliche Aussage, dass das Leben aller Menschen von Vergänglichkeit bestimmt ist.

Dann folgt eine weitere grundsätzliche Aussage, die nicht weniger wichtig ist: Menschen sind unterschiedlich. Diese Unterschiedlichkeit wird anhand der beiden Berufe der zwei Brüder sichtbar: „Und Abel wurde ein Schäfer, Kain aber wurde ein Ackermann“ (Vers 2b). Hirte und Ackerbauer – das sind zwei Berufe, mit denen bereits in der Frühzeit der Menschheit notwendige Lebensmittel erarbeitet wurden. Diese beiden Berufe werden hier ohne Wertungen genannt. Ein Gegensatz, gar eine Feindschaft zwischen ihnen ist diesem Vers nicht zu entnehmen. Bemerkenswert ist jedoch, dass der bedeutende jüdische Bibel- und Talmudkommentator Raschi darauf hingewiesen hat, dass sich Kain als Arbeitsbereich den Acker ausgesucht hat, über den Gott im Rahmen der Vertreibung von Adam und Eva aus dem Paradies zu Adam gesagt hatte: „Verflucht sei der Acker um deinetwillen“ (Genesis 3, 17).

Anhand der beiden Berufe der zwei Brüder wird hier verdeutlicht, dass Menschen unterschiedlich sind. Diese Unterschiedlichkeit, diese Differenz gehört zur menschlichen Existenz. Es gilt, mit ihr umzugehen und sie gegebenenfalls auch auszuhalten. Denn sie kann Rivalitäten auslösen, die zu zerstörerischer Gewalt führen können, wenn es nicht gelingt, sie zu bearbeiten. Dies wird im Rahmen dieses Bibeltextes anhand des eskalierenden Konfliktes zwischen Kain und Abel exemplarisch gezeigt. Dieser Konflikt wird dadurch ausgelöst, dass beide Brüder Gott ein Opfer darbringen, Gott auf die beiden Opfer jedoch ganz unterschiedlich reagiert: „Und der HERR sah gnädig an Abel und sein Opfer, aber Kain und sein Opfer sah er nicht gnädig an" (Verse 4b.5a). Warum Gott das Opfer Abels beachtet, das des Kain dagegen nicht, wird im Text nicht gesagt. Dies hat zu vielen Spekulationen geführt. So wird z.B. im Midrasch darauf hingewiesen, dass Abel „von den Erstlingen seiner Herde und von ihrem Fett" und somit das Beste als Opfer bringt, wogegen Kain lediglich „von den Früchten des Feldes" Opfer bringt. Aber eine derartige unterschiedliche Wertung der unterschiedlichen Opfergaben findet sich nicht im biblischen Text und so tun wir gut daran, es bei der Aussage zu belassen, dass Gottes Handeln – hier seine unterschiedlichen Reaktionen auf die Opfer der beiden Brüder – für uns unergründlich ist und bleibt.

Die Reaktion des Kain auf die Nicht-Beachtung seines Opfers durch Gott ist hingegen ohne weiteres zu ergründen und sicher auch nachzuvollziehen. Er wird neidisch auf seinen Bruder Abel, dessen Opfer von Gott angesehen wird – im Gegensatz zu seinem Opfer. Dies empfindet er gewiss als zutiefst ungerecht und dieses Gefühl schlägt in Wut um, die sich nun allerdings nicht direkt gegen Gott richtet, sondern gegen seinen Bruder als den von Gott scheinbar Bevorzugten. Indirekt richtet sie sich damit freilich auch gegen Gott. Diese seine Wut lässt ihn den Kontakt zu seinem Bruder abbrechen: „Da ergrimmte Kain sehr und senkte finster seinen Blick" (Vers 5b). Indem er seinen Blick senkt, verhindert er jeden Blickkontakt zwischen ihm und seinem Bruder. Eine Möglichkeit, mit seinem Bruder über seine Kränkung und über seinen Ärger über die vermeintliche Ungerechtigkeit zu sprechen, gibt es nun nicht mehr – und damit auch keine Möglichkeit, den Konflikt beizulegen. Nun spricht Gott Kain an und gibt ihm auf diese Weise die Möglichkeit, den sich anbahnenden Weg der Gewalt zu verlassen. Er fragt Kain: „Warum ergrimmst du? Und warum senkst du deinen Blick?" (Vers 6). Und zudem führt er ihm die Folgen gewaltsamen Handelns vor Augen, indem er sagt: „Ist's nicht also? Wenn du fromm bist, so kannst du frei den Blick erheben. Bist du aber nicht fromm, so lauert die Sünde vor der Tür, und nach dir hat sie Verlangen; du aber herrsche über sie" (Vers 7). Aber Kain wird von diesen Worten Gottes nicht mehr erreicht und so nimmt das Unheil seinen Lauf. Nun richtet Kain das Wort an seinen Bruder und fordert ihn auf: „Lass uns aufs Feld gehen!“ (Vers 8a). Aber dies tut er nicht, weil er den Konflikt mit ihm klären möchte, sondern vielmehr, weil er ihm Schaden zufügen möchte. Dass er das Wort an seinen Bruder richtet, führt somit nicht zu einer Begegnung mit ihm. An einer Begegnung ist er zu dem Zeitpunkt nicht mehr interessiert. Und so kommt es zum Schlimmsten: „Und es begab sich, als sie auf dem Felde waren, erhob sich Kain wider seinen Bruder Abel und schlug ihn tot“ (Vers 8b). Nun spricht Gott Kain erneut an und fragt ihn: „Wo ist dein Bruder Abel?“ (Vers 9a). Diese Frage erinnert an Gottes Frage an Adam „Wo bist du?“ (Genesis 3, 9). Die Antwort Kains auf die Frage Gottes können wir für frech und trotzig halten, lautet sie doch: „Ich weiß nicht; soll ich meines Bruders Hüter sein?“ (Vers 9b). Das ist sie zweifellos auch, zumal sie durch die Lüge Kains eingeleitet wird, dass er nicht wisse, wo sein Bruder Abel sei. Aber dies würde dennoch zu kurz greifen. W. Gunther Plaut schrieb in seinem Kommentar zur Tora (תורה. Die Tora in jüdischer Auslegung. Herausgegeben von W. Gunther Plaut. Autorisierte Übersetzung und Bearbeitung von Annette Böckler. Mit einer Einleitung von Landesrabbiner W. Homolka. Band I: Bereschit בראשית Genesis, Gütersloh: Kaiser; Gütersloher Verlagshaus 1999): „Man beachte, dass Gott nicht reagiert. Die Frage ‚Bin ich der Hüter meines Bruders?’ bleibt unbeantwortet, und sie blieb es, trotz der Fragen der folgenden Generationen. Warum schweigt Gott, wenn Menschen einander töten? Wo beginnt Gottes Macht, und wo endet sie? Gott erwartet von dem Menschen, dass er Rechenschaft über seine Taten ablegt. Der Mensch erwartet im Gegenzug von Gott ebenfalls Rechenschaft für seine Taten. Bin ich allein der Hüter meines Bruders? Bist du es nicht ebenso? Wenn das Blut meines Bruders gegen mich von der Erde schreit, schreit es dann nicht ebenso laut gegen dich?“ (Seite 103).

W. Gunther Plaut hat zu Recht darauf hingewiesen, dass Gott die Frage Kains nicht beantwortet. Stattdessen konfrontiert er ihn direkt mit seiner schrecklichen Tat und fragt ihn: „Was hast du getan?“ (Vers 10a). Diese anklagende Frage lässt an die Frage denken, die Gott an Eva gerichtet hat, nachdem diese die Frucht von dem Baum gekostet hat, dessen Früchte er ihr und Adam zu essen verboten hatte: „Warum hast du das getan?“ (Genesis 3, 13). Auf die Frage an Kain folgt unmittelbar die Anklage: „Die Stimme des Blutes deines Bruders schreit zu mir von der Erde“ (Vers 10b). Bemerkenswert ist, dass das Wort für Blut im hebräischen Text im Plural steht: דמי אחיך. In der jüdischen

Tradition wird dies damit erklärt, dass derjenige, der das Blut eines Menschen vergießt, damit zugleich auch das Blut aller seiner potenziellen Nachkommen vergießt (vgl. Benno Jacob, Das Buch Genesis, Stuttgart: Calwer Verlag 2000, S. 141). Angesichts der schweren Schuld, die Kain auf sich geladen hat, fällt auch die Strafe hart aus: Er wird verflucht, der Acker wird ihm nicht mehr die lebensnotwendige Nahrung geben und er soll „auf Erden" „unstet und flüchtig" sein (vgl. Verse 11f.). Im hebräischen Text steht für „unstet und flüchtig" das Wortpaar נע ונד. Es weckt Assoziationen an das Wortpaar תהו ובהו in Genesis 1, 2. Kain antwortet auf diese Urteilsverkündigung – anders als in der Situation direkt vor der Gewalttat, als Gott ihn angesprochen hat und er sich einer Antwort verweigert und seinen Blick gesenkt hat. Nun geht er auf das ein, was Gott sagt. Er leugnet seine Schuld auch nicht mehr – anders als in der Situation direkt nach der Gewalttat, als er auf Gottes Frage, wo sein Bruder Abel sei, geantwortet hat, dass er dies nicht wisse. Nein, nun erkennt und bekennt er, dass er schuldig geworden ist und dass seine Schuld sehr groß ist. Angesichts der von Gott verhängten Strafe wendet er jedoch ein, dass ihn nun jeder totschlagen könne. Ist das als indirekte Frage zu verstehen, ob dies von Gott so gewollt sei? Das können wir zwar nicht mit Gewissheit sagen, aber möglich ist es durchaus. Gott antwortet auf diesen Einwand – ohne dabei allerdings Kain direkt anzusprechen. Jetzt redet er über Kain in der dritten Person Singular, indem er sagt: „Nein, sondern wer Kain totschlägt, das soll siebenfältig gerächt werden" (Vers 15a). Und diese Zusage erfüllt er durch das Zeichen, das er „an Kain machte": „Und der HERR machte ein Zeichen an Kain, dass ihn niemand erschlüge, der ihn fände" (Vers 15b). Umgangssprachlich wird unter einem Kainszeichen oft ein Schandmal verstanden. Ein Blick in den Bibeltext zeigt, dass dies ein krasses Missverständnis ist. Es geht vielmehr um ein Schutzzeichen, „dass ihn niemand erschlüge, der ihn fände." Was dies für ein Zeichen ist, wie es aussehen mag, ja ob es überhaupt sichtbar ist – all diese Fragen lässt der Text offen. Gemäß dem hebräischen Text ist es auch nicht so, dass dieses Zeichen an Kain gemacht wird, sondern vielmehr für ihn, denn dort steht die Präposition ל und nicht die Präposition ב. Es ist nicht wichtig, wie dieses Zeichen konkret aussieht, sondern dass es Kain schützt, so dass er sich auf den Weg machen kann – einen Weg „hinweg von dem Angesicht des HERRN", aber unter dem Schutz des HERRN. Der Bibeltext endet mit dem Satz: „So ging Kain hinweg von dem Angesicht des HERRN" (Vers 16a). In diesem Text werden grundlegende Aussagen zur biblischen Anthropologie gemacht:

Wir Menschen sind am Schöpfungswerk Gottes beteiligt.
Wir Menschen sind vergänglich.

Zu unserer menschlichen Existenz gehören Differenzen. Es gilt, mit ihnen umzugehen und sie gegebenenfalls auch auszuhalten.

Dies kann uns gelingen, aber auch misslingen. Misslingt es uns, dann stehen wir in der Gefahr, an unserer bzw. unserem Nächsten schuldig zu werden, im Extremfall sogar zu ihrem oder seinem Mörder zu werden.

Damit hält uns der Text einen Spiegel vor Augen, in dem wir uns wieder erkennen können, auch und gerade dann, wenn uns das, was wir da sehen, nicht behagt.

Zusätzlich zu diesen grundlegenden anthropologischen Aussagen macht der Text auch grundlegende theologische Aussagen:
Gott sieht unsere Schuld und konfrontiert uns auch mit ihr, aber Er gibt uns trotz unserer Schuld neue Chancen, unser Leben zu gestalten. Fulbert Steffensky kleidet dies unter Bezug auf Genesis 4, 21 so in Worte: „Kain hat wieder gelernt zu essen und zu trinken, zu lieben und Kinder zu zeugen. Und sogar Zitherspieler stammen aus seinem Geschlecht“ (Fulbert Steffensky, Schöne Aussichten. Einlassungen auf biblische Texte, Stuttgart: Radius-Verlag 2006, S. 14).

Als Menschen, deren Existenz von einer tiefen Ambivalenz geprägt ist, zu denen die Teilhabe am Schöpfungswerk Gottes ebenso gehört wie die Schuld, die wir auf uns laden, hören wir die Zusage einer neuen Chance. Auch wenn wir schuldig werden, können wir uns im Vertrauen auf den Schutz Gottes neu auf den Weg machen. Jochen Klepper hat dies in der zweiten Strophe seines Liedes ‚Die Nacht ist vorgedrungen’ (EG 16) so in Worte gekleidet: „Wer schuldig ist auf Erden, verhüll nicht mehr sein Haupt.“

Zum Umgang mit Konflikten
Genesis 13

Welche Rolle spielen Konflikte in unserem Leben? Wie gehen wir mit ihnen um? Diese Fragen gehen uns alle an, denn wir alle kennen die Konflikte, in denen wir uns immer 'mal wieder befinden und denen wir uns dann zu stellen haben. Niemand von uns findet es sonderlich angenehm, sich in einer Konfliktsituation zu befinden. Aber Konflikte gehören zu unserem Leben dazu. Wir werden ihnen letztlich nicht auf Dauer aus dem Weg gehen können. Somit stellt sich die Frage, wie wir mit ihnen umgehen. Verdrängen wir sie, dann holen sie uns wieder ein – und das im Allgemeinen auf eine für uns unangenehme Art und Weise. Verdrängen wir sie dagegen nicht, sondern versuchen wir, uns ihnen zu stellen, dann stehen wir vor der Frage, wie und mit welchem Ziel wir dies tun. Geht es darum, unsere Interesse(n) durchzusetzen und somit als „Sieger“ aus der Auseinandersetzung hervorzugehen?

Diese Fragen stellen sich nicht nur im großen gesellschaftlichen Rahmen, wenn z.B. Tarifverhandlungen geführt werden oder seitens der Politik zu klären ist, in welchen Arbeitsbereichen mehr gespart werden soll und in welchen weniger oder gar nichts. Ginge es nur um solche Konflikte, dann könnten sich die meisten von uns sagen, dass sie auf die Lösung derartiger Konflikte ja keinen unmittelbaren Einfluss haben. Aber – wie gesagt – gehören Konflikte nicht nur zum Leben von Berufspolitikern, sondern auch zu unserem Leben, etwa zu unserem Familienleben, um nur ein Beispiel zu nennen. So ist das Zusammenleben mit Geschwistern und von Geschwistern oft alles andere als konfliktfrei. Bei Konflikten zwischen Geschwistern kommt der Wunsch auf, dass Geschwister sich vertragen mögen – dies ist bei jüngeren Kindern oft der sehnsüchtige Wunsch der Eltern, und bei älteren Geschwistern ist es meistens der eigene Wunsch, wenn Konflikte die Beziehung beeinträchtigen. Dieser Wunsch findet auch in der Hebräischen Bibel seinen Ausdruck. Der 133. Psalm beginnt mit den Worten: „Siehe, wie gut und angenehm es ist, wenn Geschwister auch zusammen wohnen.“ Das hebräische Wort *ahim*, das an dieser Stelle im Text steht, ist gewiss kollektiv gemeint und bezeichnet nicht nur die Brüder, wie es in vielen deutschen Übersetzungen steht, sondern auch die Schwestern.

Kann dieses Psalmwort ein Leitwort für unsere Frage nach dem Umgang mit Konflikten zwischen uns und unseren Nächsten sein? Dieses Wort drückt so viel Nähe aus, dass es überhaupt keine Distanz und somit auch keine Konflikte zu geben scheint. Distanz und Konflikte gibt es jedoch zwischen uns Menschen – trotz aller uns verbindender Gemeinsamkeiten.

Es gibt in der biblischen Überlieferung ein Beispiel, in dem gezeigt wird, wie Geschwister einen Konflikt miteinander zu bewältigen haben und dabei erkennen, dass sie getrennte Wege gehen müssen, und sich trennen: Genesis 13 – die Erzählung der Trennung von Abram und Lot. Nun sind Abram und Lot zwar streng genommen keine Brüder, denn Lot ist der Neffe von Abram, aber dies spielt für die Erzählung keine Rolle, und so ist es auch nur natürlich, dass die beiden im hebräischen Text wieder mit dem Nomen *ahim* bezeichnet werden. Ich lese zunächst die ersten zwölf Verse dieses Kapitels:

„Und Abram ging hinaus aus Ägypten – er und seine Frau und alles, was ihm gehörte und Lot mit ihm in die Südgegend. Und Abram war sehr reich an Besitz, an Silber und an Gold. Und er wanderte stationsweise aus der Südgegend und nach Bethel, zu dem Ort, wo am Anfang sein Zelt gewesen war zwischen Bethel und Ai, zu der Stätte des Altars, welchen er dort früher errichtet hatte, und Abram rief dort den Namen JHWH's an. Aber auch Lot, der mit Abram zog, gehörten Kleinvieh und Rindvieh und Zelte. Und das Land trug es nicht, daß sie miteinander wohnten, denn ihr Besitz war groß, und sie konnten nicht miteinander wohnen. Und es war Streit zwischen den Hirten von Abrams Herden und den Hirten von Lots Herden, und die Kanaaniter und die Pherisiter wohnten damals in dem Land. Und Abram sprach zu Lot: Es soll doch nicht Zank zwischen mir und dir und zwischen meinen Hirten und deinen Hirten sein, denn wir Männer sind Brüder. Ist nicht das ganze Land vor dir? Trenne dich doch von mir! Wenn zur Linken, werde ich mich zur Rechten wenden, und wenn zur Rechten, werde ich mich zur Linken wenden. Und Lot hob seine Augen und sah die gesamte umliegende Gegend des Jordan, denn sie war eine wasserreiche Gegend, bevor JHWH Sodom und Gomorra zugrunde richtete, wie der Garten JHWH's, wie das Land Ägyptens, wenn man nach Zoar kommt. Und Lot erwählte sich die ganze umliegende Gegend des Jordans aus, und Lot brach von Osten auf, um weiter zu ziehen, und sie trennten sich – jeder von seinem Bruder. Abram ließ sich im Land Kanaan nieder, und Lot ließ sich in den Städten der umliegenden Gegend nieder, und er zog mit seinen Zelten weiter bis Sodom."

Hinsichtlich der Frage, wie mit Konflikten umgegangen werden kann, geben in erster Linie diese ersten zwölf Verse des Kapitels entscheidende Impulse, die folgenden Verse 13 bis 18 dagegen weniger. Um die Verse 1 bis 12 jedoch in ihrem Kontext – insbesondere mit ihrem Anschluss nach hinten – zur Kenntnis nehmen zu können, ist es hilfreich, die restlichen Verse des 13. Kapitels ebenfalls zu hören. Deshalb lese ich auch sie vor:

Aber die Männer von Sodom waren böse und JHWH gegenüber in höchstem Maße Sünder. Und JHWH sprach zu Abram, nach Lots Trennung von ihm: „Erhebe doch deine Augen und sieh von der Stelle, wo du bist, nach Norden und nach Süden und nach Osten und nach Westen, denn das ganze Land, welches du siehst – dir werde ich es geben und deiner Nachkommenschaft bis in Ewigkeit. Und ich werde deine Nachkommenschaft wie den Staub der Erde machen, so dass, wenn jemand den Staub der Erde zählen kann, auch deine Nachkommenschaft gezählt werden wird. Stehe auf, um in dem Land in die Länge und in die Breite umherzuziehen, denn ich werde es dir geben.“ Und Abram zog mit seinen Zelten weiter, und er kam, und er ließ sich bei den großen Bäumen Mamres nieder, die in Hebron sind, und er baute dort einen Altar für JHWH.

Dieses 13. Kapitel des Ersten Buches Mose kann uns bei der Frage nach einem angemessenen Umgang mit Konflikten weiterhelfen. Denn in ihm schlummern Aussagepotentiale, die es verdienen, zum Klingen gebracht zu werden: Abram und Lot waren gemeinsam auf dem Weg von Ägypten in den Negev. Sie waren nicht allein, sondern reisten mit ihren Angehörigen, ihren Bediensteten und ihren Viehherden. Es kam zu einem Konflikt zwischen den beiden, und der Grund für diesen Konflikt wird auch genau benannt: „Und das Land trug es nicht, dass sie gemeinsam wohnten, denn ihr Besitz war viel, und sie konnten nicht gemeinsam wohnen.“ Es gehört zu den Grundgesetzen nomadischen Lebens, dass die Herden nicht zu groß sein dürfen, weil sonst der karge Boden nicht genug Nahrung hergibt, und so war eine Trennung der beiden unausweichlich. Diese Trennung verlief äußerst harmonisch, denn Abram war sofort bereit, dem Jüngeren die Auswahl des Geländes zuzugestehen. Er sagte zu ihm: „Es soll doch nicht Zank zwischen mir und dir und zwischen meinen Hirten und deinen Hirten sein, denn wir Männer sind Brüder <auch an dieser Stelle steht das hebräische *ahim*>. Ist nicht das ganze Land vor dir? Trenne dich doch von mir! Wenn zur Linken, werde ich mich zur Rechten wenden, und wenn zur Rechten, werde ich mich zur Linken wenden."

Und so geschah es dann auch. Abram und Lot trennten sich, weil sie nicht mehr zusammen bleiben konnten und gingen von da an getrennte Wege. Beeindruckend ist die gegenseitige Achtung, in der die Trennung vollzogen wurde, nachdem sie erkannt hatten, dass der gemeinsame Weg nicht mehr möglich war. Ein solcher Umgang miteinander wäre auch da wünschenswert, wo es zwischen Geschwistern keinen gemeinsamen Weg gibt. Denn eine solche Trennung bedeutet keineswegs, dass die gegenseitige Solidarität aufgekündigt wird. Im unmittelbar darauf folgenden Kapitel des Ersten Buches Mose wird berichtet, dass Lot nach der Trennung von Abram in seiner neuen Heimat Sodom in eine kriegerische Auseinandersetzung hineingezogen und als Kriegsgefangener weggeschleppt wird. Als dies Abram zu Ohren kommt, bricht er sofort auf, um Lot zu befreien (Genesis 14). Auf die Beziehung zwischen Geschwistern bezogen kann dies bedeuten, dass diese zueinander stehen und sich aufeinander verlassen können – auch dann, wenn sie so unterschiedlich sind, dass sie nicht alle ihre Lebenswege gemeinsam beschreiten können.

Hätten Abram und Lot die Notwendigkeit, getrennte Wege zu gehen, nicht erkannt und sich nicht zur Trennung durchgerungen, dann wären die Konflikte nicht gelöst worden, sondern wahrscheinlich noch sehr viel bedrängender geworden. Auch wenn es gut und angenehm wäre, wenn Geschwister auch zusammen wohnten, so gibt es doch auch gute Gründe, anzuerkennen, dass nicht alle Wege gemeinsam beschritten werden können. Dies bedeutet jedoch – wie gesagt – keineswegs ein Aufkündigen der gegenseitigen Solidarität.

Ist Gott der „liebe Gott“?

Jeremia 23, 16-29

Oft reden wir von Gott als dem lieben Gott. Manche nehmen das Wort ‚Gott‘ nie in den Mund, ohne es mit dem Adjektiv ‚lieb‘ zu versehen. Diese Redeweise hat auch in unserem ‚Evangelischen Gesangbuch‘ ihren Niederschlag gefunden: In dem Lied Nr. 592 wird Gott in allen drei Strophen als ‚Lieber Gott‘ angesprochen. Die erste Strophe lautet: „Lieber Gott, ich danke dir, / dass Du bei mir bist, / dass du alle Menschen liebst / und mich nicht vergisst; / dass du alle Menschen liebst / und mich nicht vergisst.“ Und die zweite Strophe hat den Wortlaut: „Dass ich mit Dir sprechen kann / und Du hörst auf mich, / lieber Gott, ich danke Dir, / und ich lobe Dich, / lieber Gott, ich danke Dir, / und ich lobe Dich.“ Die dritte Strophe hat denselben Wortlaut wie die erste.

Wer wollte in dieses Lied nicht mit einstimmen; bringt es doch dankbar das Vertrauen zu Gott zum Ausdruck, in dem und von dem wir leben. Daran kann nichts falsch sein. Gott ist nach unserem Glauben der liebe Gott. Gott sei Dank!

Aber ist das alles? Ein mittlerweile längst emeritierter Kollege hat mir einmal gesagt: „Gott ist nicht der liebe Gott, sondern der Heilige Israels!“ Es ist offensichtlich, was er damit sagen wollte: Wenn wir Gott nur auf den lieben Gott reduzieren, verharmlosen, ja verniedlichen wir ihn. Dann ist er lediglich der liebe Gott, der uns in unserem Leben auch nie stört, geschweige denn aufschreckt, sondern uns nur liebevoll bestätigt. Gegen eine derartige Verharmlosung und Verniedlichung hat dieser lebens- und berufserfahrene Pastor mit Vehemenz seine Stimme erhoben. Ich denke, zu Recht. So wahr es ist, dass Gott der liebe Gott ist, so falsch wäre es, ihn nur als den lieben Gott wahrzunehmen. Ein Abschnitt aus dem 23. Kapitel des Jeremia-Buches führt uns dies in aller nur denkbaren Deutlichkeit vor Augen. Er lautet:

„So spricht der HERR Zebaoth: Hört nicht auf die Worte der Propheten, die euch weissagen! Sie betrügen euch; denn sie verkünden euch Gesichte aus ihrem Herzen und nicht aus dem Mund des HERRN. Sie sagen denen, die des HERRN Wort verachten: Es wird euch wohlgehen –, und allen, die nach ihrem verstockten Herzen wandeln, sagen sie: Es wird kein Unheil über euch kommen. Aber wer hat im Rat des HERRN gestanden, dass er sein Wort gesehen und gehört hätte? Wer hat sein Wort vernommen und gehört? Siehe, es wird ein Wetter des HERRN kommen voll Grimm und ein schreckliches Ungewitter auf den Kopf der Gottlosen niedergehen. Und des HERRN Zorn wird nicht ablassen, bis er tue und ausrichte, was er im Sinn hat; zur letzten Zeit werdet ihr es klar erkennen. Ich sandte die Propheten nicht und doch laufen sie; ich redete nicht zu ihnen und doch weissagen sie. Denn wenn sie in meinem Rat gestanden hätten, so hätten sie meine Worte meinem Volk gepredigt, um es von seinem bösen Wandel und von seinem bösen Tun zu bekehren. Bin ich nur ein Gott, der nahe ist, spricht der HERR, und nicht auch ein Gott, der ferne ist? Meinst du, dass sich jemand so heimlich verbergen könne, dass ich ihn nicht sehe?, spricht der HERR. Bin ich es nicht, der Himmel und Erde erfüllt?, spricht der HERR. Ich höre es wohl, was die Propheten reden, die Lüge weissagen in meinem Namen und sprechen: Mir hat geträumt, mir hat geträumt. Wann wollen doch die Propheten aufhören, die Lüge weissagen und ihres Herzens Trug weissagen und wollen, dass mein Volk meinen Namen vergesse über ihren Träumen, die einer dem andern erzählt, wie auch ihre Väter meinen Namen vergaßen über dem Baal? Ein Prophet, der Träume hat, der erzähle Träume; wer aber mein Wort hat, der predige mein Wort recht. Wie reimen sich Stroh und Weizen zusammen?, spricht der HERR. Ist mein Wort nicht wie ein Feuer, spricht der HERR, und wie ein Hammer, der Felsen zerschmeißt?“

Jeremia 23, 16-29

Hier geht Gott mit Propheten ins Gericht. Er klagt sie an, weil sie den lieben Gott verkündigen – und das in einer Situation, in der genau das Gegenteil zu sagen ist. Sie reden den Leuten nach dem Mund – und das in einer Situation, in der es angesagt wäre, sie mit Aussagen zu konfrontieren, die innehalten lassen. Mehr noch: Sie sagen nicht nur Falsches, sondern tun dies auch noch in ihrer Rolle als Propheten. Damit sind ihre Aussagen gleichsam legitimiert. Jeder kann sich darauf berufen, denn es sind ja schließlich Propheten, also Geistliche, die das sagen. Wäre es nicht eine Anmaßung, ihre Worte in Zweifel zu ziehen? Nein, wenn die Propheten sagen, dass alles in Ordnung ist, dann wird wohl alles in Ordnung sein und man kann so weitermachen wie bisher. Es gibt also keinen Grund zur Beunruhigung.

Doch, den gibt es! Denn die Propheten, die da so beruhigend sprechen und damit die gegebenen Verhältnisse stabilisieren, lügen das Blaue vom Himmel herunter. Als ob das nicht schon schlimm genug wäre, tun sie dies auch noch im Namen Gottes. Sie berufen sich also auf Gott und erwecken auf diese Weise den Anschein, als ob ihre so beruhigenden Worte von Gott stammen und sie sie lediglich weitergeben. Das ist keine Prophetie – das ist die Pervertierung von Prophetie! Und diese Pervertierung lässt Gott nicht zu. Durch den Propheten Jeremia lässt er das Ganze klarstellen. Und dabei zeigt er sich keineswegs als der liebe Gott, sondern als der zornige.

Der Zorn ist zutiefst beunruhigend, aber wenn wir ehrlich sind, auch zutiefst verständlich. Ohne über Gott nun in anthropomorpher Weise sprechen zu wollen und ihn und seine Reaktion nun mit uns Menschen und unseren Reaktionen auf eine Ebene stellen zu wollen, möchte ich an dieser Stelle doch eine aktuelle Parallele aus unserem menschlichen Bereich zur Sprache bringen: Zurzeit wird jemand auf das Übelste verleumdet. Es werden E-Mails verschickt – und zwar an viele Empfänger – in denen ihm Schlimmes unterstellt wird. Die Vorwürfe sind, wie mittlerweile festgestellt wurde, alle gegenstandslos. Die Staatsanwaltschaft ermittelt gegen die Person, die diese Verleumdungen in die Welt setzt. Das ist aber gar nicht so einfach, denn der- oder diejenige verschickt die verleumderischen E-Mails nicht unter eigenem Namen, sondern mit fingierten E-Mail-Adressen unter dem Namen anderer Personen. So steht der Name einer Frau unter der letzten dieser E-Mails. Sie hat sofort klargestellt, dass sie damit nichts zu tun hat und es sich auch nicht um ihre E-Mail-Adresse handelt. Ich habe nicht selbst mit ihr gesprochen, aber ich kann mir lebhaft vorstellen, dass sie äußerst zornig ist angesichts der Tatsache, dass der Eindruck erweckt wurde, sie würde jemanden verleumden.

Dieser Fall ist mit dem, um den es in diesem Text aus dem 23. Kapitel des Jeremia-Buches geht, durchaus vergleichbar. Denn die falschen Propheten erwecken den Eindruck, als ob Gott die von ihnen vertretenen Falschaussagen getätigt habe – so wie die Person den Eindruck erweckt, als ob die in der E-Mail genannte Frau die Verleumdungen in die Welt gesetzt habe.

Den Zorn Gottes, der in diesem Text seinen Ausdruck findet, werden wir nur allzu gut verstehen können, wenn wir uns vor Augen führen, dass es Unterstellungen sind, die ihn ausgelöst haben.

Gott lässt die Betreffenden nicht im Unklaren über den Grund seines Zorns. Ganz im Gegenteil: Er benennt den Sachstand in aller Klarheit, wenn er sagt: „So spricht der HERR Zebaoth: Hört nicht auf die Worte der Propheten, die euch weissagen! Sie betrügen euch; denn sie verkünden euch Gesichte aus ihrem Herzen und nicht aus dem Mund des HERRN“ (Vers 16). Zunächst einmal wird also klargestellt, dass jetzt wirklich Gott spricht – und nicht irgendwelche falschen Propheten, die sich zu Unrecht auf ihn berufen: „So spricht der HERR Zebaoth“ – mit dieser Formel wird das Folgende als Gottesrede charakterisiert. Dann wird umgehend gesagt, dass die falschen Propheten lügen und betrügen und ihren Worten deshalb kein Glaube zu schenken ist: „Hört nicht auf die Worte der Propheten, die euch weissagen! Sie betrügen euch.“ Und dann wird Gott deutlich und benennt die verlogenen Unterstellungen der falschen Propheten: Sie verheißen denen, die sich zutiefst falsch verhalten, dass es ihnen gut gehen wird und dass kein Unglück sie treffen wird (Vers 17). Damit bestätigen sie sie also in ihrem Verhalten, anstatt ihnen die Möglichkeit zu geben, ihr Verhalten selbstkritisch zu reflektieren. Gott konfrontiert die falschen Propheten damit, dass sie sich fälschlicherweise auf ihn berufen haben und kündigt ihnen die Folgen seines Zorns an. Er lässt sie nicht darüber im Unklaren, dass er sehr genau wahrnimmt, was sie tun und sagen: „Ich höre es wohl, was die Propheten reden, die Lüge weissagen in meinem Namen und sprechen: Mir hat geträumt, mir hat geträumt“ (Vers 25). Wenn die Propheten ihre Träume erzählen wollen, sollen sie dies getrost tun, dies aber bitte nicht als Wort Gottes ausgeben: „Ein Prophet, der Träume hat, der erzähle Träume; wer aber mein Wort hat, der predige mein Wort recht“ (Vers 28). Gott sagt auch, warum ihr Fehlverhalten so schwerwiegend ist: „Hätten sie meine Worte meinem Volk gepredigt, um es von seinem bösen Wandel und von seinem bösen Tun zu bekehren“ (Vers 22). Hier wird deutlich, dass die Lügen der Propheten weit reichende Folgen haben – Folgen, unter denen das ganze Volk zu leiden hat. Angesichts deren falscher, verharmlosender Rede vom lieben Gott schleudert er ihnen entgegen: „Bin ich nur ein Gott, der nahe ist, spricht der HERR, und nicht auch ein Gott, der ferne ist?“ (Vers 23).

Ist Gott hier somit ausschließlich der zornige und somit nicht der liebe Gott? Die Antwort auf diese Frage wird wohl davon abhängen, wie wir das Wort ‚Liebe‘ mit Inhalt füllen. Wenn wir anerkennen, dass es auch Ausdruck echter Liebe ist, dem bzw. den geliebten Menschen in aller Deutlichkeit, gegebenenfalls auch voller Zorn, zu sagen, dass sie sich auf einem falschen Weg befinden, einem Weg, der sie ins Unglück führt, dann können wir gerade in dem Zorn, der uns in diesem Abschnitt aus dem Buch des Propheten Jeremia entgegenschlägt, die Liebe Gottes erkennen. Sicher nicht auf den ersten Blick, denn der wird wohl zunächst einmal Erschrecken auslösen. Aber wenn wir uns nach dem ersten Blick nicht abwenden, sondern uns dem stellen, was Gott hier sagt, dann sehen wir, dass Gott gerade deshalb so zornig wird, weil er uns Menschen liebt. Wären wir ihm gleichgültig, dann würde er sich – um es in menschlichen Kategorien auszudrücken – sicher nicht aufregen und schon gar nicht zornig werden. Aber wir – seine Geschöpfe – sind ihm wichtig und so entbrennt sein Zorn.

Und so lassen Sie uns getrost dabei bleiben, von Gott als dem lieben Gott zu sprechen – vorausgesetzt, wir nehmen seine Liebe wirklich ernst und verniedlichen sie nicht.

Gottes Gegenwart
Exodus 3, 1-14

Im Zweiten Buch Mose im dritten Kapitel, Verse 1 bis 14, steht die Geschichte von der Berufung Moses. Die meisten von Ihnen werden diese Geschichte in der Übersetzung von Martin Luther kennen. Ich möchte sie Ihnen heute in der Übersetzung von Martin Buber und Franz Rosenzweig vorlesen. Mir persönlich bedeutet diese Übersetzung mit ihrer kraftvoll poetischen, aber auch eigenwilligen Sprache sehr viel:

„Mosche war Hirt der Schafe Jitros seines Schwähers, Priesters von Midjan. Als er die Schafe hinter die Wüste leitete, kam er an den Berg Gottes, zum Choreb. SEIN Bote ließ von ihm sich sehen in der Lohe eines Feuers mitten aus dem Dornbusch. Er sah: da, der Dornbusch brennt im Feuer, doch der Dornbusch bleibt unversehrt. Mosche sprach: Ich will doch hintreten und ansehn dieses große Gesicht – warum der Dornbusch nicht verbrennt. Als ER aber sah, dass er hintrat, um anzusehn, rief Gott ihn mitten aus dem Dornbusch an, er sprach: Mosche! Mosche! Er sprach: Da bin ich. ER aber sprach: Nahe nicht herzu, streife deine Schuhe von deinen Füßen, denn der Ort, darauf du stehst, Boden der Heiligung ists. Und sprach: Ich bin der Gott deines Vaters, der Gott Abrahams, der Gott Jizchaks, der Gott Jaakobs. Mosche barg sein Antlitz, denn er fürchtete sich, zu Gott hin zu blicken. ER aber sprach: Gesehn habe ich, gesehn die Bedrückung meines Volks, das in Ägypten ist, ihren Schrei vor seinen Treibern habe ich gehört, ja, erkannt habe ich seine Leiden. Nieder zog ich, es aus der Hand Ägyptens zu retten, es aus jenem Land hinaufzubringen nach einem Land, gut und weit, nach einem Land, Milch und Honig träufend, nach dem Ort des Kanaaniters und des Chetiters, des Amoriters und des Prisiters, des Chiwwiters und des Jebusiters. Nun, da ist der Schrei der Söhne Jisraels zu mir gekommen, und gesehn auch habe ich die Pein, mit der die Ägypter sie peinigen: nun geh, ich schicke dich zu Pharao, führe mein Volk, die Söhne Jisraels, aus Ägypten! Mosche sprach zu Gott: Wer bin ich, daß ich zu Pharao gehe, dass ich die Söhne Jisraels aus Ägypten führe! Er aber sprach: Wohl, ich werde dasein bei dir, und dies hier ist das Zeichen, dass ich selber dich schickte: hast du das Volk aus Ägypten geführt, an diesem Berg werdet ihr Gotte dienstbar. Mosche sprach zu Gott: Da komme ich denn zu den Söhnen Jisraels, ich spreche zu ihnen: Der Gott eurer Väter schickt mich zu euch, sie werden zu mir sprechen: Was ists um seinen Namen? – was spreche ich dann zu ihnen? Gott sprach zu Mosche: Ich werde dasein, als der ich dasein werde. Und er sprach: So sollst du zu den Söhnen Jisraels sprechen: ICH BIN DA schickt mich zu euch."

Exodus 3, 1-14

Mosche, oder Mose, als den wir ihn kennen, hütete in Midian die Schafe seines Schwiegervaters. Wer war er aber, dieser Mose? Gebürtiger Midianiter war er ja nicht. Als Flüchtling war er aus Ägypten nach Midian gekommen. Erinnern wir uns, wie es überhaupt dazu gekommen war: Als die Israeliten in Ägypten lebten und von den Ägyptern zu Frondiensten gezwungen wurden, wurde Mose dort als Sohn einer Israelitin geboren. Ramses II, der damalige Pharao, hatte den Befehl gegeben, alle neugeborenen israelitischen Knaben umzubringen. Um Mose das Leben zu retten, versteckte seine Mutter ihn drei Monate lang. Als das nicht länger möglich war, legte sie ihn in ein Kästchen, das sie ins Schilf am Ufer des Nils setzte. Dort wurde Mose von der Tochter des Pharao gefunden und adoptiert. So wuchs er als Israelit am ägyptischen Hof heran und wurde von Ägyptern erzogen. Als er erwachsen war, ging er einmal zu seinen Landsleuten hinaus und sah, wie schwer sie arbeiten mussten. Er wurde Zeuge, wie ein ägyptischer Aufseher einen Israeliten schlug. Voller Zorn brachte er den Ägypter um. Beamte genießen aber überall und stets staatlichen Schutz. Das war zur Zeit der Pharaonen nicht anders als heute. Deshalb musste Mose fliehen, nachdem seine Tat bekannt geworden war, um sich der Todesstrafe zu entziehen. Er floh aus dem ägyptischen Hoheitsgebiet nach Osten. Da Kanaan zu der Zeit ägyptisch besetztes Gebiet war, ging Mose in das gebirgige Midian östlich des Golfes von Elath. Dort lernte er an einem Brunnen die sieben Töchter des Jitro, des Priesters von Midian, kennen. Er half den Mädchen, als einige Hirten sie vom Brunnen wegdrängen wollten. Daraufhin lud Jitro ihn zu sich ein. Mose blieb bei ihm. Er wurde Schafhirt und heiratete Zippora, eine der Töchter Jitros. Der Flüchtling hatte also ein neues Zuhause gefunden. Er konnte sich in Midian eine neue Existenz aufbauen. Seine Vergangenheit lag hinter ihm.

Als er nun eines Tages mit den Schafen auf der Steppe war und sie hütete, zog er mit ihnen etwas weiter, als er es gewöhnlich tat. Er kam zum Berg Choreb. Da sah er Rauch. Als er nachsah, woher dieser Rauch kam, sah er, dass es ein Busch war, der brannte. Plötzlich stutzte er. Der Busch verbrannte ja gar nicht! So etwas hatte er noch nie gesehen. Der Sache musste er auf den Grund gehen! Also ging er auf den Busch zu. Aber noch bevor er ihn erreichte, hörte er eine Stimme, die ihm zurief: Mose! Mose! Niemand hätte es ihm verdenken können, wenn er jetzt mit den Schafen geflohen wäre. Es war ja auch wirklich beängstigend: erst der brennende Busch, der nicht verbrannte und nun die Stimme. Wer ihn rief, wusste Mose nicht – er sah ja niemanden. Aber dieser unsichtbare Rufer hatte anscheinend auf ihn gewartet. Schließlich hatte er ihn bei seinem Namen gerufen. Mose floh nicht. Er behielt einen klaren Kopf und antwortete: „Da bin ich." Darauf hörte er wieder die Stimme: „Nahe nicht herzu, streife deine Schuhe von deinen Füßen, denn der Ort, darauf du stehst, Boden der Heiligung ists." Nun erfuhr Mose auch, mit wem er es zu tun hatte: „Ich bin der Gott deines Vaters, der Gott Abrahams, der Gott Jizchaks, der Gott Jaakobs." Jetzt hatte Mose Angst! Gott selber war es, der mit ihm sprach! Er bedeckte sein Gesicht, denn er fürchtete sich, zu Gott hinzusehen. Gott sprach weiter: „Gesehn habe ich, gesehn die Bedrückung meines Volks, das in Ägypten ist, ihren Schrei vor seinen Treibern habe ich gehört, ja, erkannt habe ich seine Leiden. Nieder zog ich, es aus der Hand Ägyptens zu retten, es aus jenem Land hinaufzubringen, nach einem Land, gut und weit, nach einem Land, Milch und Honig träufend, nach dem Ort des Kanaaniters und des Chetiters, des Amoriters und des Prisiters, des Chiwwiters und des Jebusiters. Nun, da ist der Schrei der Söhne Jisraels zu mir gekommen, und gesehn auch habe ich die Pein, mit der die Ägypter sie peinigen: nun geh, ich schicke dich zu Pharao, führe mein Volk, die Söhne Jisraels, aus Ägypten!"

Jetzt hatte sie ihn wieder eingeholt – die Vergangenheit in Ägypten, der Mose doch hatte entfliehen wollen, die er ein für allemal vergessen wollte. Und damit nicht genug: Gott gab ihm einen Auftrag, durch den er sich nun völlig überfordert fühlte. Er sollte die Israeliten aus Ägypten herausführen. Das war einfach unmöglich! Die Ägypter würden seine Landsleute niemals ziehen lassen, wenn er zum Pharao ginge und darum bitten würde. Nein, Gott hatte sich den Falschen ausgesucht. Diese Aufgabe kann nur jemand erfüllen, der sehr stark ist. Wie kam Gott ausgerechnet auf ihn?

Ich kann sehr gut verstehen, dass Mose entgegnete: „Wer bin ich, dass ich zu Pharao gehe, dass ich die Söhne Jisraels aus Ägypten führe!" Verhalten wir uns nicht genauso, wenn Forderungen an uns gestellt werden, denen wir uns nicht gewachsen fühlen: „Warum gerade ich?", „Das schaff ich ja nie!" So oder ähnlich lauten unsere Antworten in solchen Situationen. Und die Aufgabe des Mose war viel schwerer als die Aufgaben, die uns normalerweise zugemutet werden. Er, der einen Sprachfehler hatte und dem es daher schwer fiel, zu sprechen, sollte sich zum Fürsprecher seines Volkes bei der ägyptischen Regierung machen. War er nicht wirklich der Falsche für diesen Auftrag?

Aber Gott hatte all das bedacht, als er Mose für diese Aufgabe auswählte. Seine Antwort auf dessen Einwand lautete: „Wohl, ich werde dasein bei dir." Er sicherte Mose seinen Beistand und seine Hilfe zu. Das veränderte die Situation völlig. Mit Gottes Hilfe war die Aufgabe zu schaffen. Wenn er Gott auf seiner Seite hatte, brauchte er keine Angst mehr zu haben.

Gott sprach weiter: „Und dies hier ist dir das Zeichen, dass ich selber dich schickte: Hast du das Volk aus Ägypten geführt, an diesem Berg werdet ihr Gott dienstbar." Aber Mose war noch nicht soweit, als dass er schon über den Auszug des Volkes aus Ägypten hätte nachdenken können. In seinen Gedanken war er noch ganz am Anfang der geplanten Aktion: „Da komme ich denn zu den Söhnen Jisraels, ich spreche zu ihnen: Der Gott eurer Väter schickt mich zu euch, sie werden zu mir sprechen: Was ist's um seinen Namen? – was spreche ich dann zu ihnen?" Für ihn war die Frage, wie er seinen Brüdern und Schwestern von dem Gott erzählen kann, der jetzt zu ihm sprach – wie er ihnen diesen Gott vorstellen kann, im Augenblick wichtiger als die Frage, wo sie ihm während des Auszuges aus Ägypten dienen würden. Der Auszug lag noch in weiter Ferne.

Gott antwortete ihm: „Ich werde dasein, als der ich dasein werde. – So sollst du zu den Söhnen Jisraels sprechen: ICH BIN DA, schickt mich zu euch." Eine merkwürdige Antwort auf die Frage nach einem Namen. Diese Antwort ist mehr als nur die Nennung eines Namens – sie ist ein Versprechen. Der Gott, den wir als den Vater Jesu Christi anbeten, hat mit diesem Namen ein Versprechen gegeben, das nicht nur dem Mose galt, sondern das allen Menschen gilt, die an ihn glauben:

> ER ist da – wenn uns Aufgaben gestellt werden, durch die wir uns überfordert fühlen.
> ER ist da – wenn wir Angst haben.
> ER ist da – wenn wir ihn brauchen.

Darauf können wir uns verlassen.

Die göttliche Bewahrung vor der Unsterblichkeit

Genesis 3, 1-19

Es gibt Bibeltexte, bei denen sich nicht auf den ersten Blick erschließt, worum es in ihnen eigentlich geht. Einer dieser Texte steht im Ersten Buch Mose im dritten Kapitel und lautet:

„Aber die Schlange war listiger als alle Tiere auf dem Felde, die Gott der HERR gemacht hatte, und sprach zu der Frau: Ja, sollte Gott gesagt haben: Ihr sollt nicht essen von allen Bäumen im Garten? Da sprach die Frau zu der Schlange: Wir essen von den Früchten der Bäume im Garten; aber von den Früchten des Baumes mitten im Garten hat Gott gesagt: Esset nicht davon, rühret sie auch nicht an, dass ihr nicht sterbet! Da sprach die Schlange zur Frau: Ihr werdet keineswegs des Todes sterben, sondern Gott weiß: an dem Tage, da ihr davon esst, werden eure Augen aufgetan, und ihr werdet sein wie Gott und wissen, was gut und böse ist. Und die Frau sah, dass von dem Baum gut zu essen wäre und dass er eine Lust für die Augen wäre und verlockend, weil er klug machte. Und sie nahm von der Frucht und aß und gab ihrem Mann, der bei ihr war, auch davon und er aß. Da wurden ihnen beiden die Augen aufgetan und sie wurden gewahr, dass sie nackt waren, und flochten Feigenblätter zusammen und machten sich Schurze. Und sie hörten Gott den HERRN, wie er im Garten ging, als der Tag kühl geworden war. Und Adam versteckte sich mit seiner Frau vor dem Angesicht Gottes des HERRN unter den Bäumen im Garten. Und Gott der HERR rief Adam und sprach zu ihm: Wo bist du? Und er sprach: Ich hörte dich im Garten und fürchtete mich; denn ich bin nackt, darum versteckte ich mich. Und er sprach: Wer hat dir gesagt, dass du nackt bist? Hast du nicht gegessen von dem Baum, von dem ich dir gebot, du solltest nicht davon essen? Da sprach Adam: Die Frau, die du mir zugesellt hast, gab mir von dem Baum und ich aß.

Da sprach Gott der HERR zur Frau: Warum hast du das getan? Die Frau sprach: Die Schlange betrog mich, sodass ich aß. Da sprach Gott der HERR zu der Schlange: Weil du das getan hast, seist du verflucht, verstoßen aus allem Vieh und allen Tieren auf dem Felde. Auf deinem Bauche sollst du kriechen und Erde fressen dein Leben lang.

Und ich will Feindschaft setzen zwischen dir und der Frau und zwischen deinem Nachkommen und ihrem Nachkommen; der soll dir den Kopf zertreten, und du wirst ihn in die Ferse stechen. Und zur Frau sprach er: Ich will dir viel Mühsal schaffen, wenn du schwanger wirst; unter Mühen sollst du Kinder gebären. Und dein Verlangen soll nach deinem Mann sein, aber er soll dein Herr sein. Und zum Mann sprach er: Weil du gehorcht hast der Stimme deiner Frau und gegessen von dem Baum, von dem ich dir gebot und sprach: Du sollst nicht davon essen -, verflucht sei der Acker um deinetwillen! Mit Mühsal sollst du dich von ihm nähren dein Leben lang. Dornen und Disteln soll er dir tragen, und du sollst das Kraut auf dem Felde essen. Im Schweiße deines Angesichts sollst du dein Brot essen, bis du wieder zu Erde werdest, davon du genommen bist. Denn du bist Erde und sollst zu Erde werden."

Genesis 3, 1-19

Die Fragen, worum es in diesem Text im Wesentlichen geht und mit welcher Überschrift er dementsprechend versehen werden kann, hängen auf das Engste miteinander zusammen. Sehen wie, mit welcher Überschrift, genauer gesagt: mit welchen Überschriften dieser Text versehen wurde: In der Luther-Ausgabe von 1984 ist dieser Text mit „Der Sündenfall" überschrieben, in der Rev. Elberfelder ebenfalls, nur noch etwas ausführlicher. Dort lautet die Überschrift: „Der Sündenfall und dessen Folgen". Ganz ähnlich lautet auch die Überschrift der Schlachter-Bibelübersetzung von 2000: „Der Sündenfall des Menschen". Von der Sünde des bzw. der Menschen ist auch in der entsprechenden Überschrift der Bibelübersetzung Neues Leben die Rede, diesmal jedoch in Form eines vollständigen Satzes. Diese Überschrift lautet: „Der Mann und die Frau sündigen". Die Überschriften dieses Kapitels in der Bibelübersetzung Hoffnung für alle sowie in der Gute Nachricht Bibel sind ebenfalls vollständige Sätze. In der Hoffnung für alle lautet er: „Der Mensch zerstört die Gemeinschaft mit Gott" und in der Gute Nachricht Bibel: „Die Menschen müssen den Garten Eden verlassen".

Das, worum es in einem Text geht, wird im Allgemeinen in Form einer kurzen und zugleich aussagekräftigen Überschrift zusammengefasst. Jede Überschrift ist somit zugleich bereits eine Interpretation des Textes, auf den sie sich bezieht. Die verschiedenen Überschriften, mit denen dieser Bibeltext versehen wurde, belegen dies eindrucksvoll.

Treffen die Interpretationen, die in diesen Überschriften ihren Niederschlag gefunden haben, den Kern des Textes oder verfehlen sie ihn? Wie wurde – und wie wird – dieser Bibeltext interpretiert, wie wurde und wird er verstanden und ausgelegt? Die Antworten auf diese Frage sind nicht nur erfreulich. So wurde dieser Text in seiner Wirkungsgeschichte immer wieder pädagogisch missbraucht, ganz in dem Sinne: „Wenn Du nicht das tust, was ich Dir sage, wirst Du von Deinem schönen Ort vertrieben!“ Wenn der Text dergestalt missbraucht wird, kann er für die Betroffenen nicht nur unangenehm, sondern regelrecht gefährlich werden. Denn dann wird er benutzt, sie klein zu machen und Macht über sie auszuüben. Auf eine solche Pädagogik werden wir wohl alle getrost verzichten können, aber diese zieht sich wie ein roter Faden durch die Auslegungsgeschichte dieses Bibeltextes. Sehen wir, wie dieser Text in Hinblick auf die Rolle der Frau ausgelegt wurde, stimmt der Befund keineswegs fröhlicher. Da wird einzig und allein der Frau der Verantwortung für die so genannte Vertreibung aus dem Paradies zugesprochen – als ob der Mann nicht ebenfalls aus freien Stücken von der Frucht des verbotenen Baums gekostet hätte! Davon, dass die Frau ihn genötigt hätte, von der Frucht zu essen, steht ja nun wirklich nichts im Text! Dennoch wird aus diesem Text abgeleitet, dass Frauen sich unterzuordnen haben und nicht lehren dürfen. Eine solche Auslegung begegnet bereits im Neuen Testament, im Ersten Brief an Timotheus (2, 12-15) und wurde in der Auslegungsgeschichte unseres Textes immer wieder vertreten.

Werden solche Auslegungen dem Text gerecht? Besteht seine Intention darin, uns Menschen, insbesondere die Frauen unter uns, klein zu halten? Nehmen wir ihn genauer in den Blick, um uns einer Antwort auf diese Frage anzunähern!

Im Text begegnen außer Gott drei Akteure: die Schlange, die Frau und der Mann. Der Text beginnt mit dem Satz: „Aber die Schlange war listiger als alle Tiere auf dem Felde, die Gott der HERR gemacht hatte, und sprach zu der Frau: Ja, sollte Gott gesagt haben: Ihr sollt nicht essen von allen Bäumen im Garten?“ (Vers 1). In diesem Text redet die Schlange, so wie Tiere es in Märchen oft tun. Gut kommt sie hier allerdings nicht weg, die Schlange. Sie wird als listig, ja hinterhältig geschildert. Bemerkenswert ist, dass Benno Jacob in seiner Auslegung des Ersten Buches Mose dazu schreibt: „Die begehrlichen, arglistigen und zum Tiere ziehenden Gedanken der Menschen sind dem Tiere in den Mund gelegt, weil sie aus dem Tier im Menschen stammen“ (Benno Jacob, Das Buch Genesis, Stuttgart 2000, S. 102). Die Frau tappt dann auch sogleich in die Falle, die die Schlange ihr mit dieser scheinbar rhetorischen

Frage stellt. Sie erliegt der Versuchung, das zu tun, was wir Menschen nur allzu gerne tun: andere auf ihre Fehler hinzuweisen. Und so antwortet sie: „Wir essen von den Früchten der Bäume im Garten; aber von den Früchten des Baumes mitten im Garten hat Gott gesagt: Esset nicht davon, rühret sie auch nicht an, dass ihr nicht sterbet!“ (Verse 2b.3). Und schon hat sie sich in ein Gespräch hineinziehen lassen, aus dem sie nur als Verliererin herausgehen kann. Mit dem Argument, dass der Genuss der Früchte dieses Baumes keineswegs zum Tode führe, veranlasst die Schlange die Frau dazu, die Früchte begehrlich zu betrachten und schließlich auch zu essen. Ihrem Mann bietet sie diese Frucht auch an und der isst sie ohne irgendeinen Einwand. Die Schlange hat also ihr Ziel erreicht.

Vergegenwärtigen wir uns, wo der verbotene Baum im Garten Eden steht: mitten im Garten. Wenn die beiden ersten Menschen auf dem kürzesten Weg von einem Ende des Gartens zum anderen gelangen wollen, kommen sie zwangsläufig direkt an ihm vorbei, und damit auch an der Versuchung, auch von den Früchten dieses Baumes zu essen. Die Versuchung, nicht auf Gottes Wort zu hören, liegt nicht an der Peripherie unseres Lebens, sondern mitten in dessen Zentrum.

Welche Folgen hat dieser Verstoß gegen Gottes Gebot? „Da wurden ihnen beiden die Augen aufgetan und sie wurden gewahr, dass sie nackt waren, und flochten Feigenblätter zusammen und machten sich Schurze“ (Vers 7). Hier ist eine Beobachtung am Text von Bedeutung: Im ersten Schöpfungsbericht wird die Gottesebenbildlichkeit des Menschen erwähnt, nicht hingegen im zweiten. Der Mensch wird hier erst durch das verbotene Essen der Frucht Gott ähnlich.

Als die beiden sich Schurze gemacht und vor Gott versteckt haben, da dauert es nicht mehr lange, bis Gott sie zur Rede stellt und des Gartens Eden verweist. Ist dies nun eine Bestrafung der beiden, weil sie sein Gebot übertreten haben? So wird es oft dargestellt. Aber ist es wirklich eine Strafe? Nur als Gedankenspiel: Was hätten die beiden wohl getan, wenn sie im Garten Eden geblieben wären? Wahrscheinlich hätten sie auch von den Früchten des Baums des Lebens gegessen, nachdem sie schon von den Früchten des Baumes der Erkenntnis gegessen haben.

Vom Baum der Erkenntnis haben sie schon gegessen. Das lässt sich nicht mehr rückgängig machen. Sie sind jetzt – um es mit den Worten der Schlange zu sagen – „wie Gott und wissen, was gut und böse ist“. Damit werden sie nun leben müssen.

Aber vom Baum des Lebens haben sie nicht gegessen, noch nicht. Würden sie dies tun, dann wären sie unsterblich. Davor bewahrt sie Gott, indem er sie des Gartens verweist und sie somit nicht mehr der Versuchung ausgesetzt sind, auch von den Früchten des zweiten verbotenen Baums zu kosten. Die Unsterblichkeit wäre für die Menschen letztlich kein Segen, sondern vielmehr ein Fluch. Und vor dem bewahrt Gott das erste Menschenpaar. Somit geht es in diesem Bibeltext letztlich nicht um Strafe, sondern – ganz im Gegenteil – vielmehr um Bewahrung. Dem entspricht, dass Gott dem Mann und der Frau Röcke von Fellen macht und sie ihnen zudem noch anzieht (vgl. Vers 21).

Bewahrung – das ist das Thema dieses Textes und letztlich auch das der gesamten Tora. Im Talmud wird eben diese Sicht zur Sprache gebracht. Dort heißt es: „Rabbi Simalai legte aus: Die Weisung – ihr Anfang ist ein Erweis von Liebestaten, und ihr Ende ist ein Erweis von Liebestaten. Ihr Anfang ist ein Erweis von Liebestaten, denn es steht geschrieben: Da machte der Herr, Gott, für den Menschen und für sein Weib Fellröcke, damit er sie bekleide. Und ihr Ende ist ein Erweis von Liebestaten, denn es steht geschrieben: Da begrub er ihn im Tale."

Gott bleibt bei uns Menschen, selbst dann, wenn wir gegen sein Gebot handeln. Das ist die gute Nachricht, die uns dieser Bibeltext vermittelt. Und deshalb würde ich ihn mit der Überschrift versehen: „Die göttliche Bewahrung vor der Unsterblichkeit".

Das Kreuz und die Weisheit der Welt

1. Korinther 1, 18-25

„Denn das Wort vom Kreuz ist eine Torheit denen, die verloren werden; uns aber, die wir selig werden, ist's eine Gotteskraft. Denn es steht geschrieben: „Ich will zunichte machen die Weisheit der Weisen, und den Verstand der Verständigen will ich verwerfen."

Wo sind die Klugen? Wo sind die Schriftgelehrten? Wo sind die Weisen dieser Welt? Hat nicht Gott die Weisheit der Welt zur Torheit gemacht? Denn weil die Welt, umgeben von der Weisheit Gottes, Gott durch ihre Weisheit nicht erkannte, gefiel es Gott wohl, durch die Torheit der Predigt selig zu machen, die daran glauben.

Denn die Juden fordern Zeichen, und die Griechen fragen nach Weisheit, wir aber predigen den gekreuzigten Christus, den Juden ein Ärgernis und den Griechen eine Torheit; denen aber, die berufen sind, Juden und Griechen, predigen wir Christus als Gottes Kraft und Gottes Weisheit. Denn die Torheit Gottes ist weiser, als die Menschen sind, und die Schwachheit Gottes ist stärker, als die Menschen sind."

1. Korinther 1, 18-25

Das zentrale Symbol unseres christlichen Glaubens ist das Kreuz. Unter dem Kreuz versammeln sich Christinnen und Christen auf der ganzen Welt, um gemeinsam Gottesdienst zu feiern. Die Feier eines christlichen Gottesdienstes ohne einen Bezug zum Kreuz ist nicht denkbar. Das gilt nicht nur für unsere Zeit, nein, das war bereits von Anfang an so. Es gilt, seitdem es den christlichen Glauben in unserer Welt gibt – seitdem Menschen christlichen Glaubens gemeinsam Gottesdienst feiern.

Dies legt die Frage nahe, wie denn das Kreuz in der Frühzeit des Christentums dargestellt worden ist: Wie sieht die erste Darstellung eines Kreuzes aus, die wir aus der Kunstgeschichte kennen?

Die Antwort auf diese Frage ist ziemlich desillusionierend. Die älteste Kreuzesdarstellung, die wir kennen, ist das so genannte Spottkruzifix vom Palatin in Rom. Dieses Bild ist in das dritte Jahrhundert zu datieren.

Unser christlicher Glaube wird hier auf das Übelste verspottet. Die Bildunterschrift heißt übersetzt: Alexamenos verehrt seinen Gott. Der Gott, den Alexamenos verehrt, ist ein Esel, der ans Kreuz genagelt wurde. Jesus Christus als Esel? Den gekreuzigten und auferstandenen Herrn der Kirche als Esel darzustellen – ist das nicht der Gipfel der Gotteslästerung?

Der Esel gilt als störrisches, ja sogar als dummes Tier. Wer als Esel bezeichnet wird, wird dies nicht als Kompliment empfinden. „Du Esel“ – damit ist nichts anderes gemeint als: „Du Dummkopf“.

Das wird sicher viele Menschen geärgert haben, die an Jesus Christus glauben, und noch ärgern. Aber bevor ich jetzt der Versuchung erliege, diesem Ärger auch meinerseits Ausdruck zu verleihen, will ich mich auf den oben zitierten Bibeltext besinnen. Denn ist das nicht genau das, was in diesem Text steht? Er beginnt mit der Aussage: „Denn das Wort vom Kreuz ist eine Torheit denen, die verloren werden.“ Wen hat Paulus vor Augen, wenn er davon ausgeht, dass die Predigt vom Kreuz Jesu Christi auch einfach als Dummheit angesehen werden kann?

Es gab zur Zeit des Apostels Paulus Konflikte in Korinth. Verschiedene Gruppierungen vertraten in der Stadt ihre jeweiligen Auffassungen. Die Gruppen waren von unterschiedlichen Lehrern geprägt, die von verschiedenen Traditionen herkamen. Eine dieser Gruppen berief sich auf Apollo, der als gelehrter Vertreter griechischer Weisheit und Philosophie galt. Wahrscheinlich hatte Paulus vor allem ihn im Blick. Paulus hatte es selbst erlebt, wie man sich über ihn lustig machte, weil er den intellektuellen Anforderungen scheinbar nicht entsprach. Vielleicht stand ihm noch lebhaft vor Augen, wie er seinerzeit in Athen von Epikuräern und Stoikern als „Schwätzer“ verspottet wurde. Vermutlich hat Paulus häufig die schmerzhafte Erfahrung machen müssen, dass man die Botschaft, die er zu verkündigen hatte, nicht ernst nahm, sondern sich über sie lustig machte. Genau wie auf der Darstellung des Spottkruzifixes vom Palatin. Im dritten Jahrhundert, als dieses Bild entstand, war es ganz und gar nicht selbstverständlich, sich zum christlichen Glauben zu bekennen – und auch nicht ungefährlich, denn damals hatten Christinnen und Christen nicht nur Hohn und Spott, sondern auch Verfolgungen zu ertragen.

Nehmen wir noch einmal den Bibeltext in den Blick! „Denn das Wort vom Kreuz ist eine Torheit denen, die verloren werden." Wen meint Paulus hier? Wer sind die, die verloren gehen? Den auf diesen Satz folgenden Versen ist die Antwort auf diese Frage zu entnehmen: „Hat nicht Gott die Weisheit der Welt zur Torheit gemacht? Denn weil die Welt, umgeben von der Weisheit Gottes, Gott durch ihre Weisheit nicht erkannte, gefiel es Gott wohl, durch die Torheit der Predigt selig zu machen, die daran glauben."

Diejenigen, die verloren gehen, sind die, die versuchen, Gott durch ihre Weisheit – durch ihre intellektuellen Fähigkeiten und durch ihr Wissen – zu erkennen; diejenigen, die glauben, dass sie Gott in ihren Denkstrukturen seinen Platz zuweisen können und ihn sich auf diese Weise verfügbar machen können; Menschen, die nicht wahrhaben wollen, dass Gott Gott und nicht ein Mensch ist und dass es darum allein an ihm liegt, ob er sich auf den Weg zu den Menschen macht. Paulus übt hier massive Kritik an den von uns oft so hoch geschätzten intellektuellen Kompetenzen. Sie seien zwar nicht als solche zu verwerfen, jedoch als Möglichkeit, Gott zu erkennen, vollkommen ungeeignet.

Das haben auch wir uns sagen zu lassen. Sehen wir uns noch einmal das Spottkruzifix vom Palatin an! Natürlich löst es Ärger aus, weil Christus als Esel dargestellt wird. Keine Frage. Aber das ist nicht der einzige Grund zum Ärger. Wenn am Kreuz ein Esel, ein Dummkopf, hängt, ein wie viel größerer Dummkopf ist dann der Mensch, der diesen Esel auch noch anbetet – der nicht erkennt, dass er keinen Gott, sondern störrisches Viehzeug vor sich hat? Mit einem solchen Dummkopf will sich niemand von uns identifizieren. Schließlich sind wir alle gebildete Menschen und in der Lage, sofort zu erkennen, dass wir hier nur ein Tier vor uns haben und um welche Art von Tier es sich handelt.

Aber – folgt daraus, dass wir deshalb zu richtigen, zur angemessenen Gotteserkenntnis gelangen?

Paulus antwortet mit einem klaren „Nein": Die Welt erkannte durch ihre Weisheit Gott in seiner Weisheit nicht. Sie verkannte die Voraussetzung ihrer Weisheit, dass Gott den Menschen gebildet hatte als sein Geschöpf. Der Mensch aber verachtete die Weisheit Gottes, die ohne dessen Zuwendung und Liebe nicht denkbar ist, und setzte an deren Stelle seine Weisheit. Und diese Weisheit des Menschen kommt ohne Gott aus.

Darum bezieht der Apostel Paulus hier so eindeutig Position: Gotteserkenntnis hängt nicht von den intellektuellen Fähigkeiten eines Menschen ab und auch nicht vom Maß an Wissen, die er hat. Sie hängt ausschließlich davon ab, was für ihn das Wort vom Kreuz bedeutet; ob er bereit ist, seine Gedanken durchkreuzen zu lassen von der Weisheit Gottes, die in seiner Liebe zu uns Menschen ihren konkreten Ausdruck findet. Das Merkmal der Weisheit Gottes ist Schwachheit und Unabhängigkeit von der Vernunft. Nichts anderes ist es, was im Kanzelsegen zur Sprache kommt: „Der Friede Gottes, welcher höher ist als alle menschliche Vernunft."

Die Konsequenz dieser Weisheit kann Ausgeliefertsein, ja sogar Tod bedeuten. Es ist die Weisheit, die ohne den Anderen nicht möglich ist. Ich denke dabei an den polnischen Kinderarzt und Pädagogen Janusz Korczak, der in der Zeit der nationalsozialistischen Herrschaft in Warschau ein Heim leitete, in dem die Ärmsten der Armen von der Straße geholt und betreut wurden. Die meisten von ihnen waren Juden. Und dann kam eines Tages der Befehl, dass diese Kinder vergast werden sollten. Korczak hatte die Möglichkeit zu fliehen. Er tat es aber nicht, sondern begab sich auf den Weg des Kreuzes, den Weg der Weisheit, die den Anderen nicht preisgibt, sondern mit ihm bis zum Ende geht. Gott gibt sich uns nicht da zu erkennen, wo wir ihn einplanen, sondern ganz im Gegenteil gerade da, wo wir am wenigsten mit ihm rechnen – ja sogar dort, wo er unsere Wege und Pläne durchkreuzt. Ich denke an Mose, den der Ruf Gottes beim Schafehüten ereilte, oder an Jona, der gegen seinen Willen den Auftrag Gottes erfüllen musste, an Petrus, der sich nie hätte träumen lassen, von einem Fischer zu einem Menschenfischer zu werden.

Seien wir für Gottes Anspruch da offen, wo er an uns ergeht, damit das Wort vom Kreuz für uns eine immer wieder neue Kraft zum Leben werden kann!

Schönheit der Schöpfung

Im ersten Schöpfungsbericht der Bibel (Genesis 1,1 - 2,4) wird dargelegt, dass Gott alles erschaffen hat, was notwendig ist, damit sich in seiner Schöpfung das Leben entfalten kann: Er hat Himmel und Erde erschaffen, indem er als Erstes das Licht erschuf und es von der Finsternis unterschied. Denn ohne Licht kann zwar der Geist Gottes existieren – der schwebte ja schon auf dem Wasser, als es noch kein Licht gab –, aber fast keine Tiere und Pflanzen, denn die allermeisten von ihnen können ohne Licht nicht leben. Und wir Menschen sind auf das Licht zum Leben ebenfalls angewiesen. Mit dem Licht hat Gott zugleich die für das Leben nicht minder wichtige Zeitstruktur erschaffen, die Unterscheidung von Tag und Nacht. Dann schuf Gott den Raum zum Leben in Gestalt von Himmel, Erde und Meer. Nachdem er so den für jegliches Leben unverzichtbaren Rahmen geschaffen hatte, schuf Gott die Pflanzen, Gräser, Kräuter und Bäume. Danach wandte er sich wieder der Zeitstruktur zu und schuf Sonne, Mond und die übrigen Gestirne, damit durch sie Tag und Nacht unterschieden werden können. Anschließend rief Gott die Tiere ins Leben: Fische, Vögel und die Tiere, die auf dem Land leben. Damit war der Lebensraum für uns Menschen gegeben und so schuf Gott nun die Menschen und übertrug ihnen die Verantwortung für seine Schöpfung. Danach vollendete Gott seine Schöpfung, indem er am siebenten und letzten Tag ruhte und diesen Tag segnete und heiligte.

Nehmen wir dieses Schöpfungswerk Gottes in den Blick, so wird deutlich: Alles, was zum Leben notwendig ist, ist da. Nichts hat Gott vergessen oder übersehen. Aber das ist bei weitem nicht alles. Es würde viel zu kurz greifen, würden wir Gottes Schöpfung nur unter funktionalem Aspekt sehen. Denn sie funktioniert nicht nur, indem sie alles enthält, was zum Leben nötig ist – nein, sie ist auch schön. Wir würden die Schöpfung Gottes nur sehr eingeschränkt wahrnehmen, wenn wir keinen Blick für ihre Schönheit hätten. Denn Gott selbst ist schön. Der 104. Psalm beginnt mit den Worten: „Lobe den HERRN, meine Seele! HERR, mein Gott, du bist sehr herrlich; du bist schön und prächtig geschmückt. Licht ist dein Kleid, das du anhast“ (Verse 1.2a). Dementsprechend ist auch die Schöpfung Gottes schön, wie den weiteren Worten dieses Psalms zu entnehmen ist: „Du breitest den Himmel aus wie einen Teppich“ (Vers 2b). Dieser gesamte Psalm bringt die überschwängliche Schönheit der Schöpfung zum Ausdruck. Lassen wir uns in das Lob der Schöpfung und ihrer

Schönheit hinein nehmen, lassen wir uns von ihr berühren und ergreifen! In diesem Loblied der Schöpfung geht es um mehr als lediglich um ihre Funktionalität; es geht um ihre Schönheit, die hier gepriesen wird. Und so ist es kein Zufall, dass dies in einer sprachlichen Gestalt geschieht, die bei weitem nicht nur die Gegebenheiten sachlich korrekt benennt, sondern die ihrerseits sprachlich schön ist – in dem der Übersetzung zugrunde liegenden hebräischen Text ebenso wie in seiner Übersetzung in die deutsche Sprache.

Was ist sie aber, diese Schönheit? Was macht sie aus? Weit davon entfernt, diese beiden Fragen erschöpfend zu beantworten, möchte ich dennoch einen Aspekt benennen: Es geht bei der Schönheit um etwas, was rein funktional betrachtet als entbehrlich erscheinen mag, aber die Quelle einer Freude sein kann, die dem Leben Tiefe und Qualität verleiht. Ohne dieses Moment der Freude wäre das Leben letztlich nicht das, was es gemäß dem Willen des Schöpfers sein sollte.

Wer einen Menschen liebt, findet ihn schön und freut sich an seiner bzw. ihrer Schönheit. Im Hohelied der Liebe findet die Freude über diese Schönheit auf vielfältige Art und Weise ihren Ausdruck. Um nur einige wenige dieser wunderschönen Beschreibungen der Schönheit wiederzugeben: Die Geliebte wird als „Schönste unter den Frauen" (1, 8) bezeichnet. Ihr wird gesagt: „Ich vergleiche dich, meine Freundin, einer Stute an den Wagen des Pharao. Deine Wangen sind lieblich mit den Kettchen und dein Hals mit den Perlenschnüren" (1, 9f.) und: „Siehe, meine Freundin, du bist schön; schön bist du, deine Augen sind wie Taubenaugen" (1, 15). Entsprechend sagt die Frau über die Schönheit ihres Geliebten: „Wie ein Apfelbaum unter den wilden Bäumen, so ist mein Freund unter den Jünglingen" (2, 3) und: „Mein Freund gleicht einer Gazelle oder einem jungen Hirsch" (2, 9). Ihm selbst sagt sie: „Siehe, mein Freund, du bist schön und lieblich" (1, 16). In diesen Beschreibungen der Schönheit findet die Liebe ihren Ausdruck, die diese beiden Menschen miteinander verbindet. Würde sexuelle Liebe lediglich funktional unter dem Aspekt der Zeugung von Nachkommen betrachtet, so wäre diese Freude an der Schönheit des geliebten Menschen wohl als verzichtbar zu betrachten. Aber um wie viel ärmer wäre unser Leben, wenn wir nur den Maßstab der Funktionalität anlegen würden!

Um dies an einem weiteren Beispiel zu entfalten: Ginge es lediglich darum, unseren Durst zu stillen und unserem Körper die notwendige Menge an Flüssigkeit zuzuführen, dann bräuchten wir lediglich Wasser. Nun kann es Genuss pur sein, nach einer längeren Zeit in der Wärme kühles, erfrischendes Wasser zu trinken. Wassertrinken hat ein hohes Maß an Genusspotential und erfüllt keineswegs nur eine lebensnotwendige Funktion. Aber es ist gut, dass wir neben dem Wasser und anderen Getränken auch den Wein haben, an dem wir uns erfreuen. In Psalm 104 heißt es: „Du lässest Gras wachsen für das Vieh und Saat zu Nutz den Menschen, dass du Brot aus der Erde hervorbringst, dass der Wein erfreue des Menschen Herz und sein Antlitz schön werde vom Öl und das Brot des Menschen Herz stärke“ (Verse 14f.). Zu Gottes Schöpfung gehört auch der Wein, damit der unser Herz erfreue. Er hat keine weitere Aufgabe – aber auch keine geringere.

Die Schönheit gehört also zur Schöpfung Gottes; sie ist ein konstitutiver Teil der Schöpfung. Aber auch dieser Teil der Schöpfung hat seine Risiken und Nebenwirkungen.

Können wir als Christinnen und Christen in das Lob der Schönheit einstimmen, ohne auch den Schönheitswahn – ja, von einem solchen wird man wohl sprechen müssen – zu sehen, der unser gesellschaftliches Leben mit bestimmt, der dazu führt, dass nur die Menschen als etwas gelten, die jung, schön und nach Möglichkeit auch noch reich sind? Ein flüchtiger Blick in die Werbung zeigt, wie das Schönheitsideal aussieht, an dem Menschen gemessen werden und dem sie zu entsprechen haben, wenn sie nicht ausgegrenzt werden wollen – ein Schönheitsideal, das seine Opfer fordert: Bei weitem nicht alle Mädchen, die an Magersucht leiden, weil sie diesem Ideal entsprechen möchten, überleben dies. Um das an einem anderen, nicht ganz so drastischen Beispiel darzulegen: Schöne Menschen haben in Bewerbungsgesprächen deutlich bessere Chancen, die gewünschte Arbeitsstelle zu bekommen, als Menschen, die nach landläufiger Auffassung nicht schön sind.

Und die Schönheit der eigenen Frau kann nicht nur Quelle der Freude, sondern Anlass zu Lügen und Verleumdungen sein, wie der biblischen Überlieferung zu entnehmen ist: Als Abram mit seiner Frau Sarai nach Ägypten kam, sagte er zu ihr: „Siehe, ich weiß, dass du eine schöne Frau bist. Wenn dich nun die Ägypter sehen, so werden sie sagen: Das ist seine Frau, und werden mich umbringen und dich leben lassen. So sage doch, du seist meine Schwester, auf dass mir's wohlgehe um deinetwillen und ich am Leben bleibe um deinetwillen“ (Genesis 12, 11b-13). Von solchen Lügen aufgrund der Schönheit der eigenen Ehefrau weiß die Bibel noch an zwei weiteren Stellen zu berichten (Genesis 20 und 26, 1-11). Schönheit kann also auch gefährlich sein.

Auch der in Psalm 104 so hoch gelobte Wein birgt massive Gefahren in sich. Darüber legen nicht nur die aktuellen Suchtstatistiken ein bedrückendes Zeugnis ab. Nein, bereits in der Bibel wird deutlich gesagt, dass mit dem Weingenuss von Anbeginn an Gefahr verbunden war. Im ersten Buch der Bibel lesen wir: „Noah aber, der Ackermann, pflanzte als Erster einen Weinberg. Und da er von dem Wein trank, ward er trunken und lag im Zelt aufgedeckt“ (Genesis 9, 20f.). Die Trunkenheit Noahs – so macht der weitere Verlauf dieses Textes deutlich – führt zu schwersten Zerwürfnissen zwischen ihm und seinem Sohn Ham. Das Problem, dass durch Alkoholmissbrauch Familien zerbrechen können, gab es also ebenfalls von Anbeginn an. Und dass Betrunkene oder vermeintlich Betrunkene von ihrer Umwelt nicht viel mehr als Hohn und Spott erwarten können, wird in der Darstellung des Pfingstwunders in der Apostelgeschichte deutlich, wo beschrieben wird, dass Zeugen des Geschehens die vom Heiligen Geist Erfüllten verspotteten und sagten: „Sie sind voll von süßem Wein“ (2, 13b).

Die Schönheit der Schöpfung hat somit Risiken und Nebenwirkungen, die ernst zu nehmen sind. Wie können wir mit ihnen umgehen? Dieser Frage gilt es sich zu stellen. Mein Versuch einer Antwort lautet: Dadurch, dass wir die Schönheit im Rahmen der Schöpfung Gottes sehen und sie nicht vergötzen. Konkret bedeutet dies, einen Menschen nicht aufgrund seines Äußeren zu beurteilen und ihn womöglich abzulehnen, wenn er nicht schön aussieht. Das passiert jedoch nicht selten und auch dafür findet sich in der Bibel ein markantes Beispiel. Denn anhand des Knechtes Gottes wird deutlich, wie ein Mensch verachtet werden kann, wenn er nicht schön, sondern – ganz im Gegenteil – hässlich ist. Im Buch des Propheten Jesaja lesen wir im dreiundfünfzigsten Kapitel: „Wir sahen ihn, aber da war keine Gestalt, die uns gefallen hätte. Er war der Allerverachtetste und Unwerteste, voller Schmerzen und Krankheit. Er war so verachtet, dass man das Angesicht vor ihm verbarg; darum haben wir ihn für nichts geachtet. Fürwahr, er trug unsre Krankheit und lud auf sich unsre Schmerzen. Wir aber hielten ihn für den, der geplagt und von Gott geschlagen und gemartert wäre. Aber er ist um unsrer Missetat willen verwundet und um unsrer Sünde willen zerschlagen. Die Strafe liegt auf ihm, auf dass wir Frieden hätten, und durch seine Wunden sind wir geheilt“ (Verse 2b – 5). Es war gerade der Hässliche, der alles andere als schön war und abstoßend wirkte, der stellvertretend Leid auf sich nahm und sich dadurch als der Knecht Gottes erwies. Christus begegnet uns auch im Antlitz unserer entstellten Schwester und unseres entstellten Bruders.

Bedeutet dies, nun gleichsam die Schönheit mit Skepsis betrachten zu müssen? Nein, keineswegs. Wir können und dürfen uns an ihr freuen. Denn sie ist ein Teil der guten Schöpfung Gottes. Im Lob der Schönheit geht es deshalb letztlich immer um das Lob des Schöpfers. Ihm gilt das Lob, nicht der Schönheit als solcher. Denn alle Schönheit ist vergänglich. Dies wird in der Bergpredigt anhand der Schönheit der Lilien auf dem Felde entfaltet. In Bezug auf die Sorge um die Kleidung sagt Jesus: „Und warum sorgt ihr euch um die Kleidung? Schaut die Lilien auf dem Feld an, wie sie wachsen: sie arbeiten nicht, auch spinnen sie nicht. Ich sage euch, dass auch Salomo in aller seiner Herrlichkeit nicht gekleidet gewesen ist wie eine von ihnen. Wenn nun Gott das Gras auf dem Feld so kleidet, das doch heute steht und morgen in den Ofen geworfen wird: sollte er das nicht viel mehr für euch tun, ihr Kleingläubigen?“ (Matthäus 6, 28-30). Schön sind sie, „die Lilien auf dem Felde“, sogar schöner als „Salomo in aller seiner Herrlichkeit“. Aber dennoch werden sie morgen in den Ofen geworfen. Mindert das ihre Schönheit? Nein, denn in der Zeit, wenn sie auf dem Felde stehen und blühen, sind sie eine Quelle der Freude – einer Freude, die Gott uns zugedacht hat und die Er uns durch die Schönheit Seiner Schöpfung schenkt.

Musik
Psalm 98; 1. Samuel 16, 14-23

Der Name des Sonntags Cantate ist der Imperativ Plural des lateinischen Verbs cantare, das auf Deutsch die Bedeutung ‚singen' hat. Dieses Wort heißt also: Singt! Dieser Imperativ ist das erste Wort des ersten Verses der Übersetzung von Psalm 98 in der wohl bedeutendsten lateinischen Übersetzung des Alten Testaments, der Vulgata. In der Zählung der Vulgata ist dies allerdings nicht der 98. Psalm, sondern der 97.
In der Übersetzung Martin Luthers hat dieser Psalm folgenden Wortlaut:

„Ein Psalm.
Singet dem HERRN ein neues Lied, / denn er tut Wunder.
Er schafft Heil mit seiner Rechten / und mit seinem heiligen Arm.
Der HERR lässt sein Heil kundwerden; /
vor den Völkern macht er seine Gerechtigkeit offenbar.
Er gedenkt an seine Gnade und Treue für das Haus Israel, /
aller Welt Enden sehen das Heil unsres Gottes.
Jauchzet dem HERRN, alle Welt, /
singet, rühmet und lobet!
Lobet den HERRN mit Harfen, /
mit Harfen und mit Saitenspiel!
Mit Trompeten und Posaunen /
jauchzet vor dem HERRN, dem König!
Das Meer brause und was darinnen ist, /
der Erdkreis und die darauf wohnen.
Die Ströme sollen frohlocken, /
und alle Berge seien fröhlich
vor dem HERRN; denn er kommt, das Erdreich zu richten. /
Er wird den Erdkreis richten mit Gerechtigkeit und die Völker, wie es recht ist.“

Dass dieser Psalm in der Lutherbibel mit der Überschrift versehen wurde „Der königliche Richter aller Welt“, scheint mir eine gut gewählte und zutreffende Überschrift zu sein. Geht es in diesem Psalm doch in der Tat darum, Gott mit Gesang und Musikinstrumenten zu loben, weil er der Richter der gesamten Welt ist. Nehmen wir den Sonntag Cantate zum Anlass, in dieses musikalische

Gotteslob mit einzustimmen und auch zum Anlass, über die Kirchenmusik und ihre Bedeutung für uns nachzudenken – also über das kirchenmusikalische Erbe, das uns überliefert ist.

Zur Kirchenmusik gehören die Werke der alten wie auch der neuzeitlichen Komponisten, die wir in Konzerten genießen können, die in Kirchen stattfinden. Kirchenmusik gestalten wir aber auch selbst, wenn wir in unseren Gottesdiensten gemeinsam Kirchenlieder singen.

Da mag sich die Frage stellen: Was geschieht eigentlich, wenn wir singen? Die Antwort auf diese Frage können wir einem Kirchenlied von Paul Gerhardt entnehmen – dem Lied „Du meine Seele, singe“ (EG 302). Es beginnt mit der Aufforderung „Du meine Seele, singe, wohlauf und singe schön dem, welchem alle Dinge zu Dienst und Willen stehn!“ Die Formulierung dieser Aufforderung lässt stutzen: Soll nur die Seele des Menschen singen und nicht auch sein Körper? Hinter dieser Frage steht die platonische Sicht des Menschen als Einheit von Geist, Körper und Seele. Gemäß dieser Auffassung hat der Mensch eine Seele.

Ist diese Auffassung biblisch? Entspricht sie dem, was die Bibel über den Menschen sagt? Im zweiten alttestamentlichen Schöpfungsbericht wird gesagt, dass Gott den Menschen aus Staub vom Erdreich formte und ihm den Odem des Lebens in seine Nase blies (Genesis 2, 7). Dieser Vers endet mit dem Satz: „Und der Mensch wurde zu einer lebendigen Seele.“ Der Unterschied zu dem uns im Allgemeinen geläufigen Menschenbild ist offensichtlich: Der Mensch hat keine Seele, sondern er ist eine Seele.

Legen wir die biblische Sicht des Menschen zugrunde, dann wirft die Aufforderung „Du meine Seele, singe, wohlauf und singe schön“, mit der das gleichnamige Paul Gerhardt-Lied beginnt, keine Fragen (mehr) auf. Denn die Aufforderung an die Seele, zu singen, richtet sich an den ganzen Menschen, mit all dem, was ihn ausmacht – natürlich auch mit seinem Körper. Wenn wir singen, kommt unser Körper ins Klingen, ins Schwingen. Verspannungen – körperliche wie auch seelische – können sich beim Singen lösen. Es gibt Musikerinnen und Musiker, die deshalb sagen, dass es gut wäre, wenn Gottesdienstteilnehmerinnen und -teilnehmer nicht nur zu den Lesungen, dem Glaubensbekenntnis, dem Vaterunser und dem Segen aufstehen sollten, sondern auch zum Singen der Kirchenlieder. Sie haben durchaus Recht, denn beim Stehen kann unser Körper sehr viel besser ins Klingen und Schwingen kommen, als wenn wir sitzen und ihn dabei abknicken.

Dass sich beim Singen innere Spannungen lösen können und Musik somit eine therapeutische Wirkung haben kann, wird in der Musiktherapie genutzt. Der Begriff ‚Musiktherapie' ist relativ neu, die Heilmethode selbst jedoch schon sehr lange bekannt. Sie begegnet bereits in der Bibel. In der Hebräischen Bibel, unserem Alten Testament, wird im ersten Buch Samuel beschrieben, wie David als Musiktherapeut an den Hof Sauls gerufen wird:

„Der Geist des HERRN aber wich von Saul, und ein böser Geist vom HERRN ängstigte ihn. Da sprachen die Großen Sauls zu ihm: Siehe, ein böser Geist von Gott ängstigt dich. Unser Herr befehle nun seinen Knechten, die vor ihm stehen, dass sie einen Mann suchen, der auf der Harfe gut spielen kann, damit er mit seiner Hand darauf spiele, wenn der böse Geist Gottes über dich kommt, und es besser mit dir werde. Da sprach Saul zu seinen Leuten: Seht euch um nach einem Mann, der des Saitenspiels kundig ist, und bringt ihn zu mir. Da antwortete einer der jungen Männer und sprach: Ich habe gesehen einen Sohn Isais, des Bethlehemiters, der ist des Saitenspiels kundig, ein tapferer Mann und tüchtig zum Kampf, verständig in seinen Reden und schön gestaltet, und der HERR ist mit ihm. Da sandte Saul Boten zu Isai und ließ ihm sagen: Sende zu mir deinen Sohn David, der bei den Schafen ist. Da nahm Isai einen Esel und Brot und einen Schlauch Wein und ein Ziegenböcklein und sandte es Saul durch seinen Sohn David. So kam David zu Saul und diente vor ihm. Und Saul gewann ihn sehr lieb, und er wurde sein Waffenträger. Und Saul sandte zu Isai und ließ ihm sagen: Lass David mir dienen, denn er hat Gnade gefunden vor meinen Augen. Sooft nun der böse Geist von Gott über Saul kam, nahm David die Harfe und spielte darauf mit seiner Hand. So wurde es Saul leichter, und es ward besser mit ihm, und der böse Geist wich von ihm."

1. Samuel, 16, 14-23

Saul war psychisch krank – in der Sprache der Bibel heißt es, dass ihn ein böser Geist ängstigte. Als David an den Hof gerufen wurde und für Saul auf der Harfe spielte, machte dieser die wohltuende Erfahrung, dass Musik Leid und Angst nehmen kann. Immer, wenn er die Klänge von Davids Harfe hörte, verlor er seine bedrückende Angst und es ging ihm besser.

Für Martin Luther ist die Musik eine Schöpfergabe Gottes. In seiner Vorrede zum Wittenberger Chorgesangbuch aus dem Jahr 1524 schreibt er: „Ich möchte alle Künste, besonders die Musik, gerne sehen im Dienste dessen, der sie gegeben und geschaffen hat."

Für Luther ist die Musik eine Gabe, die Gott gegeben und geschaffen hat. Diese Auffassung Luthers können wir uns ohne weiteres zu Eigen machen. Auch wir können die Musik als Gabe Gottes sehen und wertschätzen, als eine Gabe, die unser Leben bereichert.

Verklärung

Matthäus 17, 1-9

Wenn wir auf einen Berg steigen, gewinnen wir eine neue Perspektive. Wir können die Umgebung, in der wir uns sonst aufhalten und leben, nun von oben betrachten. Das kann sehr wohltuend sein, wir gewinnen Abstand zu dem, was sonst unseren Alltag bestimmt. Bergtouren bieten eine gute Chance, die eigenen Gedanken zu ordnen, wieder Klarheit und Orientierung zu gewinnen und den Blick für das Wesentliche im Leben zu bekommen. Dabei kann es durchaus geschehen, dass plötzlich vieles klar wird, wo sich zuvor keine Klarheit einstellen mochte, so sehr wir uns auch darum bemüht hatten. Eine solche Erfahrung verändert.

Der Bergführer Christoph Thoma hat einmal über seine Bergerfahrungen in Tibet gesagt: „Man kommt als Anderer zurück" und so die verwandelnde Kraft dieser Erfahrungen in Worte gekleidet. Derartige Erfahrungen sind auch uns nicht verschlossen, selbst wenn wir nicht die Berge Tibets erklommen haben. Auch die Jünger Jesu haben eine solche Erfahrung machen können, wie dem siebzehnten Kapitel des Matthäusevangeliums zu entnehmen ist:

„Und nach sechs Tagen nahm Jesus mit sich Petrus und Jakobus und Johannes, dessen Bruder, und führte sie allein auf einen hohen Berg. Und er wurde verklärt vor ihnen, und sein Angesicht leuchtete wie die Sonne, und seine Kleider wurden weiß wie das Licht. Und siehe, da erschienen ihnen Mose und Elia; die redeten mit ihm. Petrus aber fing an und sprach zu Jesus: Herr, hier ist gut sein! Willst du, so will ich hier drei Hütten bauen, dir eine, Mose eine und Elia eine. Als er noch so redete, siehe, da überschattete sie eine lichte Wolke. Und siehe, eine Stimme aus der Wolke sprach: Dies ist mein lieber Sohn, an dem ich Wohlgefallen habe; den sollt ihr hören! Als das die Jünger hörten, fielen sie auf ihr Angesicht und erschraken sehr. Jesus aber trat zu ihnen, rührte sie an und sprach: Steht auf und fürchtet euch nicht! Als sie aber ihre Augen aufhoben, sahen sie niemand als Jesus allein. Und als sie vom Berge hinabgingen, gebot ihnen Jesus und sprach: Ihr sollt von dieser Erscheinung niemandem sagen, bis der Menschensohn von den Toten auferstanden ist."

Matthäus 17, 1-9

Auf einen hohen Berg gingen sie, die Jünger Petrus, Jakobus und dessen Bruder Johannes. Sie machten sich nicht von sich aus auf den Weg, sondern stiegen auf den Berg hinauf, weil Jesus sie mit sich nahm, als er sich auf den Weg zum Gipfel gemacht hat. Dies erinnert an die Geschichte des Mose, denn wie Jesus die Jünger Petrus, Jakobus und dessen Bruder Johannes mit auf den Berg hinauf nahm, so nahm Mose Aaron, Nadab, Abihu und siebzig der Ältesten Israels mit auf den Berg Sinai hinauf, wie im 24. Kapitel des Zweiten Buches Mose geschildert wird (Vers 9).

Die Jünger sind Jesus also im wahrsten Sinne des Wortes nachgefolgt, als sie mit ihm den Berg bestiegen, und bei dieser Nachfolge erlebten sie etwas, mit dem sie gewiss nicht gerechnet hätten. Sie hatten dieses Erlebnis auf einem Berg, und das hat seinen tieferen Sinn. Der Berg ist in der Bibel Schauplatz besonderer Erfahrungen, die weit über die Erfahrungen hinausgehen, die sonst den Alltag von Menschen prägen. Er ist Ort der Offenbarung Gottes. Texte aus dem Alten Testament zeigen dies in aller Deutlichkeit. So wird im Buch Exodus, im Zweiten Buch Mose, im 24. Kapitel beschrieben, wie Mose, Aaron, Nadab, Abihu und siebzig der Ältesten Israels den Berg Sinai bestiegen und Gott sahen (Verse 9f.), und im 34. Kapitel dieses biblischen Buches können wir lesen, wie Mose ein weiteres Mal den Berg besteigt, nachdem er die ersten Gesetzestafeln zerbrochen hatte, von Gott die Pflichten des Bundes hört und diese auf die neuen Gesetzestafeln schreibt. Als er vom Berg herabsteigt, liegt ein Glanz auf seinem Gesicht (Verse 29 bis 35). Im Ersten Buch der Könige ist der Berg ebenfalls der Ort der göttlichen Offenbarung: Im 19. Kapitel wird beschrieben, wie Gott sich dem Propheten Elia auf dem Berg Horeb in einem stillen sanften Sausen offenbarte (Verse 12f.). Auch im Neuen Testament ist der Berg der Ort, an dem Gott seinen Willen kundtut. So wird im fünften Kapitel des Matthäus-Evangeliums gesagt, dass Jesus auf einen Berg ging, um von dort aus seine Bergpredigt zu halten und auf diese Weise das Volk zu lehren, und im 28. Kapitel dieses Evangeliums wird dargestellt, dass der auferstandene Christus seine Jünger nach Galiläa auf den Berg kommen lässt, um ihnen dort den Auftrag zu erteilen, alle Völker zu taufen und sie seine Gebote zu lehren, und um ihnen seinen Beistand „bis an der Welt Ende“ zuzusprechen (Verse 19f.).

Der Berg steht somit für die Offenbarung Gottes, für seine Nähe. Bemerkenswert ist, dass dies nicht nur in der biblischen Tradition so ist, sondern dass auch in anderen Religionen der Berg als Ort göttlicher Offenbarung gilt. So erhielt – um nur zwei Beispiele zu nennen – gemäß islamischer Überlieferung Muhammad in einer Höhle des Berges Hira die erste Offenbarung und in der buddhistischen Tradition Tibets steht der Berg Kailash als heiliger Berg im Zentrum.

Auch die Jünger Petrus, Jakobus und dessen Bruder Johannes machten die Erfahrung der Offenbarung und Nähe Gottes, als sie sich gemeinsam mit Jesus auf dem Berg befanden. Sie erlebten, dass sich Jesus veränderte: „Und er wurde verklärt vor ihnen, und sein Angesicht leuchtete wie die Sonne, und seine Kleider wurden weiß wie das Licht" – heißt es in der Lutherübersetzung. In dieser Übersetzung trägt dieser Text den uns vertrauten Titel „Verklärung Jesu". Diese Übersetzung ist nun keineswegs falsch, aber sie eröffnet nicht sämtlichen Menschen einen Zugang zu dem Inhalt dieses Textes. Wenn ich an Konfirmandinnen und Konfirmanden denke, vermute ich, dass die meisten von ihnen mit dem Begriff „Verklärung" nicht allzu viel werden anfangen können. Zu fern ist er ihrer alltäglichen Umgangssprache. Und so manchen Erwachsenen mag es vielleicht ja ganz ähnlich gehen. Angesichts dieser Verständnisschwierigkeiten stellen sich die Fragen, worauf der Begriff „Verklärung" zurückgeht, was er bezeichnet. In der Bibelübersetzung geht er darauf zurück, dass es im Text über Jesus heißt: „Und er wurde verklärt vor ihnen". Das griechische Verb, das an dieser Stelle im Deutschen als „verklären" übersetzt wird, ist *metamorphoo.* Dieses Verb hat die Bedeutungen „umgestalten", „verändern", „verwandeln". Es geht um die Verwandlung Jesu. Diese Verwandlung Jesu hat in den Kirchen des Ostens eine hohe Bedeutung: Seit dem sechsten Jahrhundert wird sie alljährlich am 6. August in einem Fest vergegenwärtigt. Dieses Fest zählt zu den wichtigsten Festen der Ostkirchen. In seinem Namen wird das griechische Verb *metamorphoo* aufgenommen: Es heißt Metamorphosis und ist somit das Fest der Verwandlung Jesu. In Syrien wird dieses Fest auch als ‚Fest des Berges Tabor' bezeichnet. Damit wird direkt auf den Berg Bezug genommen, auf dem sich diese Metamorphose Jesu, seine Verwandlung, vollzog, auf den Berg Tabor. In unserer kirchlichen Tradition haben dieser Bibeltext und die in ihm beschriebene Verwandlung dagegen keinen so großen Stellenwert, dass ihm ein eigenes kirchliches Fest gewidmet wäre. Aber es lohnt, hier innezuhalten und sich der Frage auszusetzen, ob in unserer westlichen Tradition hier etwas in den Hintergrund geraten ist, das es verdiente, mehr gewürdigt zu werden. Wie gut, dass wir innerhalb des weltweiten Leibes Christi voneinander lernen können! Ein solches ökumenisches Lernen kann uns die

Augen für Inhalte biblischer Texte öffnen, mit denen wir uns im Allgemeinen nur selten auseinandersetzen, und uns damit Zugänge zu neuen Dimensionen unseres christlichen Glaubens erschließen. Wenden wir uns also der Frage zu, worum es bei dieser Verwandlung Jesu geht: Wie wird sie in dem oben zitierten Matthäustext geschildert?

Es wird gesagt, dass Jesu Angesicht leuchtete wie die Sonne, und seine Kleider wurden weiß wie das Licht. Eingangs sahen wir, dass es an die Geschichte des Mose erinnert, dass Jesus die Jünger Petrus, Jakobus und dessen Bruder Johannes mit auf den Berg hinauf nahm, so wie Mose Aaron, Nadab, Abihu und siebzig der Ältesten Israels mit auf den Berg Sinai hinauf nahm. Dieser Bibeltext erinnert nicht nur damit, sondern auch in manch anderer Weise an die alttestamentlichen Texten, in denen es um die Bergbesteigungen des Mose geht. So erinnert die Aussage, dass das Angesicht Jesu leuchtete, an Mose, von dem im Zweiten Buch Mose im 34. Kapitel gesagt wird, dass ein Glanz auf seinem Gesicht lag, als er vom Berg herabstieg (Verse 29 bis 35).

Um Mose geht es im Folgenden dann ganz direkt, denn es wird gesagt, dass er und Elia den Jüngern erschienen und mit Jesus redeten. Diese Aussage ist von zentraler Bedeutung, denn hier geht es um das Verhältnis, in dem Jesus einerseits zur Tora steht und andererseits zum Eschaton, dem Abschluss der Heilsgeschichte. Denn die Tora wird durch ihren Empfänger Mose repräsentiert und das Eschaton durch Elia. Dass Elia hier für das Eschaton steht, wird in dem Vers deutlich, der unmittelbar auf diesen biblischen Text folgt. Denn da geht es um Elia, von dem die Schriftgelehrten sagen, dass er zuerst kommen müsse, bevor der Menschensohn von den Toten auferstehen werde.

Jesus mit Mose und Elia zu sehen, war für die Jünger ein einmaliges Erlebnis. Sie erfassten sofort, welche Bedeutung es hatte, und so sprach Petrus Jesus an und sagte: „Herr, hier ist gut sein!“ Das wollte er bewahren und deshalb bot er Jesus an: „Willst du, so will ich hier drei Hütten bauen, dir eine, Mose eine und Elia eine.“ Aber dieses Erlebnis war einmalig; es ließ sich nicht bewahren, so sehr die Jünger dies auch gewollt haben mochten. Noch während Petrus dies sagte, folgte für die Jünger bereits das nächste Erlebnis, das die Begegnung mit Mose und Elia im wahrsten Sinne des Wortes in den Schatten stellte: Eine lichte Wolke überschattete sie und aus dieser Wolke war die Stimme Gott zu vernehmen.

Auch dies erinnert an Mose: Im 34. Kapitel des Zweiten Buches Mose wird ebenfalls geschildert, dass aus der Wolke die Stimme Gottes zu vernehmen

war. Die Wolke ist auch an anderen Stellen des Alten Testaments ein Hinweis auf die Gegenwart Gottes: So wird im 24. Kapitel des Zweiten Buches Mose dargestellt, dass die Wolke den Berg Sinai bedeckte und Gott sich auf dem Berg niederließ (Verse 15f.); im 40. Kapitel dieses biblischen Buches wird geschildert, dass die Wolke die Stiftshütte bedeckte und die Herrlichkeit des Herrn die Wohnung erfüllte (Vers 34), und im Ersten Buch der Könige wird im achten Kapitel beschrieben, dass die Wolke das Haus des Herrn erfüllte und die Wolke wird an dieser Stelle direkt mit der Herrlichkeit des Herrn identifiziert (Verse 10f.).
Aus dieser lichten Wolke, die Jesus, Mose, Elia und die Jünger überschattete, sprach Gott selbst. Hören wir noch einmal, was er sagt: „Dies ist mein lieber Sohn, an dem ich Wohlgefallen habe; den sollt ihr hören!" Dies hatte Gott schon einmal gesagt und zwar wörtlich. Nach der Taufe Jesu am Jordan durch Johannes sprach Gott: „Dies ist mein lieber Sohn, an dem ich Wohlgefallen habe" (Matthäus 3, 17). Im Matthäus-Evangelium werden somit die Taufe Jesu und seine Verklärung bzw. Verwandlung in einen direkten Zusammenhang gebracht. In beiden Fällen bekennt sich Gott zu ihm als seinem Sohn. Es ist kein Zufall, dass dieses Bekenntnis in Worte gekleidet ist, die an den zweiten Psalm erinnern, in dem über den König Judas gesagt wird: „Du bist mein Sohn, heute habe ich dich gezeugt." (Vers 7). Dieser Vers erinnert im Übrigen auch in anderer Hinsicht an diesen Bibeltext. Denn im vorhergehenden Vers dieses Psalms geht es um den Berg Zion als Ort der Inthronisation des Königs. Dieser Vers lautet: „Ich aber habe meinen König eingesetzt auf meinem heiligen Berg Zion" (Vers 6).

Die Offenbarung Gottes an Mose in den Kapiteln 24 und 34 des Zweiten Buches Mose und die Offenbarung Gottes in diesem Bibeltext haben etwas Entscheidendes gemeinsam: Es geht um Gebote. Während diese nun in den Darstellungen im Zweiten Buch Mose detailliert zur Sprache kommen, heißt es in unserem Bibeltext lediglich: „Dies ist mein lieber Sohn, an dem ich Wohlgefallen habe; den sollt ihr hören!" Es wird den Jüngern Jesu gesagt, dass sie auf das hören sollen, was Jesus ihnen gebietet. Die Tora wird hier nicht etwa durch Jesus aufgehoben, wie so oft zu vernehmen ist, sondern vielmehr bestätigt. Wie Gott seinen Willen an Mose in Form von Geboten kundgetan hat, so sagt er nun, dass diese Gebote erfüllt werden, indem auf das gehört wird, was Jesus sagt – Jesus, zu dem sich Gott als seinem Sohn unmittelbar zuvor bekannt hat.

Im weiteren Verlauf des Textes wird beschrieben, was dieses Erlebnis bei den Jüngern auslöst. Die Art und Weise, in der dies beschrieben wird, erinnert ebenfalls an ein Buch des Alten Testaments, nun allerdings nicht mehr an das Zweite Buch Mose, sondern an das Buch Daniel:

Dieses Erlebnis überstieg das, was die Jünger verstehen und verarbeiten konnten. Als sie die Stimme Gottes hörten, fielen sie auf ihr Angesicht und erschraken sehr. Das erinnert an das, was Daniel über seine Reaktion auf das Kommen des Gabriel berichtet: „Und Gabriel trat nahe zu mir. Ich erschrak aber, als er kam, und fiel auf mein Angesicht" (8, 17).

Jesus wusste, dass die Jünger Angst hatten und nun seine Zuwendung brauchten. Er „trat zu ihnen, rührte sie an und sprach: Steht auf und fürchtet euch nicht!" Auch dies erinnert an den Bericht des Daniel, in dem es heißt: „Und siehe, eine Hand rührte mich an und half mir auf die Knie und auf die Hände" (10, 10) und zwei Verse weiter: „Und er sprach zu mir: Fürchte dich nicht, Daniel!" (10, 12).

Jesus gab den Jüngern die Möglichkeit, sich wieder aufzurichten; er nahm ihnen ihre Angst und so konnten sie gemeinsam wieder vom Berg hinabsteigen. Mit seiner Aufforderung an die Jünger, bis zu seiner Auferstehung niemandem von dem auf dem Berg Erlebten zu berichten, endet unser Text.

Dieser Text führt uns ein Erlebnis vor Augen, das die Jünger sehr berührt haben wird. Dass er dabei an das erinnert, was in anderen Texten der Bibel zu lesen ist, zeigt, dass die Erfahrungen, die die Jünger auf dem Berg gemacht haben, mit anderen Erfahrungen verglichen werden können, die Menschen in früheren Zeiten gemacht haben und die dann in biblischen Texten ihren Niederschlag gefunden haben. Das stellt uns vor die Frage, ob solche Erfahrungen nicht nur in früheren, sondern auch in späteren Zeiten gemacht wurden, ob auch wir derartige Erfahrungen in unserem bisherigen Leben gemacht haben.

Führen wir uns noch einmal die Situation der Jünger auf dem Berg vor Augen: Sie sahen etwas völlig Unerwartetes und dadurch war ihnen plötzlich die Beziehung Jesu zu Mose und Elia klar. Plötzlich konnten sie ihren Glauben viel besser verstehen. Diesen Moment der Klarheit wollten sie festhalten; sie wollten drei Hütten bauen, eine für Jesus, eine für Mose und eine für Elia. Wer eine Hütte baut, der möchte bleiben, der möchte sich da einrichten, wo er gerade ist. Aber der weitere Verlauf der Geschichte zeigt, dass dies nicht möglich ist. Wir können die Wahrheit sehen und von ihr ergriffen werden, aber wir können sie nicht unsererseits ergreifen und in Hütten verschließen. Die Wahrheit des Glaubens ist nichts, was wir wie einen Besitz gleichsam „haben" können, sondern etwas, was wir in unserem Leben immer wieder aufs Neue erfahren können – oft auf eine für uns unerwartete und überraschende Art und Weise. Das kann Verunsicherung, ja Ängste auslösen. Diese Verunsicherungen und Ängste gehören zu einem lebendigen, sich immer wieder verändernden Glauben dazu. Aber wir dürfen darauf vertrauen, dass Gott uns in diesen Verunsicherungen und Ängsten nicht uns selbst überlässt, sondern sich uns zuwendet, uns aufrichtet und uns zuspricht: „Fürchtet euch nicht!"

Mission

Jona

Viele Menschen stehen dem Gedanken einer christlichen Mission überaus skeptisch, z. T. sogar ablehnend gegenüber. Bei dem Begriff „Mission" denken sie zunächst oft an religiöse Intoleranz. Von daher ist es nicht verwunderlich, dass dieser Begriff fast nur noch von evangelikal geprägten Gruppen verwendet wird.

Aber ist diese Sicht der Mission angemessen? Erschöpft sich Mission in dem, was evangelikal geprägte Christinnen und Christen darunter verstehen? Um auf diese Fragen Antworten zu finden, müssen wir uns darüber klar werden, was wir unter ‚Mission' verstehen. In den letzten Jahrzehnten hat es viele Diskussionen über die Frage gegeben, was Mission überhaupt ist, ob sie noch angemessen ist und wenn ja, in welcher Form sie praktiziert werden kann. Ist diese Frage also eine Frage unserer Tage, die es in der Form früher nicht gegeben hat? Dieser Eindruck könnte sich durchaus einstellen. Er wäre jedoch falsch. Die Frage nach der Berechtigung der Mission ist älter, sie ist sogar älter als die christliche Kirche: Sie wurde bereits im Volk Israel gestellt. Auch da gab es keinen Konsens, ob Gottes Botschaft zu anderen Völkern hingetragen werden sollte oder nicht. Die Diskussionen wurden wahrscheinlich genauso engagiert geführt wie heutzutage – aber in einer etwas anderen Form. Wo unsereins sich bemüht, eine kurze, knappe Antwort zu geben, waren die Menschen im Alten Israel etwas weitschweifiger. Auf die Frage nach der Berechtigung von Mission wurde nicht einfach eine kurze Antwort gegeben, sondern eine Geschichte erzählt. Sie beginnt so:

„Es geschah das Wort des Herrn zu Jona, dem Sohn Amittais: Mache Dich auf und geh in die große Stadt Ninive und predige wider sie; denn ihre Bosheit ist vor mich gekommen."

Es ist die Geschichte von Jona, die wir wohl alle kennen – die meistens von uns wahrscheinlich noch aus Kindergottesdiensttagen. Wie der Beginn der Erzählung zeigt, ist Jona von Gott direkt als Missionar beauftragt. Nun entspricht diese Beauftragung aber überhaupt nicht den Vorstellungen des Jona, und so versucht er, sich ihr zu entziehen, indem er auf einem Schiff nach Tarsis flieht. Auf dieser Flucht kommt er jedoch nicht weit. Gott lässt einen Sturm kommen, und das Schiff droht zu kentern. Als alle Versuche der Schiffsleute, der Lage wieder Herr zu werden, scheitern, beten sie zu ihren jeweiligen Göttern. Aber auch das bringt keine Hilfe in der Not. So entschließen sie sich schließlich zu losen, um so herauszufinden, wer der Grund für das Unglück sei. Das Los trifft Jona, und er sagt den Schiffsleuten, dass er versucht, vor Gott zu fliehen. Sie fragen ihn, was sie denn nun mit ihm tun sollten, und Jona sagt ihnen, dass sie ihn ins Meer werfen sollen. Zunächst wollen die Schiffsleute dies nicht tun, sondern bemühen sich, aus eigener Kraft an Land zu kommen. Als das jedoch nicht gelingt, tun sie, was Jona ihnen gesagt hat, und werfen ihn über Bord.

Eine eigenartige Geschichte: Jona hat sich nur deshalb auf die Flucht begeben, um nicht Gottes Auftrag zur Mission erfüllen zu müssen. Und nun wird er plötzlich zu einem Missionar wider Willen! Denn die Schiffsleute sind keine Juden, sondern Menschen anderen Glaubens – Menschen, die andere Götter anbeten. Es heißt im Text, dass die Schiffsleute, als sie sich fürchteten, schrien sie, ein jeder zu seinem Gott. Durch das Erlebnis mit Jona wird allen Schiffsleuten an Bord klar, dass der Gott, vor dem ihr Passagier zu fliehen versuchte, mächtiger ist als alle Götter, die sie bisher angebetet haben. Er ist so mächtig, dass es nicht möglich ist, vor ihm zu fliehen. An jedem Ort auf der ganzen Welt kann er einen Menschen finden – sogar auf ihrem Schiff, das sich auf dem Weg ins ferne Tarsis befindet. So bekehren sie sich von ihren früheren Göttern, fürchteten den Herrn sehr und brachten dem Herrn Opfer dar und taten Gelübde – wie es in der Lutherübersetzung heißt. Ohne dass dies Jona je in den Sinn gekommen wäre, ist er zum Missionar geworden – und zwar überaus erfolgreich: Alle Schiffsleute haben sich zu seinem Gott bekehrt. Aber das hat er ja gar nicht mehr wahrnehmen können. Schließlich befindet er sich nicht mehr an Bord, sondern im Meer. Dort wird er von einem großen Fisch verschlungen und verbringt drei Tage und drei Nächte im Bauch des Fisches. In dieser Situation wendet sich Jona nicht mehr von Gott ab, sondern wendet sich ihm zu. In einem langen Gebet bekennt er, dass Gott ein gnädiger Gott ist, der einen selbst dann noch retten kann, wenn man selbst schon seine letzte Hoffnung aufgegeben hat. Gott befiehlt daraufhin dem Fisch, Jona wieder auszuspucken. Und so gelangt Jona wieder an Land und ist jetzt bereit, seine Aufgabe zu erfüllen, nach Ninive zu gehen und dort zu predigen. Im Bibeltext wird der Gang der Dinge sehr ausführlich berichtet. Umso erstaunlicher ist es, dass die Predigt des Jona so kurz ist: „Es sind noch vierzig Tage, so wird Ninive untergehen.“ Das ist seine ganze Predigt. Nun könnte man annehmen, sie sei ursprünglich länger gewesen und in der Bibel nur verkürzt wiedergegeben – sozusagen in Form einer Zusammenfassung. Das ist jedoch sehr unwahrscheinlich. Denn dann wäre vermutlich auch der recht lange Text seines Gebetes gekürzt worden. Nein, es sieht ganz so aus, als ob die Predigt des Jona wirklich nur aus diesem einen Satz besteht. Da drängt sich doch der Verdacht auf, dass Jona zwar einsieht, dass er den Auftrag Gottes ausführen muss und dass daran kein Weg vorbeiführt, dass er aber im Grunde genommen dazu so wenig Lust hat wie am Anfang. Also macht er es möglichst kurz. Das Erstaunliche ist jedoch der umwerfende Erfolg, den er mit dieser Predigt hat. Alle nehmen die Botschaft des Jona ernst und tun alles, was in ihrer Macht steht, um an Gottes Barmherzigkeit zu appellieren und so die angedrohte Vernichtung abzuwenden. Das ist alles andere als selbstverständlich. Als etwa der Prophet Amos im Nordreich Israel Unheil verkündigte, wurde er schlicht und einfach des Landes verwiesen. Aber Jona ist über seinen Erfolg gar nicht glücklich – ganz im Gegenteil: Er wird zornig und betet mit folgenden Worten zu Gott: „Ach Herr, das ist's ja, was ich dachte, als ich noch in meinem Lande war, weshalb ich auch eilends nach Tarsis fliehen wollte; denn ich wusste, dass Du gnädig, barmherzig, langmütig und von großer Güte bist und lässt Dich des Übels gereuen. So nimm nun, Herr, meine Seele von mir; denn ich möchte lieber tot sein als leben.“ Aber Gott fragt ihn nur: „Meinst Du, dass Du mit Recht zürnst?"

Jetzt beginnt das Verhalten des Jona, das bisher so unverständlich zu sein schien, klar zu werden. Er will nicht etwa vor seinem Missionsauftrag fliehen, weil er sich überfordert fühlt und denkt, dass er dieser Aufgabe nicht gewachsen sei, sondern ganz im Gegenteil, weil er den Bewohnern von Ninive die Barmherzigkeit Gottes und die Verschonung vor der angedrohten Strafe nicht gönnt. Gott ist der Gott Israels und soll seine Gnade und Barmherzigkeit auch nur seinem Volk zukommen lassen und nicht anderen Völkern – und schon gar nicht so sündigen Menschen wie den Bewohnern von Ninive. Aber Gott hinterfragt gerade diese Auffassung: „Meinst du, dass Du mit Recht zürnst?“, fragt er den Jona und zeigt ihm, dass er im Unrecht ist. Gott bringt Jona das bei, indem er ihn selbst Erfahrungen machen lässt: Jona verlässt Ninive und wartet in der Nähe ab, was denn nun mit der Stadt geschehen werde. Während er wartet, lässt Gott eine Staude wachsen, die ihm Schatten spendet, was Jona sehr genießt. Am nächsten Morgen lässt Gott einen Wurm kommen, der die Staude sticht, so dass sie verdorrt. Als es tagsüber dann heiß wird und Gott auch noch einen heißen Ostwind kommen lässt, da wünscht sich Jona den Tod und spricht: „Ich möchte lieber tot sein als leben.“ Daraufhin fragt ihn Gott: „Meinst Du, dass Du zu Recht zürnst um der Staude willen?" Jona ist sich da völlig sicher: „Mit Recht zürne ich bis an den Tod.“ Die Erwiderung Gottes, die dann folgt, nötigt Jona dazu, sich mit seiner Einstellung anderen Menschen gegenüber auseinanderzusetzen. Sie lautet: „Dich jammert die Staude, um die Du Dich nicht gemüht hast, hast sie auch nicht aufgezogen, die in einer Nacht ward und in einer Nacht verdarb, und mich sollte nicht jammern Ninive, eine so große Stadt, in der mehr als hundertundzwanzigtausend Menschen sind, die nicht wissen, was rechts oder links ist, dazu auch viele Tiere?“

Mit dieser Frage endet die Erzählung von Jona. Gott ist hier als Lehrer tätig, der Jona beibringt, dass auch die Menschen in Ninive seine Geschöpfe sind, denen er sich in seiner Barmherzigkeit zuwendet. Dabei geht Gott geschickt vor: Mit der Staude und dem heißen Ostwind lässt er Jona am eigenen Leib spüren, wie wertvoll eine kleine Staude ist, um ihm dann in einer rhetorischen Frage zu sagen, dass die Bewohner Ninives viel wertvoller sind als diese Staude und seine Barmherzigkeit auch benötigen.

Die Erzählung endet mit einer Frage Gottes. Und so ist sie ein guter Beitrag zur Diskussion um die Frage der Mission. Die damaligen Hörerinnen und Hörer waren zur Antwort herausgerufen – und auch wir sind es heute. Die Erzählung von Jona macht deutlich, was Mission eigentlich ist und gibt uns somit die Antwort auf unsere Frage. Mission meint die Sendung zu allen Menschen, auch zu denen, denen wir uns vielleicht gar nicht zuwenden wollen, so wie sich auch Jona den Menschen in Ninive nicht zuwenden wollte. Mission ist die Sendung zu anderen Menschen. Dietrich Bonhoeffer hat es einmal so formuliert: „Die Kirche ist nur Kirche, wenn sie für andere da ist." Wenn die Kirche darauf verzichtet, dann sägt sie an dem Ast, auf dem sie sitzt. Denn dann wird sie zu einem *inner circle*, der nur noch nach innen, nicht jedoch mehr nach außen wirkt. Bedeutet dies nun, dass es unsere Aufgabe ist, andere zu missionieren? Auch bei dieser Frage hilft uns die Erzählung von Jona weiter. Sie zeigt uns nämlich, wer der Urheber der Mission ist: Gott – und nicht etwa der gesandte Missionar. Dass die Initiative zur Mission von Gott und keineswegs von Jona ausgeht, wird in der Erzählung überdeutlich zum Ausdruck gebracht. Und deshalb sollten wir das Verb „missionieren" aus unserem kirchlichen Wortschatz streichen. Denn wenn wir mit diesem Verb einen Satz bilden – zum Beispiel: Ein Missionar missioniert einen Nichtchristen – dann ist der Missionar immer das Subjekt des Satzes und damit auch der Mission. Die Jonageschichte zeigt uns dagegen, dass Gott das Subjekt der Mission ist und der Missionar das Objekt, denn er ist es ja, der von Gott zu anderen gesandt wird. Diesen Gedanken empfinde ich als entlastend. Es ist nicht unsere Aufgabe, andere Menschen zu bekehren. Denn die Bekehrung eines Menschen geschieht allein durch das Wirken des Heiligen Geistes, also Gottes. Unsere Aufgabe ist es, die Sendung zu anderen anzunehmen und ihnen die Liebe Gottes in Wort und Tat zu bezeugen. Indem wir dies tun, geben wir uns als Christinnen und Christen zu erkennen. Ob unser „Uns-als-Christen-zu-erkennen-geben“ dazu führt, dass andere sich zum christlichen Glauben bekehren, liegt nicht in unserer Hand, sondern allein in der Hand Gottes.

Israel, das „Licht der Heiden“

Jesaja 49, 1-6

Die Rede des Gottesknechtes im 49. Kapitel des Jesajabuches ist von zentraler Bedeutung, wenn wir über die Bedeutung Israels für uns nachdenken, denn dort wird deutlich, dass der Gottesknecht Israel Heil bringt und zugleich das „Licht der Heiden“ ist. Dieser Text lautet:

„Hört mir zu, ihr Inseln, und ihr Völker in der Ferne, merkt auf! Der HERR hat mich berufen von Mutterleibe an; er hat meines Namens gedacht, als ich noch im Schoß der Mutter war. Er hat meinen Mund wie ein scharfes Schwert gemacht, mit dem Schatten seiner Hand hat er mich bedeckt. Er hat mich zum spitzen Pfeil gemacht und mich in seinem Köcher verwahrt. Und er sprach zu mir: Du bist mein Knecht, Israel, durch den ich mich verherrlichen will. Ich aber dachte, ich arbeitete vergeblich und verzehrte meine Kraft umsonst und unnütz, wiewohl mein Recht bei dem HERRN und mein Lohn bei meinem Gott ist. Und nun spricht der HERR, der mich von Mutterleib an zu seinem Knecht bereitet hat, dass ich Jakob zu ihm zurückbringen soll und Israel zu ihm gesammelt werde, – darum bin ich vor dem HERRN wert geachtet und mein Gott ist meine Stärke –, er spricht: Es ist zu wenig, dass du mein Knecht bist, die Stämme Jakobs aufzurichten und die Zerstreuten Israels wiederzubringen, sondern ich habe dich auch zum Licht der Heiden gemacht, dass du seist mein Heil bis an die Enden der Erde.“

Jesaja 49, 1-6

Professor Dr. Gerhard Hennig stellt die rhetorischen Fragen: „Was steht eigentlich in der Bibel, das nicht in Jes 49 steht? Wo eröffnet sich das Alte Testament programmatischer der gesamten Menschheit, den Inseln, den Heiden als Jes 49?“ (in: Calwer Predigthilfen, hg. v. Helmut Barié u.a., Jahrgang 1999/2000, Reihe IV, 2. Halbband. Exaudi bis Ende des Kirchenjahres, Stuttgart 2000, S. 168).

Der Text beginnt mit einer Aufforderung, die sich nicht an das Volk Israel, sondern an die anderen Völker richtet: „Hört mir zu, ihr Inseln, und ihr Völker in der Ferne, merkt auf!“ (Vers 1a). Nur an dieser Stelle werden die anderen Völker im Jesajabuch so direkt angesprochen. Durch diese Eröffnung des Textes ist klar, dass das, was jetzt folgt, für die Völker von entscheidender Bedeutung ist. Und dann stellt sich der Gottesknecht selbst vor. Dies tut er ausführlich und legitimiert damit auch sein Auftreten. Er sagt: „Der HERR hat mich berufen von Mutterleibe an; er hat meines Namens gedacht, als ich noch im Schoß der Mutter war. Er hat meinen Mund wie ein scharfes Schwert gemacht, mit dem Schatten seiner Hand hat er mich bedeckt. Er hat mich zum spitzen Pfeil gemacht und mich in seinem Köcher verwahrt. Und er sprach zu mir: Du bist mein Knecht, Israel, durch den ich mich verherrlichen will“ (Verse 1b bis 3). Hier berichtet der Gottesknecht von seiner Berufung. Das Besondere an diesem Bericht ist, dass diese Berufung eine vorgeburtliche gewesen ist, sie erfolgte also zu einem Zeitpunkt, an dem der Gottesknecht sie selbst nicht bewusst annehmen konnte. Und um eben dies geht es hier: die Berufung ohne jedes Zutun des Betroffenen.

Aus dem Bericht geht zugleich hervor, was die besondere Gabe ist, die Gott dem Gottesknecht mit auf seinen Weg gibt, damit er seine Aufgabe erfüllen kann: die Gabe, in besonderer Weise zu sprechen. Der Gottesknecht ist mit dem Wort Gottes begabt: „Er hat meinen Mund wie ein scharfes Schwert gemacht“ (Vers 2a). Seine Worte sind scharf und treffsicher; an ihnen scheiden sich die Geister. Das wird auch dadurch zum Ausdruck gebracht, dass er sagt: „Er hat mich zum spitzen Pfeil gemacht und mich in seinem Köcher verwahrt“ (Vers 2c). Bemerkenswert ist, dass hier nicht steht, dass der Gottesknecht wie ein spitzer Pfeil sei und wirke, sondern dass er ein spitzer Pfeil ist, denn er sagt hier: „Er hat mich zum spitzen Pfeil gemacht“. Wer dem Gottesknecht begegnete, durfte also keinen *small talk* erwarten, sondern vielmehr die Konfrontation mit unbequemen Aussagen und Infragestellungen. Die besondere Gabe Gottes war also mit einer Aufgabe verbunden, um die wir den Gottesknecht gewiss nicht nur beneiden können. Denn wer so auftritt, macht sich im Allgemeinen keine Freunde. Zu dieser besonderen Gabe kommt auch der besondere Schutz, den Gott dem Gottesknecht gewährt. Das wird deutlich, wenn Gott ihn „in seinem Köcher verwahrt“, wo er geschützt ist, und auch, wenn er sagt: „mit dem Schatten seiner Hand hat er mich bedeckt“ (Vers 2b). Gott lässt ihn mit seiner Aufgabe nicht allein.

Wer aber ist er, dieser Gottesknecht, den Gott mit den Gaben ausstattet, die er benötigt, um seine Aufgabe zu erfüllen, und dem er seinen Schutz gewährt? Angesichts der unterschiedlichen Aussagen, die über ihn im Buch Deuterojesajas gemacht werden, wird diese Frage auf z.T. sehr unterschiedliche Art und Weise beantwortet. In unserem Text wird dazu eine klare Aussage gemacht, wenn es dort heißt: „Und er sprach zu mir: Du bist mein Knecht, Israel, durch den ich mich verherrlichen will“ (Vers 3). Hier wird er also mit Israel identifiziert. Durch ihn will Gott sich verherrlichen. Daraus ist jedoch keineswegs zu folgern, dass der Gottesknecht deshalb nicht auch die frustrierende Erfahrung machen muss, dass er sich vergeblich abmüht. Das sagt er auch in aller Klarheit: „Ich aber dachte, ich arbeitete vergeblich und verzehrte meine Kraft umsonst und unnütz, wiewohl mein Recht bei dem HERRN und mein Lohn bei meinem Gott ist“ (Vers 4). Er bemühte sich, seinem Auftrag gerecht zu werden, und musste erleben, dass die Botschaft, die er verkündigte, offenbar nichts bewirkte. Angesichts dieser Klage, die an die des Elia auf seiner Flucht denken lässt (1. Könige 19), spricht Gott ihn an. Er erinnert ihn an seine Berufung „von Mutterleib an“, an seine Aufgabe, dass er „Jakob zu ihm zurückbringen soll und Israel zu ihm gesammelt werde“ und versichert ihn seiner Wertschätzung. Und dann folgt nicht etwa eine Entlastung angesichts der Klage des Gottesknechtes über die Erfolglosigkeit seiner Bemühungen, sondern – ganz im Gegenteil – eine Ausweitung seines Auftrages über alle nur denkbaren Grenzen hinweg. Ich wiederhole diese beiden Verse, weil sie den Kern, das Entscheidende, zum Ausdruck bringen: „Und nun spricht der HERR, der mich von Mutterleib an zu seinem Knecht bereitet hat, dass ich Jakob zu ihm zurückbringen soll und Israel zu ihm gesammelt werde, – darum bin ich vor dem HERRN wert geachtet und mein Gott ist meine Stärke –, er spricht: Es ist zu wenig, dass du mein Knecht bist, die Stämme Jakobs aufzurichten und die Zerstreuten Israels wiederzubringen, sondern ich habe dich auch zum Licht der Heiden gemacht, dass du seist mein Heil bis an die Enden der Erde“ (Verse 5f.).

Gott hat den Gottesknecht „auch zum Licht der Heiden“ gemacht, also auch zum Licht derer, die nicht dem Volk Israel angehören. Auch deren Leben soll durch die Botschaft Gottes zum Leuchten gebracht werden. Um noch einmal Professor Hennig zu Wort kommen zu lassen: „Es gibt wenig Bibeltexte – solche aus Deuterojesaja, Psalm 98 und andere Psalmen wird man dazu zählen –, mit denen das Alte Testament sich selbst und so explizit den Heiden mitteilt und ihnen Gottes ganzes Heil eröffnet wie Jes 49“ (a.a.O., S. 169).

Aber wie oft wird dies nicht wahrgenommen und gesagt, dass sich das Alte Testament mit seiner Botschaft ja ausschließlich an das Volk Israel wende? Dem Alten Testament wurde und wird in Geschichte und Gegenwart der Kirche immer wieder Nationalismus bzw. Partikularismus vorgeworfen. Der Weg von diesem Vorwurf zu einem Marcionismus, bei dem das Alte Testament zur Gänze verworfen wird, ist nur ein kurzer. Dieser Text aus dem 49. Kapitel des Jesajabuches macht deutlich, wie unzutreffend eine solche Sichtweise ist – zumal er ja bei weitem nicht der einzige ist, in dem dies seinen Ausdruck findet. Um nur ein weiteres Beispiel zu nennen: Gott spricht dem Abram zu: „in dir sollen gesegnet werden alle Geschlechter auf Erden“ (Genesis 12, 3b). Bei Lichte besehen erweist sich der Vorwurf des Nationalismus bzw. Partikularismus in Bezug auf das Alte Testament somit als haltlos.

Eine solche marcionitische Ablehnung des Alten Testaments verbindet sich oft mit dem antijudaistischen Vorwurf an Jüdinnen und Juden, sie würden sich aufgrund ihrer Erwählung durch Gott für etwas Besseres halten. Wie wenig dies dem jüdischen Verständnis von Erwählung entspricht, kommt z.B. im Musical „Anatevka" von Scholem Alejchem zum Ausdruck. Da hadert der jüdische Milchmann Tevje mit Gott und sagt ihm: „Ich weiß, o Herr, dass es eine Ehre ist, dein auserwähltes Volk zu sein – aber kannst du nicht manchmal auch ein anderes Volk auswählen?" Hier bringt jüdischer Humor zum Ausdruck, dass es ein krasses Missverständnis wäre, in der Erwählung durch Gott einfach nur ein Privileg zu sehen.

Weil Gott den Gottesknecht „auch zum Licht der Heiden“ gemacht hat, also auch zum Licht derer, die nicht dem Volk Israel, sondern anderen Völkern angehören, hat Israel für diese anderen Völker eine existenzielle Bedeutung. Der jüdische Religionsphilosoph Abraham Joshua Heschel beschreibt diese Bedeutung seines Volkes Israel in seinem Buch ‚Gott sucht den Menschen. Eine Philosophie des Judentums’ so: „Wir sollten Pioniere sein wie unsere Väter vor dreitausend Jahren. Die Zukunft aller Menschen hängt von der Erkenntnis ab, daß der Sinn für das Heilige ebenso wichtig ist wie Gesundheit. Wenn wir als Juden leben, bewahren wir dies Gefühl und hüten das Licht für zukünftige Visionen der Menschheit. Unsere Bestimmung ist, zu leben für etwas, das mehr ist als wir selbst.“ (Abraham Joshua Heschel, Gott sucht den Menschen. Eine Philosophie des Judentums, Neukirchen-Vluyn 1980, S. 325).

Und die Bestimmung von uns, die wir nicht dem jüdischen Volk angehören, ist es, uns diesem Licht, das Gott uns durch sein Volk Israel schenkt, nicht zu verschließen, sondern uns ihm zu öffnen. Das können wir nur, wenn wir unserem Alten Testament, der Hebräischen Bibel des jüdischen Volkes, und dem Volk Israel mit Respekt und Wertschätzung begegnen.

III.

Das Vaterunser

Einleitung

Das Vaterunser ist zweifellos das wichtigste Gebet der Christenheit. Es verbindet seit Anfang an Christinnen und Christen über alle Grenzen hinweg, seien sie kultureller, sprachlicher oder anderer Natur. Wenden wir uns nun diesem Gebet zu, um es besser zu verstehen, dann ist es sinnvoll, in einem ersten Schritt die Frage anzusprechen, was wir grundsätzlich unter einem Gebet verstehen. Diese Frage wirkt auf den ersten Blick zugegebenermaßen reichlich banal. Denn das wissen wir alle: Wer betet, wendet sich an Gott. Unter einem Gebet verstehen wir die Anrufung Gottes durch die Gläubige bzw. den Gläubigen. Diese Möglichkeit steht allen Gläubigen offen und ist in der Bibel klar bezeugt. So heißt es in Ps. 145, Vers 18 – um nur ein Beispiel zu nennen: „Der Herr ist nahe allen, die ihn anrufen, allen, die ihn ernstlich anrufen."

In den Psalmen finden wir viele Beispiele dafür, dass sich Gläubige an Gott wenden und Ihn bitten, sie zu erhören. So heißt es in Psalm 4, Vers 2: „Erhöre mich, wenn ich rufe, Gott meiner Gerechtigkeit, der Du mich tröstest in Angst; sei mir gnädig und erhöre mein Gebet!" und in Psalm 39, Vers 13, lesen wir: „Höre mein Gebet, Herr, und vernimm mein Schreien, schweige nicht zu meinen Tränen." Die Beter wenden sich mit diesen Worten unmittelbar an Gott und bitten Ihn, ihr Gebet zu erhören. Entsprechend lesen wir in Psalm 55, Vers 2: „Gott, höre mein Gebet und verbirg Dich nicht vor meinem Flehen."

In Hinblick auf das Gebet ist mir die Bartimäus-Erzählung im Neuen Testament immer wichtiger geworden, in der beschrieben wird, dass Bartimäus sich nicht davon abhalten lässt, Jesus lauthals um Zuwendung, um Hilfe zu bitten. In diesem Text heißt es: „Viele aber fuhren Bartimäus an, er solle stillschweigen. Er aber schrie noch viel mehr: Du Sohn Davids, erbarme Dich meiner! Und Jesus blieb stehen und sprach: Ruft ihn her! Und sie riefen den Blinden und sprachen zu ihm: Sei getrost, steh auf! Er ruft dich!" (Markus 10, 48f.). Bartimäus lässt sich nicht davon abhalten, Jesus anzurufen. Er tut es so lange, bis Jesus reagiert. Die Bitte der Beter in den Psalmen, dass ihr Gebet vernommen wird, findet auch in der Bartimäus-Erzählung ihre Erfüllung: Bartimäus erlebt, dass Jesus sein Schreien vernimmt und nicht schweigt, sondern ihn zu sich ruft. Somit zeigt diese Erzählung, wie eine Gebetserhörung Gestalt annehmen kann.

Das Gebet wird uns als Möglichkeit vor Augen gestellt, uns mit all dem, was uns bewegt – mit jeder Klage, jeder Bitte, aber auch jedem Dank – direkt an Gott zu wenden. Allen Gläubigen steht diese Möglichkeit offen. Zugleich ist es wichtig, sich vor Augen zu führen, dass das Gebet keine monologische Veranstaltung ist, die Gott auf die Rolle des Hörenden reduziert, sondern eine zutiefst dialogische.

Der evangelische Systematiker Joachim Ringleben entfaltet diese dialogische Struktur des Gebetes, indem er darlegt, dass Gebet nicht etwas ist, was wir „machen" können: „G. [= Gebet; HCG] ist Gottesbegegnung. Gelingendes G. ist nie selbstverständl., sondern als spannungsreicher Vollzug ständig vom Scheitern bedroht. Da das Geheimnis des G.s darin besteht, dass Gott und wir zugleich aktiv sind, existiert es nur als unverfügbare Einheit eines Widerspruchs. Es ist ganz menschl. Tun (*wir* reden im Fragen und Vernehmen von Antwort) und doch ganz Gottes Tun an uns. Es ist nur wirkl. als Ringen des Beters um Gottes Nähe und wird nur wahr als Empfangen seines freien Sichvergegenwärtigens. In ihm wandelt sich unsere einseitig anhebende Bewegung auf Gott zur wirkl. Gemeinschaft mit Gott selber." (J. Ringleben, Art. Gebet. B., in: V. Drehsen u.a. [Hgg.], Wörterbuch des Christentums, Gütersloh / Zürich 1988, S. 386.).

Dass das Gebet zum Ort der Gottesbegegnung werden kann, wird in einem Text von Metropolit Anthony auf humorvolle und eindrückliche Art und Weise zum Ausdruck gebracht. Dieser Text war in dem Adventskalender ‚Der Andere Advent' des Jahres 1998 für den 5. Dezember ausgesucht. Er lautet: „Ich erinnere mich, dass unter den ersten Ratsuchenden, die nach meiner Priesterweihe zu mir kamen, eine alte Dame war, die klagte: ‚Vierzehn Jahre lang habe ich fast ununterbrochen gebetet, doch nie habe ich ein Gefühl von der Gegenwart Gottes gehabt.' Da fragte ich sie: ‚Haben Sie ihm Gelegenheit gegeben, ein Wort einzuwerfen?' ‚Wie das?', entgegnete sie. ‚Nein, ich habe die ganze Zeit zu ihm gesprochen, ist das nicht etwa Beten?' ‚Nein', sagte ich, ‚ich glaube nicht, und was ich Ihnen empfehle, das ist, dass Sie sich täglich eine Viertelstunde nehmen sollten, einfach dasitzen und vor dem Angesicht Gottes stricken.'" Der weitere Verlauf der Geschichte zeigt, dass dieser seelsorgerliche Rat der richtige war. Und somit zeigt diese kurze Erzählung, was ein Gebet ist. Verstehen wir das Gebet als Ort der Gottesbegegnung, als Ort wirklicher Gemeinschaft mit Gott, dann ist zugleich auch deutlich, dass ein so verstandenes Gebet nichts ist, was wir Menschen von uns aus machen können, sondern etwas, was wir nur dankbar als Geschenk Gottes annehmen können. Gott gibt uns die Möglichkeit, mit ihm im Gebet Gemeinschaft zu haben. Er wendet sich uns zu und sucht den Dialog mit uns.

Das Gebet von uns Menschen ist also die *Antwort* auf das *Wort* Gottes, mit dem er sich an uns wendet.

Die Anrede:
Vater unser im Himmel

Wir alle kennen das Vaterunser. Wir alle kennen es auswendig, ja mehr noch: wir kennen es inwendig. Diese Worte haben wir tief in uns aufgenommen, sie sind uns zutiefst vertraut. Diese Worte sind für uns zu einer Heimat geworden; sie haben uns in unserem bisherigen Glaubensleben begleitet. Sie sind somit ein Teil unseres Glaubenslebens und damit unseres Lebens überhaupt. Das ist gut so und das ist für uns ein Grund zur Dankbarkeit dafür, dass uns diese Worte gegeben sind.

Diese tiefe Vertrautheit kann aber auch dazu führen, dass wir nicht mehr auf die genaue Bedeutung der einzelnen Wörter und Sätze dieses Gebetes achten, sondern dass wir seine Worte sprechen, ohne uns ihren Sinn im Einzelnen zu vergegenwärtigen und ihn zu reflektieren. Darin sehe ich auch kein Problem. Wie arm wäre unser Glaubensleben, wenn wir uns von biblischen Texten, Gebeten und Liedern lediglich auf der kognitiven Ebene ansprechen lassen könnten! Wenn wir Texte aus der Bibel hören oder lesen, können sie viel in uns auslösen, das weit über das hinausgeht, was wir uns mit unserem Verstand erschließen können. Wenn wir beten, können wir Gemeinschaft mit unseren Glaubensgeschwistern und mit Gott erleben – eine Gemeinschaft, die rational nicht zu erklären ist. Und wenn wir singen, kann dies in uns im wahrsten Sinne des Wortes viel zum Klingen bringen. Es wäre wirklich verfehlt, würden wir nur nach dem Sinn der Worte biblischer Texte, Gebete und Lieder fragen. Umgekehrt wäre es jedoch ebenso eine Verkürzung, wenn wir nicht *auch* nach deren Sinn fragen und versuchen würden, diesen Sinn mit unserem Verstand zu erfassen. Schließlich ist auch unser Verstand eine der guten Gaben Gottes, die er uns auf unseren Lebensweg mitgegeben hat. Und so werde ich mich den einzelnen Aussagen und Bitten des Vaterunsers annähern, um auf diese Weise vielleicht die eine oder andere neue Perspektive auf den uns so vertrauten Text zu eröffnen. Dies setzt jedoch voraus, den Text gleichsam von außen zu betrachten. Ist uns dies überhaupt möglich? Ich bezweifle dies, denn dafür ist er viel zu eng mit unserem Leben verwoben.

Ist es damit unmöglich, den Text des Vaterunsers von außen zu betrachten? Wenn wir ihn mit unseren eigenen Augen, also unmittelbar, betrachten, dann lautet die Antwort auf diese Frage: Ja. Aber wenn wir wahrnehmen, wir andere Menschen, denen das Vaterunser nicht vertraut ist, die keine Geschichte mit diesem Gebet haben, diesen Text hören, lesen und verstehen, dann können wir ihn gleichsam mit deren Augen, also mittelbar, betrachten. Auf diesem Umweg ist es uns doch möglich, eine Außenperspektive auf die Worte des Vaterunsers zwar nicht selbst einzunehmen, aber mittels anderer Menschen zumindest zur Kenntnis zu nehmen.

Ich hatte einmal die Gelegenheit, eine solche Sicht des Vaterunsers kennen zu lernen und so den vertrauten Text gleichsam mit anderen Ohren zu hören, und zwar durch ein zwölfjähriges Mädchen, das in einem nichtreligiösen Elternhaus aufgewachsen ist. Die christlichen Traditionen hatte ihr niemand nahe gebracht. Weder biblische Texte noch Kirchenlieder noch Gebete waren ihr bekannt, geschweige denn vertraut. Ihr war andererseits aber auch keine Ablehnung des christlichen Glaubens vorgelebt worden. Und als ihre Freundinnen sie fragten, ob sie nicht Lust hätte, einmal mit in die Kirche zu gehen, sagte sie ‚Ja'. Es gefiel ihr, sie ging dann des Öfteren in die Kirche und beschloss, sich konfirmieren zu lassen. Besonders gut, so sagte sie, gefalle ihr das Gedicht, das immer in der Kirche gesprochen werde, und das wolle sie im Konfirmandenunterricht lernen. Ich hatte im ersten Moment gar nicht verstanden, was sie damit gemeint hat: ein Gedicht im Gottesdienst?

Aber schnell wurde klar, dass sie das Vaterunser meinte. Im ersten Moment war ich erstaunt. Als Gedicht hatte ich dieses Gebet bisher nicht verstanden. Ich vermute, dass viele von Ihnen ebenso erstaunt gewesen wären, denn als Gedicht stufen wir das Vaterunser ja im Allgemeinen nicht ein. Wahrscheinlich ist es gerade unsere christlich-religiöse Sozialisation, die dazu führt, dass wir auf diesen Gedanken nicht gekommen wären, dass er uns vielleicht sogar ziemlich abwegig erscheint. Dabei ist er gar nicht so abwegig, dieser Gedanke. Denn das Vaterunser trägt viele Züge eines Gedichtes. Dies wird besonders deutlich, wenn wir uns vor Augen führen, dass es ursprünglich nicht auf Griechisch, sondern auf Aramäisch, der Muttersprache Jesu, formuliert war. Die Rekonstruktion der aramäischen Urfassung zeigt deren poetische Struktur. Diejenigen, die sich der Worte dieses Gebetes bedient haben, sprachen in rhythmisch geformter Sprache mit Gott. Das Gebet prägte sich leicht dem Gedächtnis ein, weil sich die Satzenden aufeinander reimten. Dieses Charakteristikum prägt das Vaterunser auch noch in der griechischen Übersetzung, die im Matthäusevangelium steht, auch wenn seine poetische Gestalt dort nicht mehr ganz so deutlich ist wie in der aramäischen Urfassung. Auch in der deutschen Übersetzung, in der wir das Vaterunser kennen und sprechen, ist diese poetische Struktur noch erhalten. Dies hat das zwölfjährige Mädchen erfasst und bezeichnete dementsprechend das Vaterunser als Gedicht. Und so hat sie mich auf eine Dimension dieses mir so vertrauten Gebetes aufmerksam gemacht, über die ich ohne die Begegnung mit ihr vielleicht nie näher nachgedacht hätte.

In meiner früheren Gemeinde hatten die Konfirmandinnen und Konfirmanden in ihrem Unterricht vier Texte auswendig zu lernen: die Zehn Gebote, den dreiundzwanzigsten Psalm, das Vaterunser und das Apostolische Glaubensbekenntnis. Mit dem Auswendiglernen des Vaterunsers hatten die Jugendlichen fast nie Probleme. Mit den anderen drei Texten haben sie sich im Allgemeinen sehr viel schwerer getan. Vielleicht ist auch dies darauf zurückzuführen, dass das Vaterunser auch in der deutschen Fassung noch durch seine ursprüngliche poetische Gestalt geprägt ist.

Und das wird sicher auch mit dazu beigetragen haben, dass das Vaterunser durch die gesamte Christentumsgeschichte hindurch von Generation zu Generation weitergegeben worden ist und so auch wir uns im einundzwanzigsten Jahrhundert mit den Worten dieses Gebetes an Gott wenden. Dabei würde es selbstredend viel zu kurz greifen, wollte man diese weltweite Verbreitung des Vaterunsers über alle kulturellen, ökumenischen und historischen Grenzen hinweg lediglich auf seine Form zurückführen wollen. In erster Linie ist hier der Inhalt zu nennen, denn der könnte gewichtiger kaum sein. Nach Thomas von Aquin ist das Vaterunser das vollkommenste Gebet, der Kirchenvater Tertullian bezeichnete es als „breviarium totius Evangelii“ und Bischof Cyprian von Karthago nannte es im dritten Jahrhundert ein „coelestis doctrinae compendium“.

Der Systematiker Gerhard Ebeling hat seine dreibändige „Dogmatik des christlichen Glaubens“ (Tübingen 1979) mit einer ausführlichen Betrachtung des Gebetes eingeleitet und von da aus die christliche Lehre entfaltet – um es mit seinen Worten zu sagen: Es wird „die Gotteslehre vom Phänomen des Gebets her entfaltet“ (Dogmatik des christlichen Glaubens, Band 2, S. 330). Hinsichtlich des Vaterunsers betont Ebeling die hohe Bedeutung der Anrede. Er schreibt: „In ihr wird geltend gemacht, woraufhin gebetet wird und Gewissheit besteht, nicht ins Leere zu reden. Insofern ist mit der Anrede im Grunde schon alles gesagt, wenn man hinzunimmt, dass im Lichte solcher Anrede der Beter selbst mit allem, was ihn umtreibt, den dazu gehörenden Gebetstext darstellt. Die Anrede ist nicht nur bereits das ganze Gebet in nuce, sondern auch schon die Vorwegnahme seiner Erhörung, sozusagen das bereits an den Anfang gesetzte Amen." (Dogmatik des christlichen Glaubens, Band 1, S. 241).

Was Ebeling hier schreibt, kann in seiner Bedeutung gar nicht hoch genug eingeschätzt werden: Es „ist mit der Anrede im Grunde schon alles gesagt" – dies ist in der Tat eine steile Formulierung. Und die dann folgende Aussage: „Die Anrede ist nicht nur bereits das ganze Gebet in nuce, sondern auch schon die Vorwegnahme seiner Erhörung, sozusagen das bereits an den Anfang gesetzte Amen", überbietet diese Aussage sogar noch. Wie ist dies zu verstehen? Wie können wir in der Anrede „Vater unser im Himmel" das Gebet als Ganzes erkennen, ja mehr noch: „die Vorwegnahme seiner Erhörung"?

Nehmen wir diese Anrede in den Blick: Gott wird hier als Vater angesprochen. Damit steht das Vaterunser in der Tradition der Hebräischen Bibel. Um nur drei Beispiele zu nennen: Im Lied des Mose, wie es im Fünften Buch Mose im zweiunddreißigsten Kapitel überliefert ist, heißt es über Gott: „Ist Er nicht dein Vater und dein Herr? Ist's nicht Er allein, der dich gemacht und bereitet hat?" (Vers 6b). Im Buch des Propheten Jesaja lesen wir: „Aber nun, Herr, Du bist doch unser Vater! Wir sind Ton, Du bist unser Töpfer, und wir sind alle Deiner Hände Werk" (64, 7). Und im Buch des Propheten Maleachi lesen wir die rhetorische Frage: „Haben wir nicht alle einen Vater? Hat uns nicht ein Gott erschaffen?" (2, 10). Dementsprechend begegnet die Anrede Gottes als Vater auch in jüdischen Gebeten. Das Gebet „Awinu malkenu", das in den zehn Bußtagen zwischen Neujahr und dem Versöhnungstag und auch an anderen Fasttagen gebetet wird, zeigt dies beispielhaft: Haben die beiden Worte „Awinu malkenu", mit denen jede Zeile dieses Gebet eingeleitet wird, doch die Bedeutung „Unser Vater, unser König".

In dieser Tradition steht Jesus als Jude und so beginnt das Gebet, das er seinen Jüngern gibt, mit den Worten „Vater unser". Jesus hat Gott als Vater angesprochen, wie die Evangelien an vielen Stellen bezeugen. Wenn wir mit den Worten des Vaterunsers beten und Gott als „unseren Vater" ansprechen, übernehmen wir Christen, die wir nicht dem jüdischen Volk angehören, damit von Jesus diese Anrede Gottes.

Diese Anrede ist Ausdruck tiefsten Vertrauens. Und so können wir in der Tat davon sprechen, dass in der Anrede „Vater unser“ im Grunde bereits alles gesagt ist. Denn wenn wir das Gebet nicht als etwas verstehen, was Gott auf die Rolle des Hörenden reduziert, sondern als Ort der Gottesbegegnung, dann zielt es auf eine Beziehung zu ihm, die von tiefem Vertrauen getragen ist. Eine solche vertrauensvolle Beziehung findet in der Anrede „Vater unser“ ihren Ausdruck. Wer Gott zu Beginn des Gebetes so ansprechen kann, steht bereits in solch einer vertrauensvollen Beziehung zu ihm. Und so gesehen ist in dieser Anrede in der Tat bereits alles gesagt.

Nun mag man einwenden, dass es Menschen gibt, die mit dieser Anrede ihre Schwierigkeiten haben. Wer mit dem eigenen leiblichen Vater oder einem Stiefvater schlechte Erfahrungen hat machen müssen, wird sich in der Tat sehr schwer damit tun, Gott als Vater anzusprechen und damit uneingeschränktes Vertrauen zu ihm zum Ausdruck zu bringen. Deshalb ist die Anrede „Vater unser“ mit einer entscheidenden Ergänzung versehen: „im Himmel“. Damit wird deutlich, dass mit diesen Worten Gott als der himmlische Vater angesprochen wird, der über alle Fehler und Unzulänglichkeiten menschlicher Väter erhaben ist, als der Vater, dem wir uns voller Vertrauen zuwenden dürfen.

Dass wir uns in diesem Vertrauen an Gott wenden können, hat seinen Grund darin, dass Jesus seinen Jüngern und damit auch uns die Worte dieses Gebetes gegeben hat, die Worte des Vaterunsers. Denn es beginnt mit einer Anrede, die deutlich macht, dass wir bereits in solch einem von Vertrauen getragenen Verhältnis zu Gott stehen. Wir müssen uns dieses Verhältnis nicht erst mühsam verdienen. Es ist uns geschenkt. Und so dürfen wir uns in tiefem Vertrauen mit diesem Gebet an Gott wenden und ihn mit den Worten ansprechen „Vater unser im Himmel“.

Die erste Bitte: Geheiligt werde Dein Name

Durch die Anrede„Vater unser im Himmel“ findet ein Verhältnis zu Gott seinen Ausdruck, das von tiefem Vertrauen getragen wird. Martin Luther hat dies in seinem Kleinen Katechismus auf eine sehr schöne Weise in Worte gekleidet. Er schreibt in seiner Erklärung dieser Anrede:

> „Vater unser im Himmel.

Was ist das?
Gott will uns damit locken, dass wir glauben sollen, er sei unser rechter Vater und wir seine rechten Kinder, auf dass wir getrost und mit aller Zuversicht ihn bitten sollen, wie die lieben Kinder ihren lieben Vater."

Mit der Anrede „Vater unser im Himmel" ist somit ein Grund gelegt, auf dem in tiefem Vertrauen zu Gott gebetet werden kann. Nichts muss Gott verschwiegen werden, es gibt keine Bitte, die nicht geäußert werden könnte. Alles, was wir Menschen benötigen, kann jetzt benannt werden. Angesichts einer Gebetsanrede, die solche Türen öffnet und solche Wege ebnet, mag die erste Bitte des Vaterunsers fast ein wenig irritierend wirken: „Geheiligt werde Dein Name." Diese Irritation hat auch Martin Luther empfunden und so schreibt er in seinem Großen Katechismus über diese erste Bitte, sie sei „ein dunkler Ausdruck und kein gutes Deutsch".

Drückt die Anrede tiefes, im besten Sinne des Wortes kindliches Vertrauen zu Gott aus, ein Vertrauen, das durch keine Trennung belastet zu sein scheint, so wirkt die unmittelbar darauf folgende erste Bitte regelrecht distanziert und distanzierend – zum einen durch das so unpersönlich wirkende Passiv „Geheiligt *werde* Dein Name" und zum anderen dadurch, dass eben keine Bitte geäußert wird, die sich auf die Belastungen in unserem alltäglichen Leben bezieht. So wird keine Not benannt, in der wir die Hilfe und den Beistand Gottes erbitten. Es geht vielmehr um Gott, um die Heiligung seines Namens und damit um die Heiligung Gottes selbst. Die Aussage, dass Gott heilig ist, markiert zunächst einmal die Distanz zu unserem menschlichen, oft allzu menschlichen alltäglichen Leben. Denn was als heilig bezeichnet wird, ist dem profanen Gebrauch entzogen und Gott übereignet. Gegenstände, die heilig sind, lassen die Hände der Menschen, die sie berühren, unrein werden.

Da stellt sich die Frage: Passt das zusammen, die vertrauensvolle Anrede und die direkt darauf folgende Bitte um Heiligung des göttlichen Namens? Ja, das tut es, denn auch wenn diese Zusammenstellung auf den ersten Blick irritierend wirken mag, drückt sie in aller Kürze und Prägnanz die Ambivalenz unseres Verhältnisses zu Gott aus: Er ist unser himmlischer Vater, der uns ins Leben gerufen hat und dem wir uns in uneingeschränktem Vertrauen zuwenden dürfen, und zugleich gilt, dass wir es mit dem Heiligen zu tun haben, wenn wir uns an Gott wenden. Es gibt in unserer deutschen Sprache einen Ausdruck, der dies treffend umschreibt: den der Gottesfurcht. Mit diesem Begriff ist nicht gemeint, dass wir zitternd und gelähmt vor Angst auf Gott blicken sollen, so wie ein Karnickel auf eine Schlange blickt, die es im nächsten Moment ums Leben bringen wird. Eine solche Angst wäre das Gegenteil von Vertrauen. Nein, es geht um die Art von Furcht, die wir als Ehrfurcht bezeichnen und die steht nun keineswegs im Gegensatz zum Vertrauen.

Wenden wir uns an Gott voller Vertrauen und zugleich mit Ehrfurcht, Respekt und Achtung, dann können wir auf seine Zusage bauen, dass er unsere Gebete, unsere Bitten erhört. Denn da wir die Gewissheit haben, dass er Gott ist, der Heilige, der uns erschaffen hat und uns erhält, können wir uns auch gewiss sein, dass er unsere Bitten erhören und erfüllen kann. Deswegen hat es seinen tiefen Sinn, wenn zu Beginn des Vaterunsers die Heiligkeit Gottes benannt wird.

Dies hat in der jüdischen Gebetstradition seine Entsprechung. So beginnt das Qaddisch mit den Worten: „Möge der Name des Herrn verherrlicht und geheiligt werden in der Welt, die Er erschaffen hat nach seinem Willen, und möge Er Sein Reich zur Herrschaft bringen bei eurem Leben und in euren Tagen und beim Leben des gesamten Hauses Israels, bald und in kurzer Zeit; und erwidert darauf: Amen!“

Die Bitte um Heiligung bezieht sich im Vaterunser wie auch im Qaddisch auf den Namen Gottes. Der Name Gottes wird im Judentum nicht ausgesprochen, sondern umschrieben. „Der Herr“ und „Der Name“ sind zwei Umschreibungen, die benutzt werden, um den Gottesnamen nicht zu nennen. So wird sichergestellt, dass der Gottesname nicht missbräuchlich in den Mund genommen wird. Dass dies von existentieller Bedeutung ist, wird auch in den Zehn Geboten deutlich. So heißt es im Zweiten Gebot: „Du sollst den Namen des Herrn, deines Gottes, nicht missbrauchen; denn der Herr wird den nicht ungestraft lassen, der seinen Namen missbraucht" (Exodus 20, 7 und Deuteronomium 5, 11).

Der Name Gottes kann eben nicht nur auf eine angemessene, respektvolle Art und Weise verwendet werden. Es kann auch versucht werden, ihn zu eigenmächtigen Zwecken einzusetzen, indem er bei Zaubereien und Beschwörungen Verwendung findet. Das wird durch das Zweite Gebot auf das Strengste verboten. Martin Luther hat in seiner Erklärung dieses Gebotes im Kleinen Katechismus deutlich gesagt, zu welchen Zwecken der Name Gottes nicht eingesetzt werden darf. Er beließ es in seiner Erklärung jedoch nicht bei den Verboten, sondern entfaltete ebenfalls, wie der Gottesname auf eine angemessene, dem Gebot entsprechende Art und Weise verwendet werden kann. So heißt es in seiner Erklärung: „Wir sollen Gott fürchten und lieben, dass wir seinem Namen nicht fluchen, schwören, zaubern, lügen oder trügen, sondern denselben in allen Nöten anrufen, beten, loben und danken.“

Die Ehrfurcht Gott gegenüber wurde von Juden und Christen im Laufe ihrer Geschichte auf vielfältige Weise zum Ausdruck gebracht. Eine dieser Arten, Ehrfurcht gegenüber Gott zu bezeugen, ist höchst bemerkenswert: Sie bestand nämlich in der Wahl des Alphabets, in der der Gottesname geschrieben wird. Dazu eine kleine Erklärung: Die hebräische Quadratschrift, die auch im modernen Hebräisch verwendet wird, ist jünger als die althebräische Schrift. In dem Habakuk-Kommentar, den Hodajot und der Psalmenrolle aus Qumran, die bereits in hebräischer Quadratschrift geschrieben wurden, wurde das Tetragramm, also der Gottesname, auch weiterhin in althebräischer Schrift geschrieben. Hier wurde die Ehrfurcht gegenüber dem Namen Gottes dadurch zum Ausdruck gebracht, dass er mit den Buchstaben des alten Alphabetes geschrieben wurde. Diese Wahl des Alphabetes brachte es mit sich, dass der Gottesname eben nicht mit den Buchstaben geschrieben wurde, die im sonstigen alltäglichen Leben verwendet wurden. Damit wurde deutlich gemacht, dass dieser Name nicht in den Bereich des Profanen, sondern des Heiligen gehört. Die Schreibung des Gottesnamens in althebräischer Schrift begegnet jedoch nicht nur in hebräischen, sondern – und dies ist in der Tat bemerkenswert – auch in griechischen Texten, so in Fragmenten der Aquilaübersetzung, die in der Geniza von Kairo gefunden worden sind. Wer einen Blick auf diese Texte wirft, stutzt. Es sieht schon außergewöhnlich aus, wenn mitten in einem griechischen Text ein Wort in althebräischen Buchstaben steht. Aber der Name Gottes ist eben etwas höchst Außergewöhnliches; er geht nicht einfach im Alltag auf und dies wird nicht zuletzt auch durch die Wahl eines außergewöhnlichen Alphabetes zum Ausdruck gebracht.

In Anbetracht solcher Weisen, Ehrfurcht Gott gegenüber zu artikulieren, stellt sich die Frage, was wir tun können. Wir sprechen das Vaterunser regelmäßig. Jedes Mal, wenn wir dieses Gebet sprechen, bitten wir auch: „Geheiligt werde Dein Name!“ Da ist es nur recht und billig, wenn wir der Ehrung und Heiligung des Gottesnamens auch in unserer eigenen *praxis pietatis* den ihr gebührenden Raum geben. Aber können wir das? Sind wir in der Lage, den Namen Gottes zu heiligen? Ist dies uns Menschen überhaupt möglich?

Nehmen wir nochmals die etwas ungewöhnliche Formulierung in den Blick, in der diese Bitte begegnet und von der Martin Luther in seinem Großen Katechismus schreibt, sie sei „ein dunkler Ausdruck und kein gutes Deutsch“: Die Bitte lautet: „Geheiligt werde Dein Name!“ Der Name soll geheiligt *werden*, es liegt also grammatikalisch betrachtet ein Passiv vor. Dieses Passiv wird als passivum divinum, bezeichnet, als göttliches Passiv. Dadurch wird angezeigt, dass ein Handeln Gottes erbeten wird. Die Heiligung Seines Namens möge also von Gott selbst vollzogen werden. Denn wir Menschen wären dazu letztlich gar nicht in der Lage. Das Stilelement des passivum divinum begegnet übrigens auch an anderen Stellen im Neuen Testament. Am Beginn der Bergpredigt heißt es beispielsweise: „Selig sind, die da Leid tragen; denn sie sollen getröstet werden“ (Matthäus 5, 4). Durch die Passivform wird gesagt, dass Gott diejenigen trösten wird, die leiden. Auch an dieser Stelle wird somit auf ein Handeln Gottes verwiesen.

Wenn wir aber von uns aus gar nicht in der Lage sind, den Namen Gottes zu heiligen, können wir dann überhaupt etwas tun, damit diese erste Bitte des Vaterunsers in Erfüllung geht? Wie können *wir* dann mit dieser Bitte konkret umgehen? Greifen wir nochmals auf die Hilfe Martin Luthers zurück. Der Reformator erklärt diese Bitte in seinem Kleinen Katechismus wie folgt: „Gottes Name ist zwar an sich selbst heilig; aber wir bitten in diesem Gebet, dass er auch uns heilig werde. Wie geschieht das? Wo das Wort Gottes lauter und rein gelehrt wird und wir auch heilig, als Kinder Gottes, danach leben. Dazu hilf uns, lieber Vater im Himmel! Wer aber anders lehret und lebet, denn das Wort Gottes lehret, der entheiligt unter uns den Namen Gottes. Davor behüte uns, himmlischer Vater!“ Bemerkenswert sind die beiden Gebetsrufe in dieser Erklärung; sie begegnen nur hier. Dies kann so verstanden werden, dass Martin Luther an dieser Stelle, an der er die Bitte um die Heiligung des Namens erläutert, diese Heiligung durch diese beiden Rufe selbst vollzieht.

„Wo das Wort Gottes lauter und rein gelehrt wird und wir auch heilig, als Kinder Gottes, danach leben.“ – Wenn wir das Wort Gottes lauter und rein lehren und wir dementsprechend unser Leben gemäß den Geboten Gottes gestalten und somit heilig leben, dann tun wir das, was wir tun können, damit der Name Gottes auch uns heilig wird. Wir werden es durchaus auf die kurze Formel bringen können: Durch sündhaftes Verhalten können wir den Namen Gottes entheiligen, aber durch ein Verhalten, das den Geboten und Weisungen Gottes entspricht, können wir unseren Beitrag dazu leisten, dass der Name Gottes geheiligt werde.

Dies entspricht dem, was wir im Alten Testament lesen. Dies veranschaulicht exemplarisch ein Abschnitt aus dem Buch des Propheten Ezechiel. Dort wird beschrieben, wie Gott dem Propheten den Auftrag erteilt, den Israeliten zu verkündigen, dass er seinen durch ihre Sünde entheiligten Namen wieder heiligen werde: „Da tat es mir Leid um meinen heiligen Namen, den das Haus Israel entheiligte unter den Heiden, wohin sie auch kamen. Darum sollst du zum Hause Israel sagen: So spricht Gott der HERR: Ich tue es nicht um euretwillen, ihr vom Hause Israel, sondern um meines heiligen Namens willen, den ihr entheiligt habt unter den Heiden, wohin ihr auch gekommen seid. Denn ich will meinen großen Namen, der vor den Heiden entheiligt ist, den ihr unter ihnen entheiligt habt, wieder heilig machen. Und die Heiden sollen erfahren, dass ich der HERR bin, spricht Gott der HERR, wenn ich vor ihren Augen an euch zeige, dass ich heilig bin." (*Ezechiel 36, 21-23*)

Die Israeliten hatten durch ihr sündhaftes Verhalten den Namen Gottes entheiligt. Gott belässt ihn aber nicht in diesem entheiligten Zustand, sondern macht ihn wieder heilig. Und das hat zur Folge, dass auch die Israeliten wieder rein werden und von aller Unreinheit und von allen ihren Götzen gereinigt werden (vgl. Vers 25).

Dass der Name Gottes geheiligt wird, ist zum Wohl von uns Menschen. Wir können diese Heiligung nicht bewirken; das kann nur Gott allein. Aber wir können durch unser Verhalten unseren Beitrag dazu leisten, dass der Name Gottes nicht entheiligt, sondern geheiligt wird und so die erste Bitte des Vaterunsers ihre Erfüllung findet:
„Geheiligt werde Dein Name!"

Die zweite Bitte: Dein Reich komme

Die erste Bitte des Vaterunser lautet: „Geheiligt werde Dein Name!" und die zweite: „Dein Reich komme!" Diese beiden Bitten folgen nicht nur direkt aufeinander; sie sind auch inhaltlich unmittelbar aufeinander bezogen. Dass zwischen ihnen kein „und" steht, lässt dies bereits erkennen. Die Heiligung des Namens Gottes und seine Königsherrschaft sind auch inhaltlich auf das Engste miteinander verbunden. Diese Verbindung begegnet auch im Qaddisch. Dieses jüdische Gebet beginnt mit den Worten: „Möge der Name des Herrn verherrlicht und geheiligt werden in der Welt, die er erschaffen hat nach seinem Willen, und möge er sein Reich zur Herrschaft bringen bei eurem Leben und in euren Tagen und beim Leben des gesamten Hauses Israel, bald und in kurzer

Zeit; und erwidert darauf: Amen!“ Auch im Schmone esre, dem täglich gebeteten Achtzehnbittengebet wird die Bitte um die Errichtung der Königsherrschaft Gottes artikuliert. Die elfte Bitte dieses Gebetes lautet: „Bringe wieder unsere Richter wie vordem und unsere Ratsherren wie zu Anfang [und lass weichen von uns Seufzen und Stöhnen] und sei König über uns eilends, Du allein [in Barmherzigkeit und Gerechtigkeit und Recht]. Gepriesen seiest Du, Herr [König], der [Gerechtigkeit und] Recht lieb hat!“

Im Vaterunser, das uns der Jude Jesus von Nazareth an die Hand gegeben hat, wird somit wie in den eben zitierten jüdischen Gebeten darum gebetet, dass die Königsherrschaft Gottes errichtet werde. Das führt uns zu den Fragen, wie diese Herrschaft bezeichnet wird und was genau unter ihr zu verstehen ist. Zunächst zu der Bezeichnung bzw. den Bezeichnungen dieser Herrschaft. Es begegnen zwei Ausdrücke: „Herrschaft Gottes“ und „Herrschaft der Himmel“. Inhaltlich besteht zwischen ihnen kein Unterschied. Denn wenn von der „Herrschaft der Himmel“ die Rede ist, ist damit nichts anderes gemeint, sondern es wird die Nennung des heiligen Gottesnamens vermieden. Der Ausdruck „Königsherrschaft Gottes“ bzw. – wie Martin Buber übersetzt – „Königtum Gottes“ greift auf die Vorstellung zurück, dass Gott selbst König ist. Diese Vorstellung begegnet an mehreren Stellen der Hebräischen Bibel. So heißt es in den Psalmen 93 und 97, jeweils im ersten Vers: „Der Herr ist König“. Entsprechend lesen wir im Buch des Propheten Jesaja im zweiundfünfzigsten Kapitel die Verkündigung der frohen Botschaft: „Wie lieblich sind auf den Bergen die Füße der Freudenboten, die da Frieden verkündigen, Gutes predigen, Heil verkündigen, die da sagen zu Zion: Dein Gott ist König!“ (Vers 7). Dies wird dem Volk Gottes als Zuspruch auf seinen Weg gegeben.

Wie es jedoch nun konkret aussah, das Königreich Gottes, darüber herrschte zurzeit Jesu so wenig Einigkeit wie heutzutage. Da gab es die Zeloten, Widerstandskämpfer gegen die verhasste römische Besatzungsmacht. Sie wollten mit Gewalt die heidnische Regierung beseitigen und damit der Errichtung des Reiches Gottes den Weg ebnen. Die „Hochburg aller Aufstände gegen die Besatzer in Israel während dreier Jahrhunderte“ – wie der jüdische Neutestamentler Pinchas Lapide es einmal in einer Sendung des Norddeutschen Rundfunks (Plappert nicht wie die Heiden. Das Vaterunser, ein Gebet im jüdischen Geist von Pinchas Lapide, Sendung des Norddeutschen Rundfunks. Religion und Gesellschaft, am 23. Februar 1986, 9.00 bis 9.20 Uhr auf NDR 2, Manuskript, S. 3) formulierte – war Galiläa. Lapide hält es für wichtig, sich zu vergegenwärtigen, dass Jesus die Vaterunserbitte „Dein Reich komme“ in Galiläa formuliert hat. In dieser Bitte sieht Lapide „eine Absage an die Guerillakämpfer, die die Gottesherrschaft mit militärischen Mitteln herbeizwingen wollten“ (ebd.). Und in der Tat ist mit keinem Wort von der Niederwerfung der römischen Besatzungsmacht die Rede; es wird lediglich gesagt, dass Gottes Herrschaft, sein Reich kommen möge. In dieser Bitte wird jedoch – so Lapide – nicht nur den Zeloten eine Absage erteilt, sondern auch denjenigen, die als Kollaborateure mit den Römern zusammenarbeiteten. Denn es gibt in der rabbinischen Literatur viele Aussagen aus dieser Zeit, die das Reich Gottes dem Römerreich als unversöhnlichen Gegensatz gegenüberstellten. Somit ist relativ klar zu sagen, was mit dem Reich Gottes *nicht* gemeint ist. Was aber ist damit gemeint? Befragen wir neben dem Vaterunser, das uns Jesus an die Hand gegeben hat, auch seine sonstige Verkündigung, wie sie uns in den Evangelien des Neuen Testaments überliefert ist! Dann wird deutlich, dass das Reich Gottes nicht ohne weiteres klar definiert werden kann. Im Lukasevangelium lesen wir im siebzehnten Kapitel: „Als er aber von den Pharisäern gefragt wurde: Wann kommt das Reich Gottes?, antwortete er ihnen und sprach: Das Reich Gottes kommt nicht so, dass man's beobachten kann; man wird auch nicht sagen: Siehe, hier ist es!, oder: Da ist es! Denn siehe, das Reich Gottes ist mitten unter euch“ (Lukas 17, 20f.). Es ist somit nicht möglich, an äußeren Zeichen zu erkennen, wann es da ist. Und so beschreibt Jesus das Reich Gottes in Gleichnissen. In Gleichnissen, in denen es um Saat und Ernte geht, spricht Jesus vom Kommen des Reiches Gottes. So lesen wir im Markusevangelium im vierten Kapitel: „Und er sprach: Mit dem Reich Gottes ist es so, wie wenn ein Mensch Samen aufs Land wirft und schläft und aufsteht, Nacht und Tag; und der Same geht auf und wächst - er weiß nicht wie. Denn von selbst bringt die Erde Frucht, zuerst den Halm, danach die Ähre, danach den vollen Weizen in der Ähre. Wenn sie aber die Frucht gebracht hat, so schickt er alsbald die Sichel hin; denn die Ernte ist da“ (Markus 4, 26-29). Von entscheidender Bedeutung ist in diesem Gleichnis der Ausdruck „von selbst“, griechisch: *automatä*. Dieser Ausdruck begegnet auch im zwölften Kapitel der Apostelgeschichte. Dort wird beschrieben, wie der Engel Gottes Petrus aus dem Gefängnis befreit: „Sie gingen aber durch die erste und zweite Wache und kamen zu dem eisernen Tor, das zur Stadt führt; das tat sich ihnen *von selber* auf“ (Vers 10a). In beiden Fällen wird dieser Ausdruck verwendet, um deutlich zu machen, dass es sich um ein göttliches Wunder handelt. Dass die Erde Frucht hervorbringt, wird als göttliches Wunder verstanden, an dem der Bauer vollkommen unbeteiligt ist. Das mag auf uns im ersten Moment ein wenig befremdlich wirken. Sehen wir doch im Prozess des Wachsens und Reifens zumeist nicht ein Wunder, da es sich ja nicht um etwas handelt, was die uns bekannten Naturgesetze außer Kraft setzt. Zurzeit Jesu war dies anders. Da wurden Wachsen und Reifen nicht naturwissenschaftlich erklärt, sondern auf Gottes wunderbares Handeln zurückgeführt. Und so verwendet der Apostel Paulus in seinem ersten Brief an die Gemeinde in Korinth das Bild vom Samenkorn, wenn er über die Auferstehung der Toten schreibt. Im fünfzehnten Kapitel dieses Briefes lesen wir: „Es könnte aber jemand fragen: Wie werden die Toten auferstehen und mit was für einem Leib werden sie kommen? Du Narr: Was du säst, wird nicht lebendig, wenn es nicht stirbt. Und was du säst, ist ja nicht der Leib, der werden soll, sondern ein bloßes Korn, sei es von Weizen oder etwas anderem. Gott aber gibt ihm einen Leib, wie er will, einem jeden Samen seinen eigenen Leib“ (Verse 35 bis 38). Entsprechend werden auch im Johannesevangelium das Wachsen der Frucht und die Auferstehung der Toten zueinander in Beziehung gesetzt. Jesus sagt: „Wahrlich, wahrlich, ich sage euch: Wenn das Weizenkorn nicht in die Erde fällt und erstirbt, bleibt es allein; wenn es aber erstirbt, bringt es viel Frucht“ (Johannes 12, 24). Im Ersten Korintherbrief wie auch im Johannesevangelium werden die Auferstehung der Toten wie das Wachsen der Saat als göttliches Wunder verstanden, also als etwas, worauf wir Menschen keinerlei Einfluss haben. Und so wird auch in diesem Gleichnis vom Kommen des Reiches Gottes durch den Vergleich mit dem Wachsen der Saat zum Ausdruck gebracht, dass dieses Kommen ebenfalls ein göttliches Wunder ist. Am Kommen des Gottesreiches sind wir Menschen völlig unbeteiligt. Es liegt nicht in unserer Macht, dafür zu sorgen, dass es kommt.

Auch in dem Gleichnis vom Senfkorn wird deutlich, dass das Kommen des Reiches Gottes ein Wunder ist. Dieses Gleichnis findet sich in allen drei synoptischen Evangelien: bei Matthäus, bei Markus und bei Lukas. Im vierten Kapitel des Markusevangeliums hat es folgenden Wortlaut: „Und er sprach: Womit wollen wir das Reich Gottes vergleichen, und durch welches Gleichnis wollen wir es abbilden? Es ist wie ein Senfkorn: wenn das gesät wird aufs Land, so ist's das kleinste unter allen Samenkörnern auf Erden; und wenn es gesät ist, so geht es auf und wird größer als alle Kräuter und treibt große Zweige, sodass die Vögel unter dem Himmel unter seinem Schatten wohnen können“ (Verse 30 bis 32). Hier wird ein beeindruckender Kontrast dargestellt: Auf der einen Seite ist da das winzige Senfkorn, auf der anderen Seite die große Staude, die sämtliche anderen Gartengewächse überragt. Die an Zweigen reiche Staude, die im Gegensatz zum winzigen Senfkorn steht, zeigt, dass das Reich Gottes, wenn es da sein wird, alles in den Schatten stellen wird.

Der große Kontrast in diesem Gleichnis zwischen dem verschwindend kleinen Senfkorn und der riesigen Staude entspricht dem Kontrast zwischen der geringen Menge Sauerteig und dem halben Zentner Mehl im Gleichnis vom Sauerteig. Dieses Gleichnis steht im Matthäus- und auch im Lukasevangelium. In der Fassung bei Matthäus lautet es: „Ein anderes Gleichnis sagte er ihnen: Das Himmelreich gleicht einem Sauerteig, den eine Frau nahm und unter einen halben Zentner Mehl mengte, bis es ganz durchsäuert war" (Matthäus 13, 33). Auch hier wird der Kontrast in deutlichen Farben gezeichnet: Die Frau knetet einen große Menge Mehl. Für diese große Menge reicht jedoch ein bisschen Sauerteig, den sie unter den Teig mischte, damit dieser zur Gänze durchsäuert wird und aufgeht. Es geht um die überaus große Wirkung, die die geringe Menge an Sauerteig entfaltet. Entsprechend groß werden das Kommen des Reiches Gottes und seine Wirkung auf unsere Welt sein. In den Gleichnissen vom Reich Gottes geht es somit darum, die Größe des göttlichen Wunders hervorzuheben.

Die Hoffnung, dass das Reich Gottes kommt, ist mit der Erwartung verbunden, dass dann alles verwandelt werden wird. In der Assumptio Mosis, der Himmelfahrt des Mose, einer apokalyptischen Schrift aus dem ersten nachchristlichen Jahrhundert, die aus zwölf Kapiteln besteht und in der der sterbende Mose dem Josua die weitere Geschichte Israels bis zur Zeit der Söhne des Herodes offenbart, findet sich eine Beschreibung dieser alles umfassenden Veränderung: „Über aller Kreatur erscheint seine [d.h. Gottes] Königsherrschaft. Dann gibt es keinen Satan mehr. Die Traurigkeit entflieht mit ihm […]. Der Himmlische steht von seinem Herrschersitz auf" (Himmelfahrt des Mose 10, 1-3). Das Reich Gottes wird als eine zukünftige Größe vorgestellt. So wird im ersten Kapitel des Markusevangeliums der Beginn des Wirkens Jesu in Galiläa folgendermaßen beschrieben: „Nachdem aber Johannes gefangen gesetzt war, kam Jesus nach Galiläa und predigte das Evangelium Gottes und sprach: Die Zeit ist erfüllt und das Reich Gottes ist nahe herbeigekommen. Tut Buße und glaubt an das Evangelium!" (Markus 1, 14f.). Das Reich ist zwar bereits nahe herbeigekommen, aber es ist noch nicht da. Zugleich gilt: Im Wirken Jesu wird es bereits Wirklichkeit. So sagt Jesus im Zusammenhang der Heilung des Besessenen: „Wenn ich aber die bösen Geister durch den Geist Gottes austreibe, so ist ja das Reich Gottes zu euch gekommen“ (Matthäus 12, 28; par. Lukas 11, 20). Auf der einen Seite wird das Kommen des Reiches Gottes für die Zukunft erwartet, auf der anderen Seite bricht es im Handeln Jesu bereits an.

Sprechen wir über das Reich Gottes, dann können wir dies nur in diesem spannungsvollen Gegenüber zwischen dem „schon“ und dem „noch nicht“ tun. Der Theologe W.G. Kümmel hat diese Spannung einmal so in Worte gefasst: „Die Tatsache, dass die Gottesherrschaft und das mit ihr gegebene Heil von der Zukunft erwartet wird, ist also für Jesus eng verbunden mit der Feststellung, dass die Verheißung sich in irgend einer Weise bereits erfüllt hat, obwohl die verheißene Gabe in ihrer Zukünftigkeit nicht angetastet wird.“ (W.G. Kümmel, Verheißung und Erfüllung [AThANT, Bd. 6], Zürich, 2. Auflage, 1953, S. 47).

Da das Reich Gottes ausschließlich von Gott selbst herbeigeführt wird und wir Menschen somit keinerlei Einfluss darauf haben – dies weder beschleunigen noch verzögern oder gar verhindern können – stellt sich die Frage, was wir eigentlich tun können und sollen. Die Antwort auf diese Frage steht in dem eben bereits zitierten Wort Jesu aus dem Markusevangelium: „Die Zeit ist erfüllt und das Reich Gottes ist nahe herbeigekommen. Tut Buße und glaubt an das Evangelium!“ Buße tun, d.h. zu Gott umkehren – das ist die einzig angemessene Reaktion auf das göttliche Wunder des Kommens des Reiches Gottes. In der Bergpredigt sagt Jesus: „Es werden nicht alle, die zu mir sagen: Herr, Herr!, in das Himmelreich kommen, sondern die den Willen tun meines Vaters im Himmel“ (Matthäus 7, 21).

Somit ist die Vaterunser-Bitte „Dein Reich komme“ zum einen die Bitte an Gott, er möge seine Herrschaft – auf die wir keinerlei Einfluss haben – in unserer Welt anbrechen lassen. Zum anderen setzt diese Bitte voraus, dass diejenigen, die sie aussprechen, bereit sind, zu Gott umzukehren und seinen Willen zu tun. Damit wird die eingangs genannte enge Verbindung der ersten beiden Bitten des Vaterunsers deutlich: Das Kommen des Reiches Gottes können wir Menschen so wenig bewirken wie die Heiligung seines Namens. Beides kann nur Gott allein. Aber wie wir durch unser Verhalten unseren Beitrag dazu leisten können, dass der Name Gottes nicht entheiligt, sondern geheiligt wird, so können wir auch auf das Kommen des Gottesreiches angemessen reagieren, indem wir uns Gott zuwenden und seinen Willen tun.

Die dritte Bitte: Dein Wille geschehe, wie im Himmel, so auf Erden

Die dritte Bitte des Vaterunsers hat den Wortlaut: „Dein Wille geschehe, wie im Himmel, so auf Erden.“ Diese Formulierung kennen wir; sie ist uns gleichsam in Fleisch und Blut übergegangen. Und so ist es nur allzu verständlich, dass wir nicht stutzen, wenn wir sie hören oder selbst sprechen. Viel zu vertraut sind uns diese Worte, als dass sie noch Erstaunen oder gar Irritation hervorrufen könnten. Dabei wären Erstaunen und Irritation angesichts dieser Bitte nun keineswegs deplatziert, sondern durchaus nachvollziehbar.

Nehmen wir diese Bitte genauer in den Blick! Mit dieser Bitte endet der erste Teil des Vaterunsers, der auf Gott, seinen Namen, sein Reich und seinen Willen bezogen ist. Die dritte Bitte nimmt den Duktus der beiden ersten Bitten auf und fungiert somit auch als Zusammenfassung dieses ersten Teils des Gebetes. Denn an dieser Stelle wird zum Ausdruck gebracht, dass alles, was im Himmel und auf der Erde geschieht, gemäß dem Willen Gottes geschehen möge. Dass es Gottes Wille ist, dass sein Name nicht entheiligt, sondern vielmehr geheiligt werde und dass sein Reich Realität wird, versteht sich von selbst. Somit wird in dieser dritten Bitte der erste Teil des Vaterunsers gleichsam gebündelt.

Aber haben wir Gott darum zu bitten, dass sein Wille im Himmel geschieht? Oder – etwas provokativer formuliert: Ist Gott auf diese unsere Bitte angewiesen, weil er sonst seinen Willen im Himmel nicht durchsetzt? Es versteht sich von selbst, dass diese Fragen ausschließlich rhetorischer Natur sind. Das wird besonders deutlich, wenn wir etwa lesen, wie Gott und sein Wirken im 33. Psalm beschrieben werden. Dort heißt es: „Denn des HERRN Wort ist wahrhaftig, und was er zusagt, das hält er gewiss. Er liebt Gerechtigkeit und Recht; die Erde ist voll der Güte des HERRN. Der Himmel ist durch das Wort des HERRN gemacht und all sein Heer durch den Hauch seines Mundes. Er hält die Wasser des Meeres zusammen wie in einem Schlauch und sammelt in Kammern die Fluten. Alle Welt fürchte den HERRN, und vor ihm scheue sich alles, was auf dem Erdboden wohnt. Denn wenn er spricht, so geschieht es; wenn er gebietet, so steht's da. Der HERR macht zunichte der Heiden Rat und wehrt den Gedanken der Völker. Aber der Ratschluss des HERRN bleibt ewiglich, seines Herzens Gedanken für und für“ (Verse 4 bis 11). Da, wo Gott seinen Willen artikuliert, da wird er auch in die Tat umgesetzt. Hören wir noch einmal Vers 9: „Denn wenn er spricht, so geschieht es; wenn er gebietet, so steht's da.“ Diese Aussage des Psalms ist vollkommen unmissverständlich: Gott ist keineswegs auf uns Menschen angewiesen, wenn es darum geht, seinen Willen in die Tat umzusetzen, mit anderen Worten: Es gibt bei Lichte betrachtet keinerlei Notwendigkeit, ihn darum zu bitten, dass sein Wille im Himmel geschehe. Der Wille Gottes geschieht – auch ohne dass wir darum Gott extra bitten müssten. Und so ist es wie eingangs bereits gesagt in der Tat erstaunlich, ja mehr noch: irritierend, dass diese Bitte im Vaterunser seinen Ort hat.

Aber wir können davon ausgehen, dass diese Bitte im Vaterunser ihren Sinn hat; ist doch das Vaterunser ein Gebet, in dem alles Wesentliche, worum wir Menschen Gott bitten können, sollen und dürfen, präzise und prägnant auf den Punkt gebracht ist. Nicht von ungefähr leitet Jesus es mit den Worten ein: „Und wenn ihr betet, sollt ihr nicht viel plappern wie die Heiden; denn sie meinen, sie werden erhört, wenn sie viele Worte machen. Darum sollt ihr ihnen nicht gleichen. Denn euer Vater weiß, was ihr bedürft, bevor ihr ihn bittet“ (Matthäus 6, 7f.).

Somit stellt sich nicht die Frage, ob diese Bitte im Rahmen des Vaterunsers ihren Sinn hat, sondern die Frage, welchen Sinn sie hat. Dass sie ihren Sinn hat, können wir getrost voraussetzen. Nehmen wir diese Bitte genauer in den Blick, so fällt zunächst einmal auf, dass sie – wie bereits die erste Vaterunserbitte „Geheiligt werde Dein Name!“ – im Passiv formuliert ist. Wie der Name geheiligt werden soll, so soll auch der Wille Gottes geschehen. Dass die dritte Bitte im Imperativ des Aorist Passiv zur Sprache gebracht wird und somit wie auch in der ersten Bitte des Vaterunsers ein passivum divinum, ein göttliches Passiv, vorliegt, macht deutlich, dass auch hier ein Handeln Gottes erbeten wird. Somit wird schon durch die grammatikalische Gestalt dieser Bitte zum Ausdruck gebracht, dass nur Gott allein dafür Sorge tragen kann, dass sein Wille im Himmel geschieht. Wenn dies nur Gott allein bewirken kann und zudem davon ausgegangen werden kann, dass er dies ohnehin tut, stellt sich die Frage, warum er eigens darum gebeten wird. Die Antwort auf diese Frage findet sich, wenn diese dritte Bitte des Vaterunsers in ihrer Gesamtheit in den Blick genommen wird: „Dein Wille geschehe, wie im Himmel so auf Erden!“ So wenig wir Menschen darauf Einfluss haben, dass der Wille Gottes im Himmel geschieht, so sehr haben wir jedoch Einfluss darauf, dass er auf Erden geschieht. Denn der Wille Gottes kann auf Erden nur dann uneingeschränkt geschehen, wenn wir dem Willen Gottes Gehorsam leisten und gemäß seinen

Geboten leben. Und das ist keineswegs selbstverständlich; haben wir Menschen doch die Freiheit, uns für oder auch gegen diesen Weg des Gehorsams zu entscheiden. Es ist uns aufgetragen, den Willen Gottes zu tun. So sagt Jesus in der Bergpredigt: „Darum: an ihren Früchten sollt ihr sie erkennen. Es werden nicht alle, die zu mir sagen: Herr, Herr!, in das Himmelreich kommen, sondern die den Willen tun meines Vaters im Himmel“ (Matthäus 7, 20f.). Die den Willen des Vaters Jesu im Himmel tun, die werden in das Himmelreich kommen. Hier zeigt sich, wie eng die zweite Bitte des Vaterunsers „Dein Reich komme“ und die dritte, in der es um den Willen Gottes geht, aufeinander bezogen sind. Entsprechend sagt Jesus in Bezug auf die Frage, wer seine wahren Verwandten sind: „Denn wer den Willen tut meines Vaters im Himmel, der ist mir Bruder und Schwester“ (Matthäus 12, 59).

Nun wird diese Bitte des Vaterunsers verständlicher. Wer möchte, dass der Wille Gottes auf Erden konkret in die Tat umgesetzt wird, dem ist dies wirklich wichtig. Der bzw. die bekennt sich zum Willen Gottes und bringt zum Ausdruck, ihn ohne wenn und aber zu akzeptieren. Dieses Bekenntnis zum Willen Gottes findet im ersten Teil dieser Vaterunserbitte seinen Niederschlag. Wenn es heißt: „Dein Wille geschehe, wie im Himmel, so auf Erden!“ und somit die Bereitschaft artikuliert wird, gemäß dem Willen Gottes das Leben zu gestalten und nach seinen Geboten zu leben, dann wird dies durch den Hinweis bekräftigt, dass der Wille Gottes ja im Himmel ohnehin schon geschieht. Somit ist die Willenserklärung, das eigene Leben gemäß dem Willen Gottes zu gestalten, weit mehr als lediglich einer der vielen guten Vorsätze, die wir in unserem Leben immer wieder fassen und denen meist keine lange Wirkung beschieden ist. Hier geht es um anderes; hier geht es um mehr als irgendwelche Vorsätze, und seien sie auch noch so gut.

Damit bekommt die Entscheidung, den je eigenen Teil dazu beizutragen, dass der Wille Gottes auf Erden geschehe, ein besonderes Gewicht. Dies ernst zu nehmen und sein Leben daran auszurichten, kann schwer sein. Es gibt im Neuen Testament einen Text, der uns dies in aller Deutlichkeit vor Augen führt: Als Jesus in Gethsemane betet, tut er dies zweimal. Der Text seines ersten Gebetes lautet: „Mein Vater, ist's möglich, so gehe dieser Kelch an mir vorüber; doch nicht wie ich will, sondern wie du willst!“ (Matthäus 26, 39b). Hier bittet er noch inständig darum, dass der Kelch des bitteren Leidens am Kreuz an ihm vorübergehen möge, auch wenn er betont, dass es nicht so geschehen soll, wie er will, sondern wie sein Vater im Himmel es will. In seinem zweiten Gebet, das er sprach, nachdem er feststellen musste, dass seine Jünger nicht mit ihm wach geblieben, sondern eingeschlafen sind, bringt er demgegenüber zum Ausdruck, dass er das ihm bevorstehende Leid annehmen wird. Dieses zweite Gebet lautet: „Mein Vater, ist's nicht möglich, dass dieser Kelch an mir vorübergehe, ohne dass ich ihn trinke, so geschehe dein Wille!“ (Matthäus 26, 42b).

Nun ist es gewiss nicht immer mit derart drastischen Konsequenzen verbunden, sich in den Willen Gottes zu fügen, wie in diesem Fall, bei dem Jesus zu seiner bevorstehenden Kreuzigung „Ja“ sagte. Aber deutlich ist, dass es in jedem Fall die bewusste Entscheidung für den Willen Gottes voraussetzt, die Entscheidung, das eigene Leben gemäß den Geboten Gottes ausrichten und gestalten zu wollen. Wollen wir das? Sind wir in der Lage, das in die Tat umzusetzen? Die ehrliche Antwort auf diese Fragen wird wohl ziemlich desillusionierend ausfallen. Aber dies ist kein Grund zu resignieren und zu sagen, dass wir es ja ohnehin nicht schaffen und dementsprechend auch gar nicht erst versuchen sollten. Denn wir haben im Neuen Testament eine Zusage, deren Bedeutung gar nicht hoch genug einzuschätzen ist. In seinem Brief an die Gemeinde in Philippi schreibt der Apostel Paulus im zweiten Kapitel: „Denn Gott ist's, der in euch wirkt beides, das Wollen und das Vollbringen, nach seinem Wohlgefallen“ (Vers 13). Und deshalb – und zwar nur deshalb! – kann er die Gemeindeglieder in Philippi im unmittelbar darauf folgenden Vers auffordern: „Tut alles ohne Murren und ohne Zweifel“ (Vers 14).

Es ist zwar keineswegs selbstverständlich, dass wir unseren Teil dazu beitragen können, dass der Wille Gottes auf Erden geschieht, aber wir können darauf vertrauen, dass Gott in uns das Wollen und das Vollbringen bewirkt, mit anderen Worten: dass er in uns den Wunsch weckt, gemäß seinem Willen zu leben und seine Gebote zu befolgen, und dass er uns dazu befähigt, dies auch in die Tat umzusetzen. Diese Zusage ist wirklich ermutigend und vor allem entlastend. Denn sie überfordert uns nicht, sondern sieht uns mit unseren Fehlern und Schwächen ganz realistisch, ermutigt uns aber dennoch, den Willen Gottes wahr zu nehmen, ernst zu nehmen und zu versuchen, danach zu leben. Bedeutet dies nun, dass uns dies immer gelingt? Sicher nicht. Aber wir dürfen uns voller Vertrauen an Gott wenden und in die Bitte einstimmen: „Dein Wille geschehe, wie im Himmel, so auf Erden.“

Die vierte Bitte: Unser tägliches Brot gib uns heute

Wenn wir beten, wenden wir uns an Gott. Wir bringen das vor ihn, was uns beschäftigt – sei es, dass es uns erfreut, sei es, dass es uns belastet. Im Gebet können wir Dank ebenso äußern wie Klagen. Das tun wir auch. Aber meistens sind es wohl Bitten, die wir an Gott richten, wenn wir uns im Gebet an ihn wenden. Wir bitten in der Fürbitte für andere, z.B. im Rahmen des Kirchengebetes am Ende jedes unserer Gottesdienste. Wir bitten auch für uns selbst. Das können wir und das dürfen wir auch. Es gibt keinerlei Grund, sich Gott gegenüber vornehm zurückzuhalten, was eigene Belange angeht. Denn Gott erhört Gebete. Die Geschichte vom blinden Bartimäus ist ein gutes Beispiel dafür, dass es völlig legitim ist, für sich selbst zu bitten. Er, der blinde Bettler, sah seine Chance auf Heilung, als Jesus in seiner Nähe war, schrie nach ihm und ließ sich auch nicht von anderen zur Ruhe bringen. Sein Schrei, seine so lautstark vorgebrachte Bitte um Heilung wurde erhört. Er wurde geheilt (vgl. Markus 10, 46-52). Dass Gott helfend eingreift, wenn Er das Schreien über erlittenes Leid vernimmt, wird auch anhand der Berufungsgeschichte des Mose deutlich, wie sie im Buch Exodus, dem Zweiten Buch Mose, im dritten Kapitel überliefert ist. Dort lesen wir: „Und der HERR sprach: Ich habe das Elend meines Volks in Ägypten gesehen und ihr Geschrei über ihre Bedränger gehört; ich habe ihre Leiden erkannt. Und ich bin herniedergefahren, dass ich sie errette aus der Ägypter Hand und sie herausführe aus diesem Lande in ein gutes und weites Land, in ein Land, darin Milch und Honig fließt, in das Gebiet der Kanaaniter, Hetiter, Amoriter, Perisiter, Hiwiter und Jebusiter. Weil denn nun das Geschrei der Israeliten vor mich gekommen ist und ich dazu ihre Not gesehen habe, wie die Ägypter sie bedrängen, so geh nun hin, ich will dich zum Pharao senden, damit du mein Volk, die Israeliten, aus Ägypten führst" (Verse 7 bis 10). Gott hilft seinem Volk, weil er dessen Geschrei über ihre Bedränger gehört hat. Es ist also völlig legitim, sich angesichts von Not bei Gott Gehör zu verschaffen. Es gibt keinerlei Veranlassung für vornehme Zurückhaltung. Wir können und wir dürfen uns an Gott wenden und ihm unser Leid klagen. Der Ort dafür ist das Gebet. Im Gebet wenden wir uns an Gott – nicht nur, um ihm zu danken, sondern auch, um ihn um Hilfe in unserem Leben zu bitten. Das entspricht auch dem landläufigen Verständnis dessen, was wir als Gebet bezeichnen.

Bisher haben wir den ersten Teil des Vaterunsers in den Blick genommen, der aus drei Bitten besteht, in denen Gott nicht direkt darum gebeten wird, uns in der Bewältigung unseres alltäglichen Lebens zu helfen. Diese ersten drei Bitten beziehen sich vielmehr auf Gott, seinen heiligen Namen, sein Reich und seinen Willen. In ihnen begegnet dementsprechend das „Du" der Anrede Gottes. Heute wenden wir uns nun dem zweiten Teil des Vaterunsers zu, der mit der vierten Bitte eingeleitet wird. Die nun folgenden vier Bitten, die den zweiten Teil des Gebets bilden, entsprechen eher der eben zur Sprache gebrachten Beschreibung eines Gebets. Denn in ihnen bitten die Gläubigen Gott um das, was sie in ihrem Leben brauchen. Und so werden diese Bitten von dem „Wir" der Betenden bestimmt.

Die erste dieser vier Bitten lautet: „Unser tägliches Brot gib uns heute". In dieser Bitte geht es um die Gewährung des Lebensunterhalts schlechthin, um all das, was wir zum Leben brauchen. Martin Luther schreibt in seiner Erklärung dieser Bitte in seinem Kleinen Katechismus: „Was heißt denn täglich Brot? Alles, was zur Leibes Nahrung und Notdurft gehört, wie Essen, Trinken, Kleider, Schuh, Haus, Hof, Acker, Vieh, Geld, Gut, fromm Gemahl, fromme Kinder, fromm Gesinde, fromme und treue Oberherren, gut Regiment, gut Wetter, Friede, Gesundheit, Zucht, Ehre, gute Freunde, getreue Nachbarn und desgleichen." Umfassender hätte Luther diese Aufzählung wohl kaum gestalten können. Alles das wird im Vaterunser in dem Begriff „Brot" gleichsam auf den Punkt gebracht. Um nachvollziehen zu können, warum dem Brot eine so hohe Bedeutung beigemessen wurde, dass es gleichsam zum Synonym für alles Lebensnotwendige wurde, ist es hilfreich zu wissen, dass im Alten Orient eine Mahlzeit ohne Brot schlicht unvorstellbar war. Das mag uns vor dem Hintergrund unserer Ernährungsgewohnheiten auf den ersten Blick merkwürdig vorkommen. Aber im Orient werden keine Kartoffeln angebaut, die in unseren Breiten oft die Funktion eines Grundnahrungsmittels haben.

Aufgrund dieser Bedeutung des Brotes wird der Ausdruck „Brot essen" zur Bezeichnung für das Essen überhaupt. Im Ersten Buch Mose, dem Buch Genesis, lesen wir, wie Gott nach dem Sündenfall zu Adam sagt: „Im Schweiße deines Angesichts sollst du dein Brot essen, bis du wieder zu Erde werdest, davon du genommen bist" (Vers 19a). Hier geht es nicht nur um das Brot, sondern um das Essen überhaupt. Auch in Psalm 136 wird das Substantiv Brot im Sinne von Nahrung insgesamt verwendet. Dort heißt es: „Welcher gibt Brot (hebräisch: *lächäm*) allem Fleisch, und auf ewig ist seine Güte" (Vers 25). Bezeichnenderweise hat Martin Luther in seiner Übersetzung diese erweiterte Bedeutung des hebräischen Nomens *lächäm* wiedergegeben, indem er dieses Nomen mit dem deutschen Substantiv ‚Speise' übersetzt und diesen Vers im Deutschen dementsprechend nicht wörtlich, aber vollkommen zutreffend mit den Worten wiedergibt: „Der Speise gibt allem Fleisch, denn seine Güte währet ewiglich". Im Buch der Sprüche steht der Vers: „Falschheit und Lüge lass ferne von mir sein; Armut und Reichtum gib mir nicht; lass mich aber mein Teil Speise dahin nehmen, das Du mir beschieden hast" (30, 8). Auch an dieser Stelle hat Luther – wie auch in Psalm 136, Vers 25 – das hebräische Nomen *lächäm* nicht wörtlich als ‚Brot', sondern sachgemäß als ‚Speise' übersetzt. Diese Bitte steht der vierten Bitte des Vaterunsers inhaltlich durchaus nah, wenn hier die Bitte in Worte gekleidet wird, Gott möge ihm weder Armut noch Reichtum, wohl aber das geben, womit er sich ernähren kann. Dem entspricht die Vaterunserbitte: „Unser tägliches Brot gib uns heute".

Diese Bezeichnung „unser tägliches Brot" ist uns zutiefst vertraut. Schließlich gebrauchen wir sie jedes Mal, wenn wir – alleine oder als Gemeinde – mit den Worten des Vaterunsers beten. Bemerkenswert ist allerdings, dass das griechische Adjektiv *epiousios*, das im Deutschen als ‚tägliches' wiedergegeben wird, nicht nur das einzige Adjektiv im gesamten Vaterunser ist, sondern sonst in der Literatur der damaligen Zeit nirgends bezeugt ist. So weist bereits der Origenes darauf hin, dass dieses Adjektiv weder bei einem griechischen Gelehrten zu finden sei noch in der Umgangssprache begegne. Vermutlich wird mit diesem Wort zum Ausdruck gebracht, dass es das Brot für den morgigen Tag ist, das heute erbeten wird. Es wird also nicht um eine größere Menge Brots gebeten, die für spätere Zeiten aufbewahrt werden könnte. Dies erinnert an die Überlieferung der Wüstenwanderung des Volkes Israel, in der berichtet wird, dass Gott es mit dem Manna ernährte, von dem die Israeliten jeweils nur so viel sammeln sollten, wie sie für einen Tag benötigen – abgesehen vom Freitag, dem Tag vor dem Schabbat, an dem sie auch die Menge für den Schabbat sammelten (vgl. Exodus 16).

In der Geschichte der Kirche ist das Brot auch als das Brot verstanden worden, das beim Abendmahl gespendet wird – mit der Folge, dass die Forderung aufgestellt wurde, möglichst jeden Tag Abendmahl zu feiern. Das hat jedoch keinen Anhaltspunkt am Text des Vaterunsers selbst. In der Bitte des Vaterunsers um das tägliche Brot geht es vielmehr um das Brot als Grundnahrungsmittel.

Was bedeutet diese Bitte nun für uns? Dieser Frage haben wir uns zu stellen, denn niemand von uns muss sich ernsthaft Sorgen machen, ob er bzw. sie morgen Brot auf dem Tisch haben. Das haben wir alle. Worum also bitten wir, wenn wir diese Bitte sprechen?

Es ist für uns so selbstverständlich, unser tägliches Brot zu haben, dass wir es oft als etwas selbstverständlich Gegebenes betrachten und hinnehmen und gar nicht weiter darüber nachdenken. Dabei ist es keineswegs selbstverständlich, dass wir immer genug zu essen haben. Die Älteren von Ihnen, die noch am eigenen Leib und an der eigenen Seele Krieg und Flucht erlebt haben, wissen dies. Und so kann uns diese Vaterunserbitte daran erinnern, dass wir unsere Nahrung als Gabe aus der Hand Gottes empfangen. Dies vergegenwärtigen wir uns, wenn wir das Erntedankfest feiern. Aber so gut es auch ist, dass wir im Ablauf unseres Kirchenjahres einen Sonntag haben, an dem dieser Dank im Mittelpunkt steht, so fragwürdig wäre es, würden wir nur an einem Sonntag im Jahr unseren Dank für unsere Nahrung zur Sprache bringen. Wie gut, dass wir im Vaterunser die Bitte um unser tägliches Brot haben, denn so werden wir immer wieder daran erinnert, dass es Gott ist, der es uns gibt und dem wir dafür dementsprechend dankbar sein können. Martin Luther schreibt in seiner Erklärung dieser Bitte in seinem Kleinen Katechismus: „Gott gibt täglich Brot, auch wohl ohne unsere Bitte, allen bösen Menschen; aber wir bitten in diesem Gebet, dass er's uns erkennen lasse und wir mit Danksagung empfangen unser täglich Brot."

Das tägliche Brot ist eine Gabe Gottes. Diese *Gabe* ist mit einer *Aufgabe* verbunden – der Aufgabe, dass wir, die wir Brot im Überfluss haben, dafür sorgen, dass andere nicht Hunger zu leiden haben. Im nächsten Monat, in der Zeit vom 20. bis zum 27. Juli 2010, wird die elfte Vollversammlung des Lutherischen Weltbundes (LWB) in Stuttgart stattfinden. Die Vollversammlung ist das wichtigste Gremium des LWB. Dies wird die erste Vollversammlung des LWB auf deutschem Boden sein. 418 Delegierte und 1600 weitere Gäste aus 79 Ländern werden zu diesem Treffen erwartet. Bischof Frank Otfried July von der Evangelischen Landeskirche in Württemberg betonte, es sei für die Christenheit wichtiger denn je, ihre globalen Bezüge zu pflegen und sich nicht zwischen reichen Ländern und Entwicklungsländern auseinanderdividieren zu lassen. Bei dieser Vollversammlung geht es um die Themen globale Ernährungssicherheit und Ernährungssouveränität. Es wird um das brennende Problem gehen, dass fast ein Sechstel der Weltbevölkerung an Hunger leiden muss.

Gemäß dieser Thematik wurde die Vollversammlung unter das biblische Wort gestellt „Unser tägliches Brot gib uns heute“ – die Bitte des Vaterunsers, über die wir in diesem Gottesdienst gemeinsam nachdenken. Diese Bitte ist für uns Anlass, uns unserer christlichen Verantwortung bewusst zu werden. Denn unser christlicher Glaube will nicht nur im Wort, sondern auch in der Tat bezeugt werden. Und so lasst uns nach Wegen suchen, wie wir dies konkret in die Tat umsetzen können. Wenn wir das tun, praktizieren wir die Nächstenliebe, zu der wir aufgerufen und befähigt sind, und tragen unseren Teil dazu bei, dass die dritte Bitte des Vaterunsers ihre Erfüllung findet: „Dein Wille geschehe, wie im Himmel so auf Erden“.
An diese praktische Dimension unseres christlichen Glaubens kann uns die Bitte des Vaterunsers „Unser tägliches Brot gib uns heute“ erinnern. Wie gut, dass uns diese Bitte in unserem wichtigsten Gebet mit auf den Weg gegeben ist!

Die fünfte Bitte: Und vergib uns unsere Schuld, wie auch wir vergeben unseren Schuldigern

In der fünften Bitte des Vaterunsers geht es um Schuld, genauer gesagt: Es geht um unsere Schuld: „Und vergib uns unsere Schuld, wie auch wir vergeben unseren Schuldigern“. In dieser Bitte zeigen wir uns Gott gegenüber so, wie wir sind – als Menschen, die Schuld auf sich geladen haben. Wir schränken diese Bitte nicht dergestalt ein, dass wir sagen: „Für den Fall, dass wir Schuld auf uns geladen haben sollten, dann vergib sie uns bitte“. Nein; durch die Formulierung „Und vergib uns unsere Schuld“ gestehen wir ein, dass wir Schuld haben, denn diese Formulierung setzt diesen Tatbestand voraus. Es ist richtig und gut, dass wir uns in dieser Hinsicht ganz realistisch sehen und dies auch ungeschminkt zur Sprache bringen. Denn es ist nur dann möglich, Gott um Vergebung unserer Schuld zu bitten, wenn wir uns vorbehaltlos zu ihr bekennen. Nur wenn wir uns selbst und Gott eingestehen, dass wir schuldig geworden sind, können wir Gott bitten: „Vergib uns unsere Schuld“.

Persönliche Schuld kann auf uns lasten wie ein schweres Gewicht, das uns niederdrückt und uns jede Lebensfreude raubt. Dass wir von unserer Schuld befreit werden, dass sie von uns genommen wird, so dass wir uns wieder aufrichten und frei atmen können, ist lebensnotwendig. Ebenso lebensnotwendig wie das tägliche Brot, um das wir in der unmittelbar vorhergehenden Bitte Gott gebeten haben. In beiden Bitten geht es nicht um einen Luxus, nicht um etwas, was zwar wünschenswert, jedoch nicht unverzichtbar ist, sondern ganz im Gegenteil um das, was wir zum Leben nicht weniger benötigen als die Luft zum Atmen. Wie wir ohne das tägliche Brot, also ohne unsere Nahrung, elendig verhungern würden, so würden wir ebenso elendig verkümmern, wenn nicht die Last unserer Schuld von uns genommen würde. Und so sind diese beiden Bitten durch das Wort „und" miteinander verbunden: „Unser tägliches Brot gib uns heute *und* vergib uns unsere Schuld".

Angesichts der hohen Bedeutung dieser Bitte ist es nicht verwunderlich, dass sie nicht nur im Vaterunser begegnet, sondern auch in anderen Gebeten. So lautet die sechste Bitte des jüdischen Schmone esre, des Achtzehnbittengebetes: „Vergib uns, unser Vater, denn wir haben gesündigt; verzeihe uns, unser König, denn wir haben gefehlt, denn ein gütiger und vergebender Gott bist Du. Gepriesen seiest Du, Herr, der viel vergibt."

Die Vergebung der Schuld durch Gott, um die gebeten wird, ist von entscheidender Bedeutung. Denn es geht um wirkliche Schuld. Der griechische Begriff *opheiläma* bezeichnet objektive Schuld und nicht ein Schuldgefühl. Von dieser Schuld kann sich der Mensch nicht selbst befreien, er kann sie sich nicht selbst vergeben. Deshalb ist er auf die Vergebung der Schuld durch Gott angewiesen.

Wie wichtig die göttliche Vergebung ist, wird auch an vielen anderen Stellen des Neuen Testaments deutlich. So wird im ersten Kapitel des Markusevangeliums die Tätigkeit von Johannes dem Täufer mit dem kurzen Satz beschrieben: „Johannes der Täufer war in der Wüste und predigte die Taufe zur Vergebung der Sünden" (Vers 4). Die enge Verbindung von Taufe und Sündenvergebung zeigt sich auch im Kontext des Pfingstfestes. Nach der Pfingstpredigt des Petrus, wie sie uns im zweiten Kapitel der Apostelgeschichte überliefert ist (Verse 14 bis 36), wird die Frage an Petrus und die anderen Apostel gerichtet: „Ihr Männer, liebe Brüder, was sollen wir tun?" (Vers 37b). Petrus gibt auf diese Frage die folgende, in ihrer Bedeutung im wahrsten Sinne des Wortes grundlegende Antwort: „Tut Buße, und jeder von euch lasse sich taufen auf den Namen Jesu Christi zur Vergebung eurer Sünden, so werdet ihr empfangen die Gabe des Heiligen Geistes" (Vers 38). „[A]uf den Namen Jesu Christi" – die Vergebung der Sünden ist untrennbar mit dem Heilshandeln Gottes in Jesus Christus verbunden. Dies wird auch in den Briefen des Neuen Testaments thematisiert und entfaltet. So heißt es im ersten Kapitel des Epheserbriefes: „In ihm haben wir die Erlösung durch sein Blut, die *Vergebung der Sünden*, nach dem Reichtum seiner Gnade, die er uns reichlich hat widerfahren lassen in aller Weisheit und Klugheit“ (Verse 7f.) und im ersten Kapitel des Kolosserbriefes wird Gott mit folgenden Worten gelobt: „Er hat uns errettet von der Macht der Finsternis und hat uns versetzt in das Reich seines lieben Sohnes, in dem wir die Erlösung haben, nämlich die *Vergebung der Sünden*“ (Verse 13f.).

Für uns hat die im Neuen Testament so wichtige Bindung der Vergebung der Sünden an das Christusgeschehen nichts an Bedeutung verloren. Das wird allein schon anhand unserer gottesdienstlichen Praxis deutlich. So hören wir beim Abendmahl in den Einsetzungsworten in Bezug auf den Wein: „Nehmet hin und trinket alle daraus; dieser Kelch ist der neue Bund in meinem Blut, das für euch vergossen wird *zur Vergebung der Sünden*.“

Die Bitte im Vaterunser, in der um Vergebung gebeten wird, ist in aller nur möglichen Kürze formuliert: „Und vergib uns unsere Schuld“. Aber auf diese Bitte folgt ein Nachsatz. Allein dies ist bemerkenswert, denn diese Bitte ist die einzige im gesamten Vaterunser, die mit einem Nachsatz versehen ist. Dieser Nachsatz lautet: „wie wir vergeben unseren Schuldigern“. Damit werden göttliches und menschliches Handeln zueinander in Beziehung gesetzt. Diese Beziehung nimmt selbstredend nicht so Gestalt an, dass der Mensch dadurch, dass er anderen vergibt, Gott gleichsam nötigen kann, ihm zu vergeben. Wir begegnen Gott als unserem Schöpfer, als Gott. Es geht nicht um ein *do ut des*. Wir Menschen können uns nur immer wieder neu darum bemühen, uns gemäß dem Willen Gottes zu verhalten, was in diesem konkreten Fall heißt, unseren Schuldigern zu vergeben. Aber wir werden wohl immer wieder die Erfahrung machen, dass wir dabei scheitern, und sind somit auf die Vergebung durch Gott angewiesen, um die wir im Vaterunser bitten.

Was also ist konkret mit dem Nachsatz gemeint, mit dem diese Bitte des Vaterunsers um Vergebung versehen ist? Was ist mit den Worten gemeint: „wie wir vergeben unseren Schuldigern“? Es geht darum, dass wir, die wir letztlich immer auf die Vergebung durch Gott angewiesen sind, ihn nicht aufrichtig um seine Vergebung bitten können, wenn wir selber nicht bereit sind, unseren Nächsten zu vergeben, die uns gegenüber schuldig geworden sind. Wenn wir uns an Gott wenden, weil wir unser Verhältnis zu ihm in angemessener Weise gestalten möchten, ist dies nur möglich, wenn wir auch unser Verhältnis zu unseren Nächsten – den Ebenbildern Gottes (vgl. Genesis 1, 27) –

angemessen gestalten. Im fünften Kapitel des Matthäusevangeliums lesen wir, wie Jesus dies im Rahmen seiner Bergpredigt entfaltet. Dort heißt es: „[W]enn du deine Gabe auf dem Altar opferst und dort kommt dir in den Sinn, dass dein Bruder etwas gegen dich hat, so lass dort vor dem Altar deine Gabe und geh zuerst hin und versöhne dich mit deinem Bruder und dann komm und opfere deine Gabe“ (Verse 23f.).

Wenn wir unser Verhältnis zu unseren Nächsten angemessen gestalten, bedeutet dies nicht zuletzt auch, ihnen zu vergeben, wenn sie an uns schuldig geworden sind. Dies wird in einem Gleichnis Jesu entfaltet, das den meisten von uns als das Gleichnis vom „Schalksknecht“ bekannt ist (vgl. Matthäus 18, 21-35): Ein König beschließt, mit seinen Knechten abzurechnen. Da wird ein Knecht zu ihm gebracht, der ihm zehntausend Talente schuldig ist – eine Summe, deren Höhe jedes Vorstellungsvermögen übersteigt. Zum Vergleich: Archelaos, der Herodessohn, bezog als Herrscher von Judäa und Samaria sechshundert Talente im Jahr. Dass besagter Knecht keine Möglichkeit hat, diese Summe aufzubringen, versteht sich fast von selbst. Der König befiehlt daraufhin, den verschuldeten Knecht, dessen Frau und Kinder sowie dessen gesamten Besitz zu verkaufen. Der Knecht fleht daraufhin den König an, Geduld mit ihm zu haben und verspricht, alles zu bezahlen. Der König erbarmt sich tatsächlich seines Knechtes und schenkt ihm die Freiheit. Kurz darauf trifft dieser einen Mitknecht, der ihm einhundert Denare schuldet, eine vergleichsweise kleine Summe, um es neudeutsch auszudrücken: im Vergleich zu der Summe, die ihm soeben erlassen wurde, peanuts. Doch als der Mitknecht diese Summe nicht sofort zurückzahlen kann und – wie sein Gläubiger zuvor – ebenfalls um Geduld bittet, stößt er auf taube Ohren. Der Knecht hat kein Erbarmen und wirft seinen Mitknecht ins Gefängnis. Als dies dem König zugetragen wird, wird er zornig, bestellt den Knecht erneut ein, konfrontiert ihn damit, dass er, der gerade Erbarmen erfahren hat, gegenüber seinem Mitknecht erbarmungslos gehandelt habe, und übergibt ihn den Peinigern. Soweit das Gleichnis. Bemerkenswert ist, in welchem Zusammenhang Jesus dieses Gleichnis erzählt hat: Petrus hatte ihn gefragt: „Herr, wie oft muss ich denn meinem Bruder, der an mir sündigt, vergeben? Genügt es siebenmal?“ Jesus antwortete ihm: „Ich sage dir, nicht siebenmal, sondern siebzigmal siebenmal.“ Und erzählt dann als Illustration dieser ziemlich thetischen Antwort das Gleichnis vom Schalksknecht. Dieses Gleichnis ist also ein eindringlicher Appell zur Vergebung untereinander. Und so schließt es mit dem Satz: „So wird auch mein himmlischer

Vater an euch tun, wenn ihr einander nicht von Herzen vergebt, ein jeder seinem Bruder.“

Dem entspricht die Aussage, die im Matthäusevangelium unmittelbar auf das Vaterunser folgt: „Denn wenn ihr den Menschen ihre Verfehlungen vergebt, so wird euch euer himmlischer Vater auch vergeben. Wenn ihr aber den Menschen nicht vergebt, so wird euch euer Vater eure Verfehlungen auch nicht vergeben“ (Matthäus 6, 14f.).

Im Markusevangelium lesen wir im elften Kapitel eine Aussage Jesu, in der Gebet und die Bereitschaft, anderen zu vergeben, auf das Engste miteinander verknüpft werden. Sie lautet: „Und wenn ihr steht und betet, so vergebt, wenn ihr etwas gegen jemanden habt, damit euer Vater im Himmel euch vergebe eure Übertretungen“ (Vers 25).

Vor dem Hintergrund dieser Texte aus dem Neuen Testament ist offensichtlich, warum die Vaterunserbitte „Und vergib uns unsere Schuld“ mit dem Nachsatz versehen ist „wie auch wir vergeben unseren Schuldigern“. Wir können nur dann Gott um die Vergebung unserer Schuld bitten, wenn wir auch bereit sind, unsererseits Vergebung zu üben. Wenn wir Gottes Vergebung erfahren, in der sein gnädiges Wort, das er an uns richtet, konkret wird, dann besteht unsere Antwort auf das göttliche Wort darin, dass wir das, was wir dankbar empfangen haben, an andere weitergeben und unsererseits unseren Mitmenschen vergeben. Das ist sicher nicht immer leicht. Aber wir sind dazu befähigt, so zu handeln, weil Gott uns unsere Schuld vergibt und uns damit ermöglicht, in unserem Leben neu anzufangen – ohne die Last der Schuld der Vergangenheit – und neu auf andere zuzugehen, auch dann, wenn unser Verhältnis zu ihnen durch deren schuldhaftes Verhalten stark belastet ist.

Die sechste Bitte:
Und führe uns nicht in Versuchung

Die sechste Bitte des Vaterunsers lautet: „Und führe uns nicht in Versuchung“. Sie knüpft unmittelbar an die vorhergehende Bitte um die Vergebung der Schuld an. Die enge Verbindung dieser beiden Bitten wird an dem „Und“ deutlich, mit dem sie verbunden sind. Nachdem wir Gott darum gebeten haben, uns die Schuld zu vergeben, die wir auf uns geladen haben, bitten wir ihn nun darum, dass er das Seinige dazu tut, dass wir nicht weitere Schuld auf uns laden.

Wir wollen gar nicht erst in die Versuchung geführt werden, dies zu tun, und so bitten wir: „Und führe uns nicht in Versuchung".

Dieses Gebetsanliegen verbindet uns mit unseren jüdischen Geschwistern und so entspricht dieser Vaterunserbitte ein jüdisches Gebet, das folgenden Wortlaut hat: „Leite meinen Fuß nicht in die Gewalt der Sünde und bringe mich nicht in die Gewalt der Schuld und nicht in die Gewalt der Versuchung und nicht in die Gewalt von Schändlichem" (b. Ber. 60b).

Die Bitte, vor der „Gewalt der Versuchung" bewahrt zu werden, hat ihre direkte Entsprechung in der Vaterunserbitte, die seit Generationen, ja mehr noch: seit Jahrhunderten, in die Worte „Und führe uns nicht in Versuchung" gekleidet wird. Durch diese Worte sind wir mit den Christinnen und Christen verbunden, die vor uns gelebt haben. Es hat jedoch auch seine Probleme, dass wir mit diesen seit so langer Zeit überlieferten Worten beten. Denn unsere Sprache hat sich im Laufe dieser Zeit verändert. Viele Begriffe werden heutzutage anders verwendet als zu früheren Zeiten. Ja, es gibt sogar Fälle, in denen ein Begriff, der lange Zeit ausschließlich negativ konnotiert war, seine negative Konnotation verliert und nun in positiver Weise gebraucht werden kann und auch wird. Das Wort „Versuchung" ist ein solcher Begriff. Bezeichnete er lange Zeit etwas, was ausschließlich negativ beurteilt und dementsprechend abgelehnt wurde, etwas, was jeder um seines Seelenheils willen aus seinem Leben möglichst zur Gänze heraushalten wollte – auch wenn dies natürlich selbst bei bestem Willen nicht möglich ist –, so änderte sich dies im Lauf der Zeit. Wurde unter einer Versuchung etwas überaus Reizvolles, was jedoch zu vermeiden ist, verstanden, so bezeichnet sie in unseren Tagen zwar nach wie vor etwas überaus Reizvolles, aber nichts mehr, was unbedingt zu vermeiden wäre. Um dies an einem vergleichsweise harmlosen Beispiel zu illustrieren: Der Werbeslogan „Milka, die zarteste Versuchung, seit es Schokolade gibt" wurde zu einem der markantesten und langlebigsten Slogans der gesamten Werbegeschichte. Die Versuchung, von der hier die Rede ist, hat sehr wenig mit der zu tun, um die es im Vaterunser geht. Das stellt uns vor die Frage: Was wird in dieser Bitte zur Sprache gebracht, mit anderen Worten: Was ist in dieser Bitte mit der „Versuchung" gemeint? Ich unternehme den ersten Versuch, diese Frage zu beantworten, indem ich sage: Es ist die Bitte, nicht in eine Situation hineingeführt zu werden, in der die Gefahr besteht, sich auf eine Art und Weise zu verhalten, die dem Willen Gottes widerspricht. Dieser Versuch einer Antwort ist hinsichtlich der Frage, was in dieser Bitte unter einer „Versuchung" verstanden wird, zugegebenermaßen ziemlich allgemein gehalten. Deshalb werde ich konkreter werden und mich jetzt der Frage zuwenden, was genau mit diesem Substantiv gemeint ist. Im griechischen Text steht an dieser Stelle *peirasmos*. Dieses Wort hat zwei Bedeutungen: Es kann sowohl „Versuchung“ als auch „Prüfung“ bedeuten. Es stellt sich somit die Frage, wie diese beiden Begriffe inhaltlich zu füllen sind, was also unter einer „Versuchung“ und was unter einer „Prüfung“ zu verstehen ist.

Wie eine Prüfung konkret Gestalt annehmen kann, wird in der bekannten und doch so schwer zu verstehenden Geschichte von der *Aqedat Jizḥaq*, der Bindung Isaaks deutlich, die im zweiundzwanzigsten Kapitel der Genesis, des Ersten Buches Mose, überliefert ist. Sie beginnt mit den Worten: „Nach diesen Geschichten versuchte Gott Abraham und sprach zu ihm: Abraham! Und er antwortete: Hier bin ich. Und er sprach: Nimm Isaak, deinen einzigen Sohn, den du lieb hast, und geh hin in das Land Morija und opfere ihn dort zum Brandopfer auf einem Berge, den ich dir sagen werde“ (Verse 1f.). Angesichts dieser göttlichen Aufforderung sollte man erwarten, dass Abraham mit Nachdruck für das Leben seines Sohnes bittet, um dieser schrecklichen Aufforderung nicht nachkommen zu müssen. Aber er widerspricht Gott nicht, sondern leistet dem Befehl Gottes ohne Murren Folge. In dem darauf folgenden Vers lesen wir: „Da stand Abraham früh am Morgen auf und gürtete seinen Esel und nahm mit sich zwei Knechte und seinen Sohn Isaak und spaltete Holz zum Brandopfer, machte sich auf und ging hin an den Ort, von dem ihm Gott gesagt hatte“ (Vers 3). Und wir werden davon auszugehen haben, dass Abraham seinen Sohn als Opfer dargebracht hätte, wenn der Engel des Herrn nicht im letzten Moment interveniert und gesagt hätte: „Lege deine Hand nicht an den Knaben und tu ihm nichts; denn nun weiß ich, dass du Gott fürchtest und hast deines einzigen Sohnes nicht verschont um meinetwillen“ (Vers 12). Abraham hat die wohl schwerste Prüfung seines Lebens bestanden und kann einen Widder anstelle seines Sohnes opfern. Dass niemand einer solchen Prüfung ausgesetzt sein möchte, versteht sich von selbst. Auch Prüfungen, die nicht so außerordentlich schwer sind wie die des Abraham, können uns zu der Bitte veranlassen: „Und führe uns nicht in eine Prüfung“ – um die sechste Bitte des Vaterunsers auf eine Weise zu übersetzen, bei der die andere Bedeutung des griechischen *peirasmos* zum Tragen kommt.

Dass es solche Prüfungen gibt, wird in der Bibel vorausgesetzt. So heißt es im zwölften Kapitel des Buches Daniel: „Viele werden gereinigt, geläutert und geprüft werden, aber die Gottlosen werden gottlos handeln; alle Gottlosen werden's nicht verstehen, aber die Verständigen werden's verstehen“ (Vers 10).

Nehmen wir die andere Bedeutung des griechischen *peirasmos* in den Blick: Versuchung. Auch dafür gibt es in der biblischen Überlieferung ein prominentes Beispiel: die Geschichte der Versuchung Jesu in der Wüste, wie sie im vierten Kapitel des Matthäusevangeliums zu lesen ist. Die Versuchungen, denen Jesus ausgesetzt wird, steigern sich: Zunächst fordert der Teufel Jesus, der vierzig Tage und Nächte gefastet hatte, auf, Steine in Brot zu verwandeln und so seinen Hunger zu stillen. Dann führt er ihn auf die Spitze des Tempels und fordert ihn auf, sich hinabzustürzen und sich von Engeln sicher zum Boden tragen zu lassen. Schließlich bietet er ihm auf einem hohen Berg die Weltherrschaft an. Bemerkenswert ist, dass er die zweite Versuchung sogar mit einem Zitat aus der Bibel (Psalm 91,11f.) begründet. Jesus erliegt jedoch keiner der Versuchungen und so mündet die Geschichte in den Satz ein: „Da verließ ihn der Teufel. Und siehe, da traten Engel zu ihm und dienten ihm“ (Vers 11). Es ist zwar der Teufel, der Jesus in der Wüste in Versuchung geführt hat, und nicht Gott. Aber er ist nicht Initiator des Geschehens. Das ist vielmehr der göttliche Geist, der Jesus in der unmittelbar davor stehenden Taufgeschichte verliehen wurde. Die Versuchung Jesu geschah somit nicht gegen den Willen Gottes, sondern – ganz im Gegenteil – weil sie dem Willen Gottes entsprach.

Ob unter dem griechischen *peirasmos* nun eine Prüfung oder eine Versuchung verstanden wird, in jedem Fall handelt es sich um eine bedrohliche Situation. Dass Hieronymus den Sinn der Vaterunserbitte „Und führe uns nicht in Versuchung bzw. Prüfung“ mit den Worten wiedergeben möchte: *ne inducas nos in temptationem quam ferre non possumus* – zu Deutsch: Führe uns nicht in eine Versuchung bzw. Prüfung, die wir nicht tragen bzw. ertragen können, ist nur allzu verständlich.

Die Versuchung bzw. Prüfung hat für uns bedrohlichen Charakter, denn sie kann uns von Gott wegführen und somit in den Zustand der Gottesferne, der Sünde, führen. Nun konfrontiert uns der exemplarische Blick auf die Bindung Isaaks sowie auf die Versuchung Jesu in der Wüste mit der Frage, ob Gott selbst der Urheber dieser für uns Menschen so bedrohlichen Situation ist. Sollte Gott Menschen in Versuchung und somit gegebenenfalls in die Gottesferne führen wollen?

Diese Frage wird im Jakobusbrief eindeutig mit ‚Nein' beantwortet. Im ersten Kapitel dieses Briefes lesen wir: „Niemand sage, wenn er versucht wird, dass er von Gott versucht werde. Denn Gott kann nicht versucht werden zum Bösen, und er selbst versucht niemand. Sondern ein jeder, der versucht wird, wird von seinen eigenen Begierden gereizt und gelockt. Danach, wenn die Begierde empfangen hat, gebiert sie die Sünde; die Sünde aber, wenn sie vollendet ist, gebiert den Tod" (Verse 13 bis 15). Dass es die eigenen Begierden sind, die zur Versuchung und letztlich zu Sünde und Tod führen, wird niemand grundsätzlich in Frage stellen. Aber ist damit bereits alles gesagt? Ist es nicht Gott, der in Versuchung bzw. Prüfung führt? Die biblischen Geschichten der Bindung Isaaks und der Versuchung Jesu in der Wüste belegen auf je ihre Weise, dass Gott selbst es ist, der Menschen in Prüfung bzw. Versuchung schickt.

Nehmen wir die Formulierung der entsprechenden Bitte des Vaterunsers genau in den Blick. Sie lautet: „Und *führe* uns nicht in Versuchung". Allein der Tatbestand, dass Gott hier eigens darum gebeten wird, die Betenden nicht in Versuchung zu führen, ist ein Indiz dafür, dass dies zum Handeln Gottes gehört. Dies wirkt irritierend. Es drängt sich die Frage nach unserem Gottesbild auf. Sollte es wirklich so sein, dass Gott uns Menschen in die Versuchung hineinführt?

Oder liegt hier lediglich ein Missverständnis vor, so dass es möglich ist, diese Bitte ganz anders zu verstehen? Der jüdische Neutestamentler Pinchas Lapide geht von dieser Möglichkeit aus und hält diese so anstößige Formulierung für eine Fehlübersetzung. Er sagte in einer Radiosendung über das Vaterunser im NDR 2 (Norddeutscher Rundfunk; Religion und Gesellschaft, Thema „Plappert nicht wie die Heiden. Das Vaterunser, ein Gebet im jüdischen Geist" am 23. Februar 1986 in der Zeit von 9.00 bis 9.20 Uhr) über diese Vaterunserbitte: „Auch hier hilft uns die Rückübersetzung ins Hebräische, den wahren Sinn zu erkennen. Das Zeitwort, das hier gestanden haben muss, heisst nicht nur ‚führen' [,] sondern auch ‚hineingeraten lassen'." Lapide geht dementsprechend davon aus, dass es in der ursprünglichen Fassung der Vaterunserbitte darum ging, Gott zu bitten, dass er die Betenden nicht in Versuchung hineingeraten lasse, mit anderen Worten: dass er verhindern möge, dass sie in Versuchungen hineingeraten und ihnen womöglich erliegen. Dieses Verständnis der Vaterunserbitte wurde bereits von Marcion vertreten, bei dem es zu dieser Stelle heißt: „Laß nicht zu, dass wir in Versuchung geraten." Diese Möglichkeit, die Vaterunserbitte zu verstehen, ist zweifellos sehr ansprechend, enthebt sie uns doch der Schwierigkeit, in Gott selbst denjenigen sehen zu müssen, der in

Versuchungen bzw. Prüfungen führt, denen wir auch erliegen können bzw. bei denen es auch möglich ist, dass wir sie nicht bestehen.

Aber erweist sich dieser Weg des Verstehens, den Lapide damit eröffnen wollte, als gangbar? Lapide nimmt hier auf die Funktion der Verbalstämme Bezug, die in semitischen Sprachen wie dem Hebräischen oder dem Aramäischen zurzeit Jesu begegnen. Der Stamm Hiph'il hat kausative Bedeutung. Das Verb, das im Grundstamm Qal die Bedeutung „kommen, hineingehen" hat, hat dementsprechend im Verbalstamm Hiph'il die Bedeutung „kommen lassen, hineingehen lassen" – ganz so, wie Lapide es darlegt. Das Problem ist jedoch, dass es auch die Bedeutung „führen" haben kann, also gerade die Bedeutung, die Lapide aus theologischen Gründen mit seinen philologischen Erwägungen nach Möglichkeit ausschließen möchte. Dazu kommt, dass Gott in der Tat Menschen in Prüfung bzw. Versuchung schickt, wie die biblischen Geschichten der Bindung Isaaks und der Versuchung Jesu in der Wüste zeigen.

Bleibt es also dabei, dass Gott als Urheber allen Seins auch der Urheber der Versuchungen ist, die uns von ihm wegführen und in den Zustand der Gottesferne bringen? Dies berührt die Frage der Theodizee und führt uns somit an die Grenze dessen, was wir systematisch-theologisch erklären können. Letztlich werden wir diese Frage offen lassen müssen. Was uns bleibt, ist die Möglichkeit, uns voller Vertrauen an Gott zu wenden und ihn zu bitten, uns nicht in Versuchung zu führen – auch wenn die Versuchung von Gott selbst ausgehen sollte und wir uns mit dieser Bitte also an den wenden, auf den die Versuchung zurückgeht. Wenn wir dies tun, dann handeln wir ein wenig wie Hiob, der gegen den Gott, der ihn verfolgt (vgl. 16, 9ff.; 19, 6ff. 21) und ihm das Recht nimmt (vgl. 27, 2), den Gott anruft, der in der Not für ihn und sein Recht eintritt. Und diese Möglichkeit, die uns damit gegeben ist, können wir gar nicht hoch genug schätzen, denn wir können ihn im Vertrauen auf seine Gnade und Barmherzigkeit bitten: „Und führe uns nicht in Versuchung".

Die siebente Bitte: Sondern erlöse uns von dem Bösen

Die siebente und letzte Bitte des Vaterunsers lautet: „Sondern erlöse uns von dem Bösen". Die Bitte um Bewahrung vor dem Bösen begegnet auch an anderen Stellen im Neuen Testament, so im Johannesevangelium: Im so genannten hohepriesterlichen Gebet bittet Jesus für die Seinen: „Ich bitte Dich nicht, dass

Du sie aus der Welt nimmst, sondern dass Du sie bewahrst vor dem Bösen" (Johannes 17, 15). Und im Zweiten Timotheusbrief lesen wir die von tiefem Vertrauen auf Gott getragenen Worte: „Der Herr aber wird mich erlösen von allem Übel und mich retten in sein himmlisches Reich" (Kapitel 4, Vers 18a).

Im Vaterunser knüpft die Bitte um Erlösung von dem Bösen unmittelbar an die vorhergehende Bitte an, nicht in Versuchung geführt zu werden. Die enge Verbindung dieser beiden Bitten wird an dem „Sondern" deutlich, mit dem sie verbunden sind. Nachdem wir Gott mit den Worten „Und führe uns nicht in Versuchung" darum gebeten haben, dass er das Seinige dazu tut, dass wir keine Schuld auf uns laden, folgt nun die positiv formulierte Entsprechung, indem wir Gott bitten: „Sondern erlöse uns von dem Bösen".

Diese Bitte kann in ihrer Bedeutung gar nicht hoch genug geschätzt werden. Martin Luther erklärt sie in seinem Kleinen Katechismus folgendermaßen:

> „Sondern erlöse uns von dem Bösen.
> Was ist das?
> Wir bitten in diesem Gebet als in der Summa,
> dass uns der Vater im Himmel
> von allerlei Übel an Leib und Seele, Gut und Ehre erlöse und zuletzt,
> wenn unser Stündlein kommt,
> ein seliges Ende beschere
> und mit Gnaden von diesem Jammertal
> zu sich nehme in den Himmel."

Worum geht es bei dieser Bitte? Was ist es genau, um das wir Gott mit diesen Worten bitten? Gott möge uns erlösen, wie es in der Übersetzung von Martin Luther heißt. Im Text des griechischen Matthäusevangeliums steht an dieser Stelle das Wort *rüsai*, Aorist Imperativ des Verbs *rüomai*, zu Deutsch: (er)retten, bewahren. Gott wird also um Rettung, um Bewahrung gebeten. Hinter dieser Bitte steht die Erkenntnis, dass letztlich nur Gott wirkliche Rettung, wirkliche Bewahrung gewähren kann.

Diese Erkenntnis basiert auf der Erfahrung, die das Volk Israel im Laufe seiner Geschichte immer wieder mit Gott hat machen können und die in den Schriften des Alten Testaments ihren Niederschlag gefunden hat.

Gott wird an vielen Stellen im Alten Testament als derjenige gepriesen, der errettet. Um dies anhand von nur zwei Beispielen zu zeigen: So verheißt Gott dem Mose: „Darum sage den Israeliten: Ich bin der HERR und will euch wegführen von den Lasten, die euch die Ägypter auflegen, und will euch erretten von eurem Frondienst und will euch erlösen mit ausgerecktem Arm und durch große Gerichte; ich will euch annehmen zu meinem Volk und will euer Gott sein, dass ihr's erfahren sollt, dass ich der HERR bin, euer Gott, der euch wegführt von den Lasten, die euch die Ägypter auflegen“ (Exodus 6, 6f.). Am Ende der Darstellung des Durchzugs des Volkes Israel durch das Schilfmeer heißt es im Rückblick auf diese Errettung: „So errettete der Herr an jenem Tage Israel aus der Ägypter Hand“ (Exodus 14, 30a). Und im Buch des Propheten Micha wird dem Volk Israel Begnadigung verheißen: „Aber von dort wirst du wieder errettet werden, dort wird dich der Herr erlösen von deinen Feinden“ (Kapitel 4, Vers 10b).

Auch im Neuen Testament wird Gott als Retter gepriesen. So lesen wir im ersten Kapitel des Kolosserbriefes: „Mit Freuden sagt Dank dem Vater, der euch tüchtig gemacht hat zu dem Erbteil der Heiligen im Licht. Er hat uns errettet von der Macht der Finsternis und hat uns versetzt in das Reich seines lieben Sohnes, in dem wir die Erlösung haben, nämlich die Vergebung der Sünden“ (Verse 12 bis 14).

Mit der Bitte um Rettung, die in der letzten Bitte des Vaterunsers an Gott gerichtet wird, wird dieser somit als derjenige angesprochen, auf den die Gläubigen vertrauen können, wenn sie ihn um Rettung bzw. Bewahrung bitten. Denn Gott hat in der Geschichte seines Volkes Israel wie auch in der des Christentums immer wieder gezeigt, dass er wirklich retten und bewahren kann.

Und wovor möge er uns retten bzw. bewahren? Wird darum gebetet, vor dem Übel bewahrt zu werden, oder wird hier um Bewahrung von dem Bösen in Person, also dem Teufel, gebetet? Der deutschen Übersetzung ist dies nicht zu entnehmen. Die Bitte „Sondern erlöse uns von dem Bösen“ kann sich sowohl auf das Böse wie auch auf den Bösen beziehen. Wenn die deutsche Übersetzung eines neutestamentlichen Textes zwei- bzw. mehrdeutig ist, dann hilft im Allgemeinen ein Blick in den griechischen Text weiter. Bei dieser Bitte ist dies jedoch leider nicht der Fall. Denn im Griechischen steht *apo tu ponäru*, zu Deutsch: von dem Bösen. Der griechische Text ist so unklar wie seine deutsche Übersetzung. Denn der dort begegnende Genitiv kann sowohl als Maskulinum als auch als Neutrum aufgefasst werden. Somit sind beide Interpretationsmöglichkeiten durch den Text abgedeckt. Dementsprechend wurden sie auch beide in der Geschichte der Auslegung dieser Bitte vertreten.

In der westlichen Christenheit begegnet dabei in erster Linie das Verständnis des Bösen als Neutrum. Es wird unter dem Bösen also all das verstanden, was uns in unserem Leben an Bösem begegnen kann, also Krankheiten, Unfälle, kurzum: Katastrophen aller Art. Die Erklärung im Kleinen Katechismus legt dieses Verständnis nahe, wenn Martin Luther dort „von allerlei Übel an Leib und Seele, Gut und Ehre“ schreibt, von dem der Vater im Himmel uns erlösen möge. Dem entspricht, dass diese Bitte in der früheren evangelischen Fassung mit den Worten wiedergegeben wurde: „Sondern erlöse uns von dem Übel“. In dieser Fassung ist somit nicht von dem „Bösen“, sondern von dem „Übel“ die Rede.

Anders verhält es sich in der östlichen Christenheit: Dort wurde und wird das Böse demgegenüber als Maskulinum verstanden.

Angesichts dieser beiden so unterschiedlichen Interpretationsmöglichkeiten spreche ich nun keineswegs nur von der Auslegungs*geschichte*, also von der Vergangenheit. Auch in unserer Gegenwart sind die Meinungen hinsichtlich der Frage, wie denn die letzte Vaterunserbitte in angemessener Weise verstanden werden kann, nach wie vor geteilt.

Und wie gehen wir mit dieser Frage um? Lassen wir sie offen, wie es z.B. Calvin getan hat? Oder halten wir nur eine der beiden Möglichkeiten für richtig? Diese Frage ist durchaus von nicht zu unterschätzender Tragweite, denn hier geht es darum, ob wir davon ausgehen, dass der Teufel als Person existiert. Ist diese Frage unserer Gegenwart noch angemessen? Die Zeiten, in denen man sich den Teufel als Monster mit Hörnern, Schwanz und Pferdefuss vorstellte, gehören der Vergangenheit an. Wer in unseren Tagen über den Teufel spricht, setzt sich dem Verdacht aus, dass er das Böse im Menschen auf eine mythologische Figur projiziert. Handelt es sich bei dem Teufel also um die Personalisierung des Bösen, mit anderen Worten: darum, dass das Neutrum „das Böse“ als Maskulinum „der Böse“ verstanden wird?

Es liegt nahe, diese Frage mit „Ja“ zu beantworten. Dabei gilt es jedoch auch wahrzunehmen, dass in den Schriften des Neuen Testaments aber auch von dem Bösen als gefährlichem Gegner und somit als Person gesprochen wird. So steht im sechsten Kapitel des Epheserbriefes die Ermahnung: „Vor allen Dingen aber ergreift den Schild des Glaubens, mit dem ihr auslöschen könnt alle feurigen Pfeile des Bösen“ (Vers 16).

Ich nenne noch ein weiteres Beispiel dafür, dass im Neuen Testament unter „dem Bösen“ eine Person verstanden wird: In der Deutung des Gleichnisses vom Sämann heißt es im dreizehnten Kapitel des Matthäusevangeliums: „Wenn jemand das Wort von dem Reich hört und nicht versteht, so kommt der Böse und reißt hinweg, was in sein Herz gesät ist; das ist der, bei dem auf den Weg gesät ist“ (Vers 19). Hier ist davon die Rede, dass der Böse kommt und das hinweg reißt, was in das Herz dessen gesät ist, der das Wort vom Reich zwar vernimmt, jedoch nicht versteht. In der entsprechenden Parallele im vierten Kapitel des Markusevangeliums wird sogar klar gesagt, um wen es sich bei dem Bösen handelt, indem der Böse mit dem Satan identifiziert wird. Dort heißt es: „Das aber sind die auf dem Wege: Wenn das Wort gesät wird und sie es gehört haben, kommt sogleich der Satan und nimmt das Wort weg, das in sie gesät war“ (Vers 15). Der Böse, von dem in der matthäischen Fassung dieses Textes die Rede ist, wird in der markinischen Version also als Satan bezeichnet. Somit ist festzuhalten, dass im Neuen Testament unter dem Bösen durchaus der Teufel verstanden werden kann. Andererseits gibt es im Neuen Testament jedoch auch viele Stellen, an denen von dem Bösen als Neutrum gesprochen wird.

Die Frage, was unter „dem Bösen“ zu verstehen ist, von dem in dieser Bitte des Vaterunsers die Rede ist, kann also nicht eindeutig geklärt werden. Eindeutig ist dagegen, dass wir, wenn wir mit den Worten dieser Bitte beten, Gott darum bitten, er möge uns von dem Bösen – in welcher Form auch immer – erlösen. Damit bringen wir unser Vertrauen darauf zum Ausdruck, dass dies in Gottes Macht steht und Gott somit dem Bösen überlegen ist. In der Bitte, die am Ende der Bitten des Vaterunsers steht, klingt das Vertrauen auf Gott an, das uns in unserem Leben trägt. Sie erinnert uns daran, dass wir dem Bösen nicht hilf- und rettungslos ausgeliefert sind, sondern auf Gott und seine Rettung und Bewahrung vertrauen können.

Die abschließende Doxologie: Denn Dein ist das Reich und die Kraft und die Herrlichkeit in Ewigkeit. Amen.

Wir kennen die Art von Rätsel, bei der bewusst das Element der Paradoxie eingesetzt wird – die Rätsel, wo nach etwas Unbekanntem gefragt wird, das dann durch zwei Beschreibungen charakterisiert wird, die sich gegenseitig ausschließen. Ein solches Rätsel könnte auch hinsichtlich des Vaterunsers gestellt werden: „Was gehört untrennbar zum Vaterunser dazu, ist jedoch nicht Bestandteil dieses Gebetes?“ Die Antwort auf diese zunächst ziemlich paradox anmutende Frage lautet: die abschließende Doxologie, der Lobpreis, in den das Gebet einmündet: „Denn Dein ist das Reich und die Kraft und die Herrlichkeit in Ewigkeit. Amen.“ Ursprünglich war diese Doxologie nicht Bestandteil des Vaterunsers. Weder in den Handschriften der Fassung des Gebetes im Lukasevangelium noch in den ältesten Textzeugen des Matthäusevangeliums ist dieser abschließende Lobpreis zu finden. Der begegnet erst in der späteren Überlieferung des Textes.

Das erscheint uns, die wir das Vaterunser nur mit dem lobenden Schluss kennen, merkwürdig. Uns ist die Fassung mit diesem Schluss so vertraut, dass uns das Gebet ohne ihn als Torso vorkommen würde.

Das hätten die Beterinnen und Beter in früheren Zeiten aber wahrscheinlich ganz ähnlich empfunden. Denn es war im Judentum auch schon damals üblich, ja mehr noch: es war selbstverständlich, dass Gebete mit einem Lob Gottes beendet wurden. Ich nenne als biblisches Beispiel Psalm 106: Der vorletzte Vers dieses Psalms ist eine Bitte, die an Gott gerichtet wird. Sie lautet: „Hilf uns, HERR, unser Gott, und bring uns zusammen aus den Heiden, dass wir preisen deinen heiligen Namen und uns rühmen, dass wir dich loben können!“ (Vers 47). Dann folgt als Schluss des gesamten Psalms das Lob Gottes: „Gelobt sei der HERR, der Gott Israels, von Ewigkeit zu Ewigkeit, und alles Volk spreche: Amen! Halleluja!“ (Vers 48). Der Brauch, ein Gebet durch eine Doxologie zu beenden, wurde in der weiteren Geschichte des Judentums beibehalten.

Wir können davon ausgehen, dass auch das Vaterunser mit einem solchen Lob Gottes beendet worden ist, und zwar schon von Anfang an, also bereits in der Zeit, als die schriftlichen Überlieferungen des Gebetes noch keine abschließende Doxologie enthielten. Damals wird dieses Gotteslob aber jeweils frei formuliert worden sein. Das erklärt, warum auf der einen Seite von Anfang an das Lob Gottes zum Vaterunser gehörte, es jedoch auf der anderen Seite in den schriftlichen Überlieferungen nicht belegt ist. Das unterscheidet das Gotteslob am Ende von den vorangehenden Bitten. Denn deren Wortlaut war festgelegt.

Bemerkenswert ist in diesem Zusammenhang, dass in der Didache, der Apostellehre vom Anfang des zweiten Jahrhunderts, das Vaterunser mit einem Gotteslob am Ende wiedergegeben wird, das folgenden Wortlaut hat: „Denn Dein ist die Kraft und Herrlichkeit in Ewigkeit“ (10, 5). Dieses Lob enthält jedoch nur die beiden Glieder „Kraft“ und „Herrlichkeit“. Das „Reich“ wird hier noch nicht genannt.

Das Lob Gottes hat also am Ende eines Gebetes seinen festen Ort. Aber warum? Wie ist zu erklären, dass Gebete in ein Gotteslob einmünden? Um diese Frage beantworten zu können, ist es hilfreich, das Lob Gottes als solches näher in den Blick zu nehmen und zu sehen, was sich in ihm artikuliert.

Das Gotteslob hat nicht nur am Ende von Gebeten seinen Ort, sondern auch an vielen anderen Stellen im Neuen Testament. So münden beispielsweise die Kapitel neun bis elf von dem Brief des Apostels Paulus an die Gemeinde in Rom in ein Gotteslob ein. In diesen Kapiteln entfaltet der Apostel seine Gedanken zu Gottes Weg mit seinem erwählten Volk Israel. Zwar gibt es für ihn persönlich nur einen einzigen Weg zu Gott, den über den Glauben an Jesus als Christus, aber er schließt nicht aus, dass Gott anderen Menschen auch andere Wege zu ihm ebnen kann. Paulus versteht nicht, wie diese Wege konkret Gestalt annehmen können, aber er muss das auch nicht verstehen. Allein, dass Gott gewiss solche wunderbaren Wege finden und beschreiten wird, ist für Paulus Grund, Gott zu loben. Und so beendet Paulus diesen Abschnitt seines Römerbriefes mit einem Lobpreis Gottes und seiner wunderbaren Wege. Diesen Lobpreis kleidet Paulus in folgende Worte: „Denn von ihm und durch ihn und zu ihm sind alle Dinge. Ihm sei Ehre in Ewigkeit! Amen“ (Römer 11, 36).

Im Zweiten Timotheusbrief wird angesichts einer bedrückenden Lage die Bewahrung durch Gott zur Sprache gebracht. Im vierten Kapitel dieses Briefes heißt es: „Der Herr aber stand mir bei und stärkte mich, damit durch mich die Botschaft ausgebreitet würde und alle Heiden sie hörten, so wurde ich erlöst aus dem Rachen des Löwen“ (Vers 17). Diese Erfahrung in der Vergangenheit schenkt die im wahrsten Sinne des Wortes notwendige Zuversicht für die Zukunft und so lautet der nächste Satz: „Der Herr aber wird mich erlösen von allem Übel und mich retten in sein himmlisches Reich“ (Vers 18a). Dies beides – die Erfahrung der Bewahrung durch Gott in der Vergangenheit und das Vertrauen auf seine weitere Bewahrung in der Zukunft – sind Grundlage für das dann folgende Lob Gottes: „Ihm sei Ehre von Ewigkeit zu Ewigkeit! Amen“ (Vers 18b).

In der uns so vertrauten Weihnachtsgeschichte im zweiten Kapitel des Lukasevangeliums ist es die „Menge der himmlischen Heerscharen“, die nach der Verkündigung der Geburt Jesu durch den Engel Gott mit den Worten lobten: „Ehre sei Gott in der Höhe und Friede auf Erden bei den Menschen seines Wohlgefallens“ (Vers 14).

Diese drei Beispiele zeigen, dass das Lob Gottes da zu Gehör gebracht wird, wo voller Dankbarkeit gesehen wird, dass Gott in das Leben der Menschen eingreift, um sie zu bewahren und ihnen an seinem Heil Anteil zu geben, und wo das Vertrauen auf Gottes Begleitung und Bewahrung in Gegenwart und Zukunft trägt, mit anderen Worten: Im Lob Gottes findet der lebendige Glaube seinen Ausdruck. Und so ist es nur natürlich, dass das Gotteslob auch am Ende von Gebeten seinen Ort hat, denn die Betenden wenden sich an Gott in dem Vertrauen darauf, dass er die Macht und die Kraft hat, die Gebete zu erhören und das zu gewähren, worum gebetet wird. Darauf weist das erste Wort der abschließenden Doxologie hin: Denn, griechisch: *hoti*. Indem das Gotteslob, mit dem das Vaterunser beendet wird, mit dem Wort „Denn“ beginnt, werden die davor ausgesprochenen Bitten gleichsam begründet. Die sieben Bitten werden an Gott gerichtet, weil die Betenden das Vertrauen haben, dass ihm das Reich und die Kraft und die Herrlichkeit zu eigen sind und er diese Bitten somit erfüllen kann. Mit den drei Begriffen „Reich“, „Kraft“ und „Herrlichkeit“ wird auf die ersten der Bitten des Vaterunsers Bezug genommen, die sich auf Gott, seinen heiligen Namen, sein Reich und seinen Willen beziehen und in denen dementsprechend das „Du“ der Anrede Gottes begegnet:

- Die Beterinnen und Beter können Gott darum bitten, dass sein Reich komme, weil ihm das Reich zu Eigen ist.
- Sie können Gott darum bitten, dass sein Wille wie im Himmel, so auf Erden geschehen möge, weil ihm die Kraft zu Eigen ist.
- Sie können Gott darum bitten, dass sein Name geheiligt werde, weil ihm die Herrlichkeit zu eigen ist.

Wenn die Betenden darauf vertrauen können, dass Gott diese Bitten erhören kann und wird, dann können sie das entsprechende Vertrauen auch hinsichtlich der vier anderen Bitten haben, in denen sie Gott um das bitten, was sie in ihrem Leben brauchen und die von dem „Wir“ der Betenden bestimmt werden.

Das, was in diese Doxologie am Ende des Vaterunsers über Gott gesagt wird, ist keinerlei zeitlichen Befristungen unterworfen. Das wird durch die Worte „in Ewigkeit“ zum Ausdruck gebracht. Die Ewigkeit Gottes ist nicht der Zeit unterworfen und unterscheidet sich somit grundlegend von den zeitlichen

Begrenzungen, unter denen wir unser Leben zu gestalten haben. Und so wird in dem das Vaterunser abschließenden Lob Gottes Gott als der bekannt, der er ist und der somit alle unsere menschlichen Bitten erhören kann.
Dieses Lob Gottes und damit das gesamte Vaterunser werden durch das „Amen“ beendet. Indem die Gemeinde ihr „Amen“ am Ende des Gebetes spricht, macht sie sich dessen Inhalt gleichsam zu eigen. Das wird deutlich anhand der rhetorischen Frage des Apostels Paulus in seinem ersten Brief an die Gemeinde in Korinth: „Wenn du Gott lobst im Geist, wie soll der, der als Unkundiger dabeisteht, das Amen sagen auf dein Dankgebet, da er doch nicht weiß, was du sagst?“ (1. Korinther 14, 16).

Was dieses so kurze und doch so gewichtige Wort „Amen“ bedeutet, hat Martin Luther in seinem Kleinen Katechismus auf eine schöne und eindrucksvolle Weise zum Ausdruck gebracht. Er schreibt dort:

> „Was heißt Amen?
> Dass ich soll gewiss sein,
> solche Bitten sind dem Vater im Himmel angenehm und erhöret.
> Denn er selbst hat uns geboten, also zu beten, und verheißen, dass er uns will erhören.
> Amen, Amen, das heißt: Ja, ja, es soll also geschehen.“

Stimmen wir in dieses „Amen“ ein, so sind wir im Glauben mit unzähligen anderen Christinnen und Christen in Vergangenheit und Gegenwart verbunden. Dann ist gleichsam mit Händen zu greifen, was es bedeutet, Glieder am Leib Christi zu sein. Wir dürfen auf Gottes Verheißung vertrauen, dass er unser Gebet erhört.

IV.

Stationen des Kirchenjahres

Die Freude des Advents

Philipper 4, 4-7

Wir befinden uns in der Adventszeit. Weihnachten ist noch nicht da. Dieses „noch nicht“ wird in unserem heutigen Gottesdienst – wie auch in den drei vergangenen Adventssonntagen – an der liturgischen Farbe violett deutlich sowie daran, dass wir in diesen Gottesdiensten das Gloria (EG 179,1) nicht singen. Somit zeigt sich die enge Verwandtschaft zwischen der Adventszeit und der Passionszeit, in der wir ebenfalls das Gloria nicht singen und die gleichermaßen von der liturgischen Farbe violett geprägt ist. Die Adventszeit ist wie die Passionszeit eine Zeit der Vorbereitung und der Umkehr.
Aber dieser heutige Adventssonntag scheint diese Zeit gleichsam schon hinter sich zu lassen, ist er doch bereits von der Weihnachtsfreude geprägt, der Freude darüber, dass das, worauf wir warten und hoffen, schon jetzt da ist.
Dieses „schon jetzt“ kam in den beiden biblischen Lesungen, die wir eben gehört haben, überdeutlich zur Sprache: Die alttestamentliche Lesung des heutigen Adventssonntags beginnt mit dem Lobpreis: „Wie lieblich sind auf den Bergen die Füße der Freudenboten, die da Frieden verkündigen, Gutes predigen, Heil verkündigen, die da sagen zu Zion: Dein Gott ist König!“ Die Lesung mündet in die Aufforderung ein: „Seid fröhlich und rühmt miteinander, ihr Trümmer Jerusalems“. Diese Aufforderung wird mit dem Hinweis begründet: „denn der Herr hat sein Volk getröstet und Jerusalem erlöst. Der Herr hat offenbart seinen heiligen Arm vor den Augen aller Völker, dass aller Welt Enden sehen das Heil unsres Gottes.“ Das verheißene Heil wird hier als gegenwärtig dargestellt. Es ist da, „schon jetzt“. Der Lobgesang der Maria, den wir in der heutigen Evangelienlesung gehört haben, ist ebenfalls von diesem „schon jetzt“ bestimmt. Hier bricht sich die Freude darüber Bahn, dass der Herr „die Niedrigkeit seiner Magd angesehen“ hat und „große Dinge“ an ihr getan hat. Die Epistel für den heutigen Vierten Advent ist ebenfalls nicht von dem „noch nicht“, sondern vom der Freude über das „schon jetzt“ bestimmt. Diese Epistel steht im Brief des Apostels Paulus an die Philipper im vierten Kapitel. Sie hat folgenden Wortlaut:

„Freuet euch in dem Herrn allewege, und abermals sage ich: Freuet euch! Eure Güte lasst kund sein allen Menschen! Der Herr ist nahe! Sorgt euch um nichts, sondern in allen Dingen lasst eure Bitten in Gebet und Flehen mit Danksagung vor Gott kundwerden! Und der Friede Gottes, der höher ist als alle Vernunft, bewahre eure Herzen und Sinne in Christus Jesus."

Philipper 4, 4-7

Die Freude, die sich in diesen vier Versen artikuliert, ist Freude, die diese Bezeichnung wirklich verdient, und nicht lediglich Vorfreude. Der Unterschied zu vielen anderen uns vertrauten Adventstexten liegt auf der Hand: Ist in anderen Texten oft davon die Rede, dass das Kommen des Herrn nahe ist, so heißt es hier: „Der Herr ist nahe!"

Um Freude geht es in diesem Text und damit um etwas, was für den christlichen Glauben konstitutiv ist. Denn unser christlicher Glaube gründet in der österlichen Freude darüber, dass in Jesus Christus das Wort Gottes in die Welt gekommen ist und durch seine Auferstehung der Tod überwunden ist. Diese Freude kommt nicht zuletzt auch im Osterlachen zum Ausdruck, in dem der Tod gleichsam ausgelacht wird. Freude ist somit ein Zentralbegriff unseres christlichen Glaubens.

Dies verbindet uns mit unseren jüdischen Geschwistern. Auch in ihrer praxis pietatis findet die Freude darüber, dass das Wort Gottes in die Welt gekommen ist, ihren Ausdruck. Sie feiern die Gabe des Wortes Gottes, der Tora, im fröhlichsten aller jüdischen Feste: im Fest Simchat Tora, dem Fest der Freude über die Tora, das in diesem Jahr am 11. Oktober gefeiert wurde. An diesem Tag wurde – wie bei jedem Simchat Tora – mit den Torarollen im Arm getanzt und gesungen und es wurde der Zyklus der jährlichen Toralesung mit Kapitel 34 des Buches Deuteronomium beendet und sogleich mit dem ersten Kapitel der Bibel wieder eröffnet.

Von der Freude und Lust an der Tora ist auch in den Psalmen die Rede: Der erste Psalm beginnt mit den Worten: „Wohl dem, der nicht wandelt im Rat der Gottlosen noch tritt auf den Weg der Sünder noch sitzt, wo die Spötter sitzen, sondern hat Lust am Gesetz des HERRN und sinnt über seinem Gesetz Tag und Nacht!" (Verse 1f.) und im Psalm 19 heißt es: „Die Befehle des HERRN sind richtig und erfreuen das Herz. Die Gebote des HERRN sind lauter und erleuchten die Augen." (Vers 9). Dem entspricht es, dass viele rabbinische Texte, insbesondere die Midraschim, betonen, dass ein Leben gemäß den Weisungen Gottes Freude verheißt. In Kommentaren zu Bibelstellen, in denen berichtet wird, dass Mose, Aaron und andere taten, was Gott ihnen aufgetragen hatten, heißt es häufig: Sie taten es „mit Freude“ (so z.B. im Midrasch Sifra XIX, 20 zu Numeri 20,27). Und in vielen Texten lesen wir: „Die Tora lehrt uns das rechte Verhalten: Wenn jemand ein Gebot erfüllt, möge er das mit fröhlichem Herzen tun“ (Leviticus Rabba XXXIV, 8 zu Lev 25, 25).

In der Freude über Gottes Wort sind wir Christen mit den Juden also zutiefst verbunden. Freude ist gleichermaßen ein Zentralbegriff unseres christlichen wie auch des jüdischen Glaubens.

Aber dass Freude ein Zentralbegriff unseres christlichen Glaubens ist, erschließt sich nicht auf den ersten Blick. Wenn wir z.B. den Begriff ‚Freude’ googlen, dann werden 16.200.000 Treffer gemeldet. Schränken wir die Internetsuche ein, indem wir den Begriff ‚Freude’ mit dem Begriff ‚Christentum’ verbinden, dann ist die Anzahl der aufgeführten Treffer ungleich geringer. Das Ergebnis einer solchen Internetrecherche mögen wir vielleicht ziemlich ungerührt zur Kenntnis nehmen; schließlich ist das Internet ein ziemlich anonymes Forum. Wenn wir uns dagegen das berühmte Dictum von Friedrich Nietzsche „Die Christen müssten erlöster aussehen, damit ich an ihren Erlöser glauben könnte“ ins Gedächtnis zurückrufen, dann mag es um unsere Reaktion bereits anders bestellt sein. Wird hier doch eine Kritik artikuliert, der wir uns nicht so ohne weiteres entziehen können und sollten. Hier werden wir damit konfrontiert, dass uns in unserem Leben, in unserem Alltag die Freude oft nicht abzuspüren ist, die uns in unserem christlichen Glauben geschenkt ist. Dazu passt ein weiterer Befund, der uns ebenfalls nachdenklich stimmen sollte: Im systematisch-theologischen Diskurs über den christlichen Glauben spielt die Freude fast keine Rolle. Wie gut, dass uns zumindest über den inhaltlich verwandten Begriff ‚Glück’ in Form der Habilitationsschrift des Hamburger Propsten und Hauptpastoren Johann Hinrich Claussen eine monographische Abhandlung (Johann Hinrich Claussen, Glück und Gegenglück. Philosophische und theologische Variationen zu einem alltäglichen Begriff, Tübingen: Mohr Siebeck 2005, 430 S.) vorliegt. Aber auch dies kann nicht darüber hinwegtäuschen, dass Freude im Allgemeinen weder die Lebenspraxis der christlichen Gemeinde noch deren theologische Reflexion nachhaltig bestimmt.

Da ist es gut, sich durch diesen Abschnitt aus dem vierten Kapitel des Philipperbriefes daran erinnern zu lassen, dass die Freude „so etwas wie eine Summe des Christseins“ ist, wie der Neutestamentler Klaus Berger es einmal treffend formuliert hat (Klaus Berger, Artikel Chairo, in: Exegetisches Wörterbuch zum Neuen Testament, hg. von Horst Balz und Gerhard Schneider, Stuttgart u.a., 2., verb. Auflage 1992, Bd. III, S. 1079-1083).

Der Apostel fordert die Gemeinde in Philippi zur Freude auf, ja zur unbändigen Freude: „Freuet euch in dem Herrn allewege, und abermals sage ich: Freuet euch!“ (Vers 4). Die Gemeinde soll sich freuen. Zugleich ist sie für Paulus Anlass zur Freude. Sie ist die erste christliche Gemeinde in Europa und steht zu Paulus in einer besonderen Beziehung. Diese eigentümliche Dialektik, in der hier die Freude als eines der Leitworte unseres Textes erscheint, wird sich wohl auf die kurze Formel bringen lassen: Meine Freude soll auch eure Freude sein. Die Gemeinde soll sich mitfreuen mit Paulus, der sich über die Treue und den geistlichen Fortschritt der Gemeinde freut. Im nächsten Vers benennt Paulus den Grund seiner Freude direkt: „Eure Güte lasst kund sein allen Menschen!“ (Vers 5a). Die Güte der Gemeinde ist es, die in Paulus eine solche Freude auslöst, und so fordert er die Gemeindeglieder auf, sie allen Menschen kund sein zu lassen. Das war leichter gesagt als getan – und Paulus wusste das. Er wusste, in welcher Situation diese Gemeinde sich befand. War doch Philippi im Jahr 31. v.Chr. vom römischen Kaiser Augustus als Kolonie für Veteranen des römischen Heeres gegründet und somit gleichsam ein Symbol für den Herrschaftsanspruch Roms und des Kaisers. In dieser Stadt hatte der Kaiserkult dementsprechend eine große Bedeutung. An dem konnten die Christen nicht teilnehmen. Das hätten die meisten von ihnen als Verrat an ihrem christlichen Glauben empfunden, denn der Glaube an den gekreuzigten und auferstandenen Herrn der Kirche war für sie mit diesem Kult nicht in Einklang zu bringen. Die Gemeinde hatte einen schweren Stand, denn die Gemeindeglieder lebten in einer feindlichen Umgebung. Dort hatte sich ihr Glaube zu bewähren. In einer solchen Umgebung allen Menschen – auch denen, von denen Gefahr für das eigene Leben und das der eigenen Familie ausging – Güte kund sein zu lassen, erforderte Mut.

Paulus wusste dies. Umso mehr war es für ihn Grund zur Freude, dass diese Gemeinde zu ihrem Glauben stand. Darin wollte Paulus sie bestärken und so sprach er ihr Mut zu, indem er sagte: „Der Herr ist nahe!“ (Vers 5b). Den Mut, den die Gemeinde brauchte, gründete in dem Vertrauen auf die baldige Wiederkunft Christi. Diese Parusieerwartung war es, die das Handeln der Gemeinde motivierte. Und so ist die folgende Aufforderung vor dem Hintergrund dieses Zuspruches – und nur vor diesem Hintergrund – zu hören und zu verstehen: „Sorgt euch um nichts, sondern in allen Dingen lasst eure Bitten in Gebet und

Flehen mit Danksagung vor Gott kundwerden!“ (Vers 6). Ohne den Hintergrund der Erwartung der baldigen Wiederkunft Christi wäre die Aufforderung an die bedrängten Gemeindeglieder in Philippi, sich um nichts zu sorgen, nichts als blanker Zynismus. Mit diesem Hintergrund wird dagegen der Blick für den zweiten Teil dieser Aufforderung frei: „in allen Dingen lasst eure Bitten in Gebet und Flehen mit Danksagung vor Gott kundwerden!“ Im Vertrauen darauf, dass der Herr nahe ist, kann alles – wie bedrohlich es auch sein mag – „in Gebet und Flehen mit Danksagung vor Gott kund [getan] werden“.

Dann folgt der Satz, den wir als Kanzelsegen kennen: „Und der Friede Gottes, der höher ist als alle Vernunft, bewahre eure Herzen und Sinne in Christus Jesus“ (Vers 7). In vielen Kirchengemeinden werden mit diesem Kanzelsegen die Abkündigungen beendet, in anderen Gemeinden steht er am Ende der Predigt. Es sind schöne, uns vertraute Worte. Aber – so vertraut uns diese schönen Worte auch sein mögen – sie sind keine ganz korrekte Übersetzung des griechischen Satzes, der an dieser Stelle im Neuen Testament steht. Es geht hier nicht um den Wunsch, dass der Friede Gottes, der höher ist als alle Vernunft, die Herzen und Sinne in Christus Jesus bewahren möge, sondern um eine Zusage. Die philologisch angemessene Übersetzung dieses Satzes lautet: „Dann wird der Friede Gottes, der höher ist als alle Vernunft, eure Herzen und Sinne in Christus Jesus bewahren.“ Hören wir diese Zusage im Zusammenhang mit der unmittelbar davor stehenden Aufforderung, „in allen Dingen“ die „Bitten in Gebet und Flehen mit Danksagung vor Gott“ zu bringen, dann wird deutlich, wie realistisch der Apostel Paulus die Situation der Gemeinde in Philippi sah. Ihm war klar, einen wie schweren Stand diese Gemeinde hatte. Jede Vertröstung hätten die dortigen Christen nur als billige Vertröstung empfinden können. Das Einzige, was ihnen in dieser Situation wirklich Mut machen und sogar Grund zur Freude sein konnte, war die Zusage: „Der Herr ist nahe!“ Und so machte Paulus als guter Seelsorger den Gemeindegliedern in Philippi eben diese Zusage.

Wir sind in einer anderen Situation als die Gemeinde in Philippi. Niemand nötigt uns zu einem Kaiserkult. Wir sind nicht an Leib und Leben bedroht, wenn wir unser Leben als Christinnen und Christen gestalten und uns zu unserem Glauben bekennen. Aber auch wir kennen – wie die Gemeindeglieder in Philippi – in unserem Leben Nöte, Sorgen und Ängste, auch wenn die andere Gründe haben. Und auch angesichts unserer Nöte kann uns das Vertrauen darauf, dass Gott in diese unsere Welt kommt, Mut machen. Und es kann uns wieder vor Augen führen, dass wir als christliche Gemeinde Grund zur Freude haben, ja mehr noch, dass Freude zu unserem Glauben dazugehört. Freude ist somit in der Tat ein Zentralbegriff unseres christlichen Glaubens. Diese Freude können wir uns nicht selbst schenken. Diese Freude wird uns geschenkt durch die adventliche Zusage: „Der Herr ist nahe!"

Weihnachten: die Menschwerdung des Wortes Gottes

Johannes 1, 1-14

Nun ist endlich Weihnachten, nun ist endlich die Ruhe eingekehrt, an die wohl viele von uns in den letzten Wochen mehr gedacht haben, als dass sie sie wirklich hätten erleben können. Viel drängte sich in dieser Adventszeit.

Doch nun ist es endlich da, das Weihnachtsfest, der Erste Weihnachtsfeiertag. Es kann nichts mehr vorbereitet werden und das ist auch ganz gut so, denn so muss auch nichts mehr vorbereitet werden.

Der gestrige Tag war dagegen noch ganz anders geprägt; da stand in vielen Häusern und Wohnungen die Aufregung der Kinder im Mittelpunkt, die es gar nicht abwarten konnten, ihre lang ersehnten Geschenke endlich unter dem Weihnachtsbaum zu finden und auszupacken.

So war es auch bei uns und die Weihnachtsfreude unserer Kinder hat in mir Erinnerungen an die Weihnachtsfeste in meinem Elternhaus ausgelöst, als ich es nach dem Gottesdienst gar nicht abwarten konnte, bis ich endlich in das Wohnzimmer kommen durfte, das von den brennenden Kerzen am Weihnachtsbaum auf eine eigene, eben unverwechselbar weihnachtliche Weise erleuchtet war. Bevor dann die Geschenke ausgepackt wurden und wir gemeinsam gegessen haben, wurden noch Weihnachtslieder gesungen und mein Vater las einen Bibeltext vor. Es war immer derselbe Text, der Prolog des Johannesevangeliums. Dass es dieser und kein anderer Text war, verstand sich von selbst, denn im Johannesprolog geht es um Weihnachten. Dieser Prolog hat folgenden Wortlaut:

„Im Anfang war das Wort, und das Wort war bei Gott, und Gott war das Wort. Dasselbe war im Anfang bei Gott. Alle Dinge sind durch dasselbe gemacht, und ohne dasselbe ist nichts gemacht, was gemacht ist. In ihm war das Leben, und das Leben war das Licht der Menschen. Und das Licht scheint in der Finsternis, und die Finsternis hat's nicht ergriffen. Es war ein Mensch, von Gott gesandt, der hieß Johannes. Der kam zum Zeugnis, um von dem Licht zu zeugen, damit sie alle durch ihn glaubten. Er war nicht das Licht, sondern er sollte zeugen von dem Licht. Das war das wahre Licht, das alle Menschen erleuchtet, die in diese Welt kommen. Er war in der Welt, und die Welt ist durch ihn gemacht; aber die Welt erkannte ihn nicht. Er kam in sein Eigentum; und die Seinen nahmen ihn nicht auf. Wie viele ihn aber aufnahmen, denen gab er Macht, Gottes Kinder zu werden, denen, die an seinen Namen glauben, die nicht aus dem Blut noch aus dem Willen des Fleisches noch aus dem Willen eines Mannes, sondern von Gott geboren sind. Und das Wort ward Fleisch und wohnte unter uns, und wir sahen seine Herrlichkeit, eine Herrlichkeit als des eingeborenen Sohnes vom Vater, voller Gnade und Wahrheit."

Johannes 1, 1-14

Als ich diesen Text als kleiner Junge hörte, habe ich ihn nicht verstanden. Das war auch gar nicht nötig. Seine Worte waren mir vertraut und ich hätte mir einen Heiligabend ohne das Verlesen dieses Johannesprologs wohl kaum vorstellen können. Ohne dass mir dies damals bewusst war, habe ich somit etwas Entscheidendes gelernt: dass ich etwas nicht verstehen, also mit dem Verstand erfassen muss, um mich von ihm ansprechen und berühren zu lassen.

Das möchte ich mir bewahren, denn es ist mir wichtig geworden und geblieben. Zugleich bin ich heute nicht mehr der kleine Junge von damals. In den Jahren, die seitdem vergangen sind, habe ich mich verändert und habe Theologie studiert. So spricht mich dieser Text nun auch auf eine andere Art und Weise an und es reizt mich, ihn zu verstehen. Nutzen wir diesen Ersten Weihnachtstag, um uns auf das zu besinnen, was Weihnachten eigentlich bedeutet. Dazu kann uns der Johannesprolog hilfreiche Impulse vermitteln.

Am Weihnachtsfest feiern wir, dass in Jesus von Nazareth Gott selbst zu uns in unsere Welt kommt. Aber in welcher Gestalt kommt Er zu uns?

Im Text ist vom *logos* die Rede, vom Wort Gottes.

Gemäß dem Johannesprolog ist Jesus Christus selbst der *logos*, der im Anfang bei Gott war und Mensch wurde und unter uns wohnte. In Bezug auf das Wort Gottes und seine Offenbarung in unserer Welt ist somit festzuhalten, dass es nicht um seine Inlibration, seine Buchwerdung geht, sondern um seine Inkarnation, seine Fleischwerdung.

In vielen Gebeten wenden wir uns an Jesus Christus. Viele christliche Gebete richten sich direkt an Jesus Christus und damit an das Wort Gottes. In der Gestaltung unseres Glaubens wird Jesus Christus und somit dem Wort Gottes Anbetung und Verehrung zuteil.

Da könnte natürlich der Eindruck entstehen, wir Christinnen und Christen beten das Wort Gottes anstelle Gottes an. Dieser Eindruck wäre jedoch unzutreffend. Denn in Jesus Christus wird Gott selbst angebetet, da der *logos* als das Wort Gottes im Johannesprolog mit Gott identifiziert wird. Ich lese noch einmal den ersten Vers des Johannesprologs: „Im Anfang war das Wort, und das

Wort war bei Gott, und Gott war das Wort.“ Der *logos* wird einerseits als etwas dargestellt, das von Gott unterschieden ist und sich deshalb „bei Gott“ befinden kann, und wird andererseits mit Gott identifiziert: „und das Wort war Gott.“ Diese Aussage mutet uns einiges zu und führt uns an die Grenze dessen, was wir verstehen können. Dies ist im Laufe der christlichen Theologiegeschichte erkannt und auch klar benannt worden. So finden sich bei Anselm, bei Augustin und bei Luther Aussagen, dass dies mit menschlicher Vernunft nicht zur Gänze erklärt werden kann und die Paradoxie somit auszuhalten ist. Ich denke, dass diese paradoxe Aussage im ersten Vers des Prologs, dass das Wort einerseits bei Gott war und andererseits mit Gott identifiziert wird, vom Verfasser des Johannesevangeliums bewusst so formuliert worden ist, um die Kernaussage seiner Christologie auf diese Weise programmatisch an den Anfang seines Evangeliums zu stellen.

Diese Kernaussage besteht darin, dass im Wort Gottes die göttliche Offenbarung Gestalt annimmt. In unserem christlichen Glauben ist das Wort Gottes eine Erscheinungsform Gottes. In der Anbetung des Wortes Gottes wird also Gott selbst angebetet, da Gott sich in seinem Wort offenbart. Auf diese Offenbarung Gottes in seinem Wort läuft der Johannesprolog hinaus. Nehmen wir den gesamten Prolog in den Blick, so wird deutlich, dass jeder Satz dieses Textes auf die Fleischwerdung, die Menschwerdung des *logos* hinführt, des Wortes Gottes, das einerseits bei Gott war und anderseits mit Gott identifiziert wird. Mit anderen Worten: Jeder Satz unseres Textes führt auf Weihnachten hin. Die Aussagen über das ewige Sein und Wesen des *logos* bereiten gleichsam nur den Boden für diese Aussage. Das Wort Gottes hat seinen ewigen Ursprung in Gott selbst. Sein Wesen ist von Ewigkeit her bei Gott, ja mehr noch, es wird als das Wesen Gottes selbst dargestellt.

Wenn Jesus Christus gemäß den Aussagen des Johannesprologs als Wort Gottes ist, stellt sich die Frage, ob die Bibel als Wort Gottes bezeichnet werden kann. Denn – so der Johannesprolog – das Wort Gottes wurde Mensch, nicht Buch. In unserer kirchlichen Umgangssprache haben wir uns jedoch daran gewöhnt, die Bibel als Wort Gottes zu bezeichnen. Ist dies überhaupt angemessen, wenn das Wort Gottes Christus selbst ist und nicht die Bibel?

Diese Frage ist mit „Ja“ zu beantworten. Denn im Rahmen unseres christlichen Redens über Gott und Sein Wort ist der Begriff „Wort Gottes“ nicht auf Gottes Offenbarung in Jesus Christus beschränkt. Neben dem offenbarten Wort Gottes, Jesus Christus, sind das geschriebene Wort Gottes, die Bibel, und das verkündigte Wort Gottes, die Predigt, zu nennen. Damit hat das Wort Gottes in der christlichen Theologie drei Gestalten. Im Gegensatz zum offenbarten Wort Gottes sind Bibel und Predigt nicht per se Wort Gottes, sondern können dies – vermittelt durch den glaubensweckenden und – stärkenden Heiligen Geist – für uns werden. Wichtig ist in diesem Zusammenhang, dass den drei Gestalten des Wortes Gottes in der christlichen Theologie die Trinität Gottes entspricht.

„Im Anfang war das Wort“ – mit diesen Worten beginnt der Johannesprolog und nimmt damit Bezug auf den Beginn des ersten Buches der Bibel, der lautet: „Im Anfang schuf Gott Himmel und Erde.“ Der entscheidende Unterschied zwischen diesen beiden Anfängen, dem Anfang des Johannesprologs und dem des Ersten Buches Mose liegt darin, dass der Johannesprolog vor den Anfang der Schöpfung zurückgeht. Das Wort Gottes dient seiner Offenbarung an uns. Bevor Gott die Welt und damit auch uns Menschen erschaffen hat, gab es bereits sein Wort, in dem er sich uns offenbart und in dem er damit die Begegnung mit uns sucht. Mit anderen Worten: Bevor überhaupt die Welt erschaffen wurde, war der Weg zu Weihnachten geebnet – zu Weihnachten, in dem das Wort Gottes in Jesus Christus in unsere Welt kam, als neugeborenes Kind in einer Krippe liegend. In diesem Kind, dem Mensch gewordenen Wort Gottes ist uns der Zugang zum Heil eröffnet.

Ist das zu verstehen, wirklich zu verstehen? Letztlich wohl nicht und so stehe ich vor den Aussagen des Johannesprologs noch genauso, wie ich dies als kleiner Junge getan habe. Und das ist gut so. Ich muss die Aussagen des Johannesprologs nicht verstehen, nicht mit meinem Verstand erfassen, um mich von ihnen ansprechen und berühren zu lassen, um zu spüren, wie wichtig sie für unser Leben als christliche Gemeinde sind.

Altjahrsabend

Psalm 121, Offenbarung 21,1.3-5a

Ein neues Jahr wird in Kürze beginnen; der Jahreswechsel steht unmittelbar bevor. Mit dem ersten Tag des neuen Jahres beginnt dieses Jahr. Der Tagesbeginn wird in unserer Kultur mit 00.00 Uhr, mit Mitternacht, identifiziert. Im Judentum ist dies anders. Da beginnt der Tag mit dem Vorabend, dann, wenn die ersten drei Sterne am Himmel zu sehen sind. Der Grund für diese Zeitrechnung findet sich im ersten Buch der Bibel, im ersten Schöpfungsbericht. Dort heißt es: „Und es wurde Abend; und es wurde Morgen: ein Tag“ (Genesis 1,5b). Der Abend wird hier zuerst genannt, vor dem Morgen. Deshalb beginnt gemäß der jüdischen Tradition, in der der biblische Text in seinem Wortlaut im Allgemeinen sehr ernst genommen wird, der Tag mit dem Abend und nicht mit dem Morgen oder gar mit der Mitte der Nacht.

Für uns als Christinnen und Christen ist die Bibel nicht minder wichtig als für Jüdinnen und Juden. Und so hat die Sicht, nach der der Tag am Vorabend beginnt, auch für uns ein hohes Maß von Relevanz. Auf den morgigen ersten Januar, den ersten Tag des neuen Kalenderjahres bezogen bedeutet dies, dass auch er in biblischer Perspektive bereits heute Abend mit Einbruch der Dunkelheit beginnt.

Zugegeben, diese Frage ist für uns nicht gerade von überragender Wichtigkeit. Aber ich bringe sie an dieser Stelle dennoch zur Sprache, weil sie deutlich macht, dass wir gleichsam Bürgerinnen und Bürger zweier Welten sind: Zum einen sind wir in dieser Welt beheimatet, zum anderen ist uns bewusst, dass diese Welt für uns nicht unsere letzte Heimat sein wird. Erinnern wir uns an die bekannte Aussage des Hebräerbriefes, dass wir hier keine bleibende Stadt haben, sondern die zukünftige suchen (Hebräerbrief 13,14). Bildlich gesprochen: Unsere Uhren gehen anders, und – sowohl bildlich wie auch konkret gesprochen – unser Kalender auch. Unser Neujahrsfest liegt nun bereits einige Wochen zurück. Wir haben es am Ersten Advent gefeiert. Da begann das neue Kirchenjahr.

Würden wir daraus jedoch nun die Konsequenz ziehen, dass der jetzt unmittelbar bevorstehende Jahreswechsel für uns keine Bedeutung hat, so würde dies zu kurz greifen. Denn wir sind auch ein Teil der heutigen Gesellschaft, wir leben auch in dieser Welt. Und zum Leben in dieser Welt gehört dieser Jahreswechsel nun einmal fest dazu. Daraus folgt jedoch nicht zwingend, dass wir dies in Form eines Gottesdienstes begangen haben. Warum haben wir uns also heute hier in der Kirche versammelt? Die Antwort haben wir heute Abend bereits gegeben, genauer gesagt: Wir haben sie gesungen, als wir zu Beginn unseres Gottesdienstes das Lied „Nun lasst uns gehen und treten“ gesungen haben. Ich lese die erste Strophe dieses Liedes noch einmal. Sie lautet: „Nun lasst uns gehen und treten mit Singen und mit Beten zum Herrn, der unserm Leben bis hierher Kraft gegeben.“

Wir tun heute etwas, das nicht an ein bestimmtes Datum gebunden ist: Wir danken Gott für alle seine Bewahrung, die wir in unserem bisherigen Leben haben erfahren dürfen und die dazu geführt hat, dass wir uns heute hier als Gemeinde zum Gottesdienst versammeln konnten. Wir ziehen eine Zwischenbilanz unseres Lebens. Das ist jederzeit möglich und sinnvoll, aber es ist gut, dass es dafür einen äußeren Anlass gibt, denn auf diese Weise bietet es sich an, dies in der Gemeinde, ja mehr noch, als Gemeinde zu tun. Und so ist für uns der heutige Altjahrsabend ein solch willkommener Anlass, auch wenn diesem Datum selbst im Rahmen des christlichen Kalenders keine allzu große Bedeutung zukommt.

Wir blicken zurück auf die hinter uns liegende Zeit, wir danken Gott für seine Bewahrung in der zurückliegenden Zeit. Dieser dankbare Rückblick kann uns Gelassenheit geben, wenn wir nun nach vorne blicken.

Zugleich ist jetzt auch die Zeit, all das, was in diesem Jahr nicht gelungen ist, was zwischen uns und anderen Menschen steht, vor Gott zu bringen. Es ist gut, es vor Gott zu bringen und es nicht zu verdrängen. Denn Verdrängtes drängt seinerseits immer wieder an die Oberfläche und belastet uns somit immer weiter. Der Blick auf das, was uns in diesem Jahr belastet hat und nach wie vor belastet, ist nicht leicht. Aber wir sind nicht alleine, wenn wir nun zurückblicken. Wir sind als Gemeinde zusammen und wir dürfen darauf vertrauen, dass der auferstandene Herr der Kirche bei uns ist, denn er hat uns verheißen, dass da, wo zwei oder drei in seinem Namen zusammen sind, er mitten unter ihnen sein wird. Wie gut, bei diesem Rückblick auf das unwiederbringlich Vergangene nicht allein zu sein! Wären wir allein, ständen wir in der Gefahr, uns von dem Blick auf das, was nicht gelungen ist, auf das, was in diesem nun zurückliegenden Jahr zwischen uns und anderen Menschen und auch zwischen uns und Gott stand, nicht lösen zu können. Dann ständen wir in der Gefahr, bei diesem Blick zurück innerlich zu erstarren, so wie die Frau von Lot zur Salzsäule erstarrte, als sie zurückblickte (Genesis 19, 26). Bringen wir all das, was uns so belastet, dass wir erstarren könnten, vor Gott und vertrauen es ihm an. Das Lied „Der Du die Zeit in Händen hast" (EG 64), das wir gleich singen werden, beginnt mit den Worten: „Der Du die Zeit in Händen hast, Herr, nimm auch dieses Jahres Last und wandle sie in Segen."

Blicken wir nun zurück, im Vertrauen auf die schützende und bergende Gegenwart Gottes, dürfen wir auch darauf vertrauen, dass wir an Gottes Hand getrost auch in das neue Jahr gehen können. Und so ist heute nicht nur die Zeit für den Blick zurück in das alte Jahr gegeben, sondern auch die Zeit für den Blick nach vorne in das neue Jahr. Wir sind auch hier zum Gottesdienst versammelt, um Gott um sein Geleit in dem vor uns liegenden Jahr zu bitten. Diese Bitte äußern wir in dem Vertrauen auf Gottes Hilfe. Dieses Vertrauen findet in den Worten des 121. Psalms seinen Ausdruck, mit denen wir eben gemeinsam gebetet haben. Ich lese diesen Psalm noch einmal:

Ich hebe meine Augen auf zu den Bergen. Woher kommt mir Hilfe? Meine Hilfe kommt von dem HERRN, der Himmel und Erde gemacht hat.
Er wird deinen Fuß nicht gleiten lassen, und der dich behütet, schläft nicht. Siehe, der Hüter Israels schläft noch schlummert nicht.
Der HERR behütet dich, der HERR ist dein Schatten über deiner rechten Hand, dass dich des Tages die Sonne nicht steche noch der Mond des Nachts.
Der HERR behüte dich vor allem Übel. Er behüte deine Seele!
Der HERR behüte deinen Ausgang und Eingang von nun an bis in Ewigkeit!

Psalm 121

„Ich hebe meine Augen auf zu den Bergen" – mit diesen Worten beginnt der Psalm. Es ist nicht der deprimierte und deprimierende Blick nach unten, um den es an dieser Stelle geht, sondern der Blick zu den Bergen, der Blick nach oben. Dieser Blick ist auf die Hilfe ausgerichtet, auf die wir angewiesen sind, und so folgt auf den ersten Satz die Frage „Woher kommt mir Hilfe?" Diese Frage wird umgehend beantwortet: „Meine Hilfe kommt von dem HERRN, der Himmel und Erde gemacht hat." Der, auf dessen Hilfe vertraut wird, ist Gott, die Himmel und Erde gemacht hat. So gewiss wie die Erkenntnis, dass Gott die gesamte Welt erschaffen hat, die wir wahrnehmen und in der wir leben, so gewiss ist die Zuversicht, dass von ihm, unserem Schöpfer, unsere Hilfe kommt – auch in dem vor uns liegenden Jahr.

In tiefem Vertrauen auf Gott und Sein Geleit wird gesagt: „Er wird deinen Fuß nicht gleiten lassen, und der dich behütet, schläft nicht. Siehe, der Hüter Israels schläft noch schlummert nicht. Der HERR behütet dich, der HERR ist dein Schatten über deiner rechten Hand, dass dich des Tages die Sonne nicht steche noch der Mond des Nachts." Welch ein tiefes Vertrauen auf Gottes Geleit und Bewahrung, das hier zur Sprache kommt! Dieses Bekenntnis zu Gott mündet ein in den Segenswunsch „Der HERR behüte dich vor allem Übel. Er behüte deine Seele! Der HERR behüte deinen Ausgang und Eingang von nun an bis in Ewigkeit!"

Es tut gut, diese Worte zu hören, sich in ihnen zu bergen und in sie einzustimmen. Aber – was bedeuten sie, wenn es wirklich Grund zur Sorge gibt, wenn zum Beispiel eine schwere Krankheit das eigene Leben oder das eines geliebten Menschen bedrohen? Halten die Worte des Psalms dieser belastenden Wirklichkeit stand?

Wird uns hier die Garantie gegeben, dass uns im neuen Jahr Leid erspart bleiben wird? Nein, das wird uns nicht zugesagt. Wir leben in einer unerlösten Welt und auch Leid und Schmerz haben in dieser unserer Welt ihren Ort.

Aber wir haben die Verheißung, dass Gott alles neu machen wird, die Verheißung eines neuen Himmels und einer neuen Erde. In der Offenbarung des Johannes lesen wir im 21. Kapitel:

„Ich sah einen neuen Himmel und eine neue Erde; denn der erste Himmel und die erste Erde sind vergangen, und das Meer ist nicht mehr. Und ich hörte eine große Stimme von dem Thron her, die sprach: Siehe da, die Hütte Gottes bei den Menschen! Und er wird bei ihnen wohnen, und sie werden sein Volk sein, und er selbst, Gott mit ihnen, wird ihr Gott sein; und Gott wird abwischen alle Tränen von ihren Augen, und der Tod wird nicht mehr sein, noch Leid noch Geschrei noch Schmerz wird mehr sein; denn das Erste ist vergangen. Und der auf dem Thron saß, sprach: Siehe, ich mache alles neu!"

Offenbarung 21, 1.3-5a

Diese Verheißung gilt und sie kann uns Kraft geben in dieser Zeit, da wir auf der Erde leben, die in der Offenbarung die „erste Erde" genannt wird. Sie ist auf die Zukunft gerichtet, diese Verheißung. In unserer Gegenwart gibt es neben allem Schönen, das uns Freude schenkt, auch Leid und Schmerz. Aber wir dürfen darauf vertrauen, dass wir auch in Leid und Schmerz nicht allein sind.

Gott ist bei uns. Er behütet unsere Seele. Am Weihnachtsfest, das wir in der letzten Woche gemeinsam gefeiert haben, haben wir Gott gedankt, dass er in unsere Welt gekommen ist, dass er, unser Gott, in Jesus von Nazareth Mensch geworden ist – mit all dem, was zum Menschsein dazugehört, auch mit Leid und Schmerz. Leid und Schmerz gibt es noch in unserer Welt und in unserem Leben – noch, aber Gott lässt uns nicht allein, wenn wir Leid und Schmerz zu ertragen haben. Diese Zusage hat er uns zu Weihnachten gegeben und auf diese Zusage können wir bauen.

Und so können wir getrost in die Worte des Gebets von Jochen Klepper einstimmen:

„Der Du allein der Ewge heißt und Anfang, Ziel und Mitte weißt im Fluge unsrer Zeiten: bleib Du uns gnädig zugewandt und führe uns an Deiner Hand, damit wir sicher schreiten.“

(EG 64, 6)

Karfreitag: das Leiden und Sterben Jesu am Kreuz
Johannes 19, 16-30, Römer 6, 3-5

Die Geschichte der Kreuzigung Jesu wird im Johannesevangelium im 19. Kapitel überliefert. Sie lautet:

„Pilatus überantwortete Jesus, dass er gekreuzigt würde. Sie nahmen ihn aber und er trug sein Kreuz und ging hinaus zur Stätte, die da heißt Schädelstätte, auf Hebräisch Golgatha. Dort kreuzigten sie ihn und mit ihm zwei andere zu beiden Seiten, Jesus aber in der Mitte. Pilatus aber schrieb eine Aufschrift und setzte sie auf das Kreuz; und es war geschrieben: Jesus von Nazareth, der König der Juden. Diese Aufschrift lasen viele Juden, denn die Stätte, wo Jesus gekreuzigt wurde, war nahe bei der Stadt. Und es war geschrieben in hebräischer, lateinischer und griechischer Sprache. Da sprachen die Hohenpriester der Juden zu Pilatus: Schreib nicht: Der König der Juden, sondern dass er gesagt hat: Ich bin der König der Juden. Pilatus antwortete: Was ich geschrieben habe, das habe ich geschrieben.
Als aber die Soldaten Jesus gekreuzigt hatten, nahmen sie seine Kleider und machten vier Teile, für jeden Soldaten einen Teil, dazu auch das Gewand. Das war aber ungenäht, von oben an gewebt in einem Stück. Da sprachen sie untereinander: Lasst uns das nicht zerteilen, sondern darum losen, wem es gehören soll. So sollte die Schrift erfüllt werden, die sagt: „Sie haben meine Kleider unter sich geteilt und haben über mein Gewand das Los geworfen." Das taten die Soldaten.
Es standen aber bei dem Kreuz Jesu seine Mutter und seiner Mutter Schwester, Maria, die Frau des Klopas, und Maria von Magdala. Als nun Jesus seine Mutter sah und bei ihr den Jünger, den er lieb hatte, spricht er zu seiner Mutter: Frau, siehe, das ist dein Sohn! Danach spricht er zu dem Jünger: Siehe, das ist deine Mutter! Und von der Stunde an nahm sie der Jünger zu sich.
Danach, als Jesus wusste, dass schon alles vollbracht war, spricht er, damit die Schrift erfüllt würde: Mich dürstet. Da stand ein Gefäß voll Essig. Sie aber füllten einen Schwamm mit Essig und steckten ihn auf ein Ysoprohr und hielten es ihm an den Mund. Als nun Jesus den Essig genommen hatte, sprach er: Es ist vollbracht!, und neigte das Haupt und verschied."

Johannes 19, 16-30

Wir alle kennen diese Geschichte. Wenn wir sie jedoch nun noch einmal hören, dann wird uns nochmals ganz konkret vor Augen geführt, *wie* leidvoll die letzten Stunden Jesu auf dieser Welt waren. Wir lassen uns von dieser Geschichte berühren.

Gestern war Gründonnerstag. Am Gründonnerstag nahm Jesus im Garten Gethsemane Petrus, Jakobus und Johannes mit sich und sprach: „Meine Seele ist betrübt bis an den Tod; bleibt hier und wachet!" Jesus hatte Todesangst und bat die drei Jünger, ihn nicht allein zu lassen. Dann ging er ein Stück weiter, warf sich auf die Erde und bat darum, dass das ihm bevorstehende Leiden ihm erspart bleiben möge: „Abba, mein Vater, alles ist dir möglich; nimm diesen Kelch von mir; doch nicht, was ich will, sondern was du willst!"

Wer sich versucht vorzustellen, in welcher Situation Jesus war, dem können die Tränen kommen. Und so heißt der gestrige Tag vor dem heutigen Karfreitag auch Gründonnerstag. Die Bezeichnung dieses Tages hat nichts mit der Farbe Grün zu tun, auch wenn sich die Tradition herausgebildet hat, an diesem Tag grünes Gemüse zu essen, sondern leitet sich von dem Wort „greinen" (weinen) her. Auch die Bezeichnung des heutigen Tages, des Karfreitags, hat einen ähnlichen Hintergrund. Sie leitet sich von dem althochdeutschen Wort „chara" her, das die Bedeutung „Trauer, Wehklage" hat.

Dabei wird der brutale Akt der Kreuzigung im Johannesevangelium gar nicht detailliert dargestellt. Es heißt im Text lediglich: „Dort kreuzigten sie ihn und mit ihm zwei andere zu beiden Seiten, Jesus aber in der Mitte." Es wird nicht ausgeschmückt, wie die Kreuzigung konkret vollzogen wird. Keine blutrünstigen Einzelheiten. Aber gerade dadurch ist die Wirkung dieser Beschreibung so intensiv.

In meiner früheren Gemeinde habe ich im Konfirmandenunterricht einmal eine Verfilmung des Lebens und Sterbens Jesu gezeigt. Es war ein Film, der bewusst auf jede reißerische Ausgestaltung verzichtete. Das Drehbuch bestand weitestgehend aus Bibelzitaten. Dieser Film war weit davon entfernt, das an Action zu bieten, was Jugendliche im Konfirmandenalter im Allgemeinen zu sehen gewohnt sind. Aber vielleicht gerade deshalb hat er die Konfirmanden in den Bann gezogen. Es gab kein Geflüster zwischendurch; man hätte eine Stecknadel fallen hören können. Durch bewusste Reduzierung der Mittel wurde deutlich zum Ausdruck gebracht, worum es bei der Kreuzigung, worum es am Karfreitag geht.

Wir werden in das Leiden Jesu, das in der Kreuzigung seinen schrecklichen Höhepunkt fand, ein Stück weit mit hinein genommen. Wir können uns ihm nicht entziehen.

Und dennoch frage ich mich: Können wir diese abgrundtiefe Verzweifelung und Todesangst am Gründonnerstag und das Leiden am Karfreitag wirklich nachempfinden?

Ich bin mir nicht ganz sicher, ob wir dazu in der Lage sind. Nicht etwa, weil wir in einer Zeit des Traditionsabbruchs leben und uns die Welt der Bibel womöglich fremd geworden ist. Nein, diese Gefahr sehe ich in unserer Gemeinde nicht. Es hat einen anderen Grund, der bei mir die Zweifel auslöst, ob wir die tiefe Trauer angesichts des Leidens Jesu nachempfinden können: Wir wissen, dass auf den Karfreitag der Ostermorgen folgt, an dem sichtbar wird, dass der Tod nicht das letzte Wort hat, sondern dass Jesus den Tod überwunden hat. Ostern ist das wichtigste christliche Fest, und die Feier dieses Festes zieht sich wie ein roter Faden durch unser Gemeindeleben. Der höchste Feiertag im Christentum ist der Sonntag, an dem wir die Auferstehung Jesu Christi feiern. Der höchste Feiertag unseres Glaubens ist somit nicht einer, der einmal pro Jahr gefeiert wird, sondern einer, den wir einmal pro Woche feiern – wie auch im Judentum, wo der der höchste Feiertag der Schabbat ist, der ebenfalls einmal pro Woche gefeiert wird.

Verliert mit dem Wissen um Ostern, das auf den Karfreitag folgt, das Leiden des Karfreitags seine Bedeutung? Sollten wir daraus die Konsequenz ziehen, den Karfreitag als kirchlichen Feiertag aufzugeben? Dieser Gedanke ist gar nicht so absurd, wie es auf den ersten Blick wirken mag. Denn der Tod des Karfreitags wurde im Ostergeschehen durch Gott selbst überwunden. Wegen des Ostergeschehens hat sich der christliche Glaube überhaupt erst bilden können. Wäre der Tod des Karfreitags nicht zu Ostern überwunden worden, hätte sich gar keine christliche Gemeinde bilden können. Dann gäbe es das Christentum gar nicht. Dann wären auch wir heute nicht hier in dieser Kirche zusammengekommen, um gemeinsam Gottesdienst zu feiern. Das Ostergeschehen kann also gar nicht hoch genug geschätzt werden – das Geschehen der Auferstehung Jesu Christi, durch das der Tod überwunden und das Leid des Karfreitags aufgehoben wird.

Aber dennoch führt für uns am Karfreitag kein Weg vorbei. Wir können nicht ungetrübt Ostern feiern, ohne zuvor am Leid des Karfreitags Anteil zu haben.

Der Apostel Paulus entfaltet dies in seinem Brief an die Gemeinde in Rom. In diesem Brief schreibt er über die Taufe:

„Oder wisst ihr nicht, dass alle, die wir auf Christus Jesus getauft sind, die sind in seinen Tod getauft? So sind wir ja mit ihm begraben durch die Taufe in den Tod, damit, wie Christus auferweckt ist von den Toten durch die Herrlichkeit des Vaters, auch wir in einem neuen Leben wandeln. Denn wenn wir mit ihm verbunden und ihm gleich geworden sind in seinem Tod, so werden wir ihm auch in der Auferstehung gleich sein."

Römer 6, 3-5

Die Taufe, die Hineinnahme in die christliche Gemeinde, ist die Hineinnahme in das Leiden Christi, in seinen Tod, in den Karfreitag. Nur weil wir am Leiden und Tod Jesu Christi am Karfreitag Anteil haben, können wir auch an seiner Auferstehung, am Ostergeschehen, Anteil haben. Um es mit den Worten des Apostels Paulus zu sagen: „Denn wenn wir mit ihm verbunden und ihm gleich geworden sind in seinem Tod, so werden wir ihm auch in der Auferstehung gleich sein."

Dies sind keineswegs abstrakte theologische Gedanken. Ganz im Gegenteil. Denn das Leid ist in unserer Welt, in unserem Leben, keineswegs überwunden. Es gibt Leid und Tod, deren völlige Sinnlosigkeit uns sprachlos macht. Wenn ein junges Mädchen auf ihrem Weg zur Schule von einem LKW erfasst wird und stirbt; wenn ein Familienvater mit Anfang Dreißig an unheilbarem Krebs stirbt und seine Frau mit kleinen Kindern zurücklässt. Ich muss keine weiteren Beispiele nennen – wir kennen alle derartiges Leid aus dem Leben unserer Bekannten und Freunde, aus dem Leben unserer Familien und z.T. auch aus unserem eigenen Leben. Wenn uns ein solches Leid betrifft, hilft keine billige Vertröstung. Dann haben wir uns ihm zu stellen und können ihm nicht ausweichen. Dann können wir Trost finden in dem Glauben, dass Gott selbst mit uns geht, dass er uns nicht allein lässt auf dem Weg des Leidens. Dann können wir Trost finden in dem Glauben, dass Gott uns auf diesem Weg begleitet, dass er selbst in das Leid hineingeht und ihm nicht ausweicht. Wir glauben daran, dass Gott selbst leidet, dass er kein unbeteiligter Beobachter unseres Lebensweges ist, sondern diesen unseren Weg auch dann mitgeht, wenn er ins Leiden führt. Gott ist fähig zum Leiden und damit auch zum Mit-Leiden.

Im Nizänischen Glaubensbekenntnis heißt es über Gott:

> „Für uns Menschen und zu unserem Heil
> ist er vom Himmel gekommen,
> hat Fleisch angenommen
> durch den Heiligen Geist
> von der Jungfrau Maria
> und ist Mensch geworden."

Gott ist Mensch geworden und das bis in die letzte Konsequenz. Wie Leid und Tod zu unserem menschlichen Leben dazu gehören, so hat auch Gott gelitten und ist gestorben, weil er Mensch wurde. Und so heißt es im Nizänischen Glaubensbekenntnis weiter:

> „Er wurde für uns gekreuzigt unter Pontius Pilatus,
> hat gelitten und ist begraben worden."

Gottes Leid hat seinen Sinn, er litt für uns – wie es hier heißt: „Er wurde *für uns* gekreuzigt". Er litt für uns und mit uns. Aber dieses sein Leiden ist nicht das Ende. Im Nizänischen Glaubensbekenntnis heißt es über Gott weiter, er

> „ist am dritten Tage auferstanden nach der Schrift
> und aufgefahren in den Himmel."

So wie Gott uns auf unserem Weg in und durch das Leid begleitet und auf diese Weise an unserem Weg teilnimmt, so lässt er uns auch an seinem Weg der Auferstehung teilnehmen. Um es noch einmal mit den Worten des Apostels Paulus zu sagen: „Denn wenn wir mit ihm verbunden und ihm gleich geworden sind in seinem Tod, so werden wir ihm auch in der Auferstehung gleich sein."

Wir dürfen in dem Zutrauen leben, dass wir an der Auferstehung Jesu Christi teilhaben werden, dass auch in unserem Leben auf den Karfreitag der Ostersonntag folgen wird. Den Karfreitag gibt es nach wie vor. Auch in unserem Leben gibt es das Leid und unser Leben ist durch den Tod begrenzt. Es hätte keinen Sinn, den Karfreitag verdrängen zu wollen. Aber wir können darauf vertrauen, dass der Karfreitag nicht das Ende ist und dass der Tod nicht das letzte Wort haben wird, sondern dass auf ihn die Auferstehung folgen wird.

Der Weg zu Ostern
Lukas 24, 13-35

Nun ist Ostern; nun erklingt er wieder, der Ruf „Der Herr ist auferstanden. Er ist wahrhaftig auferstanden!“ Wir hören ihn, und das ist gut so. Aber erreicht er uns schon? Sind wir schon in der Lage, uns von ihm berühren zu lassen? Karfreitag liegt erst zwei Tage zurück. Es sind gerade einmal 48 Stunden her, dass wir uns hier getroffen haben, um uns gemeinsam das Leiden und Sterben Jesu am Kreuz zu vergegenwärtigen. Und so manch einer ist danach zum Friedhof gegangen, um das Grab eines geliebten Menschen zu besuchen. Können wir jetzt so ohne weiteres gleichsam umschalten, von Trauer auf Freude?

Nein, das geht nicht. Unsere Seele braucht die Zeit, die nötig ist, um diesen Weg von der Trauer zur Freude gehen zu können. Das wird in der Bibel auch ganz realistisch gesehen. Die Geschichte der beiden so genannten Emmaus-Jünger beschreibt, wie diese zwei Jünger diesen Weg zurückgelegt haben. Diese Geschichte steht im Lukasevangelium im vierundzwanzigsten Kapitel und lautet:

„Zwei von den Jüngern gingen am Ostertag in ein Dorf, das war von Jerusalem etwa zwei Wegstunden entfernt; dessen Name ist Emmaus. Und sie redeten miteinander von allen diesen Geschichten. Und es geschah, als sie so redeten und sich miteinander besprachen, da nahte sich Jesus selbst und ging mit ihnen. Aber ihre Augen wurden gehalten, dass sie ihn nicht erkannten. Er sprach aber zu ihnen: ‚Was sind das für Dinge, die ihr miteinander verhandelt unterwegs?’ Da blieben sie traurig stehen. Und der eine, mit Namen Kleopas, antwortete und sprach zu ihm: ‚Bist du der Einzige unter den Fremden in Jerusalem, der nicht weiß, was in diesen Tagen dort geschehen ist?’ Und er sprach zu ihnen: ‚Was denn?’ Sie aber sprachen zu ihm: ‚Das mit Jesus von Nazareth, der ein Prophet war, mächtig in Taten und Worten vor Gott und allem Volk; wie ihn unsre Hohenpriester und Oberen zur Todesstrafe überantwortet und gekreuzigt haben. Wir aber hofften, er sei es, der Israel erlösen werde. Und über das alles ist heute der dritte Tag, dass dies geschehen ist. Auch haben uns erschreckt einige Frauen aus unserer Mitte, die sind früh bei dem Grab gewesen, haben seinen Leib nicht gefunden, kommen und sagen, sie haben eine Erscheinung von Engeln gesehen, die sagen, er lebe. Und einige von uns gingen hin zum Grab und fanden's so, wie die Frauen sagten; aber ihn sahen sie nicht.’

Und er sprach zu ihnen: ‚O ihr Toren, zu trägen Herzens, all dem zu glauben, was die Propheten geredet haben! Musste nicht Christus dies erleiden und in seine Herrlichkeit eingehen?' Und er fing an bei Mose und allen Propheten und legte ihnen aus, was in der ganzen Schrift von ihm gesagt war. Und sie kamen nahe an das Dorf, wo sie hingingen. Und er stellte sich, als wollte er weitergehen. Und sie nötigten ihn und sprachen: ‚Bleibe bei uns; denn es will Abend werden und der Tag hat sich geneigt.' Und er ging hinein, bei ihnen zu bleiben. Und es geschah, als er mit ihnen zu Tisch saß, nahm er das Brot, dankte, brach's und gab's ihnen. Da wurden ihre Augen geöffnet und sie erkannten ihn. Und er verschwand vor ihnen. Und sie sprachen untereinander: ‚Brannte nicht unser Herz in uns, als er mit uns redete auf dem Wege und uns die Schrift öffnete?' Und sie standen auf zu derselben Stunde, kehrten zurück nach Jerusalem und fanden die Elf versammelt und die bei ihnen waren; die sprachen: ‚Der Herr ist wahrhaftig auferstanden und Simon erschienen.' Und sie erzählten ihnen, was auf dem Wege geschehen war und wie er von ihnen erkannt wurde, als er das Brot brach."

Lukas 24, 13-35

Der Weg, der die beiden Jünger aus der Trauer des Karfreitags zur Osterfreude geführt hat, wird in dieser biblischen Geschichte sehr einfühlsam geschildert. Am Anfang stand die Trauer: Mutlos, niedergeschlagen und ohne auch nur eine Spur von Hoffnung – so werden wir uns die zwei traurigen Gestalten vorzustellen haben, die den Weg nach Emmaus trotteten. Der Schock der schrecklichen Ereignisse der letzten Tage steckte ihnen noch in den Gliedern und lähmte sie förmlich. Gerade drei Tage war es her, dass ihr Meister und Rabbi, auf den sie so viele Hoffnungen gesetzt hatten, auf eine so schändliche und grausame Art und Weise hingerichtet worden war. Als sie sich damals dazu entschlossen hatten, ihm nachzufolgen, hatte das ihr ganzes Leben radikal verändert. Es entstanden neue Bindungen, und die alten Bezüge, in denen sie bis dahin gelebt hatten, traten zwangsläufig in den Hintergrund.

Sie hielten in dieser Not zusammen – sicher, aber was war ihre wichtigste Gemeinsamkeit, ihre Hoffnung auf ihren Meister Jesus von Nazareth denn jetzt noch wert? Als sie so auf dem Weg waren, gesellte sich ein weiterer Wanderer zu ihnen. Es wird sie wohl nicht weiter gestört haben. Sonderlich begeistert werden sie wohl auch nicht gewesen sein. Wie unwichtig war so etwas doch jetzt. Mochte der Fremde doch ruhig ihrem Gespräch lauschen. Als er sich aber in ihr Gespräch einmischte und sie fragte, worüber sie denn eigentlich reden, waren sie doch reichlich fassungslos. Ja, war denn das die Möglichkeit?! Ganz Jerusalem sprach von nichts anderem und dieser Fremde hatte nichts von alledem mitbekommen? Sie erzählten ihm ihre ganze Geschichte, von Jesus, was und wer er war; wie er verurteilt und hingerichtet wurde. Weiter erzählten sie dem Fremden von ihrer Hoffnung, dass dieser es sei, der Israel erlösen würde. Auch die höchst merkwürdige Episode mit den Frauen, die zum Grab gegangen waren und den Leichnam dort nicht mehr vorfanden, ließen sie nicht aus. Was da passiert sein mag, konnten sie sich bei bestem Willen nicht vorstellen. Die Geschichte mit den Engeln, die den Frauen gesagt haben sollen, dass Jesus lebte, konnten sie nun wirklich nicht glauben, so gern sie das auch getan hätten. Hier schien wohl der Wunsch der Vater des Gedankens gewesen zu sein. Die beiden gaben dem Fremden bereitwillig Auskunft. Es stand zu erwarten, dass er seiner Verwunderung über das Gehörte Ausdruck verleihen und genauer nachfragen würde. Es passierte jedoch etwas ganz anderes: Nicht der Fremde war verwundert durch das, was ihm die beiden berichtet hatten, sondern er war es, der sie durch seine Antwort in maßloses Erstaunen versetzte: „O ihr Unverständigen, deren Herz zu träge ist, um auf alles das hin zu glauben, was die Propheten gesagt haben! Musste denn der Messias nicht dies leiden und in seine Herrlichkeit eingehen?“ Der Fremde fuhr fort und nannte Stellen aus der Bibel, die seine Auffassung bekräftigten.

Zu diesem Zeitpunkt werden den beiden die ersten Zweifel gekommen sein, ob der Fremde wirklich so weltfremd war, wie es zunächst den Anschein erweckt hatte. Das Gespräch mit ihm entwickelte sich zunehmend interessanter. Sie waren so in ihr Gespräch vertieft, dass sie kaum wahrgenommen hatten, dass ihre Wanderung fast ihr Ende erreicht hatte. Das Gespräch sollte aber noch nicht beendet werden! Das, was der Fremde ihnen darlegte, machte ihnen zum ersten Mal neuen Mut, dass es doch nicht aus und vorbei war. Es klang fundiert und sehr viel überzeugender als das, was die Frauen ihnen gesagt hatten. Sollten sie vielleicht doch Recht gehabt haben? Sollte ihr Meister und Rabbi Jesus von Nazareth womöglich doch am Leben sein? Falls dies wahr wäre, dann wäre er vielleicht doch der Erlöser Israels. Aber wie sollte das möglich sein, wo er doch gekreuzigt worden war? Fragen über Fragen. Etwas war allerdings für sie nun wirklich keine Frage: dass dieses Gespräch auf jeden Fall fortgeführt werden sollte. Es war einfach zu wichtig, was ihnen der Fremde zu erzählen hatte. Und da war noch etwas: Irgendwie kam er ihnen auch bekannt vor. Aber vorher nur? Vielleicht würde es ihnen ja wieder einfallen, wenn sie noch längere Zeit mit ihm verbringen würden. Als sie in Emmaus angekommen waren und er Anstalten machte, weiterzuwandern, war es keine Frage, dass sie ihm ihre Gastfreundschaft anboten. Es war ja auch schon spät und um diese Uhrzeit sollte niemand in der Dunkelheit, wo viele Gefahren lauerten, seinen Weg fortsetzen, wenn es nicht unbedingt nötig ist. Und das war es eindeutig nicht. Schließlich konnte er ja bei ihnen bleiben. So boten sie ihm ihre Gastfreundschaft an. Ganz uneigennützig war dieses Angebot natürlich nicht, und das wird wohl auch allen drei klar gewesen sein. Der Fremde nahm das Angebot an und betrat mit ihnen das Haus. Kurz darauf wollten sie mit dem Abendessen beginnen. Nun versetzte er sie ein zweites Mal in maßloses Erstaunen. In aller Selbstverständlichkeit, so als ob er Gastgeber wäre und nicht sie, nahm er das Brot, dankte, brach es und gab es ihnen. Und als sie sahen, wie er das Brot brach, war ihnen schlagartig klar, woher sie ihn kannten: ER war es! Die Frauen hatten doch Recht gehabt!! Er lebte!!! Dass er sie kurze Zeit später wieder verließ, störte sie nicht. Sie konnten gar nicht sagen, wie erleichtert und glücklich sie waren! Er war doch der Erlöser Israels! Das mussten sie sofort den anderen sagen. Sie verschwendeten keinen Gedanken an die möglichen Gefahren einer nächtlichen Wanderung, sondern machten sich umgehend – trotz der späten Stunde – auf den Rückweg nach Jerusalem. Dort trafen sie die übrigen Jünger und konnten ihnen verkündigen: „Der Herr ist wirklich auferweckt worden!"

Hier wird der Weg beschrieben, der die beiden Jünger aus ihrer Trauer zur ungetrübten Osterfreude geführt hat. Was wäre wohl geschehen, wenn Jesus sich ihnen in den Weg gestellt und gesagt hätte: „Ich bin es, Jesus. Ich bin vom Tod auferstanden!" Die beiden Jünger wären wohl völlig geschockt gewesen. Sie wären wahrscheinlich kaum in der Lage gewesen, das zu begreifen, was Jesus ihnen mit diesen Worten gesagt hätte. Vielleicht hätten sie nur dergestalt darauf reagieren können, dass sie geantwortet hätten: „Wer bist Du denn?! Was soll das, uns vorzugaukeln, dass Du Jesus bist, um den wir aus tiefstem Herzen trauern?! Der ist tot und begraben. Was für eine abgrundtiefe Gemeinheit! Verschwinde!"

Jesus konfrontiert die beiden nicht mit seiner Auferstehung, mit sich als Auferstandenem. Er führt sie langsam zu dieser für die beiden umstürzenden Erkenntnis, dass er lebt; er begleitet und geleitet sie auf ihrem Weg zu dieser

Erkenntnis. Damit ist er den beiden ein wirklich guter Seelsorger, der sie mit ihren jetzigen Gefühlen ernst nimmt. Er führt sie an die Erkenntnis seiner Auferstehung behutsam heran, indem er sie fragt, worüber sie sprechen. Als sie daraufhin von seiner Kreuzigung berichten und von dem für sie höchst irritierenden Bericht der Frauen vom leeren Grab, da kommt er auf die Prophezeiungen der biblischen Propheten zu sprechen und legte ihnen vertraute Bibelstellen auf eine für sie neue Art und Weise aus, nämlich so, dass deren Bezug auf seine Auferstehung deutlich wird. Als die beiden ihr Dorf schließlich erreichen, gibt er zu verstehen, dass er weitergehen will. Auch hier handelt Jesus als Seelsorger. Er, der weiß, dass er den beiden mit dieser Art der Bibelauslegung viel zugemutet hat, macht damit deutlich, dass er sich ihnen nicht aufdrängen will. Und so sind die beiden es, die ihn bitten, bei ihnen zu bleiben. Und dann offenbart er sich ihnen. Nicht, indem er ihnen direkt sagt, wer er ist, sondern wieder höchst behutsam: Er lässt sie erkennen, wer er ist. Und jetzt sind die beiden so weit, dass sie begreifen können, dass es der auferstandene Jesus ist und niemand anders. Jetzt wird ihnen klar, dass ihr Herz dies schon gewusst hatte, noch bevor ihr Verstand sich dieser Wahrheit hat öffnen können, und sie konnten dies selber in Worte kleiden, indem sie sagten: „Brannte nicht unser Herz in uns, als er mit uns redete auf dem Wege und uns die Schrift öffnete?“

Es war kein kurzer Weg, den die beiden Jünger zurückgelegt haben, um zu dieser Erkenntnis zu kommen. Aber es gibt Wege in unserem Leben – auch in unserem Glaubensleben – für die es keine Abkürzungen gibt. Jesus hat den beiden diesen Weg zugestanden und ihn möglich gemacht und auch wir dürfen uns die Zeit gönnen, die wir brauchen, um uns der Osterbotschaft zu öffnen. Dabei muss nichts verdrängt werden. Unsere Trauer um den Tod eines geliebten Menschen, dessen Grab wir vielleicht noch vorgestern, am Karfreitag, besucht haben, hat in unserem Leben ihren legitimen Ort. Aber wir können diese Trauer jetzt mit der Hoffnung verbinden, dass derjenige an der Auferstehung Jesu Anteil haben wird, denn dies ist uns verheißen. Darauf dürfen wir unser Vertrauen richten, und so können wir uns am heutigen Ostersonntag zusprechen lassen: „Der Herr ist auferstanden. Er ist wahrhaftig auferstanden!“

Ostern – das großartigste Drama, das sich jemals ereignet hat

1. Samuel 2, 1-8a

Wir feiern heute Ostern. Diese Aussage ist so korrekt wie unspektakulär. Ostern feiern wir in jedem Jahr. Denn das Osterereignis ist gleichsam das Gründungsdatum unserer christlichen Gemeinschaft. Wäre es beim Karfreitag geblieben, wäre Jesus den schmachvollen Tod am Kreuz gestorben, ohne dass er vom Tod auferstanden wäre, dann hätten sich seine Jünger wohl in alle Winde zerstreut und die Nachfolge Jesu, die sie jahrelang praktiziert haben, wäre lediglich eine Episode in ihrem Leben geblieben, nach deren Ende sie sich in ihrem Leben neu orientiert hätten. Aber so war es nicht. Jesus ist vom Tod auferstanden. Deshalb gibt es den christlichen Glauben, deshalb gab und gibt es seitdem Menschen, die in der Nachfolge Jesu lebten und leben. Es ist nur allzu leicht nachvollziehbar, dass das Osterereignis deshalb in jedem Jahr im Rahmen eines großen Festes vergegenwärtigt wird. Zur Zeit der frühen Christenheit war Ostern das wichtigste christliche Fest schlechthin. Das Weihnachtsfest hat sich demgegenüber erst sehr viel später entwickelt und wurde damals gar nicht gefeiert. Genau genommen feiern wir Ostern nicht nur einmal pro Jahr, sondern jeden Sonntag, denn jeden Sonntag feiern wir die Auferstehung Jesu, seinen Sieg über den Tod, denn wir dürfen in dem Zutrauen leben, dass wir an seiner Auferstehung Anteil haben werden. Dementsprechend bekennen wir im Apostolischen Glaubensbekenntnis in Bezug auf Jesus Christus, er sei „am dritten Tage auferstanden von den Toten“ und mit Blick auf uns selbst bekennen wir unseren Glauben an die „Auferstehung der Toten und das ewige Leben“.

So angemessen es somit ist, unseren österlichen Glauben zu bekennen, Ostern regelmäßig zu feiern und uns so das Ostergeschehen und seine Bedeutung für uns immer wieder vor Augen zu führen – die regelmäßigen Osterfeiern bringen es auch mit sich, dass Ostern als etwas Normales gilt, das uns nicht sonderlich aufrüttelt.

Viele von Ihnen werden die Kriminalromanautorin Dorothy L. Sayers kennen und mit Genuss ihre Romane gelesen haben, in denen der vielseitig gebildete aristokratische Detektiv Lord Peter Wimsey die Hauptfigur ist. Manche Handlungen in diesen Romanen nehmen zwischenzeitlich einen dramatischen Verlauf an. So sehr Dorothy L. Sayers mit dem Stilmittel des Dramatischen spielte – das größte Drama aller Zeiten war für sie nichts, was in der Kriminalliteratur seinen Ort hat, sondern das Ostergeschehen. Neben ihren bekannten Kriminalromanen schrieb sie einen Essay über das Ostergeschehen mit dem Titel „The Greatest Drama Ever Staged“ – das großartigste Drama, das sich jemals ereignet hat. Es war übrigens der bekannte evangelische Theologie Karl Barth, der diesen Essay im Jahr 1938 in’s Deutsche übersetzte.

Dorothy L. Sayers begriff das Osterereignis als etwas höchst Dramatisches, das uns zutiefst aufrütteln muss. Ich denke, sie hat Recht. Versuchen wir uns vorzustellen, was Ostern passierte: Ein Mensch, der gestorben war, wurde wieder lebendig. Stellen Sie sich vor, Sie haben in der letzten Zeit an der Trauerfeier für einen Verstorbenen teilgenommen und nach der Trauerfeier in der Kirche den Zug zum Friedhof begleitet, um so dem Verstorbenen die letzte Ehre zu erweisen und die Trauernden auf diesem schweren Weg nicht allein zu lassen. Und dann treffen Sie den Verstorbenen und Beerdigten einige Tage später in der Fußgängerzone. Das ist schlicht unvorstellbar; und so etwas war auch für die Menschen zurzeit Jesu unvorstellbar. Aber genau das haben sie erlebt und sie wollten, mehr noch, sie mussten das, was sie da erlebt hatten, in irgendeiner Weise in Worte fassen. Dabei hatten sie es in gewisser Weise leichter als wir heute. Denn sie schöpften auch in ihrer Alltagssprache aus der Quelle der biblischen Tradition. Das Leben wurde vor dem Hintergrund der Bibel gedeutet. Besonders in Krisensituationen, in denen es schwer war, eigene Worte zu finden, wurden die eigenen Empfindungen und Gedanken mit Worten aus der Bibel zum Ausdruck gebracht. Dies tat auch Jesus selbst. In seiner höchsten Not am Kreuz klagte er Gott sein unermessliches Leid nicht mit eigenen Worten, sondern bediente sich der geprägten Worte des 22. Psalms: „Eli, Eli, lama asaphtani?“ – zu Deutsch: „Mein Gott, mein Gott, warum hast Du mich verlassen?“

In der Evangeliumslesung haben wir gehört, was Maria von Magdala, Maria, die Mutter des Jakobus, und Salome erlebt haben, als sie nach Ende des Schabbats den Leichnam Jesu mit wohlriechenden Ölen salben wollten: der weg gewälzte Stein, das leere Grab, der Jüngling mit dem weißen Gewand, der ihnen sagte, dass Jesus auferstanden ist. Es ist wirklich nicht verwunderlich, dass sie von Zittern und Entsetzen ergriffen wurden und von dem Grab flohen. Das mussten sie erst einmal verarbeiten. Als sie dann begriffen, was da geschehen war, werden Zittern und Entsetzen der Freude über die Auferstehung Jesu gewichen sein. Wir wissen nicht, mit welchen Worten sie diese Freude ausgedrückt haben, aber es ist gut vorstellbar, dass sie sich der Worte des Lobgesangs der Hanna bedient haben, wie sie im Ersten Buch Samuel im zweiten Kapitel überliefert sind. Dieser Lobgesang lautet:

„Und Hanna betete und sprach: „Mein Herz ist fröhlich in dem HERRN, mein Haupt ist erhöht in dem HERRN. Mein Mund hat sich weit aufgetan wider meine Feinde, denn ich freue mich deines Heils. Es ist niemand heilig wie der HERR, außer dir ist keiner, und ist kein Fels, wie unser Gott ist. Lasst euer großes Rühmen und Trotzen, freches Reden gehe nicht aus eurem Munde; denn der HERR ist ein Gott, der es merkt, und von ihm werden Taten gewogen. Der Bogen der Starken ist zerbrochen, und die Schwachen sind umgürtet mit Stärke. Die da satt waren, müssen um Brot dienen, und die Hunger litten, hungert nicht mehr. Die Unfruchtbare hat sieben geboren, und die viele Kinder hatte, welkt dahin. Der HERR tötet und macht lebendig, führt hinab zu den Toten und wieder herauf. Der HERR macht arm und macht reich; er erniedrigt und erhöht. Er hebt auf den Dürftigen aus dem Staub und erhöht den Armen aus der Asche, dass er ihn setze unter die Fürsten und den Thron der Ehre erben lasse."

1. Samuel 2, 1-8a

Hanna singt dieses Loblied am Ende einer langen Leidensgeschichte. Sie war eine der beiden Frauen von Elkana. Dessen andere Frau war Peninna. Die hatte Kinder bekommen, Hanna nicht. Nach dem, was wir dem biblischen Text entnehmen können, ließ sich Peninna keine Möglichkeit entgehen, Hanna wegen ihrer Kinderlosigkeit zu kränken. Das mag für uns Heutige schwer vorstellbar sein, denn wie unsere demoskopischen Daten zeigen, können sich Frauen und Männer in unserer Zeit ohne weiteres ein Leben ohne Kinder vorstellen und setzen diese Vorstellung auch in die Tat um. Zurzeit von Elkana, Hanna und Peninna war das grundlegend anders. Eine Frau, die keine Kinder bekam, wurde gering geachtet. Nun war es keineswegs so, dass Elkana Hanna wegen ihrer Kinderlosigkeit weniger liebte, ganz im Gegenteil: Im Bibeltext heißt es sogar, dass er sie mehr liebte als Peninna. Aber wahrscheinlich wird Peninna sie gerade deshalb nur noch mehr gekränkt haben. Ihr Psychoterror führte schließlich dazu, dass Hanna keine Nahrung mehr zu sich nahm. Ihr Mann versuchte sie zu trösten, indem er ihr versicherte, dass ihre sie verbindende Liebe doch viel wichtiger sei als die Frage, ob sie Kinder habe oder nicht. Hanna schaffte es schließlich aus eigener Kraft, ihr inneres Gefängnis zu verlassen. Sie ergriff die

Initiative, um ihre unerträgliche Situation zu verändern, und legte ein Gelübde ab: Sollte Gott sie mit der Geburt eines Sohnes segnen, so würde sie dieses Kind Gott weihen, d.h. ihn dem Dienst am Tempel weihen. Hanna wurde schwanger und Samuel wurde geboren – Samuel, der später Prophet wurde, der den König salbte und der zugleich immer ein Gegenüber zum König blieb und ihm den Willen Gottes kundtat.

Aus Dankbarkeit für die Geburt von Samuel singt Hanna ihr Loblied. Ich finde es bemerkenswert, dass sie dieses Lied nicht nach seiner Geburt singt, sondern im Moment der Trennung, als sie ihren Sohn zu Eli nach Silo bringt, um ihn Gott zu übergeben. Sicher wird sie dabei auch Trennungsschmerz empfunden haben, aber dieser Schmerz wird überwunden durch die Freude, dass Gott ihre Bitte um die Geburt eines Kindes erhört hat, und die Hoffnung, dass Gott seinem Volk durch dieses Kind eine neue Zukunft schenken wird. Die Geburt dieses Sohnes ist nicht nur für seine Mutter, sondern für das gesamte Volk Israel von Bedeutung, und so können wir den Lobgesang der Hanna durchaus mit dem Lied der Mirjam nach der Befreiung aus Ägypten und auch mit dem Lied der Debora nach dem ersten Sieg Israels über seine Feinde vergleichen. Denn mit der Geburt Samuels bricht eine neue Zukunft für Israel an. Deshalb ist das Lied der Hanna ein Lobgesang auf Gott, der diese neue Zukunft eröffnet, indem er die Partei derjenigen ergreift, die in ihrem Leben keine Zukunft mehr sehen.

So ist es nicht verwunderlich, dass die Geschichte der Hanna mit ihrem Lobgesang in der jüdischen Tradition von immens hoher Bedeutung ist: Im Babylonischen Talmud gilt Hanna als Vorbild der demütigen Beterin, deren Bitte von Gott erhört wird, und sie wird dort zu den sieben Frauen gezählt, die als Prophetinnen gelten. Dieser Text wird im jüdischen Gottesdienst als Prophetenlesung am Neujahrstag gelesen – an dem Tag, der in der jüdischen Tradition als der sechste Tag der Schöpfung gilt, als der Tag, an dem Gott den Menschen erschaffen hat. Am Neujahrsfest stehen drei Frauen im Mittelpunkt: Sara, Rachel und Hanna. Alle drei litten unter dem Schicksal der Kinderlosigkeit. Allen drei wurde gemäß der Tradition am Neujahrstag Fruchtbarkeit geschenkt. An diesem Tag wird Gott in ganz besonderer Weise als Schöpfer des Lebens geehrt.

Der Lobgesang der Hanna, den wir am heutigen Osterfest bedenken – dem höchsten Fest unseres christlichen Glaubens – erinnert an das Lied, das wir an einem anderen hohen Fest hören, dem Weihnachtsfest: das Magnificat der

Maria. Auch in diesem Lied geht es um die Zukunft Israels, um seine Befreiung und seine Hoffnung auf Wiederherstellung von Gerechtigkeit. Beide Frauen – Hanna wie auch Maria – singen in der Gewissheit, dass ihr Sohn in der Geschichte ihres Volkes Israel eine besondere Rolle spielen wird.

Es geht um Befreiung und neuen Aufbruch ins Leben. Hannas Lobgesang betont, dass Gott will, dass wir leben. In der Auferstehung Jesu Christi sehen wir, dass Gott uns von der Macht des Todes befreit und uns ins Leben führt.

Christi Himmelfahrt

Lukas 24, 44-53

Mit Christi Himmelfahrt können viele Zeitgenossen nicht allzu viel anfangen. Zu unrealistisch mutet ihnen die Vorstellung an, dass Jesus Christus ganz konkret in den Himmel aufgefahren ist. Es ist nicht erstaunlich, dass aus diesem Tag der Vatertag geworden ist. Mit dem Vatertag und dessen Ausgestaltung haben viele heutzutage sehr viel weniger Probleme als mit dem, was uns in der biblischen Botschaft von der Himmelfahrt Jesu Christi zugemutet wird. Kürzlich fand ich in meinem Briefkasten die Werbung für eine komplette Ausstattung mit sämtlichen Utensilien für einen gelingenden Vatertag vor. Neben einem stabilen Bollerwagen wurden da auch viele alkoholische Getränke, ein Edelstahl-Säulengrill, verschiedene Sorten Grillfleisch und verschiedene Sorten Saucen günstig angeboten. Der Vatertag scheint sich in unserem Jahresablauf mittlerweile seinen festen Platz erobert zu haben. Werfen wir einen Blick auf die Geschichte des Vatertages: Dieser hat seinen Ursprung in den USA, wo Luisa Dodd im Jahr 1910 eine Bewegung zur Ehrung der Männer ins Leben rief. Dieser Tag ist zumindest nach seiner ursprünglichen Intention also ganz im Sinne der Gleichberechtigung und Gleichstellung der Geschlechter: Es gibt einen Muttertag; also ist es nur recht und billig, wenn es auch einen Vatertag gibt.

Die Frage nach dem Sinn des Vatertags ist somit klar zu beantworten. Bei dem Fest der Himmelfahrt Christi ist die entsprechende Frage nach dem Sinn nicht ganz so leicht zu beantworten. Selbst vielen Christinnen und Christen ist nicht hundertprozentig klar, was an diesem kirchlichen Feiertag eigentlich genau gefeiert wird. Denn Christi Himmelfahrt ist ein kirchlicher Feiertag, dessen Gehalt sich nicht auf den ersten Blick erschließt. Bei den anderen großen christlichen Festen – Weihnachten, Ostern, ja sogar beim Pfingstfest – ist dies leichter nachzuvollziehen.

Aber es lohnt sich, der Frage einmal nachzugehen, worum es bei dem Fest der Himmelfahrt Christi geht. Schließlich hat Christi Himmelfahrt für den christlichen Glauben eine so hohe Bedeutung, dass sie im Apostolischen Glaubensbekenntnis zur Sprache gebracht wird. Dort heißt es über Jesus Christus, er sei „aufgefahren in den Himmel". Lesen wir den Text, in dem diese Himmelfahrt beschrieben wird. Er steht im Lukasevangelium im vierundzwanzigsten Kapitel:

„Jesus sprach zu seinen Jüngern: ‚Das sind meine Worte, die ich zu euch gesagt habe, als ich noch bei euch war: Es muss alles erfüllt werden, was von mir geschrieben steht im Gesetz des Mose, in den Propheten und in den Psalmen.'

Da öffnete er ihnen das Verständnis, so dass sie die Schrift verstanden, und sprach zu ihnen: ‚So steht's geschrieben, dass Christus leiden wird und auferstehen von den Toten am dritten Tage; und dass gepredigt wird in seinem Namen Buße zur Vergebung der Sünden unter allen Völkern. Fangt an in Jerusalem und seid dafür Zeugen. Und siehe, ich will auf euch herab senden, was mein Vater verheißen hat. Ihr aber sollt in der Stadt bleiben, bis ihr ausgerüstet werdet mit Kraft aus der Höhe.'

Und Jesus führte seine Jünger hinaus bis nach Betanien und hob die Hände auf und segnete sie. Und es geschah, als er sie segnete, schied er von ihnen und fuhr auf gen Himmel. Sie aber beteten ihn an und kehrten zurück nach Jerusalem mit großer Freude und waren allezeit im Tempel und priesen Gott."

Lukas 24, 44-53

Die Himmelfahrt selbst wird in unserem Text keineswegs detailliert geschildert. Kurz und knapp heißt es lediglich: „Und es geschah, als er sie segnete, schied er von ihnen und fuhr auf gen Himmel." Das darf jedoch nicht den falschen Eindruck erwecken, als sei die Himmelfahrt Christi nicht von allzu großer Bedeutung. Das Gegenteil ist der Fall: Sie ist von kaum zu überbietender Bedeutung. Worin besteht diese Bedeutung?

Ich möchte dieser Frage, der Frage nach der Bedeutung der Himmelfahrt Christi nachgehen, indem ich beim Weihnachtsfest ansetze und frage: Was ist unter den christlichen Festen eigentlich gleichsam das Gegenstück, die Entsprechung zum Weihnachtsfest? Zu Weihnachten feiern wir die Geburt Jesu Christi. Der Gedanke legt sich nahe, dass das Gegenstück zu Weihnachten, wenn ich dies einmal so formulieren darf, der Karfreitag ist, denn an diesem Tag gedenken wir des Todes Jesu Christi. Wie Weihnachten für den Beginn seines Lebens, für seine Geburt, steht, so steht der Karfreitag für das Ende seines Lebens, für seinen Tod.

So einleuchtend und logisch dies zweifellos klingt, es greift zu kurz. Es wäre völlig richtig, wenn Jesus Christus lediglich ein Mensch gewesen wäre, wenn er lediglich eine menschliche Natur gehabt hätte. Aber er hatte auch eine göttliche Natur. Auf dem Konzil von Chalcedon, das im Jahr 451 stattfand, war formuliert worden, dass er „wahrhaft Gott und wahrhaft Mensch" sei. Er war „wahrhaft Mensch" – mit aller Freude und allem Leid, das zum Menschsein dazugehört. So kannten ihn seine Jünger aus der gemeinsamen Zeit, die sie zusammen mit ihm verbracht hatten. Zugleich war er „wahrhaft Gott", denn in ihm ist Gott selbst in unsere Welt gekommen. Und Gott hat unsere Welt nicht durch seinen Tod am Kreuz verlassen, sondern durch seine Himmelfahrt.

Es legt sich die Frage nahe, was eigentlich passiert wäre, wenn die Himmelfahrt Jesu Christi nicht stattgefunden hätte. Jesus war vom Tod auferstanden. Er, den man ans Kreuz geschlagen und auf diese grausame Art und Weise getötet hatte, war wieder lebendig. Nun lebte er wieder und hat sich vielen Menschen gezeigt. Wenn er nun nicht im Rahmen seiner Himmelfahrt aufgefahren wäre, hätte er weiterhin auf der Erde gelebt und gewirkt und wäre wahrscheinlich in hohem Alter gestorben – so wie wir auch bei Lazarus, den Jesus vom Tode auferweckt hat, vermuten können, dass er als alter Mann gestorben ist. Wenn Jesus nach seiner Auferstehung weiter gelebt hätte und dann gestorben wäre, dann hätte der Tod doch das letzte Wort gehabt, dann wäre der Tod im Ostergeschehen nicht überwunden worden. Jesus starb jedoch nicht, sondern wurde im Rahmen seiner Himmelfahrt entrückt. Somit zeigt er deutlich und unwiderruflich, dass der Tod nicht das letzte Wort hat.

Durch Auferstehung und Himmelfahrt wurde Gottes Wirken in Jesus erfahrbar. Nun zeigte sich, dass er nicht nur wahrhaft Mensch, sondern auch wahrhaft Gott war. In seiner Himmelfahrt begab er sich wieder in den Bereich, aus dem er zu uns gekommen war, in den Bereich des Göttlichen, der nicht den Gesetzen von Raum, Zeit und Materie unterworfen ist. Das ist gemeint, wenn davon die Rede ist, dass Jesus in den Himmel aufgefahren ist. Mit dem Himmel ist hier nicht der Himmel gemeint, den wir über uns sehen, der Himmel, an dem Wolken vorbeiziehen, aus denen es manchmal regnet. Mit dem Himmel ist der Bereich Gottes gemeint. In unserer Sprache gibt es für beides nur einen Begriff: den Begriff „Himmel". Die englische Sprache ist hier genauer. Da wird der Himmel, den wir über uns sehen, als „sky" bezeichnet und der Bereich Gottes als „heaven".

Die Himmelfahrt Jesu wurde und wird oft in dem Sinne missverstanden, dass Gott das Gesetz der Schwerkraft aufgehoben hat und Jesus dann wie in einem himmlischen Fahrstuhl nach oben verschwand und sich den Blicken seiner Jünger entzog. So erinnert die berühmte kleine Holzschnitt-Passion „Himmelfahrt Christi“ von Albrecht Dürer ein wenig an Bilder von Raketen, die auf ihren Weg in den Weltraum starten. Und als es 1957 der Sowjetunion gelungen war, mit „Sputnik 1“ den ersten Satelliten zu starten, der dann in einer Höhe von knapp 300 km die Erde umrundete, jubelte der damalige Parteichef der Sowjetunion, Nikita Chruschtschow: „Jetzt ist der Himmel endgültig zerstört!“ Der Kremlchef war davon überzeugt, dass durch die Weltraumtechnik nun endgültig dem Glauben der Boden entzogen sei, dass Gott im Himmel ist. Hinter dieser Überzeugung steht das Missverständnis, dass der Himmel, der der Bereich Gottes ist, mit dem Himmel identisch ist, den wir über uns sehen.

Aber um diesen Himmel geht es bei der Himmelfahrt Jesu Christi nicht. Wenn davon die Rede ist, dass Jesus bei seiner Himmelfahrt in den Himmel aufstieg, dann ist mit Himmel heaven gemeint, nicht sky.

Deshalb geht es bei der Himmelfahrt auch nicht in erster Linie um Jesu Abschied von der Erde, auch wenn die Erscheinungen des auferstandenen Jesus nun ihr Ende fanden. Mit der Himmelfahrt Jesu wird der Himmel im Sinne von heaven zum *Ort*, an dem Christus in unserer Welt präsent ist und damit auch zur *Art*, in der er unter uns präsent ist. Wir haben Anteil am göttlichen Himmel. Der Himmel Gottes hat also durchaus auch in unserer Welt seinen Ort. Jesus hat uns zugesagt, dass das Reich Gottes mitten unter uns ist. Christus ist in unserer Welt gegenwärtig; wo zwei oder drei in seinem Namen zusammen sind, ist er da. Das hat er uns zugesagt; darauf dürfen wir vertrauen.

Pfingsten

Apostelgeschichte 2, 1-18

Was feiern wir zu Pfingsten? Diese Frage ist nicht so leicht zu beantworten. Denn der Inhalt dieses Festes erschließt sich zumindest nicht auf den ersten Blick. Das hat dazu geführt, dass Pfingsten unter den Hochfesten des Kirchenjahres im allgemeinen christlichen Bewusstsein bei weitem nicht so fest verankert ist wie z.B. Weihnachten oder Ostern. Der Inhalt dieses Festes, der Heilige Geist, gilt als abstrakt. Es ist kein Zufall, dass Pfingsten im kirchlichen Brauchtum und in der religiösen Folkloristik kaum aufgenommen wurde. Dass sich die Bedeutung von Pfingsten nicht auf den ersten Blick erschließt, hat durchaus auch seine positiven Aspekte. So hat es dieses Fest davor bewahrt, kommerziell ge- bzw. missbraucht zu werden. Während die Schokoladenindustrie weder auf die Produktion von Weihnachtsmännern noch auf die von Osterhasen verzichten könnte, kam bisher niemand auf die Idee, Pfingsttauben aus Schokolade herzustellen – und das ist gut so. Denn so ist uns der Zugang zu Pfingsten nicht durch mehr oder weniger problematische Klischees verstellt und wir haben es somit leichter, die Bedeutung von Pfingsten in den Blick zu nehmen. Und es ist wichtig, dass wir dies tun, denn dieses Fest ist für uns keineswegs weniger wichtig als die anderen Hochfeste unseres Glaubens.
Im zweiten Kapitel der Apostelgeschichte wird das Pfingstgeschehen beschrieben. Dieser Text lautet:

„Und als der Pfingsttag gekommen war, waren sie alle an einem Ort beieinander. Und es geschah plötzlich ein Brausen vom Himmel wie von einem gewaltigen Wind und erfüllte das ganze Haus, in dem sie saßen. Und es erschienen ihnen Zungen, zerteilt wie von Feuer; und er setzte sich auf einen jeden von ihnen, und sie wurden alle erfüllt von dem Heiligen Geist und fingen an zu predigen in andern Sprachen, wie der Geist ihnen gab auszusprechen. Es wohnten aber in Jerusalem Juden, die waren gottesfürchtige Männer aus allen Völkern unter dem Himmel. Als nun dieses Brausen geschah, kam die Menge zusammen und wurde bestürzt; denn ein jeder hörte sie in seiner eigenen Sprache reden. Sie entsetzten sich aber, verwunderten sich und sprachen: Siehe, sind nicht diese alle, die da reden, aus Galiläa? Wie hören wir denn jeder seine eigene Muttersprache? Parther und Meder und Elamiter und die wir wohnen in Mesopotamien und Judäa, Kappadozien, Pontus und der Provinz Asien, Phrygien und Pamphylien, Ägypten und der Gegend von Kyrene in Libyen und Einwanderer aus Rom, Juden und Judengenossen, Kreter und Araber: wir hören sie in unsern Sprachen von den großen Taten Gottes reden. Sie entsetzten sich aber alle und wurden ratlos und sprachen einer zu dem andern: Was will das werden? Andere aber hatten ihren Spott und sprachen: Sie sind voll von süßem Wein.

Da trat Petrus auf mit den Elf, erhob seine Stimme und redete zu ihnen: Ihr Juden, liebe Männer, und alle, die ihr in Jerusalem wohnt, das sei euch kundgetan, und lasst meine Worte zu euren Ohren eingehen! Denn diese sind nicht betrunken, wie ihr meint, ist es doch erst die dritte Stunde am Tage; sondern das ist's, was durch den Propheten Joel gesagt worden ist: „Und es soll geschehen in den letzten Tagen, spricht Gott, da will ich ausgießen von meinem Geist auf alles Fleisch; und eure Söhne und eure Töchter sollen weissagen, und eure Jünglinge sollen Gesichte sehen, und eure Alten sollen Träume haben; und auf meine Knechte und auf meine Mägde will ich in jenen Tagen von meinem Geist ausgießen, und sie sollen weissagen."

Apostelgeschichte 2, 1-18

Gehen wir von diesem Text aus, um die Bedeutung von Pfingsten zu verstehen, dann finden wir an dessen Anfang einen wichtigen Hinweis – den Hinweis auf das jüdische Wochenfest. Der Text beginnt mit dem Satz: „Und als der Pfingsttag gekommen war, waren sie alle an einem Ort beieinander" (Vers 1). Das Wochenfest findet sieben Wochen bzw. fünfzig Tage nach dem Pessach-Fest statt. Aufgrund dieser sieben Wochen wird es Schawuot genannt, zu Deutsch: Wochen. Die Bezeichnung Pfingsten bezieht sich ebenfalls auf den zeitlichen Abstand zum Pessach-Fest, denn das griechische Zahlwort für fünfzig lautet Pentekoste und von diesem griechischen Wort ist das Wort Pfingsten abgeleitet. So wie im Judentum Schawuot fünfzig Tage nach Pessach gefeiert wird, wird im Christentum Pfingsten fünfzig Tage nach Ostern gefeiert. Pfingsten war ursprünglich der krönende Abschluss der Osterzeit. Zu Pfingsten feierte man die Vollendung des österlichen Heilgeschehens. Bereits aus dem zweiten Jahrhundert haben wir Zeugnisse für die Feier einer fünfzigtägigen Freudenzeit nach Ostern, der Pentekosté, die nach Tertullian ein einziger großer „dies festus" (de baptismo 19, 2) darstellt.

Das Pfingstereignis – so wie im zweiten Kapitel der Apostelgeschichte dargestellt – geschah zur Zeit des jüdischen Schawuot-Festes. Dieser Hinweis auf die zeitliche Koinzidenz von Schawuot und dem Pfingstgeschehen ist ein Schlüssel zum Verständnis des heutigen Festes. Denn die Verbindung zwischen diesen beiden Festen ist nicht lediglich eine zeitliche, sondern auch eine sachliche.

Nehmen wir Schawuot, das jüdische Wochenfest, näher in den Blick: Dieses Fest hat im Laufe seiner Geschichte eine Bedeutungsveränderung erfahren. Ursprünglich war es eines der drei Feste, die das Jahr im biblischen Israel strukturierten. Diese Feste wurden im Frühling, im Sommer und im Herbst gefeiert. Sie folgten dem ackerbäuerlichen Produktionszyklus und stellten als die drei Wallfahrtsfeste das Zentrum der frühen Religion Israels dar. Diesen drei Festen des zunächst primär agrarischen Festkalenders sind dann im Laufe der Zeit historisch-theologische Dimensionen zugewachsen, so dass in ihnen Stationen der Begegnungsgeschichte Gottes mit seinem Volk Israel vergegenwärtigt wurden. Aus den Hauptetappen agrarischen Lebens wurden die Hauptschritte glaubender Existenz im Verständnis der jüdischen Religion. So wurde das Schawuot-Fest, an dem die Kornernte dargebracht wurde, in nachalttestamentlicher Zeit mit der Gabe der Tora am Sinai in Verbindung gebracht. Diese Bedeutung des Schawuot-Festes ist zwar erst ab dem zweiten nachchristlichen Jahrhundert belegt, kann jedoch durchaus bereits älter sein. Denn im Jubiläenbuch, das in jedem Fall vor der Zerstörung des Jerusalemer Tempels im Jahr 70 n.Chr. entstanden ist, vielleicht sogar in das vierte vorchristliche Jahrhundert zu datieren und somit sehr viel älter ist, wird im sechsten Kapitel das Schawuot-Fest auf die Bundesschlüsse Gottes seit Noah bis zum Bund am Sinai bezogen. Und so kann das Pfingstfest vor dem Hintergrund des Schawuot-Festes verstanden werden: Wie beim Schawuot-Fest der Offenbarung Gottes in der Tora gedacht wird, so beim christlichen Pfingstfest der Offenbarung Gottes in seinem Heiligen Geist.

Zeichen der göttlichen Offenbarung ist das Feuer, das brennt und erleuchtet, aber nicht verzehrt: „Und es geschah plötzlich ein Brausen vom Himmel wie von einem gewaltigen Wind und erfüllte das ganze Haus, in dem sie saßen. Und es erschienen ihnen Zungen, zerteilt wie von Feuer; und er setzte sich auf einen jeden von ihnen“ (Verse 2 f.). Das Feuer als Zeichen der Offenbarung Gottes erlebt auch Mose, als er die Schafe seines Schwiegervaters Jitro auf die Steppe führt und dort einen Dornenbusch sieht, der brennt, jedoch nicht verbrennt. Aus diesem Busch vernimmt er die Stimme Gottes und erfährt seine Berufung (Exodus 3f.). Während des Exodus aus Ägypten zog Gott des Nachts in einer Feuersäule vor seinem Volk her (Exodus 13, 21) und der Berg Sinai rauchte, weil Gott im Feuer herab fuhr (Exodus 19, 18). Im Fünften Buch Mose geht es ebenfalls um dieses Feuer, wenn berichtet wird, dass der Berg in Flammen stand bis in den Himmel hinein (Deuteronomium 4, 11). Dieses Feuer brannte in den Herzen der beiden Emmausjünger, als der Auferstandene ihnen die Schrift auslegte (Lukas 24, 32), und dieses Feuer lodert um die Weisen des Talmuds, wenn sie sich der Schrift widmen. Dieses Feuer erscheint den Jüngern in den verteilten feurigen Zungen. Gott selbst ist in seinem Geist anwesend. Sprechen wir Christinnen und Christen vom Heiligen Gottes, ist somit also dasselbe gemeint, was in jüdischer Terminologie als Schekhina, als Einwohnung Gottes, bezeichnet wird.

Indem dies im Bild der verteilten feurigen Zungen beschrieben wird, wird zugleich auf die Wirkung des Heiligen Geistes hingewiesen: Denn das Bild der Zunge verweist auf die verbale Kommunikation zwischen Menschen.

Um diesen Aspekt des Textes besser verstehen zu können, ist es hilfreich, einen anderen Bibeltext heranzuziehen: die Erzählung vom Turmbau zu Babel im ersten Buch der Bibel. Dieser Text beginnt mit der Aussage, dass damals alle Menschen dieselbe Sprache gesprochen haben (Genesis 11, 1). Ihr Turmbauprojekt begründeten sie nicht zuletzt damit, dass sie verhindern wollten, dass sie in alle Länder zerstreut werden (Vers 4). Eine Vielfalt menschlichen Lebens ist es also, der sie einen Riegel vorschieben wollten. Aber gerade diese Vielfalt ist von Gott gewollt und so beendete er die Uniformität der einen Sprache und zerstreute sie in alle Länder (Vers 8). Damit machte er aus der selbstgefälligen Einheit der Menschen deren gottgefällige Vielfalt. Benno Jacob zufolge ist die Erzählung vom geplanten und von Gott vereitelten Turmbau „die Verurteilung eines extremen Zentralismus, dessen letzte Konsequenz eine einzige Welt-Stadt mit einem möglichst hohen Wolkenkratzer als Symbol der Konzentration ist, eines Herdensinnes, der sich nur in der Masse und Zusammendrängung geborgen fühlt und das Endziel darin sieht, die ganze Menschheit unter einen Turm zu bringen.“ Die demgegenüber von Gott gewollte Vielfalt der Menschen ist nur in der Vielfalt ihrer Kulturen und Sprachen möglich. In der rabbinischen Literatur wird die sprachliche Vielfalt thematisiert, in der Gott sein Wort an die Menschen richtet:

„R. Jochanan sagte: Es heißt (Ps 68, 12) ‚Der Herr ließ einen Ruf erschallen, der Siegesbotinnen war ein großes Heer’. Jedes Wort, das aus dem Munde des Heiligen, gepriesen sei er, hervorging, wurde in siebzig Sprachen zerteilt.

In der Schule R. Ischmaels wurde gelehrt: ‚Und wie ein Hammer, der Felsen zersplittert' (Jer 23, 29); wie der Stein durch den Hammer in viele Splitter zerteilt wird, so wurde auch jedes Wort, das aus dem Munde des Heiligen, gepriesen sei er, hervorging, in siebzig Sprachen zerteilt." (Babylonischer Talmud, Traktat Schabbat 88b).

Eine solche Vielfalt kann eine unendliche Bereicherung des menschlichen Lebens sein, aber sie kann dieses auch stark belasten. Um sie als Bereicherung gestalten und erfahren zu können, ist der Geist Gottes nötig. Er ist es, der es ermöglicht, die Vielfalt zu gestalten. So im wahrsten Sinne des Wortes eintönig es wäre, wenn wir Menschen nur eine Sprache sprechen würden, so schlimm wäre es, wenn Menschen unterschiedlicher Sprache und Kultur einander nicht verstehen und nicht miteinander sprechen könnten. Wäre dies nicht möglich, dann würden Menschen nur über die anderen Menschen sprechen können, die eine andere Sprache und Kultur haben, nicht jedoch mit ihnen. Dies entspräche nicht dem Willen Gottes, denn Gott will die Begegnung, den Dialog und den Austausch zwischen den von ihm erschaffenen Menschen. Dialog ist nicht möglich ohne gegenseitiges Verstehen. Dieses so wichtige Verstehen wird durch den Geist Gottes ermöglicht. Das Wirken des Geistes zielt nicht darauf ab, dass alle Menschen wieder dieselbe Sprache sprechen; die von Gott gewollte Vielfalt menschlicher Sprachen und Kulturen, die er geschaffen hat, als die Menschen versuchten, ihren Turm zu errichten, wird nicht zurückgenommen. Nein, darum geht es nicht. Es geht vielmehr darum, dass das Verstehen anderer Sprachen möglich wird. So entfaltet der Heilige Geist sein Wirken unter uns und diese Wirkung wird im Text in eindrucksvoller Weise beschrieben: „Und sie wurden alle erfüllt von dem Heiligen Geist und fingen an zu predigen in andern Sprachen, wie der Geist ihnen gab auszusprechen. Es wohnten aber in Jerusalem Juden, die waren gottesfürchtige Männer aus allen Völkern unter dem Himmel. Als nun dieses Brausen geschah, kam die Menge zusammen und wurde bestürzt; denn ein jeder hörte sie in seiner eigenen Sprache reden. Sie entsetzten sich aber, verwunderten sich und sprachen: Siehe, sind nicht diese alle, die da reden, aus Galiläa? Wie hören wir denn jeder seine eigene Muttersprache?" (Verse 4 bis 8). Es ist ein grenzenloses Verstehen, das hier beschrieben wird.

Zwar scheinen die konkreten Beispiele, die Lukas hier nennt, auf den ersten Blick nicht sonderlich geeignet, um dieses grenzenlose Verstehen der Menschen untereinander zu beschreiben. Schließlich werden „Parther und Meder und Elamiter und die wir wohnen in Mesopotamien und Judäa, Kappadozien, Pontus und der Provinz Asien, Phrygien und Pamphylien, Ägypten und der Gegend von Kyrene in Libyen und Einwanderer aus Rom, Juden und Judengenossen, Kreter und Araber" (Verse 9 bis 11a) genannt; und damit werden eben ausschließlich Gebiete mit starken jüdischen Bevölkerungsanteilen genannt, von denen die meisten keine eigenen Sprachgebiete waren. Diese Aufzählung umfasst also Diasporajüdinnen und –juden, die mehrheitlich griechischsprachig waren. Das wusste natürlich auch Lukas, der Verfasser unseres Textes. Aber hier geht es keineswegs nur um das an dieser Stelle geschilderte Geschehen; hier geht es um mehr: Der Heilige Geist, der hier die Menschen erfüllt und im wahrsten und ursprünglichsten Sinne des Wortes begeistert, wird nicht wieder zurückgenommen. Seit jenem Pfingstfest, von dem Lukas in der Apostelgeschichte berichtet, ist er bei uns. Und seinem Wirken sind keine Grenzen gesetzt. Und somit können wir im Geist auch die Grenzen zu Menschen überschreiten, die durch andere Sprachen und Kulturen gesetzt sind.

Durch den Heiligen Geist kann die von Gott gewollte Vielfalt konstruktiv gestaltet werden; durch den Heiligen Geist ist ein Dialog möglich, der durch keinerlei Grenzen, seien sie nun sprachlicher, kultureller oder anderer Art, beschränkt ist. Durch den Heiligen Geist wird retrospektiv sichtbar, dass in der Erschaffung der Vielfalt der Sprachen, die Gott vollzogen hat, als die Menschen versuchten, ihren Turm zu bauen, der erste Schritt auf Pfingsten hin gemacht wurde.

Das verstehen nicht alle Menschen; wer sich für den Dialog engagiert, muss auch mit Ablehnung und Spott rechnen. Diese Erfahrung machten auch die geisterfüllten Jünger, als ihnen unterstellt wurde, dass sie bereits früh am Tag betrunken seien: „Andere aber hatten ihren Spott und sprachen: Sie sind voll von süßem Wein" (Vers 13). Die Gabe des Heiligen Geistes ist keine Garantie dafür, dass der Dialog zwischen Menschen an jedem Ort und zu jeder Zeit gelingen wird. Aber sie macht diesen Dialog möglich und ebnet damit den Weg zu einem Miteinander von uns Menschen untereinander, das von Gott gewollt ist.

Gottes Geist stiftet Gemeinschaft. Darauf dürfen wir bauen, wenn wir aufeinander zugehen und versuchen, uns gegenseitig zu verstehen.

Trinitatis

Dieser Sonntag hat einen anderen Charakter als die vorigen. In der Zeit des Kirchenjahres, die jetzt hinter uns liegt, haben wir uns Ereignisse vor Augen geführt, die für uns als christliche Gemeinde heilsgeschichtliche Bedeutung haben. Wir haben Ostern, Christi Himmelfahrt und Pfingsten gefeiert. Am heutigen Sonntag steht demgegenüber kein heilsgeschichtliches Ereignis im Mittelpunkt, sondern die Trinität, die Dreieinigkeit. Wir feiern heute den Sonntag Trinitatis. Bereits sehr früh bestand in der Geschichte der Kirche das Bedürfnis, das Geheimnis der göttlichen Dreieinigkeit nicht nur zu bedenken, nicht nur den Versuch zu unternehmen, es zu verstehen, sondern es zu feiern. Daraus hat sich die Tradition entwickelt, an einem Sonntag im Kirchenjahr, dem so genannten Trinitatis-Sonntag, die Dreieinigkeit zu feiern. Und so feiern wir heute das Geheimnis Gottes, dass er uns in seiner dreieinigen Gestalt begegnet.

Die Dreieinigkeit ist für unseren christlichen Glauben im wahrsten Sinne des Wortes von grundlegender Bedeutung. Das Apostolische Glaubensbekenntnis, das wir eben gemeinsam gesprochen haben, führt uns dies deutlich vor Augen. Der Bekenntnissatz „Ich glaube an Gott“ wird in drei Artikeln entfaltet. Es wird dargelegt, dass der Glaube an Gott konkret wird, wenn er ihn in seiner Gestalt als Vater, Sohn und Heiliger Geist begreift.

Angesichts dessen ist es erstaunlich, wie wenig die Dreieinigkeit im innerchristlichen Dialog über Gott zur Sprache kommt. Und wenn sie thematisiert wird, dann oft im Rahmen einer Kritik. So wird zuweilen der Einwand geäußert, dass der Glaube an die Dreieinigkeit Gottes aus Gründen der Logik nicht mit einem aufgeklärten Gottesverständnis in Einklang zu bringen sei. Und es ist ja in der Tat so, dass beim Nachdenken über die Dreieinigkeit und ihre Bedeutung die Grenzen eines rationalen Zugangs zumindest erreicht, wenn nicht gar überschritten werden. Das trägt in entscheidendem Maße dazu bei, dass – wie gesagt – die Dreieinigkeit unter Christinnen und Christen oft kein Thema ist. Das ist jedoch überaus bedauerlich, denn sie ist ein wichtiges Thema, dem wir uns zu stellen haben.

Wie gut, dass uns dieses Thema von Menschen anderen Glaubens wieder ins Gedächtnis zurückgerufen wird! Sowohl im christlich-jüdischen als auch im christlich-islamischen Dialog werden wir von unseren jüdischen bzw. muslimischen Gesprächspartnerinnen und -partnern mit Nachdruck befragt, ob wir denn – wie sie – an einen Gott glauben oder an drei Götter. Diese Frage nimmt auch unseren christlichen Sprachgebrauch in den Blick, wenn wir von dem Vater, dem Sohn und dem Heiligen Geist als den drei Personen Gottes sprechen. Bei dem Begriff „Person" denken wir heutzutage an ein Individuum. Dies ist jedoch nicht gemeint, wenn von den drei Personen Gottes die Rede ist. Hinter dieser Rede steht kein individualistisches Verständnis des Begriffes „Person". Denn der Begriff „Person" kommt aus dem Lateinischen. Das lateinische Substantiv „persona" hat die Bedeutung „Theatermaske". Wenn Gott uns in einer seiner drei Personen begegnet, dann ist es also ein und derselbe Gott, der – bildlich gesprochen – jeweils eine andere Theatermaske trägt. Die drei Personen Gottes sind somit drei unterschiedliche Offenbarungs- und Erscheinungsweisen ein und desselben Gottes.

Aber der Begriff „Person" hat in unserer Alltagssprache nun einmal eine andere Bedeutung und führt bei Gesprächen über die Dreieinigkeit Gottes fast zwangsläufig zu Missverständnissen; und so sprach der evangelische Theologe Karl Barth in Bezug auf die Dreieinigkeit nicht von den drei „Personen" Gottes, sondern von den drei „Seinsweisen" Gottes. Das ist bemerkenswert; war es doch Barth, der sich dem Thema der Dreieinigkeit wieder mit Nachdruck zuwandte, nachdem diese in der liberalen Theologie des 19. Jahrhunderts eher ein Schattendasein fristete.

Ist damit nun alles Entscheidende zum Thema „Dreieinigkeit" gesagt? Ist es ein Gott, der sich lediglich in unterschiedlichen Situationen auf eine je unterschiedliche Art und Weise offenbart?

Diese Frage ist durchaus mit „Ja" zu beantworten. Dennoch ist damit noch nicht alles gesagt, was zu diesem Thema zu sagen ist. Denn in den drei unterschiedlichen Offenbarungsweisen Gottes werden drei unterschiedliche Seiten Gottes sichtbar. Somit zeigt sich hier eine gleichsam innergöttliche Unterscheidung. Gott begegnet uns in seiner Vielfalt. Und es hat durchaus seine Bedeutung, dass diese Vielfalt in *drei* Personen Gestalt annimmt. Indem Gott sich in innerer Vielfalt und nicht nur als *eine* Person offenbart, erteilt er jeder monistischen Reduktion auf Uniformität eine klare Absage; und indem er sich nicht in Form von *zwei* Personen offenbart, vermeidet er jede dualistische Kontroverse. Die Zahl *drei* weist somit darauf, dass all die Einseitigkeiten vermieden werden, die Gott zum Prinzip oder gar zum Götzen machen und ihn vor den je eigenen Karren spannen wollen. Die Zahl *drei* weist auf eine Vielfalt, mit der es umzugehen gilt. Entsprechend gehört zum Ausdruck christlichen Glaubens an Gott, der sich in seiner Vielfalt offenbart, dass Vielfalt ausgehalten wird, ja mehr noch, dass sie als gute Gabe Gottes angenommen wird. Dies ist leicht gesagt. Wenn es jedoch konkret wird, so kann das durchaus auch schwierig werden. Es ist nicht leicht, es auszuhalten, dass andere anders denken, anders handeln, anders leben, den christlichen Glauben anders zum Ausdruck bringen als wir. Das kann zu Konflikten führen.

Der Glaube an die Dreieinigkeit Gottes kann uns dabei helfen, mit der Vielfalt unter uns besser umzugehen, weil sie uns vor Augen führt, dass diese Vielfalt von Gott gewollt ist. Denn Gott selbst lässt sich nach christlichem Glauben nur in seiner Vielfalt erfahren.

Vielfalt ist ein Ausdruck von Lebendigkeit. Gott, an den wir glauben, ist kein Prinzip, sondern der lebendige Gott, der sich auf die Wege von uns Menschen einlässt und sie mitgeht, an den wir uns auf unseren Lebenswegen im Gebet wenden können. Wenn wir in unserem Leben – in unserem je eigenen, individuellen Leben ebenso wie im Leben unserer Gemeinde – unserer Lebendigkeit Raum geben, führt das gleichsam automatisch zu einer Vielfalt. Diese Vielfalt ist – wie gesagt – nicht immer leicht auszuhalten, aber sie ist Ausdruck der Lebendigkeit.

Wir können mit dieser Vielfalt gut umgehen, wenn wir uns gegenseitig wahrnehmen, ernst nehmen und miteinander ins Gespräch kommen. Auch dabei kann uns der Glaube an die Dreieinigkeit helfen. Denn dieser Glaube an die Dreieinigkeit, an die innere Vielfalt Gottes, setzt voraus, dass Gott in seiner eigenen inneren Vielfalt lebt und mit ihr umgeht. Seine unterschiedlichen Seiten, die sich in seinen Personen – oder, um es mit den Worten von Karl Barth auszudrücken: in seinen Seinsweisen – zeigen, sind in Beziehung zueinander; sie stehen nicht unverbunden nebeneinander. Gott steht nach unserem christlichen Glauben in dialogischer Beziehung zu sich selbst. Diese innergöttliche Gemeinschaft kann für uns zum Vorbild gelingender Gemeinschaft unter uns Menschen werden. Der Glaube an die Dreieinigkeit Gottes, daran, dass Gott in dialogischer Beziehung zu sich selbst steht, kann uns den Weg zur dialogischen Gemeinschaft mit Menschen aufzeigen, die anders sind als wir. Der Glaube an die Dreieinigkeit Gottes kann uns somit helfen, miteinander in Frieden zu leben, weil er uns hilft, andere in ihrer Andersartigkeit anzunehmen.

10. Sonntag nach Trinitatis

Lukas 19, 41-48

Vielleicht hat sich der eine oder die andere von Ihnen gewundert, als Sie heute Morgen in die Kirchen kamen. Ein violettes Parament? Ist nicht für die jetzige Trinitatiszeit – wie auch für die Epiphanias- und die Vorfastenzeit – vielmehr die liturgische Farbe Grün vorgesehen, die Farbe der aufgehenden Saat? Das stimmt, aber dennoch hat es seinen Sinn, dass die liturgische Farbe Violett Verwendung findet. Denn diese Farbe, die sonst ihren Ort im Lauf des Kirchenjahres in der Passionszeit, in der Adventszeit und am Buß- und Bettag hat, ist nicht nur die Farbe der Vorbereitung auf die hohen Feste, sondern auch die Farbe der Buße. Und der heutige Tag ist ein Bußtag. Deshalb haben wir auch das Gloria, das Lied 179,1 aus dem Evangelischen Gesangbuch, heute nicht gesungen.

Mit Bußtagen und mit Buße überhaupt können viele Menschen unserer Zeit nicht allzu viel anfangen. Bei Buße denkt man leicht an mittelalterliche Bußgewänder, die heute ja nun wirklich niemand mehr tragen möchte. Aber die Buße hat ihren Ort in unserem Leben und deshalb hat sie auch ihren Ort im Laufe unseres Kirchenjahres.

Alles hat seine Zeit – so heißt es beim Prediger Salomo. Es gibt eine Zeit für das Weinen und für die Klage, und es gibt eine Zeit für den Tanz. Dies gilt auch für die Kirche. Es gibt Sonntage, an denen ungetrübte Freude herrscht, und es gibt Sonntage der Trauer und der Buße. Und heute ist ein solcher Bußtag.

Was ist mit dem Begriff „Buße“ gemeint? Ein Blick in das Alte Testament hilft hier weiter: Die Vokabel, die Buße heißt, kann auch mit „Umkehr“ übersetzt werden. Es gibt viele Stellen im Alten Testament, wo es heißt, dass jemand umkehrt von seinem schlechten Weg. Wer auf seinem Weg umkehrt, muss erst einmal innehalten und sich fragen, ob er überhaupt auf dem richtigen Wege ist. Buße heißt also zunächst einmal: innehalten, sich hinterfragen lassen und überlegen, ob das, was man gerade macht, richtig ist. Der heutige Sonntag, der 10. Sonntag nach Trinitatis, ist seiner ursprünglichen Intention nach ein Bußtag. Die Christenheit sollte sich das Gericht Gottes an Israel vor Augen halten, um so zur Umkehr, zur Buße, bewegt zu werden. Nun sind die Schwierigkeiten, die wir im 21. Jahrhundert mit der Buße haben, keineswegs neu. Auch Christinnen und Christen in früheren Jahrhunderten fanden es viel bequemer, sich einer Buße nicht auszusetzen. Statt sich selbst und das eigene Verhalten zu hinterfragen, wurde über das der Juden geurteilt. Die Juden – so hieß es dann – waren ja selbst schuld. Schließlich haben sie ja Jesus abgelehnt. Dann sollen sie sich auch nicht beschweren, wenn sie ihre gerechte Strafe erhalten und Jerusalem zerstört wird. Wer so spricht, der lebt nicht nur nicht in Jerusalem, dem ist es letzten Endes völlig egal, was mit Jerusalem und den Menschen, die in dieser Stadt leben, passiert. Wer so spricht, der hat kein Mitleid mit Jerusalem und mit seinen Bewohnern – der leidet nicht mit. Anders Jesus. Er, der selbst Jude war, weinte über die drohende Zerstörung der Stadt. Die Trauer über die Zerstörung Jerusalems und des Tempels ist bis heute nicht verstummt. Vor kurzem wurde der Tischa be Aw begangen, der 9. Tag im Monat Aw. Dieser Tag ist der strengste jüdische Fasttag. An ihm werden die Klagelieder rezitiert, und es wird in Klage- und Bußgebeten der Zerstörung Jerusalems gedacht. An diesem Tag wird nicht nur auf Essen und Trinken verzichtet, nein, auch das Studium der Bibel unterbleibt, weil es von der Trauer ablenken könnte. Juden und Christen gedenken also beide zu fast derselben Zeit der Zerstörung Jerusalems, genauer gesagt: der Zerstörungen Jerusalems. Denn Jerusalem wurde zweimal zerstört: im Jahr 586 vor Christus durch die Babylonier und im Jahr 70 nach Christus durch die Römer. Bei der ersten Zerstörung nahmen die Truppen Nebukadnezars die Stadt ein, schleiften ihre Mauern, brannten die Häuser und den Tempel nieder und verschleppten einen Teil der Bevölkerung als Gefangene nach Babylonien. In dieser Zeit des Exils gaben die Deportierten ihr Vertrauen auf Gott aber nicht auf, obwohl er es zugelassen hatte, dass sein Tempel, seine Wohnstatt, entweiht und ein Opfer der Flammen wurde. Nach ihrer Rückkehr aus dem babylonischen Exil bauten die Juden den Tempel wieder auf. Herodes hat diesen neuen Tempel dann großzügig ausgebaut und erweitert. Aber auch dieser Tempel wurde zerstört, als die Juden im Jahr 70 nach Christus einen Aufstand gegen die römischen Besatzungstruppen unternahmen und dabei eine vernichtende Niederlage hinnehmen mussten. Jerusalem wurde von den Truppen des Titus erobert, die Stadt wurde wieder vernichtet und der Tempel wieder verbrannt. Diese erneute Zerstörung Jerusalems und des Tempels war es, die Jesus nach dem Bericht des Lukas, den wir eben in der Evangeliumslesung gehört haben, angekündigt hatte. Dieser Zerstörung bzw. Zerstörungen Jerusalems und des Tempels gedenken Juden und Christen. Doch wenn zwei das gleiche tun, so muss es noch lange nicht das gleiche bedeuten. Es macht einen großen Unterschied, ob man als Unbeteiligter über die Zerstörung Jerusalems spricht und das ganze gleichsam aus der Zuschauerperspektive beobachtet oder ob es die eigene Stadt ist, der Zerstörung angedroht wird.

In der Christenheit wurde der Text als Beweis für das Gericht Gottes über Israel gewertet. Aufgrund dieses Textes wurde - und wird! - gesagt, dass Gott sein abtrünniges Volk bestraft habe, weil es sich geweigert habe, Jesus als seinen Messias anzuerkennen. Deshalb sei Israel jetzt verworfen. Aber steht das in dem Text? Lassen Sie uns ihn noch einmal unter dieser Fragestellung lesen:

„Als er näher kam und die Stadt sah, weinte er über sie und sagte: Wenn doch auch du an diesem Tag erkannt hättest, was dir Frieden bringt."

Jesus sieht die Katastrophe auf Jerusalem zukommen. Was läge näher, als einen großen Bogen um die Stadt zu machen, um in diese Katastrophe nicht hineingezogen zu werden? Jesus wendet sich aber nicht ab, sondern setzt seinen Weg in sie fort. Dadurch bringt er seine Solidarität mit Jerusalem und ihren Bewohnerinnen und Bewohnern zum Ausdruck. Und dadurch, dass er wegen der bevorstehenden Katastrophe in Tränen ausbricht. Es ist die Stadt seines Volkes, und es muss ihm unsagbar schwer fallen, diese Katastrophe auf Jerusalem zukommen zu sehen und nichts dagegen unternehmen zu können. Dies ist vielen, die Jesus nachfolgen wollen, jedoch überhaupt nicht schwer gefallen. So haben - um nur ein Beispiel zu nennen - orthodoxe Christen diesen Vers aus dem Text gestrichen. Der Gedanke, dass ihr Heiland Jesus Christus weint und menschliche Schwäche zeigt, war für sie unvorstellbar. Dagegen war für sie der Gedanke, dass Jerusalem zerstört wird, kein Problem und schon gar kein Anlass, in den Bibeltext einzugreifen. Dass für viele Christinnen und Christen in Vergangenheit und Gegenwart die Zerstörung Jerusalems kein Problem darstellte bzw. darstellt, liegt daran, dass sie der Ansicht waren bzw. sind, dass die Juden daran ja selbst schuld gewesen sind. Aber steht das so im Text? Lesen wir weiter, was Jesus sagt:

Jetzt aber bleibt es vor deinen Augen verborgen. Es wird eine Zeit für dich kommen, in der deine Feinde rings um dich einen Wall aufwerfen, dich einschließen und von allen Seiten bedrängen. Sie werden dich und deine Kinder zerschmettern und keinen Stein auf dem anderen lassen; denn du hast die Zeit der Gnade nicht erkannt.

Jesus schildert in schonungsloser Offenheit, was auf Jerusalem zukommen wird. Diese Ankündigung klingt deshalb so grausam, weil sie so realistisch ist. So wird die Einnahme Jerusalems durch die Römer stattgefunden haben. Ist es da angemessen, achselzuckend zu sagen: „Na ja, sie waren ja selbst schuld. Hätten sie gesehen, was ihnen Frieden bringt und danach gehandelt, dann wäre das alles nicht passiert“? Hören wir noch einmal den ersten Satz der Katastrophenankündigung: „Jetzt aber bleibt es vor deinen Augen verborgen.“ Jesus sagt nicht: „Du willst es ja gar nicht sehen.“ Offensichtlich haben die Juden es gar nicht sehen können - oder zumindest nicht mehr -, da es jetzt vor ihren Augen verborgen ist. Sie konnten es nicht sehen, weil sie verstockt waren. Dass diese Verstockung auch ihren Sinn hat - ihren Sinn für uns, die wir keine Juden sind -, haben wir vorhin in der Epistellesung gehört: „Verstockung liegt auf einem Teil Israels, bis die Heiden in voller Zahl das Heil erlangt haben, dann wird ganz Israel gerettet werden.“ Mit dem Wort Heiden sind bei Paulus nicht die Menschen gemeint, die nicht an Gott glauben, sondern die Nicht-Juden, die an Gott glauben, also wir Christinnen und Christen. Damit wir in voller Zahl das Heil erlangen werden, ist Israel verstockt. Paulus macht aber zugleich auch deutlich, dass die Verstockung nur ein vorübergehender Zustand ist. So fährt er fort: „Dann wird ganz Israel gerettet werden.“ Es wird also gerade kein endgültiges Urteil über die Juden gefällt. Damit ist deutlich: Eine simple Schuldzuweisung an die Adresse der Juden für diese Katastrophe, deren Opfer – nicht Täter – sie waren, wird dem Text nicht gerecht.
Lesen wir weiter:

„Dann ging er in den Tempel und begann, die Händler hinauszutreiben. Er sagte zu ihnen: Mein Haus soll ein Haus des Gebetes sein. Ihr aber habt daraus eine Räuberhöhle gemacht.“

Bei der Kritik und der Ablehnung, die von der Kirche gegenüber den Juden geäußert wird, ist auch oft der Hinweis darauf zu hören, dass die Juden als Volk Gottes ja nun verworfen seien, und dass die Christen das neue Gottesvolk, das neue Israel, seien. Um zu zeigen, dass das alte Gottesvolk, die Juden, verworfen sind, wird oft auch auf diesen Bibeltext hingewiesen. Gerichtsandrohung und Verheißung sind jedoch ebenso wenig voneinander zu trennen wie Rechte und Pflichten. Wenn die Christenheit ein Gottesvolk sein will, dann muss sie auch danach leben. Dann müssen wir Christinnen und Christen uns auch daraufhin kritisch befragen lassen, ob nicht wir aus dem Haus Gottes eine Räuberhöhle gemacht haben.

Es gibt genügend Anlässe, uns als Kirche selbstkritisch zu hinterfragen. Und wir werden diese Anlässe auch wahrnehmen, wenn wir nicht nur den Splitter im Auge der Juden, sondern den Balken in unserem Auge sehen. Und das ist nichts anderes als Buße, denn Buße ist - so sahen wir - innehalten, sich hinterfragen lassen und überlegen, ob das, was man gerade macht, richtig ist.
Lesen wir den letzten Teil unseres Textes:

„Er lehrte täglich im Tempel. Die Hohenpriester, die Schriftgelehrten und die übrigen Führer des Volkes aber suchten ihn umzubringen. Sie wussten jedoch nicht, wie sie es machen sollten, denn das ganze Volk hing an ihm und hörte ihn gern."

Nicht *die* Juden wollten Jesus umbringen, wie es so oft lapidar heißt, sondern die Führer des Volkes. Das Volk - im Text heißt es extra: das ganze Volk - hing an ihm und hörte ihn gern. Dass wir zuweilen klar zwischen einem Volk und seinen Führern unterscheiden müssen, wird uns in den täglichen Nachrichten immer wieder vor Augen geführt.
Wir haben durchaus Anlass, über Juden nachzudenken - und über das Bild, das wir von ihnen haben. In Deutschland hat sich in den vergangenen Jahren langsam wieder jüdisches Leben entwickelt. An vielen Orten sind jüdische Gemeinden gegründet worden. Man sollte in Anbetracht der Judenverfolgungen in der NS-Zeit, die in der der Schoa ihren grauenhaften Höhepunkt hatten, eigentlich voraussetzen dürfen, dass Jüdinnen und Juden jetzt völlig unbehelligt in Deutschland leben können. Wäre das nicht wirklich das Mindeste, was in Deutschland aus der eigenen Geschichte gelernt worden sein sollte? Aber weit gefehlt! Die Angst vieler jüdischer Menschen hierzulande vor Schändungen ihrer Friedhöfe und vor anderen Übergriffen ist leider nur allzu berechtigt und bei Synagogengottesdiensten ist Polizeipräsenz schlichte Notwendigkeit. Als damals während des zweiten Golfkrieges die Zerstörung Jerusalems wieder zu einer vorstellbaren, realen Größe wurde - und das nicht zuletzt durch deutsches Know how - waren unzählige Jüdinnen und Juden in Israel und in aller Welt bestürzt über die Teilnahmslosigkeit und über das Desinteresse von Deutschen. Deutsche sind nach wie vor mehrheitlich Mitglieder christlicher Kirchen.

Es gibt wirklich genügend Anlässe, innezuhalten, uns hinterfragen zu lassen und zu überlegen, ob das Bild von Juden, das wir haben, richtig ist. Denn Jesus, dem wir nachfolgen wollen, war Jude.

Für ein solches Innehalten und Sich-Hinterfragen-Lassen ist der heutige Bußtag da.

Erntedankfest
Hebräer 13, 15-16

Dass wir heute das Erntedankfest feiern, ist nicht zu übersehen. Die Erntekrone führt uns dies deutlich vor Augen. Die Bezeichnung „Ernte*krone*“ mag auf den ersten Blick Verwunderung auslösen. Nehmen wir sie jedoch genauer in Augenschein und betrachten wir die Form, in der sie gebunden ist, so wird schnell deutlich, warum sie Ernte*krone* heißt. Sie hat in der Tat die Form einer Krone. Die Krone ist ein Symbol der Macht. Es legt sich nahe, dabei zunächst an die Macht der Natur zu denken. Von der Natur war – insbesondere in früheren Zeiten – das Leben und besonders das Überleben während der kalten Wintermonate abhängig. Ohne eine gute Ernte, ohne die Güter der Natur, die in harter Arbeit geerntet und in die Scheunen eingefahren wurden, war das Überleben im Winter nicht möglich.

Vergleichen wir die Erntekrone mit anderen Kronen, so fällt auf, dass sie keine Zacken und somit keine Enden hat. Sie hat insgesamt keinen Anfang und kein Ende. Damit weist sie als Symbol der Unendlichkeit, der Ewigkeit, über sich hinaus.

Während wir als Geschöpfe – wie die ganze übrige Schöpfung – an Zeit, Raum und Materie gebunden sind und somit unser Leben einen Anfang und ein Ende hat, ist Gott als Schöpfer demgegenüber unendlich. Darauf verweist die Erntekrone, die so gebunden ist, dass sie keinen Anfang und kein Ende hat.

Deshalb geht es bei der Macht, für die das Symbol der Krone steht, letztlich nicht um die Macht der Natur, die ihrerseits ein Teil der Schöpfung ist. Es geht um die Macht Gottes, des Schöpfers, von der das Wohl und Wehe aller Lebewesen abhängt. Ihm danken wir am heutigen Tag in besonderer Weise für die Ernten unseres Lebens. Darin liegt der eigentliche Sinn des heutigen Erntedankfestes. Seit es Menschen gibt, sind sie von ihren Ernten abhängig und wissen auch, dass sie die Ernte nicht von sich aus hervorbringen können. Und so ist es nicht verwunderlich, dass das Erntedankfest eine lange Tradition hat. Vermutlich geht es auf römisches Brauchtum zurück. Bereits in vorchristlichen römischen Religionen feierte man im Herbst die lebensnotwendigen, reichen Gaben der Erde. Im Judentum sind drei Erntefeste bekannt: das „Fest der ungesäuerten Brote“ im März / April, mit dem die Getreideernte beim ersten Gerstenschnitt feierlich durch Darbringung eines Mehlopfers im Jerusalemer

Tempel begann, das „Fest der Getreideernte“ im Mai / Juni, mit dem die Getreideernte, insbesondere die Weizenernte, nach sieben Wochen durch Darbringen der Erstlinge beendet wurde, und das „Fest des Einsammelns“ beim Abschluss der gesamten Ernte, insbesondere der Obst- und Weinlese im September / Oktober. War es ursprünglich wohl so, dass nur anlässlich des letzten Festes eine Wallfahrt nach Jerusalem unternommen wurde, setzte sich später der Brauch durch, zu allen drei Erntefesten nach Jerusalem zu pilgern. In der Kirche ist ein Erntedankfest seit dem dritten Jahrhundert belegt, allerdings ohne einen weltweit verbreiteten einheitlichen Festtermin. Den kann es auch gar nicht geben, weil der Festzeitpunkt je nach Klimazone auf unterschiedliche Termine fällt. In der katholischen Kirche hat die Bischofskonferenz erst im Jahr 1972 festgelegt, dass in Deutschland am ersten Sonntag im Oktober das Erntedankfest begangen werden soll. Die Gemeinden sind aber nicht verpflichtet, dieses Fest auch zu feiern. In evangelischen Gemeinden wird das Erntedankfest am 29. September, dem Michaelstag, oder an einem der benachbarten Sonntage gefeiert. Um dieses Fest haben sich viele Traditionen herausgebildet: Der eine oder die andere von Ihnen werden noch den Brauch kennen, dass die auf den Bauernhöfen oder in Dorfgemeinschaften gebundenen Erntekronen nicht nur in der Kirche, sondern auch auf dem Dorfplatz aufgestellt werden. Im Anschluss an den Gottesdienst gibt es oft Umzüge, bei denen die Erntekrone teilweise auch mitgeführt wird. In manchen Regionen werden auch Wettbewerbe ausgetragen, bei denen es darum geht, wer die schönste Erntekrone gebunden hat. Es gibt auch die Tradition, eine Erntekönigin zu küren.

Weitere Traditionen bestehen darin, das Erntedankfest mit einem Jahrmarkt zu verbinden. Eine Tradition, die uns hier in Norddeutschland allerdings weniger betrifft, ist der Almabtrieb an diesem Tage.

Wo es Traditionen gibt, gibt es hier und da leider auch das Phänomen des Traditionsabbruches. Und so gibt es auch Regionen, in denen das Erntedankfest nach und nach abgeschafft wurde und durch das Weinlesefest am Ende der allgemeinen Weinlese ersetzt wurde. Auch dies betrifft uns nicht unmittelbar. Aufgrund des hiesigen Klimas ist es ja nicht allzu verwunderlich, dass Hamburg und sein Umland kein Weinanbaugebiet sind.

Werfen wir noch einen Blick auf die Art und Weise, wie das Erntedankfest in der katholischen Kirche begangen wird: Dort stehen die Eucharistiefeier sowie die Weihe von mitgebrachten Erntespeisen und der Dank dafür im Zentrum.

Dieser kurze Blick auf den Symbolgehalt der Erntekrone und die Geschichte des Erntedankfestes und seiner lokalen Traditionen zeigt uns, einen wie hohen Stellenwert dieses Fest hat. Wäre es anders, dann hätten sich gar nicht so viele und so vielfältige Traditionen gerade an dieses Fest gleichsam angelagert. Dieses Fest bietet den Rahmen, Gott für all das zu danken, was wir aus seiner Hand empfangen haben. Es erinnert uns daran, dass wir Menschen unser Leben Gott allein zu verdanken haben. Im Alltag mit all seinen Belastungen ist uns dies oft nicht bewusst. Da ist es gut, dass uns ein Text aus dem dreizehnten Kapitel des Hebräerbriefes wieder daran erinnert. Er lautet: „So lasset uns nun durch ihn Gott allezeit das Lobopfer bringen, das ist die Frucht der Lippen, die seinen Namen bekennen. Wohlzutun und mitzuteilen vergesset nicht; denn solche Opfer gefallen Gott wohl.“ Das Bewusstsein, dass wir das, was wir zum Leben haben, von Gott empfangen, ist für uns Anlass, Gott zu danken und uns zu ihm zu bekennen. Um es mit den Worten unseres kurzen, aber inhaltlich überaus gehaltvollen Textes zu sagen: Der Dank Gott gegenüber „ist die Frucht der Lippen, die seinen Namen bekennen.“ Es geht dabei keineswegs um das, was wir umgangssprachlich oft als „Lippenbekenntnis“ bezeichnen. Von einem „Lippenbekenntnis“ sprechen wir ja dann, wenn Reden und Tun nicht übereinstimmen. In unserem Bibeltext wird uns deutlich vor Augen gehalten, dass wir mit den Gaben, die wir von Gott empfangen, verantwortlich umzugehen haben: „Wohlzutun und mitzuteilen, vergesset nicht“. Wir sollen die von Gott empfangenen Gaben nicht egoistisch für uns behalten, sondern mit anderen teilen. Diese Aufforderung entspricht durchaus dem Grundsatz unseres Grundgesetzes „Eigentum verpflichtet“. Dabei ist es wichtig, beides eng aufeinander zu beziehen: das Bekenntnis zu Gott und der Dienst am Nächsten, den wir durch das Teilen leisten. Denn ohne den Dienst an der bzw. dem Nächsten wäre ein Bekenntnis zu Gott in der Tat nur ein Lippenbekenntnis – wie auch entsprechend eine noch so effektive Unterstützung von bedürftigen Mitmenschen ohne das Bekenntnis zu Gott in der Gefahr der Gottvergessenheit stünde.

Wo Menschen ihren Dank für die ihnen gegebenen Gaben dadurch zum Ausdruck bringen, dass sie sie untereinander teilen, entsteht Gemeinschaft. Das prägt auch das religiöse Leben unserer jüdischen Geschwister. Sukkot, das Laubhüttenfest, bringt ebenfalls den Zusammenhang von Erntedank und Gemeinschaft zum Ausdruck. Denn die Sukka, die Laubhütte, ist ein offener Raum, in den jede und jeder eingeladen wird – nicht nur Freunde und Bekannte, sondern auch andere Mitmenschen. Und dort wird ihnen Gutes getan, indem ihnen Gaben angeboten werden. Dadurch nimmt die Gemeinschaft mit ihnen konkrete Gestalt an.

Wenn wir mit anderen Menschen teilen, entsteht Gemeinschaft – in unserem alltäglichen Leben ebenso wie jetzt im Gottesdienst.

Reformationstag

Der heutige Reformationstag bietet uns einen Anlass, uns vor Augen zu führen, worin die spezifisch evangelisch-lutherische Identität besteht. Gut, dass wir diesen Anlass haben! Reflektieren wir sonst unsere religiöse Identität, so geht es im Allgemeinen um die Frage, worin wir uns von andersgläubigen oder auch nichtgläubigen Mitmenschen unterschieden. Heute schauen wir genauer hin; heute geht es um die Frage der konfessionellen Identität und damit auch um die Frage, worin sich evangelisch-lutherische Christinnen und Christen in ihrem Glauben von anderen Menschen unterscheiden, die ebenfalls an Jesus Christus glauben. In Deutschland stellt sich diese Frage aufgrund der Geschichte primär in Bezug auf römisch-katholische Christinnen und Christen.

Dabei geht es bei einer solchen Wahrnehmung der eigenen konfessionellen Identität nicht darum, dass wir uns von unserer katholischen Schwesterkirche distanzierend abgrenzen. Dazu besteht kein Anlass. Trotz mancher Rückschläge in der evangelisch-katholischen Ökumene ist aufs Ganze gesehen festzustellen, dass die Beziehungen zwischen evangelischen und katholischen Christinnen und Christen in unserem Land mittlerweile recht gut sind. Das war zu früheren Zeiten ganz anders.

Zu guten ökumenischen Beziehungen gehören zum einen die Offenheit gegenüber Angehörigen der jeweils anderen Konfession und zum anderen die Beheimatung in der eigenen Konfession. Wer als evangelischer Christ bzw. als evangelische Christin mit katholischen Christinnen und Christen in ein ökumenisches Gespräch eintritt, sollte wissen, was den beiden Konfessionen gemeinsam ist und worin sie sich unterscheiden, mit anderen Worten: worin das Unverwechselbare der eigenen konfessionellen Identität besteht. Für uns evangelisch-lutherische Christinnen und Christen bedeutet das, dass wir uns vergegenwärtigen, worin unsere evangelisch-lutherische Identität besteht, was das Unverwechselbare unseres evangelisch-lutherischen Glaubens ausmacht. Dazu haben wir nun einen passenden Anlass. Denn heute ist der 31. Oktober, der Reformationstag. Heute gedenken wir des Thesenanschlags durch Martin Luther. Der Überlieferung nach schlug er am Vortag des Allerheiligenfestes 1517 seine 95 Thesen an die Tür der Schlosskirche zu Wittenberg. Er tat dies, um eine Disputation unter Wittenberger Gelehrten herbeizuführen. Dass er dies tat, war nicht ungewöhnlich; es entsprach dem damaligen akademischen Brauch. Heutzutage würde man demgegenüber wohl eher eine provokative Rezension oder einen provokativen Beitrag in einer Fachzeitschrift publizieren, um die Gelehrten zu einer Disputation zu bewegen.

Die 95 Thesen, die Martin Luther der Überlieferung nach an die Tür der Schlosskirche zu Wittenberg schlug, setzten sich kritisch mit der damaligen katholischen Ablass- und Bußpraxis auseinander. Dieses Ereignis, der Thesenanschlag, wird im Allgemeinen als Beginn der reformatorischen Bewegung angesehen und so ordnete Kurfürst Georg II. von Sachsen im Jahr 1667 an, den Tag des Thesenanschlags als Gedenktag der Reformation zu begehen. Wir stehen als evangelisch-lutherische Christinnen und Christen in der Tradition der Reformation und so ist es sinnvoll, sich darauf zu besinnen, worum es bei der Reformation ging – was das Anliegen Martin Luthers war. Die für Martin Luther alles entscheidende Frage war: „Wie kriege ich einen gnädigen Gott?" Luther sah sich selbst mit schonungsloser Kritik. Sah er sein Leben angesichts der Gebote Gottes, so kam er zu dem Ergebnis, dass er den Geboten Gottes nicht gerecht werde und somit vor Gott nicht bestehen könne. Das war seine innere Not; das trieb ihn um.

Vor diesem Hintergrund ist die für Martin Luther alles entscheidende Frage zu sehen, wie er einen gnädigen Gott kriegt. Heute wird diese Frage oft gar nicht mehr gestellt. Stattdessen wird gefragt, ob es Gott überhaupt gibt. Oft wird gesagt, dass diese Frage des modernen Menschen viel radikaler sei als Luthers Frage, wie er einen gnädigen Gott kriegt. Aber ist die Frage, ob es Gott gibt, wirklich radikaler als Luthers Frage, wie er einen gnädigen Gott kriegt?

Ich denke: Nein; und das möchte ich begründen: Die Antwort auf die Frage, ob es Gott gibt, hat zunächst einmal mit unserem Leben, mit unserer Existenz nichts zu tun, denn dies ist eine rein spekulative Frage. Wie auch immer sie ausfallen mag, sie betrifft uns nicht mehr als die Antwort auf jede andere spekulative Frage. Denn die Überzeugung, dass es Gott gibt, wirkt sich auf unser Leben genauso wenig aus wie die Überzeugung, dass es Gott nicht gibt. Das ändert sich schlagartig, wenn die Frage anders formuliert wird – wenn gefragt wird, in welchem Verhältnis wir zu Gott stehen und – vor allem – in welchem Verhältnis er zu uns steht. Ist Gott uns gnädig gesonnen und können wir vor ihm so bestehen, wie wir sind? Diese Frage betrifft uns in unserem Leben, in unserer Existenz ganz direkt und unmittelbar. Sie ist alles andere als eine spekulative Frage. Von der Antwort auf diese Frage hängt unsere Seligkeit ab. Und dies ist die Frage, die Martin Luther gestellt hat.

Die Antwort, die Martin Luther auf diese Frage gefunden hat, die ihm geschenkt wurde, lautet: Durch den Glauben an Jesus Christus wird der Mensch vor Gott gerecht und nicht dadurch, dass er sich bemüht, die Gebote Gottes alle korrekt zu erfüllen. Wer sich bemüht, den Geboten Gottes in seinem Leben gerecht zu werden, wird – so Luther – an diesem Anspruch scheitern. Der Glaube ist kein Werk, das der Mensch zu vollbringen hat, sondern als Gabe Gottes ein Geschenk, das die Menschen ihrerseits lediglich anzunehmen brauchen. Der Mensch muss es sich also nicht gleichsam verdienen, von Gott angenommen zu werden, indem er Gebote erfüllt, sondern wird von Gott so angenommen, wie er ist. Er kann sich die Annahme von Gott nicht durch eigene Leistung verdienen, aber er muss es auch nicht. Darauf kann er als Glaubender vertrauen. Denn Glaube ist nach biblischem Verständnis Vertrauen. Sowohl die hebräische Vokabel, die im Alten Testament die Bedeutung „glauben“ hat, als auch die griechische Vokabel, die diese Bedeutung im Neuen Testament hat, haben auch die Bedeutung „vertrauen“. Beim Glauben geht es also nicht um ein für wahr halten; es geht nicht darum, zu glauben, dass es Gott gibt. Dies wäre die bereits angesprochene Antwort auf eine rein spekulative Frage, die mit unserem Leben, mit unserer Existenz nichts zu tun hat. Es geht vielmehr darum, im eigenen Leben auf Gott zu vertrauen. Das ist gemeint, wenn in der Bibel vom Glauben die Rede ist. Darauf hat Martin Luther mit Nachdruck hingewiesen und auf diese Einsicht geht letztlich die gesamte Reformation zurück. Es ist gut, sich daran durch den heutigen Reformationstag erinnern zu lassen.

9. November
Psalm 74

Heute ist der 9. November. In der Nacht vom 9. auf den 10. November 1938 wurden an unzähligen Orten in ganz Deutschland Synagogen in Brand gesteckt. Diese Nacht, die unter dem Namen „Reichskristallnacht“ in die Annalen der deutschen Geschichte eingegangen ist, war der öffentlich inszenierte Auftakt zum Völkermord an den europäischen Juden. Wir tun gut daran, diese Verbrechen nicht zu vergessen oder gar zu verdrängen, um dann zur Tagesordnung überzugehen – so als ob es diese Nacht, die so genannte Reichskristallnacht, nie gegeben hätte.

Wir tun gut daran, dieser Nacht zu gedenken. Sie darf nicht in Vergessenheit geraten. Und so ist es gut, dass wir die Tradition haben, sie im Rahmen eines Gottesdienstes zu bedenken, der seinen festen Platz im Ablauf unseres Kirchenjahres hat.

Aber das hat auch seine Schattenseite. Denn auf diese Weise verliert die Reichspogromnacht auch ihren Schrecken. Da ihr Gedenken seinen festen Ort in unserem Terminkalender hat, ist er Bestandteil unseres Lebens, ein fast normal gewordener Bestandteil des Kirchenjahres. Angesichts dieser Normalität ist dieses Gedenken nichts mehr, was uns innehalten lässt, uns womöglich die Sprache raubt, weil wir merken, dass wir angesichts des Grauens, das sich da zeigt, gar keine angemessenen Worte finden können.

Wie können wir also umgehen mit dem Gedenken an diese dunkle Nacht der Geschichte unseres deutschen Volkes? Wichtig scheint mir, dass wir uns vor Augen führen, was damals geschah. Hören wir als ein Beispiel dafür, wie diese Barbarei in die Tat umgesetzt wurde, einen Augenzeugenbericht aus dem nordbadischen Sinsheim:

„In den frühen Morgenstunden des 10. November zog ein Trupp Sinsheimer SA-Leute, nationalsozialistische Kampflieder singend, zur Synagoge. Zunächst wollten sie die Synagoge anzünden, jedoch die Anwohner protestierten gegen dieses Vorhaben, da einerseits die Schreinerei Wirth, andererseits die Waldmeister-Schick'sche Scheune voll Heu und Stroh standen, so dass leicht ein großer Brand hätte entstehen können. Daraufhin kletterten einige SA-Leute auf das Synagogendach, warfen die Ziegel herunter und zerschlugen die Dachsparren. Andere zertrümmerten mit Äxten und Hämmern das Inventar. Stühle,

Bänke, Vorhänge, die Gebetsrollen und vieles andere wurde auf Wagen geworfen und zur ‚Stadtwiese', die damals ‚Robert-Wager-Platz' hieß, abtransportiert. Dort wurde alles zu einem Haufen aufgestapelt und verbrannt. Die Schüler der Sinsheimer Schulen mussten zum Platz marschieren, einen Kreis um das Feuer bilden und nationalsozialistische Lieder absingen. An der Synagoge selbst wurde das Zerstörungswerk fortgesetzt: Kleider, Wäsche und Lebensmittel wurden von fanatisierten Einwohnern geplündert."

So wie in Sinsheim wurden in dieser Nacht an unzähligen anderen Orten in Deutschland Synagogen zerstört oder in Brand gesteckt. Dabei wurden auch unzählige Torarollen geschändet und gingen in Flammen auf. Damit wurde auch die Ehre Gottes mit Füßen getreten. Und dabei blieb es nicht. Es wurden darüber hinaus jüdische Friedhöfe verwüstet, und tausende Geschäfte und Wohnungen jüdischer Bürger zerstört und geplündert. Die Jüdinnen und Juden selbst wurden gedemütigt und misshandelt. Allein in diesen Tagen wurden fast 30.000 Menschen jüdischen Glaubens unter den Augen ihrer Mitbürger verhaftet und in die zahlreichen Konzentrationslager gebracht.

Was ihnen da angetan wurde, ist im wahrsten Sinne des Wortes unsäglich, übersteigt es doch letztlich unser menschliches Fassungsvermögen. Aber um zu erfassen, was geschah, dürfen wir auch hier nicht wegschauen, nicht weghören.

Die Schriftstellerin Anja Lundholm gehörte zu den mehr als 130.000 Frauen, die von den Nationalsozialisten in den Jahren 1939 bis 1945 in das Frauen-Konzentrationslager Ravensbrück verfrachtet wurden. Und sie gehörte zu den 36.000, die dieses Lager überlebt haben, aber mit dem, was sie dort erlebt und erlitten haben, weiter leben mussten. Anja Lundholm hat ihre Erlebnisse und ihr Leiden in Worte gefasst und das Buch geschrieben ‚Das Höllentor. Bericht einer Überlebenden' (Reinbek bei Hamburg: Rowohlt 1988). Wir hören einen Ausschnitt aus diesem Bericht:

„Abendkontrolle hat heute die Bram, eine hochgewachsene Aufseherin mit nervösen Bewegungen. Sie ist Holländerin, eine der zahlreichen mit der SS kollaborierenden Lagerwächterinnen aus von den Deutschen erst eroberten, nun wieder geräumten Ländern.

Achtung!
Stramm ausgerichtet stehen wir in den Gängen neben den Schlafstätten. Wie die Vorschrift es gebietet, sendet die Aufseherin in der eingetretenen Stille ihre

Blicke in jeden Winkel. Da knackt plötzlich etwas. Ein bescheidenes Geräusch nur, aber schon hat die Bram es geortet, drängt sich durch die Häftlingsreihen – Welche Drecksau bleibt hier liegen? – zur Pritsche durch, die der meinen direkt gegenüberliegt, starrt in die Augen eines kleinen Mädchens, das vertrauensvoll zu ihr aufschaut. Auch Aufseherinnen sind Menschen.
Wie heißt du?
Jackie, sagt das Kind ohne Scheu.
Wie alt bist du denn? Der Kommandoton in Brams Stimme weicht einer sanfteren Tonlage.
Fünf, sagt Jackie. In ihr lockiges, kastanienbraunes Haar ist eine blau-grau gestreifte Schleife, offenbar aus dem Saum eines Lagerkleides, gebunden.
Hat deine Mutter dir nicht gesagt, dass du aufstehen musst, wenn Abendkontrolle ist?
Zur Antwort schlägt das Kind die Decke zurück. Ein Fuß ist verkrüppelt, mit Lappen umwickelt. Auf dem runden Ärmchen ist mit blauer Farbe eine Nummer eintätowiert. Ein jüdisches Kind, sehen wir. Solche Verletzungen tragen viele Kinder, die man zwang, mit ihren Müttern im Eiltempo den langen Marsch aus den Ostgebieten nach Ravensbrück anzutreten.
Wo ist denn deine Mutter? Sagt die Bram. Es klingt unsicher.
Mami ist gestern vergast worden, gibt Jackie bereitwillig Auskunft, um hinzuzufügen: Der Mann mit der Mütze hat gesagt, ich komme morgen dran. Es klingt, als spräche sie über etwas ganz Alltägliches. Und eben das ist es wohl auch für ein kleines Kind, dessen kurzes Leben aus Lageraufenthalten besteht.
Wir Umstehenden erleben das Schauspiel einer Aufseherin, die die Fassung verliert. Das Kind Jackie sieht das Entsetzen in Brams Gesicht, erschrickt seinerseits. Während die Aufseherin es plötzlich eilig hat, durch unsere Reihen hindurch zum Ausgang zu gelangen, folgt ihr Jackies Stimmchen mit ängstlichem Tonfall:
Tante, ist das was Schlimmes, das Vergasen?“
(S. 170f.)

Als ich diese Passage las, musste ich das Buch zur Seite legen. Ich konnte nicht weiter lesen. Es war einfach nicht möglich. So ist es mir bei der Lektüre oft ergangen. Damit konfrontiert zu werden, dass derartiges wirklich geschah, macht sprachlos. Wir können dazu nichts sagen. Wir dürfen dazu aber auch nicht schweigen. In dieser Situation wird uns eine Hilfe an die Hand gegeben. Es werden uns Worte gegeben, die ursprünglich gar nicht unsere Worte sind, derer wir uns aber bedienen dürfen und die dadurch auch zu unseren Worten werden können – die Worte der Psalmen.

Zu Beginn dieses Gottesdienstes haben wir mit den Worten des 74. Psalms gebetet. Dieser Psalm ist das Klagelied eines gequälten und geschundenen Volkes, des jüdischen Volkes. Eindrücklich wird hier die Demütigung durch grausame Feinde beklagt. Die Schändung der heiligen Orte. Die Verwüstung des Tempels. Die Beschädigung der Ehre Gottes durch das mörderische Treiben gottloser Feinde. In diesem Psalm heißt es:

„Lenke Deine Schritte zu dem, was so lange wüste liegt. Der Feind hat alles verderbet im Heiligtum. Deine Widersacher brüllen in Deinen Häusern und haben ihre Zeichen darin aufgerichtet.
Man siehet die Äxte von obenher blinken, als ob man Holz fällt im Walde. Sie zerhauen das Schnitzwerk allzumal mit Hämmern und Beilen.
Sie stecken in Brand Dein Heiligtum, sie entweihen und reißen zu Boden die Wohnung Deines Namens. Sie sprechen in ihrem Herzen: ‚Wir rotten sie allesamt aus!' Sie verbrennen alle Häuser Gottes im Lande.
Unsere Zeichen sehen wir nicht, kein Prophet ist mehr da, und keiner ist bei uns, der weiß, wie lange."

Dass Jüdinnen und Juden mit den Worten dieses Psalms ihre Klage über die Demütigungen, Schändungen, Verwüstungen, Ermordungen zum Ausdruck bringen, die sie am 9. November 1938 und in der dann folgenden Zeit erleiden mussten, bedarf keiner Erklärung. Da stellt sich für uns Christinnen und Christen die Frage: Können wir angesichts der Verbrechen am jüdischen Volk den Text dieses alten Klagepsalms gemeinsam mit Jüdinnen und Juden beten? Es versteht sich von selbst, dass die Antwort auf diese Frage lautet, ja lauten muss: Nein, das können wir nicht, weil wir durch ein vereinnahmendes „Wir" die Grenze zwischen der Perspektive der Opfer und der der Täter verwischen würden. Hier klagen die Opfer von Unrecht und Gewalt. Hier klagen die Opfer, die den Verlust all dessen beweinen, was ihnen wichtig war. Hier klagen die Opfer, die Gottes Ehre in den Schmutz gezogen sehen. Sie und nur sie allein haben das Recht, so zu klagen. Sie und nur sie allein haben das Recht, ein Klagelied des geschundenen Volkes anzustimmen. Aber das bedeutet nicht, dass wir als Christinnen und Christen keinen Zugang zu diesem Psalm finden können. Im letzten Teil des Psalms stehen zwei Bitten. Sie lauten:

„So gedenk doch des, dass der Feind den HERRN schmähet und ein töricht Volk lästert Deinen Namen. Gedenke an Deinen Bund, denn das Land ist allenthalben jämmerlich verheeret und die Häuser sind zerrissen. Lass den Bedrückten nicht mit Schanden davongehen, denn die Armen und Elenden sollen Deinen Namen rühmen."

In diesen Bitten geht es darum, dass der Name Gottes nicht mehr gelästert, sondern vielmehr gerühmt werde. Die Ehre Gottes soll also wiederhergestellt werden. Und das wollen wir tun, wir Christinnen und Christen. Das können wir nur, wenn wir den Weg der Buße, der Umkehr einschlagen. Dabei geht es nicht um persönliche Schuld für die Verbrechen, derer wir heute gedenken. Es geht jedoch um Verantwortung für die Gegenwart – für unsere Gegenwart, die auch heute, über sieben Jahrzehnte nach der so genannten Reichskristallnacht, davon geprägt ist, dass Jüdinnen und Juden ihr Leben in Deutschland nicht ohne Angst vor antisemitischen Übergriffen verbringen können. Es werden wieder jüdische Friedhöfe geschändet und Synagogengottesdienste können meist nur unter Polizeischutz gefeiert werden. Hier geht es nicht um Vergangenes; hier geht es um unsere Gegenwart. Hier geht es darum, unsere Verantwortung für die Gestaltung unserer gegenwärtigen Gesellschaft zu erkennen und wahrzunehmen. Dies ist jedoch nur möglich, wenn wir die belastende Vergangenheit nicht verdrängen, sondern ihrer gedenken und somit den Weg der Buße, der Umkehr beschreiten.

Deshalb erinnern wir an das, was Menschen in Deutschland dem jüdischen Volk angetan haben. Wir tun dies, damit in Zukunft solche Verbrechen nicht wiederholt werden.

Buß- und Bettag

Römer 2, 1-11; 2. Samuel 12, 1-12, Matthäus 7, 1-5

„Buße" und das dazugehörende Verbum „büßen" gehören nicht zu den Modewörtern unserer Zeit. Sie klingen in vielen Ohren verstaubt, so als kämen sie aus einer gänzlich anderen Zeit, die mit unserer Gegenwart nichts zu tun hat. Dabei begegnen diese Wörter durchaus auch in der Umgangssprache unserer Zeit, da allerdings in Zusammenhängen, die alles andere als schön und harmonisch sind: „Das wirst Du mir büßen" – wer diesen Satz ausspricht, ist nicht mehr zu einer Verständigung oder gar Versöhnung bereit. Wer diese Worte ausspricht, droht mit Rache, der bzw. die will, dass es der Person, der diese Worte an den Kopf geschleudert werden, schlecht ergehen soll. Wenn es erst einmal so weit gekommen ist, dass solche Worte ausgestoßen werden, ist wirklich viel Porzellan zerschlagen. Solche Worte sind Schlagworte im wahrsten Sinne des Wortes, man kann andere Menschen mit ihnen schlagen und sie verletzen. Wie gut, dass wir solche drohenden Worte nicht in unserer Kirche hören müssen!

Oder etwa doch?! Der Predigttext für den heutigen Buß- und Bettag klingt ziemlich drohend. Er steht im Brief des Apostels Paulus an die Gemeinde in Rom im zweiten Kapitel und lautet:

„Du kannst dich nicht entschuldigen, wer du auch bist, der du richtest. Denn worin du den andern richtest, verdammst du dich selbst, weil du eben dasselbe tust, was du richtest. Wir wissen aber, dass Gottes Urteil recht ist über die, die solches tun. Denkst du aber, o Mensch, der du die richtest, die solches tun, und tust auch dasselbe, dass du dem Urteil Gottes entrinnen wirst? Oder verachtest du den Reichtum seiner Güte, Geduld und Langmut? Weißt du nicht, dass dich Gottes Güte zur Buße leitet?

Du aber mit deinem verstockten und unbußfertigen Herzen häufst dir selbst Zorn an auf den Tag des Zorns und der Offenbarung des gerechten Gerichtes Gottes, der einem jeden geben wird nach seinen Werken: ewiges Leben denen, die in aller Geduld mit guten Werken trachten nach Herrlichkeit, Ehre und unvergänglichem Leben; Ungnade und Zorn aber denen, die streitsüchtig sind und der Wahrheit nicht gehorchen, gehorchen aber der Ungerechtigkeit; Trübsal und Angst über alle Seelen der Menschen, die Böses tun, zuerst der Juden und ebenso der Griechen; Herrlichkeit aber und Ehre und Frieden allen denen, die Gutes tun, zuerst den Juden und ebenso den Griechen. Denn es ist kein Ansehen der Person vor Gott."

Römer 2, 1-11

Beim Lesen bzw. Hören dieses Textes ist man versucht, zweifelnd zu fragen, ob dieser Text wirklich aus der Feder des Paulus stammen kann, des Apostels, der nicht müde wird zu betonen, dass wir nicht dadurch gerecht werden, dass wir gute Werke tun, sondern vielmehr dadurch, dass wir glauben. So schreibt Paulus entsprechend in demselben Brief an die Römer wenig später: „So halten wir dafür, dass der Mensch gerecht wird ohne des Gesetzes Werke, allein durch den Glauben" (Römer 3, 29). Wie passt es dazu, dass Paulus hier schreibt: „Du aber mit deinem verstockten und unbußfertigen Herzen häufst dir selbst Zorn an auf den Tag des Zorns und der Offenbarung des gerechten Gerichtes Gottes, der einem jeden geben wird nach seinen Werken"?

Hier hält Paulus uns Gott als strafenden Richter vor Augen. Das ist in der Tat bedrohlich. Das kann Folgen haben, die niemand ernstlich wollen kann. Tilman Moser hat in seinem 1976 erschienenen Buch „Gottesvergiftung" gezeigt, wohin eine Erziehung führen kann, die den strafenden Gott betont. Ich zitiere aus seinem Buch: „Es war mir als Kind so selbstverständlich, dass die Welt, die jetzige und die spätere, aus Geretteten und Verdammten bestand; das Fürchterliche war nur, dass ich, wie es auf manchen Bildern zu sehen ist, immer über dem Abgrund der Verdammnis hing und niemals wusste, wie lange der schmale Steg noch halten würde, der mich trug!" (Seite 18f.). Das, was in diesen Worten zum Ausdruck kommt, ist Angst – Angst vor dem strafenden Gott und somit das Gegenteil von Vertrauen zu Gott. Wenn die Beziehung zu Gott aber nicht mehr von Vertrauen getragen ist, können wir auch nicht mehr von Glauben sprechen, denn nach biblischem Verständnis ist Glaube an Gott nichts andere als Vertrauen zu Gott. Wenn wir über das Thema der Angst vor Gott nachdenken, so ist dies also keineswegs ein Randthema unseres christlichen Glaubens, sondern vielmehr eins, das unseren Glauben betrifft, ihn radikal in Frage stellt und letztlich unmöglich macht. Bei dieser Frage geht es um die Substanz unseres Glaubens, die nicht zur Disposition gestellt werden darf. Dass Lothar Zellner, ehemaliger katholischer Priester, ein im Jahr 1995 erschienenes Buch mit dem Titel „Gottestherapie. Befreiung von dunklen Gottesbildern" geschrieben hat, über das er selbst schreibt: „Dieses Buch … ist das

Ergebnis einer Befreiung und Abwendung von einem Gott, an dem mein Leben fast zugrunde gegangen wäre“ (und das ihn in eine) „vorwiegend religiös bedingte Depression“ gebracht hat, macht die Dimension dieses Problems deutlich.

So stellt sich die Frage, wie wir mit dem Predigttext des heutigen Buß- und Bettages umgehen können, wie wir ihn verstehen können. Nehmen wir ihn genauer in den Blick! Er beginnt mit einer sehr direkten, einer konfrontierenden Anrede: „Du kannst dich nicht entschuldigen, wer du auch bist, der du richtest. Denn worin du den andern richtest, verdammst du dich selbst, weil du eben dasselbe tust, was du richtest.“ Mit dem einleitenden „Du“, dem die bzw. der Angeredete nicht ausweichen kann, wird der Mensch angesprochen, der andere richtet, der sich zur Richterin bzw. zum Richter über andere erhebt. Wer andere verurteilt für etwas, was er selbst tut, richtet sich letztlich selbst. Das ist es, was Paulus hier mit Nachdruck zum Ausdruck bringt. Dieser Aussage werden wir gewiss alle zustimmen können. Natürlich ist es nicht gut, sich über andere zu erheben und über sie und ihr Verhalten zu richten. Aber das Problem ist, dass wir – auch wenn wir dies wissen – immer wieder in der Versuchung stehen, eben dies zu tun. Wie oft reden wir über andere und sprechen dabei auch ein Urteil über sie. Dies gehört wohl zu den Versuchungen, denen wir immer wieder zu erliegen drohen. Dass nicht nur wir in unserer heutigen Zeit in der Gefahr stehen, dieser Versuchung zu erliegen, sondern auch schon biblische Gestalten dieser Versuchung erlegen sind, illustriert die Erzählung der Strafrede des Nathan an König David, wie sie im Zweiten Buch Samuel im zwölften Kapitel überliefert ist. Sie hat folgenden Wortlaut:

„Und der HERR sandte Nathan zu David. Als der zu ihm kam, sprach er zu ihm: Es waren zwei Männer in einer Stadt, der eine reich, der andere arm. Der Reiche hatte sehr viele Schafe und Rinder; aber der Arme hatte nichts als ein einziges kleines Schäflein, das er gekauft hatte. Und er nährte es, dass es groß wurde bei ihm zugleich mit seinen Kindern. Es aß von seinem Bissen und trank aus seinem Becher und schlief in seinem Schoß und er hielt's wie eine Tochter. Als aber zu dem reichen Mann ein Gast kam, brachte er's nicht über sich, von seinen Schafen und Rindern zu nehmen, um dem Gast etwas zuzurichten, der zu ihm gekommen war, sondern er nahm das Schaf des armen Mannes und richtete es dem Mann zu, der zu ihm gekommen war. Da geriet David in großen Zorn über den Mann und sprach zu Nathan: So wahr der HERR lebt: Der

Mann ist ein Kind des Todes, der das getan hat! Dazu soll er das Schaf vierfach bezahlen, weil er das getan und sein eigenes geschont hat. Da sprach Nathan zu David: Du bist der Mann! So spricht der HERR, der Gott Israels: Ich habe dich zum König gesalbt über Israel und habe dich errettet aus der Hand Sauls und habe dir deines Herrn Haus gegeben, dazu seine Frauen, und habe dir das Haus Israel und Juda gegeben; und ist das zu wenig, will ich noch dies und das dazutun. Warum hast du denn das Wort des HERRN verachtet, dass du getan hast, was ihm missfiel? Uria, den Hetiter, hast du erschlagen mit dem Schwert, seine Frau hast du dir zur Frau genommen, ihn aber hast du umgebracht durchs Schwert der Ammoniter. Nun, so soll von deinem Hause das Schwert nimmermehr lassen, weil du mich verachtet und die Frau Urias, des Hetiters, genommen hast, dass sie deine Frau sei. So spricht der HERR: Siehe, ich will Unheil über dich kommen lassen aus deinem eigenen Hause und will deine Frauen nehmen vor deinen Augen und will sie deinem Nächsten geben, dass er bei ihnen liegen soll an der lichten Sonne. Denn du hast's heimlich getan, ich aber will dies tun vor ganz Israel und im Licht der Sonne."

2. Samuel 12, 1-12

David urteilt über einen reichen Mann, der sich an einem armen Mann schwer versündigt hat. Sein Urteil ist gewiss nicht ungerecht, aber es ist sehr hart. Und David verkennt seine eigene Situation, indem er dieses Urteil spricht. Denn er sieht nicht, dass er nicht in der Position ist, über das falsche Verhalten anderer Menschen zu richten, die schuldig geworden sind, weil er selbst auch nichts anderes ist als eben dies: ein Mensch, der schuldig geworden ist. Damit konfrontiert ihn Nathan mit dem Satz: „Du bist der Mann!" Das Urteil, das er dann spricht, ist zweifellos sehr hart, aber David werden durch die Worte „Du bist der Mann!" die Augen für sein eigenes Verhalten geöffnet und so er konnte seine Schuld gestehen und zu Nathan sagen: „Ich habe gesündigt gegen den HERRN."

Der Apostel Paulus mahnt in seinem Römerbrief eindringlich davor, über andere zu richten. Seine Mahnung entspricht der in der Bergpredigt:

„Richtet nicht, damit ihr nicht gerichtet werdet. Denn nach welchem Recht ihr richtet, werdet ihr gerichtet werden; und mit welchem Maß ihr messt, wird euch zugemessen werden. Was siehst du aber den Splitter in deines Bruders

Auge und nimmst nicht wahr den Balken in deinem Auge? Oder wie kannst du sagen zu deinem Bruder: Halt, ich will dir den Splitter aus deinem Auge ziehen?, und siehe, ein Balken ist in deinem Auge. Du Heuchler, zieh zuerst den Balken aus deinem Auge; danach sieh zu, wie du den Splitter aus deines Bruders Auge ziehst."

Matthäus 7, 1-5

Angesichts eines solchen im wahrsten Sinne des Wortes überheblichen Richtens schreibt der Apostel Paulus: „Du aber mit deinem verstockten und unbußfertigen Herzen häufst dir selbst Zorn an auf den Tag des Zorns und der Offenbarung des gerechten Gerichtes Gottes, der einem jeden geben wird nach seinen Werken".

Hier geht es Paulus keineswegs darum, die Grundlage seiner Rechtfertigungslehre zur Disposition zu stellen. Es bleibt unverbrüchlich dabei, dass niemand aufgrund eigener guter Taten gerechtfertigt ist. Wenn aufgrund unserer begangenen Taten über uns ein Urteil gesprochen würde, wer von uns könnte in diesem Gericht bestehen? Diese rhetorische Frage werden wir wohl nur mit „Niemand" beantworten können. Gerechtfertigt werden wir nur aus Glauben, nicht aufgrund eigener guter Werke. Diese Erkenntnis formuliert der Apostel Paulus im dritten Kapitel seines Römerbriefes und auf diese Erkenntnis nimmt der Reformator Martin Luther später in grundlegender Weise Bezug.

Aber als Menschen, die darauf vertrauen, aus Glauben gerechtfertigt zu sein, tun wir gut daran, entsprechend dieser uns geschenkten Rechtfertigung zu leben, und das bedeutet eben auch, nicht über andere zu urteilen. Das steht uns nicht zu. Und darum geht es Paulus. In diesem Zusammenhang hält er den damaligen Gemeindegliedern in Rom und auch uns heutigen Lesern und Leserinnen seines Briefes vor: „Du aber mit deinem verstockten und unbußfertigen Herzen häufst dir selbst Zorn an auf den Tag des Zorns und der Offenbarung des gerechten Gerichtes Gottes, der einem jeden geben wird nach seinen Werken". Es geht nicht darum, dass wir aufgrund unserer Werke gerechtfertigt werden, sondern darum, dass wir als Gerechtfertigte eindringlich ermahnt werden, Gott und seine Aufforderung ernst zu nehmen, uns nicht als Richter über andere zu erheben. Wenn wir das tun, beschreiten wir einen falschen Weg, einen Weg, der nicht dem Willen Gottes entspricht. Das weiß der Apostel Paulus und deshalb will er zur Umkehr von diesem falschen Weg und damit zur Buße aufrufen. Denn nach biblischem Verständnis ist Buße nichts anderes als Umkehr von einem falschen Weg.

Dass Paulus uns dabei keine Angst vor Gott einreden möchte, wird an der Frage deutlich, die er im Rahmen unseres Predigttextes stellt: „Weißt du nicht, dass dich Gottes Güte zur Buße leitet?“ Die Güte Gottes ist es, die uns zur Buße, zur Umkehr bewegt. Buße hat also nichts damit zu tun, voller Angst auf Gott zu blicken, sondern findet darin seinen Ausdruck, dass wir voller Vertrauen auf die Güte Gottes blicken und uns zur Buße, zur Umkehr von falschen Wegen bewegen lassen.

Ewigkeitssonntag

Das Lied „So nimm denn meine Hände“ von Julie Hausmann (EG 376)

Wir gedenken der Menschen, die von uns gegangen sind, die nicht mehr am Leben sind. Und wenn wir heute derer gedenken, die gestorben sind, dann steht uns auch unsere eigene Vergänglichkeit deutlich vor Augen, denn die Verstorbenen sind den Weg gegangen, den auch wir gehen werden.

Der Tod und der Gedanke an ihn lösen Trauer aus – und das ist gut so, denn Trauer ist darauf eine angemessene und gesunde Reaktion. Als ich vor einiger Zeit einmal eine Annonce eines Psychotherapeuten las, in der dieser anbot, bei Trauer therapeutisch zu intervenieren, dachte ich: Nein, es kann nicht der richtige Weg sein, Trauer gleichsam „wegtherapieren“ zu wollen. Trauer ist die Antwort unserer Seele, wenn wir z.B. den Verlust eines geliebten Menschen zu verkraften und zu verarbeiten haben. Natürlich gibt es Fälle, in denen Trauer krankhafte Formen annimmt, wenn es z.B. Betroffenen nicht mehr gelingt, wieder den Weg aus der Trauer heraus zu finden und sie zu überwinden. Dann ist psychotherapeutische Hilfe angebracht. Aber nicht bei der Trauer als solcher. Mir scheint demgegenüber das Problem, dass Menschen nicht zur Trauer fähig sind, dass ihre Tränen nicht fließen können und die Trauer deshalb verdrängt wird, ungleich größer zu sein. Trauer hat in unserem Leben ihren Ort und dies ist ein legitimer Ort, insbesondere angesichts des Todes.

Aber sie hat nicht das letzte Wort, weil auch der Tod nicht das letzte Wort hat. Wir dürfen in dem Vertrauen leben, dass Gott in Christus den Tod überwunden hat, als Jesus Christus vom Tod auferstand. Die Auferstehung Jesu Christi, die für uns so wichtig ist, dass wir sie nicht nur einmal pro Jahr im Rahmen des Osterfestes feiern, sondern jeden Sonntag, gibt uns das Zutrauen, dass auch wir vom Tod auferstehen werden. Uns ist verheißen, dass wir an der Auferstehung Jesu Christi Anteil haben werden und dass somit auch in unserem Leben der Tod nicht das letzte Wort haben wird. Dies kann uns in unserem Leben Gelassenheit in Bezug auf die vorfindliche Welt geben. Mit dieser Gelassenheit stehen wir nicht mehr in der Gefahr, sie zu überhöhen oder gar zu vergötzen. Die Verheißung, dass wir an der Auferstehung Jesu Christi Anteil haben werden, kann uns diese Gelassenheit geben, wenn wir an unseren eigenen Tod denken. Und sie kann uns helfen, wenn wir den Tod eines geliebten Menschen verkraften müssen.

Wir werden wohl alle Menschen kennen, die in dieser Gelassenheit leben, und das ist gut so, denn sie können für uns zu Vorbildern im Glauben werden. Ich möchte Ihnen von einem solchen Beispiel erzählen, das mich tief beeindruckt hat: Wir kennen alle das Lied „So nimm denn meine Hände". Es ist eines der bekanntesten Lieder unseres Evangelischen Gesangbuches. Wer aus Ostpreußen oder Pommern kommt, kennt dieses Lied als Hochzeitslied. Früher wurde es oft bei Trauungen gesungen – wenn Freunde geheiratet haben, wenn es Hochzeiten in der eigenen Familie zu feiern gab und vielleicht sogar bei der eigenen Trauung.

Ich kenne das Lied dagegen als Beerdigungslied. In meiner früheren Gemeinde, einer Dorfgemeinde an der Westküste Schleswig-Holsteins, hatte ich aufgrund von deren Altersstruktur viele Beerdigungen durchzuführen. Ich kann mich an keine Beerdigung erinnern, bei der sich die Angehörigen nicht dieses Lied gewünscht haben, das Lied „So nimm denn meine Hände". War dort auch der sonntägliche Gottesdienst meist nicht sonderlich gut besucht – wenn jemand zu Grabe getragen wurde, war die Kirche fast immer voll. Man lässt dort eine Familie den schweren Gang zum Friedhof nicht alleine gehen, sondern geht diesen Weg mit ihnen. Ohne das Leben im Dorf verklären zu wollen, kann gesagt werden, dass sich hier ein Gefühl von Zusammengehörigkeit zeigt, das es in dieser Form in Städten oft nicht mehr gibt. Und fast jedes Mal wird bei der Trauerfeier dieses Lied gesungen: „So nimm denn meine Hände". Viele der Nachbarn und Freunde, die zu einer Beerdigung kommen, werden, wenn sie dieses Lied singen, auch an die Beerdigung von eigenen Familienangehörigen denken.

Ich empfinde dieses Lied als sehr bewegend und beeindruckend. Dabei könnte ich gar nicht sagen, was nun eindrücklicher ist, die Melodie oder der Text. Die Melodie ist viel älter als der Text. Ursprünglich war sie gar nicht für dieses Lied komponiert. Es ist eine einprägsame Melodie, die wohl niemand so schnell wieder vergisst. Ich könnte mich der Stimmung, die sie in mir auslöst, nicht entziehen; und ich möchte dies auch gar nicht.

Der Text dieses Liedes stammt aus der Feder von Julie Hausmann. Dem Verzeichnis der Dichter und Komponisten, das sich im Anhang unseres Evangelischen Gesangbuches befindet, ist nicht allzu viel über ihr Leben zu entnehmen. Es ist lediglich zu erfahren, dass sie im Jahr 1826 in Riga geboren wurde und an verschiedenen Orten im Baltikum als Erzieherin tätig war. Ab 1870 arbeitete sie als Musiklehrerin in St. Petersburg. Im Jahr 1901 starb sie in

Wösso in Estland. Der einzige Text von ihr, der Eingang ins Evangelische Gesangbuch gefunden hat, ist der Text des Liedes „So nimm denn meine Hände“. Sehr viel lebensnäher als diese trockenen Lebensdaten ist die Überlieferung der Entstehungsgeschichte dieses Liedes, denn sie führt uns vor Augen, welche Kraft unser christlicher Glaube zu geben vermag, wenn es gilt, den Tod eines geliebten Menschen zu verkraften:

Julie Hausmann wächst als Tochter eines Gymnasiallehrers auf. Sie ist noch sehr jung, als sie ihren späteren Mann kennen und lieben lernt. Er ist Theologe, Pastor, hat jedoch noch keine feste Stelle. Seine Berufung sieht er darin, Menschen, die noch nie etwas von Jesus Christus gehört haben, das Evangelium, die Frohe Botschaft, zu verkündigen. So geht er in die Mission und lässt sich nach Afrika entsenden. Er bereitet seine Ausreise vor und beantragte alle nötigen Papiere für diese Reise, als er Julie Hausmann kennen lernt. Die beiden verloben sich; es gibt auch die Überlieferung, dass sie geheiratet haben. Dann bricht er auf. Einige Zeit später hat auch Julie Hausmann alle erforderlichen Papiere und Aufenthaltserlaubnisse erfolgreich beantragt, so dass sie ihrem Mann nachfolgen kann. Die Reise nach Afrika war damals sehr viel länger und beschwerlicher als heutzutage. Dass eine junge Frau ohne Begleitung in einen Kontinent aufbricht, der zu der Zeit noch als unerforscht gilt, ist keineswegs selbstverständlich. Aber Julie Hausmann hat ein klares Ziel vor Augen: Sie will zu ihrem Mann, der auf sie wartet. Aber als ihr Schiff wohlbehalten in seinen Zielhafen einläuft, kann sie ihn unter den Wartenden an Land nirgends entdecken. Sie geht an Land, fragt sich durch, nimmt den Dienst von Führern und Trägern in Anspruch und macht sich auf den Weg zu der Missionsstation, in dessen Dienst sich ihr Mann gestellt hat. Dort angekommen, fragt sie nach ihm, erntet jedoch nur ein trauriges Kopfschütteln. Dann nimmt sie jemand an die Hand und führt sie zum Friedhof der Missionsstation, wo man ihren Mann drei Tage vor ihrer Ankunft zu Grabe getragen hatte. Er war einer Tropenkrankheit erlegen.

Noch am selben Abend – so wird überliefert – setzt sich Julie Hausmann hin und dichtet dieses Lied: „So nimm denn meine Hände und führe mich / bis an mein selig Ende und ewiglich. Ich mag allein nicht gehen, nicht einen Schritt: wo du wirst gehen und stehen, da nimm mich mit.“ Das ist ihre Antwort auf den Tod, das ist ihre Antwort auf den Verlust ihres geliebten Mannes, mit dem sie eine Familie gründen wollte, dem sie unter Strapazen nach Afrika in die Mission gefolgt war und an dessen Grab sie nun steht. Ihre Antwort auf diesen

Tod ist ihr Vertrauen auf Gott. In seine Hände legt sie ihr Schicksal, in dem unerschütterlichen Vertrauen, dass Gott sie nicht verlassen wird, dass er sie führen wird – jetzt und in Ewigkeit.

Was für ein Gottvertrauen muss diese Frau gehabt haben! Sie hatte alles verloren. Alle ihre Zukunftspläne musste sie lassen. Sie stand von dem Trümmerhaufen dessen, was ihr Leben hätte werden können. Hätte sie nicht weinend zusammenbrechen und verzweifeln müssen, an Gott zweifeln und mit ihm hadern? Stattdessen kleidet sie ihr tiefes Vertrauen zu Gott in die Worte „So nimm denn meine Hände".

Indem sie ihr Gottvertrauen in den Text ihres Liedes legt, zeigt sie anderen Menschen – auch uns – den Weg dieses Vertrauens auf. Das war ihr wichtig. Als sie dieses Lied zusammen mit über hundert anderen Liedern dem Pommerschen Pastor und Berliner Stadtpfarrer Gustav Knak zwecks Publikation zuschickt, schreibt sie in ihrem Begleitbrief: „Sollte auch nur ein Herz durch diese schwachen, unvollkommenen Lieder erfreut werden, so wäre es eine Gnade, derer ich nimmer wert bin, für die ich immer singen und loben wollte mein Leben lang."

Dieser Wunsch von Julie Hausmann ist in Erfüllung gegangen. Unzählige Menschen sind durch den Text ihres Liedes berührt und ermutigt worden, ihr Vertrauen auf Gott zu werfen. Bringen auch wir unser Vertrauen auf Gott zum Ausdruck, wenn wir nun gemeinsam das Lied singen: „So nimm denn meine Hände und führe mich bis an mein selig Ende und ewiglich."

V.

Die Zehn Gebote

Ich bin der Herr, dein Gott. Du sollst nicht andere Götter haben neben mir.

Wir kennen sie alle, die Zehn Gebote, die meisten von uns werden sie im Konfirmandenunterricht auswendig gelernt haben. Da sie im Alten Testament stehen, der Hebräischen Bibel des Judentums, haben sie auch für Juden eine hohe Bedeutung. In der jüdischen Tradition werden sie allerdings nicht als „Zehn Gebote", sondern als „Zehn Worte" bezeichnet.

Bei den Zehn Geboten wird zwischen denen der „ersten Tafel" und denen der „zweiten Tafel" unterschieden. Die Gebote der ersten Tafel betreffen das Verhältnis der Menschen zu Gott, die der zweiten Tafel dagegen das Verhältnis der Menschen untereinander.

Welchen Stellenwert haben diese Gebote in unserer Gegenwart, in unserem Leben – in unserem persönlichen Leben, im Leben unserer Gemeinde und im Leben unserer Gesellschaft? Zuweilen werden sie ein wenig belächelt. Sie werden im Allgemeinen zwar nicht grundsätzlich in Frage gestellt, aber die eigene Lebenswirklichkeit wird oft als so komplex empfunden, dass den Zehn Geboten nicht (mehr) zugetraut wird, angesichts dieser Komplexität eine ausreichende Orientierung bieten zu können. Die ethischen Fragen seien nicht mehr so einfach zu klären wie noch in früheren Zeiten. Als Beispiel wird dabei oft auf das Fünfte Gebot („Du sollst nicht töten!") verwiesen und die mit ihm zusammenhängenden Fragen, die sich in Bezug auf lebensverlängernde Maßnahmen in neuer Weise stellen. Angesichts derartiger Fragen muten die Aussagen der Zehn Gebote etwas zu schlicht an. Auch die Tatsache, dass sie biographisch ihren Ort im Allgemeinen im Konfirmandenunterricht und somit in der Jugend haben, verstärkt noch den Eindruck, als würden sie sich eher an Kinder und Jugendliche in ihren jeweiligen Lebensumständen richten als an Erwachsene. In diesem Zusammenhang mag der eine oder die andere auch daran denken, dass Martin Luther die Zehn Gebote ja auch als „Kinderlehre" bezeichnet hat.

Als Gebote, nach denen das eigene Leben verbindlich zu gestalten ist, werden die Zehn Gebote dementsprechend vielfach nicht anerkannt. Diese Infragestellung ihrer Relevanz wird oft auch theologisch begründet. Es wird daran erinnert, dass die Zehn Gebote zu den vielen Geboten des Alten Testaments bzw. der Hebräischen Bibel gehören. Und die gelten für Jüdinnen und Juden, nicht jedoch für Christinnen und Christen, die nicht dem Volk Israel angehören.

Man mag im ersten Moment versucht sein, eine solche Einstellung als marcionitisch und letztlich auch antijüdisch abzulehnen, aber das würde zu kurz greifen. Denn hier geht es nicht um eine pauschale Ablehnung des Alten Testaments, wie sie Marcion und unzählige seiner Nachfolger im Laufe der gesamten Kirchengeschichte vertreten haben, sondern darum, dass die Gebote der Hebräischen Bibel in der Tat für uns, die wir nicht dem jüdischen Volk angehören, nicht bindend sind. Auch wir, die wir uns in besonderer Weise mit dem Ersten Testament unserer christlichen Bibel beschäftigen und uns immer wieder aufs Neue die jüdischen Wurzeln unseres christlichen Glaubens vergegenwärtigen, halten – um nur ein Beispiel zu nennen – die *Kaschrut*, die Speisegebote nicht ein. Bei diesen Geboten wird deutlich, dass es zwischen Judentum und Christentum Unterschiede gibt. Die Anerkennung dieser Differenz ist kein Ausdruck einer ablehnenden Haltung, sondern vielmehr die Grundlage für den christlich-jüdischen Dialog.

Somit stellt sich in Bezug auf die Zehn Gebote die Frage, warum sie für uns Christenmenschen verbindlich sein sollen, die anderen Gebote des Alten Testaments hingegen nicht. Mit dieser Frage hat sich auch Martin Luther auseinandergesetzt. Hinsichtlich der alttestamentlichen Gebote vertrat er die Auffassung: „Das Gesetz Mosi bindet die Heiden nicht, sondern allein die Juden" – so in seiner Schrift „Unterweisung, wie sich die Christen in Mose schicken" aus dem Jahr 1525. Andererseits hat er den Zehn Geboten einen so hohen Stellenwert zugemessen, dass er sie als Erstes Hauptstück an den Beginn seines Kleinen Katechismus gesetzt hat. Da stellen sich die Fragen: Wie passt das zusammen? Misst Luther hier gleichsam mit zweierlei Maß? Dies ist jedoch nicht der Fall, denn Luther begründet die Geltung der Zehn Gebote nicht damit, dass sie im Alten Testament stehen und für das jüdische Volk verbindlich sind, sondern damit, dass sie dem Naturrecht entsprechen, das allen Menschen ins Herz geschrieben ist. Damit greift er ein Argument auf, das bereits vor ihm in der mittelalterlichen Theologie begegnet.

Dass die Zehn Gebote dem Naturrecht entsprechen, hat zur Folge, dass sie unsere kulturelle Tradition zutiefst geprägt haben. So finden sich im Grundgesetz der Bundesrepublik Deutschland Anklänge an die Zehn Gebote, z.B. in Artikel 2, wo es um das Recht auf Leben und körperliche Unversehrtheit geht, in Artikel 6, wo der besondere Schutz der staatlichen Ordnung zur Sprache gebracht wird, unter dem Ehe und Familie stehen, und in Artikel 14, wo es um die Gewährleistung des Eigentums geht. Das Naturrecht hat allgemeine Geltung. Weil es in den Zehn Geboten zum Ausdruck kommt, gelten diese Gebote nicht nur für Juden, sondern auch für Christen. Und so werden sie auch im Christentum als allgemein verbindlich betrachtet.

Dass die Zehn Gebote auch für uns Christinnen und Christen von Bedeutung sind, ist zudem nicht nur durch das Naturrecht zu begründen, sondern auch dadurch, dass auf sie im Neuen Testament Bezug genommen wird. So antwortet Jesus dem reichen Jüngling auf dessen Frage, welche Gebote er halten soll, um zum ewigen Leben eingehen zu können: „Du sollst nicht töten; du sollst nicht ehebrechen; du sollst nicht stehlen; du sollst nicht falsch Zeugnis geben; ehre Vater und Mutter"; und: „Du sollst deinen Nächsten lieben wie dich selbst" (Matthäus 19, 18f.). Damit zitiert er neben dem zuletzt genannten Gebot aus dem Dritten Buch Mose, Kapitel 19, Vers 18, fünf der Zehn Gebote: das fünfte, das sechste, das siebente, das achte und das vierte. Das Gespräch zwischen Jesus und dem reichen Jüngling, in dem Jesus dies sagte, ist zwar eins zwischen zwei Juden. Somit ist zu fragen, ob die Antwort, die Jesus hier seinem – ebenfalls jüdischen – Gesprächspartner gibt, auch in der Form für Christinnen und Christen gilt, die nicht dem jüdischen Volk angehören. Aber wir tun gut daran, diese Frage nicht vorschnell zu verneinen. Denn auch wir, die wir keine Juden sind, gestalten unser Leben in der Nachfolge Jesu. Und das bedeutet, dass wir versuchen, uns an dem zu orientieren, was Jesus gepredigt und vorgelebt hat. Diese Orientierung will in unserem Leben ihren konkreten Ausdruck finden. Dazu gehört, dass wir auf das hören, was Jesus seinen Mitmenschen gesagt hat – und dazu gehört eben auch seine eben zitierte Aussage, aus der hervorgeht, dass die Zehn Gebote für die Lebensgestaltung wichtig sind. Auch wenn wir unsere Orientierung an den Zehn Geboten naturrechtlich begründen und somit anders, als Juden dies tun, so besteht dennoch die Gemeinsamkeit zwischen Juden und uns Christen, dass die Zehn Gebote in ihrem Anspruch an die konkrete Lebensgestaltung für uns wie für sie gelten.

Wenden wir uns nun den Zehn Geboten im Einzelnen zu, so wird deutlich, dass das Erste Gebot deren grundlegende Aussage enthält, die in den folgenden Geboten entfaltet und konkretisiert wird. Dieses erste Gebot lautet in der Form, die uns aus Luthers Kleinem Katechismus vertraut ist: „Ich bin der Herr, dein Gott. Du sollst nicht andere Götter haben neben mir." Martin Luther verstand die folgenden Gebote in eben diesem Sinn, dass sie dieses Erste Gebot entfalten. Dies zeigt sich an seiner Erklärung der Gebote: Seine Erklärung des Ersten Gebotes lautet: „Was ist das? Wir sollen Gott über alle Dinge fürchten, lieben und vertrauen.“ Dass diese drei Verben hier gleichsam in einem Atemzug genannt werden, macht deutlich, dass sie in dieser Zusammenstellung die Haltung des Glaubens bezeichnen, die von Liebe, Vertrauen und Ehrfurcht geprägt ist. Es ist durch die Zusammenstellung dieser drei Verben deutlich, dass es bei der Aufforderung, Gott zu „fürchten“, nicht um Angst vor ihm geht, sondern um Ehrfurcht ihm gegenüber. Die Erklärung der dann folgenden weiteren neun Gebote beginnt Luther jeweils mit den Worten: „Wir sollen Gott fürchten und lieben, dass wir …“. Diese Worte sind eine Kurzform seiner Erklärung des Ersten Gebotes. So macht Luther deutlich, dass er die neun Gebote, die auf das Erste folgen, als Entfaltung des Ersten Gebotes versteht.

Das Erste Gebot eröffnet den Zugang zum Verständnis aller Zehn Gebote, denn es beginnt nicht mit einer Aufforderung, nicht mit der Formulierung eines Anspruches, den Gott an die Menschen stellt, sondern mit der eines Zuspruches. Der erste Satz des Ersten Gebotes lautet: „Ich bin der Herr, dein Gott.“ Gegenüber der Formulierung des Ersten Gebotes, die in der Hebräischen Bibel steht, ist dies eine Verkürzung. Die Zehn Gebote finden sich dort an zwei Stellen, im Buch Exodus, dem Zweiten Buch Mose, Kapitel 20, Verse 1 bis 17, und im Buch Deuteronomium, dem Fünften Buch Mose, Kapitel 5, Verse 6 bis 21. In der Lutherübersetzung weichen die Formulierungen des Ersten Gebotes in diesen beiden Fassungen geringfügig voneinander ab: Im Buch Exodus lautet das Erste Gebot: „Ich bin der Herr, dein Gott, der ich dich aus Ägyptenland, aus der Knechtschaft, geführt habe“ und in der anderen Fassung im Buch Deuteronomium: „Ich bin der Herr dein Gott, der dich aus Ägyptenland geführt hat, aus der Knechtschaft.“ Diese Unterschiede in der Lutherübersetzung sind jedoch zu vernachlässigen, zumal die Formulierung des Ersten Gebotes im hebräischen Text in beiden Fassungen identisch ist. Wichtig ist, dass am Anfang des Ersten Gebotes – und damit am Anfang der Zehn Gebote insgesamt – eine Aussage Gottes steht, in der er daran erinnert, dass er sein Volk aus der ägyptischen Knechtschaft befreit hat. Bevor er Gebote ausspricht, sagt er: „Ich bin der Herr, dein Gott“ und erläutert diese Selbstvorstellung dadurch, dass er daran erinnert, dass er sein Volk Israel in die Freiheit geführt hat. Gottes Handeln zielt auf Befreiung.

Vor diesem Hintergrund sind Gottes Gebote zu verstehen: Sie zielen nicht etwa darauf ab, die Menschen zu gängeln und in ihrer Freiheit einzuschränken, sondern – ganz im Gegenteil! – ihnen den Weg in die Freiheit zu weisen. Am Anfang steht das Evangelium, der Indikativ, der Zuspruch Gottes und daraus ergibt sich das Gesetz, der Imperativ, der Anspruch. Diese Reihenfolge ist nicht umkehrbar.

Fulbert Steffensky hat diese befreiungstheologische Dimension der Zehn Gebote in Worte gekleidet, als er seinem Buch „Die Zehn Gebote“ (Würzburg: Echter 2003) den Untertitel gab: „Anweisungen für das Land der Freiheit“.

Dem entspricht die hebräische Sprachgestalt der Zehn Gebote. Die Verbformen, die die einzelnen Gebote einleiten und die im Deutschen im Allgemeinen mit „Du *sollst* nicht andere Götter haben neben mir, du *sollst* den Namen des Herrn, deines Gottes, nicht unnützlich führen, etc.“ wiedergegeben werden, können auch übersetzt werden als „Du *wirst* nicht andere Götter haben neben mir, du *wirst* den Namen des Herrn, deines Gottes, nicht unnützlich führen, etc.“ Wer von Gott befreit ist, *wird* sich gemäß dieser Freiheit verhalten und so handeln, dass es dem befreienden Willen Gottes entspricht, und muss dazu nicht durch Gesetze gezwungen werden. Auch daran wird deutlich, dass es bei den Zehn Geboten nicht um einengende, bedrückende Gesetze geht, sondern um Evangelium, um den befreienden Zuspruch Gottes.

Nehmen wir nun in den Blick, wozu das Erste Gebot auffordert: „Du sollst nicht andere Götter haben neben mir.“ Hier wird ein Exklusivitätsanspruch erhoben. Dieser Exklusivitätsanspruch kommt auch in Luthers Erklärung des Ersten Gebotes im Kleinen Katechismus zur Sprache, wenn es dort heißt, dass wir Gott „über alle Dinge“ fürchten, lieben und vertrauen sollen.

Da mag sich uns die Frage stellen, warum es denn überhaupt nötig ist, den Anspruch zu äußern, keine anderen Götter zu haben. Versteht sich das denn nicht von selbst? Es gibt doch nur einen einzigen Gott. Hier ist es hilfreich, einen Blick in die Zeit zu werfen, in der die älteren Texte des Alten Testaments entstanden sind. In dieser Zeit wurde in der Tat davon ausgegangen, dass es neben dem Gott Israels noch andere Götter gibt. In Bezug auf diese Zeit kann somit nicht von einem Monotheismus gesprochen werden, sondern von einem Henotheismus bzw. einer Monolatrie. Es wurde zwar nur ein Gott angebetet und verehrt, jedoch nicht in Abrede gestellt, dass in anderen Völkern andere Götter angebetet und verehrt werden. Und im Ersten Gebot wird mit Nachdruck dazu aufgefordert, diese anderen Götter nicht auch anzubeten und zu verehren. Werfen wir einen Blick in die Geschichte des Volkes Israel, dann wird schnell deutlich, dass es notwenig war, dieses Gebot auszusprechen. Die Kulte, in denen die anderen Völker ihre Götter verehrten, übten auf die Israeliten eine starke Anziehungskraft aus. Da stellt sich die Frage nach den Gründen:

Warum waren diese anderen Kulte so reizvoll? Der Grund wird wohl darin zu sehen sein, dass in diesen Kulten sichtbare Götter verehrt wurden. Die Unsichtbarkeit des Gottes Israels wurde demgegenüber zuweilen als Abwesenheit Gottes empfunden und stellte deshalb eine *Heraus*forderung dar, die sich immer wieder auch als *Über*forderung erwies. Um für dieses Problem nur ein prominentes Beispiel zu nennen: Als Mose auf den Berg stieg und von Gott die beiden steinernen Tafeln mit den Geboten empfing, blieb er dort „vierzig Tage und vierzig Nächte“ (Exodus 24, 18). Angesichts dieser langen Frist entstand bei den unten am Berg wartenden Israeliten die Unsicherheit, ob Mose überhaupt zurückkommen werde, und sie forderten Aaron auf, ihnen ein goldenes Stierbild zu machen. Aaron kam dieser Aufforderung nach. Als das Stierbild fertig war, sagten die Israeliten: „Das ist dein Gott, Israel, der dich aus Ägyptenland geführt hat!“ (Exodus 32, 4b). Als Mose abwesend war, wurde auch Gott als abwesend empfunden und so entstand das Bedürfnis nach einem Bild, das mit den eigenen Augen gesehen werden konnte.

Die Versuchung, an die Stelle Gottes andere Götter zu setzen, gab es nicht nur in der Geschichte des Volkes Israel. Es hat sie zu allen Zeiten gegeben und es gibt sie auch heute. Nur dass die Götzen, die heute an die Stelle Gottes gesetzt werden, in anderem Gewandt erscheinen. Hier geht es um die Frage, was in unserem Leben einen so hohen Stellenwert hat, dass wir unser Leben daran ausrichten und unsere Entscheidungen davon abhängig machen, so dass wir nicht mehr erkennen können, welche Bedeutung Gott für unser Leben hat. Tun wir das, dann setzen wir es an die Stelle Gottes. Martin Luther hat darauf in seinem berühmten Dictum aus seinem Großen Katechismus aufmerksam gemacht: „Woran du dein Herz hängst und worauf du dich verlässest, das ist eigentlich dein Gott“ (Unser Glaube. Die Bekenntnisschriften der ev.-luth. Kirche. Bearb. v. H.-G. Pöhlmann, Gütersloh, 5. Auflage, 2004, S. 587). Ob es sich dabei nun um Wohlstand, gesellschaftlichen Einfluss, beruflichen Erfolg, Schönheit oder etwas anderes handelt, ist letztlich nicht entscheidend. Wenn wir irgendetwas in unserem Leben als so wichtig erachten, dass wir es zur obersten Maxime unseres Denkens und Handelns machen, dann setzen wir es an die Stelle Gottes und machen uns davon abhängig. Vor derartigen Abhängigkeiten kann uns das Erste Gebot bewahren, denn es erinnert uns daran, dass nichts in dieser Welt für uns die Bedeutung hat, die allein Gott zukommt. Damit ebnet uns dieses Gebot den Weg in die Freiheit von allen innerweltlichen Abhängigkeiten, die uns bedrücken können.

Du sollst den Namen des Herrn, deines Gottes, nicht unnützlich führen; denn der Herr wird den nicht ungestraft lassen, der seinen Namen missbraucht.

Lesen wir die Zehn Gebote in der Hebräischen Bibel, unserem christlichen Alten Testament, dann beinhaltet das Zweite Gebot dort das Bilderverbot. Es lautet: „Du sollst Dir kein Bildnis machen in irgendeiner Gestalt, weder von dem, was oben im Himmel, noch von dem, was unten auf Erden, noch von dem, was im Wasser unter der Erde ist. Du sollst sie nicht anbeten noch ihnen dienen. Denn ich, der Herr, dein Gott, bin ein eifernder Gott, der die Missetat der Väter heimsucht bis ins dritte und vierte Glied an den Kindern derer, die mich hassen, aber Barmherzigkeit erweist an vielen tausenden, die mich lieben und meine Gebote halten“ (Deuteronomium 5, 8-19, par. Exodus 20, 4-6).

Wie im Ersten Gebot geht es um das Verbot, an die Stelle Gottes etwas anderes zu setzen und anzubeten. In der Umwelt des Alten Israel gab es eine Vielzahl von Götterbildern, die angebetet und verehrt wurden. Von diesem Götzendienst sollte sich Israel fernhalten. Das wird durch dieses Bilderverbot in aller nur denkbaren Deutlichkeit zur Sprache gebracht und durch die Droh- und Verheißungsformel am Schluss dieses Gebotes unterstrichen. Somit geht es auch hier um die Frage, ob der Mensch in seinem Leben Gott als Gott anerkennt oder nicht.

Dieses Bilderverbot hat im Judentum eine große Bedeutung. Auch in der Reformierten Kirche ist es übernommen worden (Der Heidelberger Katechismus, Frage 92). In anderen Kirchen wurde dieses Gebot dagegen weggelassen, so dass das dritte der Zehn Gebote, wie es uns im Alten Testament überliefert ist, an dessen Stelle rückt. Dieses Gebot lautet: „Du sollst den Namen des Herrn, deines Gottes, nicht unnütz gebrauchen; denn der Herr wird den nicht ungestraft lassen, der seinen Namen missbraucht.“

Während es im Ersten Gebot – sowie im Bilderverbot, dem Zweiten Gebot in der biblischen Überlieferung – um die Frage geht, ob der Mensch in seinem Leben Gott als Gott anerkennt oder nicht, geht es in diesem Gebot nicht um diese Frage. Im Namensgebot wird Gott nicht in Frage gestellt. Da geht es um die Frage, wie der Mensch seine Beziehung zu Gott angemessen gestalten kann und welche unangemessenen Gestaltungsmöglichkeiten zu vermeiden sind. Es geht somit um die Frage, wie der Mensch mit der Realität Gottes in seinem Leben umgehen kann und soll.

Das Gebot, den Namen des Herrn, unseres Gottes, nicht unnütz zu gebrauchen, kennen wir alle, die meisten von uns sogar auswendig. Aber ist uns klar, was es bedeutet? Was heißt es, den Namen Gottes nicht unnütz zu gebrauchen?

Hinter diesem Gebot steht die Vorstellung, dass mit dem Namen einer Person oder einer Gottheit deren Gegenwart und Wirkmächtigkeit verbunden ist.

Wessen Namen ich nenne, in dessen Namen kann ich auch handeln und mir dabei dessen Macht zu Eigen machen.

Diese Vorstellung kennen wir bei weitem nicht nur aus biblischen Zusammenhängen. Sie begegnet uns etwa auch im Märchen von Rumpelstilzchen. Da geht es darum, dass in dem Moment, als sein Name bekannt war, seine Macht gebrochen war. Erinnern wir uns an den spannenden Inhalt dieses Märchens: Ein Müller wollte seine schöne Tochter mit dem König verheiraten und behauptete, sie könne Stroh zu Gold spinnen, worauf der König die Tochter kommen lässt und ihr die Aufgabe stellt, über Nacht eine Kammer voll Stroh zu Gold zu spinnen. Sollte sie dies nicht schaffen, so müsse sie sterben. In dieser verzweifelten Lage taucht ein kleines Männchen auf und spinnt ihr das Stroh zu Gold. Als Gegenleistung erhält er ihr Halsband. In der zweiten Nacht wiederholt sich dies. Diesmal ist die Gegenleistung der Ring der Müllerstochter. Darauf verspricht der König dem Mädchen, sie zu heiraten, falls sie noch ein weiteres Mal eine Kammer voll Stroh zu Gold spinnen kann. Als Gegenleistung verlangt das Männchen von der Müllerstochter ihr erstes Kind, worauf sie sich schließlich einlässt. Der König und die Müllerstochter heiraten. Nach der Geburt ihres ersten Kindes erscheint das Männchen bei der Königin und fordert das Kind als den versprochenen Lohn. Die Mutter bietet ihm stattdessen sämtliche Reichtümer des Reiches an, aber das Männchen verlangt ihr Kind. Schließlich räumt er ihr aber drei Tage Zeit ein, um seinen Namen zu erraten. Sollte ihr dies gelingen, so dürfe sie ihr Kind behalten. In der ersten Nacht versucht sie es mit allen Namen, die ihr bekannt sind, allerdings ohne Erfolg. In der zweiten Nacht probiert sie es mit Namen, die sie von ihren Untertanen erfahren hat, allerdings ebenfalls erfolglos. Am nächsten Tag erfährt sie von einem Boten, dass ganz entfernt ein Männchen in einem kleinen Haus wohnt, das des Nachts um ein Feuer tanzt und singt:

> „Heute back ich, morgen brau ich,
> übermorgen hol ich der Königin ihr Kind;

ach, wie gut dass niemand weiß,
dass ich Rumpelstilzchen heiß!"

In der dritten Nacht fragt die Königin zunächst, ob „Kunz" oder „Heinz" die richtigen Namen seien. Dann nennt sie den Namen „Rumpelstilzchen", worauf sich das Männchen mit den Worten „Das hat dir der Teufel gesagt!" vor Wut selbst zerreißt.

In diesem Märchen geht es somit auch darum, durch den Namen Macht über dessen Träger zu erhalten: In dem Moment, als die Königin dessen korrekten Namen „Rumpelstilzchen" nannte, war sie der Macht seines Trägers nicht mehr ausgeliefert, denn nun hatte sie Macht über ihn.

Die Vorstellung, dass mit dem Namen die Macht seines Trägers verbunden ist, ist im kollektiven kulturellen Gedächtnis tief verankert.

Dies beinhaltet beides: die Möglichkeit, einen Namen in angemessener Weise zur Sprache zu bringen, wie auch, ihn zu missbrauchen. Wenn wir gemeinsam Gottesdienst feiern, tun wir dies „im Namen Gottes, des Vaters, des Sohnes und des Heiligen Geistes" und sagen dies auch. Damit bringen wir zum Ausdruck, dass wir nicht von uns aus Gottesdienst feiern können. Wir können uns versammeln, gemeinsam Lieder singen, Texte aus der Bibel hören und zusammen beten, aber das macht noch keinen Gottesdienst. Zu einem Gottesdienst im wahrsten Sinne des Wortes wird es erst, wenn Gott in seinem Heiligen Geist gegenwärtig ist. Bei der Feier des Heiligen Abendmahls ist dies besonders augenfällig: Ohne die Gegenwart des Auferstandenen wäre es nicht mehr als das gemeinsame Verzehren von einem kleinen trockenen Stückchen Backware und das gemeinsame Trinken eines jeweils kleinen Schluckes Wein. Gottesdienst feiern, das Heilige Abendmahl zusammen erleben – das können wir nicht aus unserer eigenen Kraft, sondern nur in der Gewissheit der Gegenwart Gottes, das können wir nur im Namen Gottes.

Um ein biblisches Beispiel für das Bewusstsein zu nennen, nur im Namen Gottes handeln zu können: Als Mose am brennenden Dornbusch von Gott den Auftrag erhält, die Israeliten aus Ägypten herauszuführen, erwidert er: „Siehe, wenn ich zu den Israeliten komme und spreche zu ihnen: Der Gott eurer Väter hat mich zu euch gesandt!, und sie mir sagen werden: Wie ist sein Name?, was soll ich ihnen sagen?" (Exodus 3, 13). Ihm ist bewusst, dass er diesen Auftrag nicht aus eigener Kraft erfüllen kann und ihm ist auch bewusst, dass die Israeliten, die er aus der ägyptischen Sklaverei führen soll, dies auch wissen. Und so fragt er nach dem Namen Gottes, in dem er dies vollbringen kann und durch den er sich gegenüber den Israeliten legitimieren kann. Gott weiß, das Mose nur in seinem Namen handeln kann, und stellt sich ihm vor, indem er sagt: „‚Ich werde sein, der ich sein werde.' Und sprach: So sollst du zu den Israeliten sagen: »Ich werde sein«, der hat mich zu euch gesandt'. Und Gott sprach weiter zu Mose: ‚So sollst du zu den Israeliten sagen: Der Herr, der Gott eurer Väter, der Gott Abrahams, der Gott Isaaks, der Gott Jakobs, hat mich zu euch gesandt. Das ist mein Name auf ewig, mit dem man mich anrufen soll von Geschlecht zu Geschlecht'" (Verse 14f.). Gott ermöglicht Mose also durch seine Selbstvorstellung, in seinem Namen zu handeln und so seinen Auftrag zu erfüllen.

In beiden genannten Beispielen – dem unseres Gottesdienstes und dem der Berufung des Mose – wird mit dem Namen Gottes also auf eine angemessene, eine demütige und respektvolle Art und Weise umgegangen. Aber das ist leider nicht die einzige Möglichkeit, mit einem Namen, insbesondere mit dem Namen Gottes umzugehen. Es gibt neben dieser Art und Weise, den Namen Gottes zu verwenden, auch die Möglichkeit seines Missbrauchs. Der Name Gottes kann auch für eigenmächtige Zwecke eingesetzt werden, für Zaubereien und Beschwörungen. Einen derartigen Missbrauch verbietet das biblische Namensgebot, denn dies ließe sich mit einem angemessenen, respektvollen und demütigen Umgang mit dem Namen Gottes nicht in Einklang bringen. Und so wird im Dritten Buch Mose, dem Buch Levitikus, im vierundzwanzigsten Kapitel als Strafe für ein fluchendes Lästern des Gottesnamens die Todesstrafe genannt: „Wer seinem Gott flucht, der soll seine Schuld tragen. Wer des Herrn Namen lästert, der soll des Todes sterben" (Verse 15b; 16a).

Im Judentum ist es dementsprechend usus, den Namen Gottes nicht auszusprechen. An den Stellen, wo in der Hebräischen Bibel das Tetragramm steht, wird es durch „Der Herr" oder „Der Name" umschrieben. Auf diese Weise wird sichergestellt, dass der Name Gottes nicht missbräuchlich ausgesprochen wird.

Martin Luther hat in seiner Erklärung des biblischen Namensgebotes im Kleinen Katechismus dargelegt, dass der Name Gottes nicht eingesetzt werden darf, um zu „fluchen, schwören, zaubern, lügen oder trügen". Zugleich weist er in dieser Erklärung den Weg zu einem angemessenen, dem Gebot entsprechenden Umgang mit dem Gottesnamen, indem er sagt, dass wir ihn „in allen Nöten anrufen, beten, loben und danken" sollen. Seine Erklärung dieses Gebotes im Kleinen Katechismus lautet: „Was ist das? Wir sollen Gott fürchten und lieben, dass wir bei seinem Namen nicht fluchen, schwören, zaubern, lügen oder trügen, sondern denselben in allen Nöten anrufen, beten, loben und danken."

Wenn wir uns dieses biblische Gebot vor Augen führen, dann mag sich die Frage stellen, wo es in unserem Leben von Bedeutung ist. Denn in unserer Gegenwart scheint das Problem weniger darin zu bestehen, dass Menschen den Namen Gottes unnütz gebrauchen, sondern darin, dass sie ihn überhaupt nicht gebrauchen, weil sie ihm in ihrem Leben keinen Raum einräumen.

Wo stehen wir in der Gefahr, den Namen Gottes zu missbrauchen? Liegt bereits ein Missbrauch vor, wenn wir sagen: „Gott sei Dank!", „O Gott!" oder „Ach Du lieber Gott!"? Wenn die Rede von Gott in unserer Alltagssprache damit zu einer Floskel wird, die gedankenlos geäußert wird, dann ist dies in der Tat kein angemessener, respektvoller und demütiger Umgang mit dem Namen Gottes. Andererseits kommt damit die religiöse Dimension unseres Lebens überhaupt noch zum Ausdruck. Denn wenn wir sagen „Gott sei Dank!", dann wird damit zur Sprache gebracht, dass wir alles in unserem Leben Gott zu verdanken haben – auch wenn dies in dem Moment nicht bewusst reflektiert wird. Die Gefahr, den Namen Gottes zu missbrauchen, besteht auch dort, wo wir sie vielleicht nicht als erstes sehen: in der theologischen Sprache. Wenn wir über Gott sprechen, stehen wir in der Gefahr, ihn zu einem Objekt unserer theologischen Betrachtung zu machen. Wir sprechen über ihn, als ob er nicht zugegen wäre. Dabei ist auch bei theologischen Diskussionen von der Gegenwart Gottes auszugehen – wie auch in allen anderen Bereichen unseres Lebens. Mit anderen Worten: Gott hört zu, wenn wir über ihn sprechen. Wo dies in Vergessenheit gerät, stehen auch Theologinnen und Theologen in der Gefahr, den Namen Gottes auf eine Art und Weise zur Sprache zu bringen, die nicht angemessen, respektvoll und demütig ist.

Wenn wir uns durch das Zweite Gebot daran erinnern lassen, dass Gott in unserem Leben zu jeder Zeit und an jedem Ort gegenwärtig ist, dann kann dies unserem Glauben an ihn eine Tiefe verleihen, zu der wir sonst kaum einen Zugang hätten.

Du sollst den Feiertag heiligen.

Es gibt Situationen, da haben wir uns als Kirche gesellschaftlichen Konflikten zu stellen, dabei klar Position zu beziehen und gegebenenfalls auch die Gerichte zu bemühen. Wir befinden uns derzeit in einer solchen Situation. Im Sommer des Jahres 2011 haben sich die damalige Nordelbische Evangelisch-Lutherische Kirche und das Erzbistum Hamburg entschlossen, einen bereits Ende 2009 eingereichten Antrag auf Normenkontrolle wieder aufleben zu lassen. Das Oberverwaltungsgericht in Schleswig soll endgültig prüfen, ob die in Schleswig-Holstein geltende Bäderverordnung den Normen der Verfassung entspricht. Diese Verordnung gilt für mehr als fünfundneunzig Orte in Schleswig-Holstein.

Wie kam es zu diesem Konflikt? Werfen wir einen Blick auf dessen Vorgeschichte: Seit den 1980er Jahren wurden immer mehr Ausnahmen vom Gebot der Sonntagsruhe zugelassen. Im Jahr 2009 klagten die Berliner Kirchen schließlich erfolgreich vor dem Bundesverfassungsgericht. Es stellte fest, dass bei Sonntagsöffnungen das Regel-Ausnahme-Verhältnis gewahrt werden muss: In der Regel müssen Geschäfte sonntags geschlossen bleiben, nur als Ausnahme dürfen sie geöffnet werden. Die Karlsruher Richter erklärten das Berliner Gesetz für teilweise verfassungswidrig. Daraufhin kippte 2010 auch das Oberverwaltungsgericht Greifswald die Bäderverordnung in Mecklenburg-Vorpommern. Erfolgreich geklagt hatten hier die Pommersche Evangelische Kirche, die Evangelisch-Lutherische Landeskirche Mecklenburgs sowie die Erzbistümer Hamburg und Berlin. In Schleswig-Holstein hatten ebenfalls die Kirchenleitung der damaligen Nordelbischen Evangelisch-Lutherischen Kirche und das Erzbistum Hamburg diesen Rechtsweg beschritten. Jedoch geschah dies in der Hoffnung, eine Verständigung ohne eine gerichtliche Auseinandersetzung zu erreichen. Deshalb hatten sie umgehend das Ruhen des Verfahrens beantragt, um zunächst Gespräche mit der Landesregierung, dem Wirtschaftsministerium, den Industrie- und Handelskammern sowie den Unternehmens- und Touristikverbänden zu führen.

Ziel war von kirchlicher Seite aus eine moderate Bäderverordnung. Dabei sollen Touristen natürlich weiterhin das einkaufen können, was sie für ihren Urlaub benötigen. Leider führten die Verhandlungen zu keinem befriedigenden Ergebnis, da die Partner nur zu minimalen Änderungen der Bäderverordnung bereit waren. Der aktuelle Normenkontrollantrag will den freien Sonntag für möglichst viele Menschen in den touristischen Regionen Schleswig-Holsteins schützen.

Vergegenwärtigen wir uns den eigentlichen Zweck der Bäderverordnung. Sie soll die Ausnahmen von der Sonntagsruhe in den vom Tourismus geprägten Orten Schleswig-Holsteins regeln. Dort sind aber die Ausnahmen inzwischen zur Regel geworden. Die Verordnung erlaubt, die Geschäfte in mehr als fünfundneunzig Orten an etwa fünfundvierzig Sonntagen im Jahr zu öffnen – von Mitte Dezember bis Ende Oktober. Das angebotene Warensortiment wird immer breiter. Nicht nur Geschäfte für den Grundbedarf, sondern auch Fachmärkte und Einkaufszentren haben geöffnet. Außerdem gibt es immer wieder Bestrebungen, die Bäderverordnung zusätzlich auch auf weitere Orte auszudehnen. Damit dient die Bäderverordnung nicht mehr ihrem eigentlichen Zweck, Urlauber auch am Sonntag mit den nötigen Waren des touristischen Bedarfs zu versorgen. Sie gefährdet den im Grundgesetz festgelegten Zweck der Sonntage „als Tage der Arbeitsruhe und der seelischen Erhebung“ (Grundgesetz der Bundesrepublik Deutschland, Artikel 140, übernommen aus der Weimarer Verfassung, Artikel 139).

Der freie Sonntag ist trotz seines Schutzes durch das Grundgesetz nicht immer gegeben. Es gibt immer wieder Versuche, seine Geltung einzuschränken – auch im Gebiet unserer Landeskirche. Um sich dagegen zur Wehr zu setzen, haben die Kirchen den Normenkontrollantrag eingereicht.

Was sind die konkreten Ziele dieses Antrags? Die Kirchen wollen den jetzt geltenden Zeitraum von Mitte Dezember bis Ende Oktober, der etwa fünfundvierzig Sonntage umfasst, auf die Monate von Ende März bis Ende Oktober begrenzen. Vier weitere Sonntage könnten variabel genutzt werden, zum Beispiel in den Schulferien. Die Öffnungszeiten am Sonntag sollen verkürzt werden – von derzeit acht auf maximal fünf Stunden ab 12.00 Uhr. Die Kirchen möchten, dass die Anzahl der Orte, an denen die Bäderverordnung gilt, nicht ausgeweitet, sondern vielmehr auf die Regionen begrenzt wird, für die der Tourismus eine hervorgehobene Bedeutung hat. Als Warenangebot reichen nach Auffassung der Kirchen Waren des touristischen Bedarfs, also Lebensmittel und Drogerieartikel, die täglich benötigt werden. Es wird darauf hingewiesen, dass kaum jemand am Sonntag zwingend einen Bau- oder Elektromarkt oder ein Einkaufszentrum besuchen muss. Das sind die konkreten Schritte, mit denen der Sonntag als gemeinsamer Feier- und Ruhetag ausreichend geschützt werden soll.

Die Kirchenleitung der damaligen Nordelbischen Evangelisch-Lutherischen Kirche und das Erzbistum Hamburg haben ein Faltblatt veröffentlicht, in dem sie ihren Einsatz für den Schutz des Sonntags erläutern und begründen. Es trägt den Titel „Damit der Sonntag nicht baden geht. Warum alle den Sonntag brauchen. Argumente für eine neue Bäderverordnung". In diesem Faltblatt werden „Sieben gute Gründe, warum alle den Sonntag brauchen – auch in den Badeorten" genannt. Der erste der dort genannten sieben Gründe lautet:

- „Der Sonntag ist Gottes Geschenk. Die Bibel erzählt: Am siebten Tag ruhte Gott von allen seinen Werken. Der Sonntag dankt für die Schöpfung und alles Leben als Werk Gottes."

In ihrem Einsatz für den Schutz des Sonntags berufen sich die Kirchen somit auf das Dritte Gebot, auch wenn sie dies nicht direkt sagen. In der Übersetzung Martin Luthers lautet dieses Gebot: „Du sollst den Feiertag heiligen."

Dieses Gebot lautet im Buch Exodus, dem Zweiten Buch Mose: „Gedenke des Sabbattages, dass du ihn heiligest. Sechs Tage sollst du arbeiten und alle deine Werke tun. Aber am siebenten Tage ist der Sabbat des Herrn, deines Gottes. Da sollst du keine Arbeit tun, auch nicht dein Sohn, deine Tochter, dein Knecht, deine Magd, dein Vieh, auch nicht dein Fremdling, der in deiner Stadt lebt. Denn in sechs Tagen hat der Herr Himmel und Erde gemacht und das Meer und alles, was darinnen ist, und ruhte am siebenten Tage. Darum segnete der Herr den Sabbattag und heiligte ihn" (Exodus 20, 8-11).

Hier wird das Gebot, des Schabbats zu gedenken, also dadurch begründet, dass Gott an diesem Tag ruhte und ihn segnete und heiligte. Dies entspricht dem Ende des ersten Schöpfungsberichts in der Bibel, in dem es heißt: „Und so vollendete Gott am siebenten Tage seine Werke, die er machte, und ruhte am siebenten Tage von allen seinen Werken, die er gemacht hatte. Und Gott segnete den siebenten Tag und heiligte ihn, weil er an ihm ruhte von allen seinen Werken, die Gott geschaffen und gemacht hatte" (Genesis 2, 2f.).

Auf die hier zur Sprache gebrachte Heiligung nimmt Martin Luther in seiner Erklärung des Dritten Gebots im Kleinen Katechismus Bezug, wenn er sagt, „dass wir die Predigt und sein Wort nicht verachten, sondern dasselbe *heilig halten*, gerne hören und lernen" sollen. Diese Erklärung hat folgenden Wortlaut: „Du sollst den Feiertag heiligen. Was ist das? Wir sollen Gott fürchten und lieben, dass wir die Predigt und sein Wort nicht verachten, sondern dasselbe heilig halten, gerne hören und lernen."

Dabei bezieht Luther dieses Gebot nicht auf den Schabbat, den letzten Tag der Woche, sondern auf den Sonntag, den ersten Tag der Woche. Damit steht er in einer Tradition, die auf die Alte Kirche zurückgeht. Christinnen und

Christen haben sich bereits sehr früh am Sonntag zur Feier ihrer Gottesdienste versammelt, um der Auferstehung Jesu Christi zu gedenken. Denn dies ist der Tag seiner Auferstehung, wie im Matthäusevangelium betont wird, wenn es dort heißt: „Als aber der Sabbat vorüber war und der erste Tag der Woche anbrach, kamen Maria von Magdala und die andere Maria, um nach dem Grab zu sehen“ (Matthäus 28, 1).

Zur Zeit der ersten christlichen Gemeinden wurde von den Christinnen und Christen, die dem jüdischen Volk angehörten, neben dem Sonntag auch der Schabbat noch gefeiert. Als die Gemeinden dann überwiegend aus Menschen bestanden, die keinen jüdischen Hintergrund hatten, war dies jedoch nicht mehr der Fall. Nun wurden Elemente des jüdischen Schabbats auf den christlichen Sonntag übertragen, insbesondere der Aspekt der Arbeitsruhe. So entwickelte sich der Sonntag zu einem Tag, an dem im Gottesdienst das Ostergeschehen, die Auferstehung Jesu Christi vom Tode, gefeiert wird und an dem nicht gearbeitet wird. Seit Kaiser Konstantin ist der Sonntag ein offizieller Ruhetag.

In dem Faltblatt, das die Kirchenleitung der damaligen Nordelbischen Evangelisch-Lutherischen Kirche und das Erzbistum Hamburg veröffentlicht haben, wird der Aspekt der Arbeitsruhe in drei der „Sieben gute[n] Gründe, warum alle den Sonntag brauchen – auch in den Badeorten“ dargelegt. Diese drei Gründe lauten:

- „Der Sonntag ist eine Pause vom Alltag. Ohne Sonntage gibt es nur noch Werktage. Sie unterbrechen den Alltag und schenken den Menschen freie Zeit. Der Sonntag gehört mir.
- Der Sonntag dient der Entschleunigung des Lebens. Der Sonntag gibt Zeit, um auf andere Gedanken zu kommen und sich am Leben zu freuen. Man muss nicht schnell, mobil und flexibel sein, sondern kann den Tag im eigenen Rhythmus gestalten.
- Der Sonntag ist ein Stück menschlicher Freiheit. Am Sonntag sind die Menschen frei von den Ansprüchen der Arbeits- und Geschäftswelt. Es geht nicht um Kaufen und Verkaufen. Er ist der Tag für die Dinge, die sich ökonomisch nicht rechnen.“

Der Sonntag gibt uns also Freiräume von der Arbeit und ermöglicht uns dadurch, unser Leben zu strukturieren und neben der Zeit für die Arbeit auch Zeit für die Familie zu haben. Auch dies wird in dem Faltblatt in Form von zwei „gute[n] Gründe[n], warum alle den Sonntag brauchen“, zur Sprache gebracht:

- „Der Sonntag ist der Taktschlag für das Leben. Sonntage tun gut. Sie sind der Taktschlag des Lebens, durch sie entsteht der Rhythmus der Wochen. Sie sind Ruheinseln für Körper und Seele, am Ende einer Arbeitswoche und vor einer neuen.“

und

- „Der Sonntag gibt Zeit für Familie und Freunde. Am Sonntag haben Familien, Kinder und Eltern, Partner und Freunde Zeit füreinander. Auch Menschen, die gemeinsam in Vereinen, Gruppen oder Kirchengemeinden etwas unternehmen wollen. Was in der Arbeitswoche zu kurz kommt, hat hier Raum.“

Der Sonntag ist also etwas, was uns Menschen gut tut – ebenso wie auch der Schabbat, über den Jesus einmal sagte, er sei „um des Menschen willen gemacht und nicht der Mensch um des Sabbats willen“ (Markus 2, 27).

Der Sonntag tut uns auch gut, weil er die Zeit für den gemeinsam gefeierten Gottesdienst ist. Und so wird neben dem Gesichtspunkt der Arbeitsruhe in dem Faltblatt selbstredend auch der des Gottesdienstes genannt:

- „Der Sonntag ist der Tag für den Gottesdienst. Der Sonntag ist eine Zeit für Gott. Ein Tag, um sich auf sich selbst und den Glauben zu besinnen. Für Christinnen und Christen ist der Gottesdienst der Mittelpunkt des Sonntags. Die Kirchentüren stehen allen Menschen offen.“

Um wie viel ärmer wäre unser Leben, wenn wir den Feiertag nicht hätten!

Aber bedeutet dies, dass es beim Dritten Gebot nur darum geht, dass wir es gut haben? Nein! Dass dem nicht so ist, wird deutlich, wenn wir uns dieses Gebot in der anderen Fassung des Dekalogs in der Bibel ansehen, im fünften Kapitel des Buches Deuteronomium, des Fünften Buches Mose. Bemerkenswert ist, dass dieses Gebot dort anders begründet wird. Da haben dieses Gebot und seine Begründung folgenden Wortlaut: „Den Sabbattag sollst du halten, dass du ihn heiligest, wie dir der Herr, dein Gott, geboten hat. Sechs Tage sollst du arbeiten und alle deine Werke tun. Aber am siebenten Tag ist der Sabbat des Herrn, deines Gottes. Da sollst du keine Arbeit tun, auch nicht dein Sohn, deine

Tochter, dein Knecht, deine Magd, dein Rind, dein Esel, all dein Vieh, auch nicht dein Fremdling, der in deiner Stadt lebt, auf dass dein Knecht und deine Magd ruhen gleichwie du. Denn du sollst daran denken, dass auch du Knecht in Ägyptenland warst und der Herr, dein Gott, dich von dort herausgeführt hat mit mächtiger Hand und ausgerecktem Arm. Darum hat dir der Herr, dein Gott, geboten, dass du den Sabbattag halten sollst“ (Deuteronomium 5, 12-15).

Mit der Aufforderung an die Israeliten, denen dieses Gebot gegeben wird, daran zu denken, dass auch sie Knechte in Ägyptenland waren und dass der Herr, ihr Gott, sie von dort mit mächtiger Hand und ausgerecktem Arm herausgeführt hat, wird auf das grundlegende Datum der Heilsgeschichte Gottes mit Israel Bezug genommen. Hier kommt die soziale Dimension des Dritten Gebotes zur Sprache: Die Israeliten haben als Sklaven die Erfahrung der Befreiung durch Gott machen können und sollen nun andere an dieser Erfahrung teilhaben lassen.

Das Dritte Gebot dient somit dem Leben, weil es uns hilft, unsere Zeit so zu gestalten, dass alle Bereiche unseres Lebens – der der Arbeit ebenso wie der der Freizeit, des Familienlebens und des Gottesdienstes – den Raum erhalten, der ihnen angemessen ist. Es erinnert uns daran, dass das Leben nicht nur aus Arbeit besteht und wir uns deshalb auch nicht ausschließlich über unsere geleistete Arbeit definieren müssen. Das ist eine echte Befreiung. Und dieses Gebot fördert auch das soziale Leben, das Miteinander, indem es andere Menschen nicht ausschließt, sondern mit in den Blick nimmt. Durch dieses Gebot eröffnet Gott uns somit den Weg zu einem reichen, einem erfüllten Leben.

Du sollst deinen Vater und deine Mutter ehren, auf dass dir’s wohlgehe und du lange lebest auf Erden.

Das vierte Gebot scheint nicht mehr so recht in unsere Zeit zu passen. Es lautet: „Du sollst deinen Vater und deine Mutter ehren, auf dass dir’s wohlgehe und du lange lebest auf Erden.“

Was kann dieses Gebot an Orientierung und Lebenshilfe geben in einer Zeit, in der Familien oft Patchworkfamilien sind, in einer Zeit, in der zumeist Mütter aber durchaus auch Väter ihre Kinder alleine erziehen, in einer Zeit, die vom Jugendkult geprägt ist und in der ältere Menschen oft gar nicht mehr vorkommen? Ist es ein Relikt aus früheren Zeiten, das in unserer Gegenwart keinen Ort, womöglich gar keinen Sinn mehr hat?

Zu dieser kritischen Anfrage gesellt sich die z.T. massive Abwehr, die gerade dieses Gebot bei vielen unserer Zeitgenossen auslöst. Ist es doch gerade dieses Gebot, das wie kaum ein anderes missbraucht wurde, um bestehende Autoritätsverhältnisse zu untermauern. Nur allzu oft ist dieses Gebot zitiert worden, wenn es darum ging, blinden Gehorsam und Unterwürfigkeit einzufordern. Mit diesem Gebot wurde ein autoritärer Erziehungsstil legitimiert, bei dem Kindern und Jugendlichen kein Recht eingeräumt wurde, die Ansichten und Handlungen ihrer Eltern kritisch zu hinterfragen und eigene Wege zu gehen.

Dieser Befund ist erstaunlich. Denn dieses Vierte Gebot spricht ja gerade kein Verbot aus, sondern ist positiv formuliert. Es beginnt nicht mit den Worten: „Du sollst *nicht* …“, sondern – ohne die Negation „nicht“ – mit der Aufforderung „Du sollst …“. Dies gilt außer für dieses Gebot nur noch für das Dritte Gebot: „Du sollst den Feiertag heiligen.“

Dazu kommt, dass gerade dieses Gebot als einziges unter den Zehn Geboten mit der Verheißung eines guten und langen Lebens verbunden ist: „…, auf dass dir’s wohlgehe und du lange lebest auf Erden.“

Da drängt sich die Frage auf, wie wir dieses Gebot verstehen können. Worauf zielt es ab? Die Antwort auf diese Frage lautet: Nicht auf das Verhalten von heranwachsenden Kindern, sondern auf das von erwachsenen Menschen, die ihre Verantwortung gegenüber ihren alt gewordenen Eltern wahrzunehmen haben. Selbstredend gab es zur Zeit des Alten Israel keine Rentenversicherungen, wie wir sie heutzutage kennen. Wer alt war, war auf die Unterstützung durch die eigenen Kinder angewiesen. So sah die damalige Form des Generationenvertrages aus. Das Vierte Gebot ermahnt die erwachsenen Kinder, sich gemäß diesem „Vertrag“ zu verhalten und für ihre alten Eltern zu sorgen. Darum geht es in diesem biblischen Gebot; das ist sein ursprünglicher Sinn. Die Zurückweisung der eigenen, hilfsbedürftigen Eltern würde diesem Gebot zutiefst zuwiderlaufen.

Ein welch hoher Stellenwert dem angemessenen Verhalten gegenüber den Eltern in der Bibel zugemessen wird, ist auch an der Todesstrafe ersichtlich, die auf das Verfluchen der Eltern steht. Im Zweiten Buch Mose heißt es: „Wer Vater oder Mutter flucht, der soll des Todes sterben“ (Exodus 21,17).

Aber auch wenn es somit ursprünglich eindeutig um erwachsene und nicht etwa heranwachsende Kinder ging, so erfuhr dieses Gebot doch bereits sehr früh eben diese Umdeutung. Die Versuchung von Eltern, ihre Autorität gegenüber ihren kleinen und jugendlichen Kindern dergestalt zu untermauern, war anscheinend zu groß, als dass man ihr hätte widerstehen können. Eine derartige Auslegung begegnet bereits in der Bibel selbst. So heißt es im Epheserbrief im sechsten Kapitel: „Ihr Kinder, seid gehorsam euren Eltern in dem Herrn; denn das ist recht. ‚Ehre Vater und Mutter', das ist das erste Gebot, das eine Verheißung hat: ‚auf dass dir's wohlgehe und du lange lebest auf Erden'" (Epheser 6,1-3). Dass sich diese Aufforderung nicht an erwachsene, sondern an heranwachsende Kinder richtet, wird im folgenden Vers deutlich, in dem die Väter aufgefordert werden, ihre Kinder angemessen zu erziehen und sie nicht zum Zorn zu reizen. Dieser Vers lautet: „Und ihr Väter, reizt eure Kinder nicht zum Zorn, sondern erzieht sie in der Zucht und Ermahnung des Herrn" (Epheser 6, 4).

Eine weitere Bedeutungserweiterung und damit Bedeutungsveränderung erfuhr dieses Gebot, als es auf die Obrigkeit übertragen wurde. Dabei wurde es so ausgelegt, dass man nicht nur seinem leiblichen Vater zu Gehorsam verpflichtet sei, sondern als Knecht bzw. Magd auch dem „Hausvater" und als Bewohner bzw. Bewohnerin eines Landes auch dem „Landesvater". So lautet die Erklärung des Vierten Gebotes von Martin Luther in seinem Kleinen Katechismus:

> Du sollst deinen Vater und deine Mutter ehren, auf dass dir's wohlgehe und du lange lebest auf Erden.
> Was ist das?
> Wir sollen Gott fürchten und lieben,
> dass wir unsere Eltern und Herren
> nicht verachten noch erzürnen,
> sondern sie in Ehren halten, ihnen dienen, gehorchen,
> sie lieb und wert halten.

Hier bezieht Luther dieses Gebot nicht nur auf die Eltern, sondern explizit auch auf die „Herren". Diese Art, das Gebot zu verstehen, war der Erziehung zum mündigen Bürger nicht gerade förderlich. Dass dadurch die eingangs erwähnte Abwehr nur noch verstärkt wurde, kann niemanden verwundern. Denn hier wird eine patriarchalische Standesgesellschaft vorausgesetzt, in der die politischen Machthaber im besten Fall als väterliche Autoritäten auftraten und wirkten. Diese Vorstellung kann in unserer Zeit, in der den politisch Verantwortlichen ihr Mandat durch demokratische Wahlen für eine Legislaturperiode und somit für eine begrenzte Zeit verliehen wird, nur als überholtes Relikt aus früheren Zeiten gelten.

Aber es sind nicht nur die geänderten politischen Verhältnisse, angesichts derer die Vorstellung einer Obrigkeit, der aufgrund göttlichen Gebots mit Ehrfurcht zu begegnen ist, als höchst fragwürdig erscheint. Es ist auch der Wortlaut des Vierten Gebots selbst, der Zweifel an der Legitimität dieser Interpretation weckt. Denn die Vorstellung einer patriarchalischen Standesgesellschaft, die bei dieser Interpretation vorausgesetzt wird, wird durch das Gebot nicht gedeckt. Zwar wird der Bibel, insbesondere dem Alten Testament, oft vorgeworfen, sie sei patriarchalisch ausgerichtet. Dies gilt jedoch für das Vierte Gebot eindeutig nicht, wie anhand von dessen Formulierung deutlich wird. Denn hier begegnet nicht nur die Nennung des Vaters, sondern beide Elternteile – Vater und Mutter – werden genannt: „Du sollst deinen Vater und deine Mutter ehren, …". In der Aufforderung im Dritten Buch Mose, die Eltern zu fürchten, wird die Mutter sogar vor dem Vater genannt. Dort heißt es: „Ein jeder fürchte seine Mutter und seinen Vater" (Levitikus 19,3a).

Es zeigt sich hier wie auch an vielen anderen Beispielen aus der Wirkungs- und Rezeptionsgeschichte biblischer Texte, dass es auch viele Auslegungen gibt, die sich nicht als tragfähig und weiterführend erweisen.

Aber wie ist es dann in unserer Zeit auszulegen, das Vierte Gebot? Wir haben gesehen, wie es *nicht* gemeint ist: Es ist weder ein Mittel zur Kindererziehung noch eine Legitimierung der jeweils Regierenden. Es ist vielmehr die Aufforderung an Erwachsene, ihre Verantwortung für ihre alt gewordenen Eltern zu übernehmen. Und diese Aufforderung ist keineswegs überholt. Sie ist alles andere als ein Relikt aus früheren Zeiten, das in unserer Gegenwart keinen Ort und keinen Sinn mehr hat. Viele ältere Menschen leiden in unserer Gesellschaft z.T. bittere Not. Altersarmut ist ein Problem, das an Bedeutung gewinnt, auch wenn es von den Betroffenen meist schamhaft verschwiegen wird, als ob sie daran schuld wären. In der jüngsten Ausgabe der Zeitschrift ‚Wege zum Menschen. Zeitschrift für Seelsorge und Beratung, heilendes und soziales Handeln' (64. Jahrgang, Heft 2, März/April 2012) macht Frank Reinecke in seinem Beitrag ‚Altersarmut in der öffentlichen Wahrnehmung' (S. 185-198) deutlich, wie bedrängend dieses Problem ist. Und auch ältere Menschen, die genug Geld zum Leben haben, sind oft einsam. Viele, die in Seniorenheimen leben, finden keinen Kontakt zu anderen Bewohnern und fühlen sich von ihrer Familie abgeschoben.

Diese Problemanzeige ist selbstredend keine pauschale Verurteilung von berufstätigen Erwachsenen, die oft durch Beruf und Kindererziehung zur Gänze ausgelastet sind und keine Kapazitäten haben, um sich um ihre alt gewordenen Eltern so zu kümmern, wie es angemessen wäre – zumal dann, wenn beide Ehepartner arbeiten (müssen). Und es gibt zuweilen auch das Problem, dass Erwachsene als Kinder von ihren Eltern lieblos behandelt worden sind und sich sehr schwer damit tun, mit ihren alt gewordenen Eltern nun liebevoll umzugehen. Es gibt durchaus Situationen, die die Orientierung am Vierten Gebot in hohem Maße erschweren. Aber das enthebt uns nicht der Verantwortung, nach Mitteln und Wegen zu suchen, wie dieses Gebot konkret in die Tat umgesetzt werden kann.

Das Vierte Gebot kann zudem unseren Blick auf das Verhältnis zum Judentum schärfen. Denn im Judentum liegen – religionsgeschichtlich betrachtet – die Wurzeln des Christentums. Das Judentum ist somit gleichsam unsere Mutterreligion. In Anbetracht des Vierten Gebotes ist durchaus die Frage zu stellen, wie wir das Judentum sehen und dementsprechend mit Jüdinnen und Juden umgehen. Wer das Judentum als überholte Religion betrachtet, dem durch das Heilshandeln Gottes in Jesus Christus die Existenzgrundlage entzogen ist, wird gelebter jüdischer Religiosität sicher nicht mit dem Respekt begegnen, der dem Vierten Gebot entspricht.

Bereits die Formulierung, in der uns das Vierte Gebot vertraut ist, ist ein Beispiel für einen solchen Umgang, bei dem das Judentum zur Gänze ausgeblendet wird. Die Verheißung, die mit der Erfüllung dieses Gebotes verbunden wird, lautet bei Martin Luther: „…,auf dass dir's wohlgehe und du lange lebest auf Erden." Gemäß dieser Formulierung ist von einem guten und langen Leben auf der Erde die Rede. Im zugrunde liegenden hebräischen Text ist jedoch von dem Erdboden, den der Herr dir gibt, die Rede. Somit liegt eine Anspielung auf die für das Judentum so wichtige Landverheißung vor und nicht lediglich eine Aussage, die sich ganz allgemein auf die Erde bezieht. Ein Umgang mit der Hebräischen Bibel und ihren jüdischen Auslegungen, der derartige Aussagen schlicht übergeht, ist sicher kein Umgang mit unserer Mutterreligion, der dem Vierten Gebot entspricht.

Und somit erweist sich das Vierte Gebot als wertvoller Impuls, der für unseren Umgang mit alt gewordenen Eltern ebenso wichtig ist wie für unseren Umgang mit den jüdischen Wurzeln unseres christlichen Glaubens und dem gelebten Judentum.

Du sollst nicht töten.

Das Fünfte Gebot besteht aus einem kurzen, knappen Satz: „Du sollst nicht töten." Diese Aufforderung wirkt gerade in ihrer Kürze und Knappheit so einleuchtend, dass sich die Frage stellt, ob sie überhaupt auslegungsbedürftig ist. Ist nicht mit diesen wenigen Worten alles so unmissverständlich gesagt, dass keine Fragen mehr offen bleiben? Hier geht es um den Schutz des Lebens, darum, dass es nicht angetastet werden darf. Auch von Menschen, die nicht an Gott glauben, wird dies im Allgemeinen nicht in Frage gestellt. Im Grundgesetz der Bundesrepublik Deutschland wird „das Recht auf Leben und körperliche Unversehrheit" als Grundrecht garantiert (Art. 2, 2). Somit scheint die eben gestellte Frage, ob dieses Gebot einer Auslegung bedarf, auf den ersten Blick in der Tat rein rhetorischer Natur zu sein.

Aber der Blick in die Praxis macht schnell deutlich, dass die Anwendung dieses Gebotes viele Fragen aufwirft, so z.B. bei der Frage des Schwangerschaftsabbruchs. Ob das Fünfte Gebot hier greift, hängt davon ab, ob der sich entwickelnde Embryo bereits als menschliches Leben betrachtet wird, das es zu schützen gilt. Auch wenn dies in Deutschland ethischer Konsens ist, so wird dies durchaus auch in Frage gestellt, so von Vertreterinnen und Vertretern der so genannten utilitaristischen Ethik, bei der Leben nur dann als schützenswert betrachtet wird, wenn Vernunft und Freiheit als personbildende Elemente gegeben sind. Demgegenüber wird – nicht zuletzt auch in kirchlichen Verlautbarungen – die Auffassung vertreten, dass bereits ab der Verschmelzung von Ei und Samenzelle menschliches Leben gegeben sei. Aber auch diese Auffassung lässt noch viele Fragen offen, z.B., wenn durch die Schwangerschaft das Leben der Mutter gefährdet ist. Gemäß evangelischer Ethik ist dann ein Schwangerschaftsabbruch gerechtfertigt, während dies im Rahmen katholischer Ethik anders beurteilt wird. Die Frage der Legitimität eines Schwangerschaftsabbruchs wird auch in Anbetracht der sozialen Situation einer werdenden Mutter sowie ihrer Persönlichkeitsentwicklung gestellt. Angesichts dieser sozialen Indikation wird seitens der theologischen Ethik darauf verwiesen, dass dergestalt gegebene Konflikte anders zu lösen seien, z.B. durch soziale Unterstützung und psychologische Beratung. Die Frage, ob eine Schwangerschaft abgebrochen werden darf, stellt sich auch in dem Fall, wenn diese Schwangerschaft Folge einer Vergewaltigung ist.

Ein weiterer Bereich, in dem sich die Frage der Orientierung am Fünften Gebot stellt, ist der der Embryonenforschung. Seit es die Möglichkeit der In-vitro-Fertilisation, der künstlichen Befruchtung, gibt, gibt es auch die Frage, wie mit den jeweils überzähligen Embryonen umgegangen werden soll, die nicht in den Uterus der Frau transferiert werden. Soll man sie sterben lassen? Dürfen sie zu therapeutischen Zwecken sowie zu Forschungszwecken aufbewahrt werden? Mit diesen Fragen befinden wir uns in einem Grenzbereich der Ethik, in dem vorschnelle Antworten nicht weiterführend sind.

Ein anderer Bereich, der Fragen aufwirft, die das Fünfte Gebot tangieren, ist der der Sterbehilfe. Denn angesichts der heutigen medizinischen Möglichkeiten, Leben zu verlängern, ist die Frage, was als Sterbehilfe zu bezeichnen ist, neu zu stellen. Es geht bei weitem nicht nur um die Frage, ob dem Wunsch schwerstkranker Menschen, ihrem Leiden – und damit auch ihrem Leben – ein Ende zu bereiten, stattgegeben werden darf. Denn passive Sterbehilfe ist auch dann schon gegeben, wenn Schmerzen palliativ gelindert werden oder wenn der Sterbeprozess nicht durch medizinische Maßnahmen verlängert wird. Aber können wir dies so ohne weiteres verurteilen? Sind nicht da, wo Betroffene starke Schmerzen leiden müssen, die Möglichkeiten der Medizin zu nutzen, um deren Leid zu mindern und ihnen auf diese Weise die ihnen noch verbleibende Lebenszeit zumindest ein wenig angenehmer zu gestalten? Und wird den Betroffenen geholfen, wenn der natürliche Sterbeprozess künstlich verlangsamt wird? Bei diesen Fragen geht es um gänzlich Anderes als um die so genannte aktive Sterbehilfe oder um die so genannte Tötung auf Verlangen, die in einigen Ländern mittlerweile praktiziert wird.

Ein anderer Fall, der mit dem der Tötung auf Verlangen jedoch durchaus in Zusammenhang steht, ist der des Selbstmordes, der uns vor die Frage stellt, ob das Fünfte Gebot nur das Töten anderer Menschen verbietet oder auch das der eigenen Person. Bei dieser Frage geht es keineswegs darum, diejenigen, die diesen Schritt getan haben, posthum zu verurteilen und ihnen womöglich die Bestattung auf einem kirchlichen Friedhof zu verwehren, so wie dies in früheren Zeiten durchaus usus gewesen ist. Bei vielen war eine tiefe Verzweiflung Anlass zu diesem Schritt und dies wirft die Frage auf, warum die bzw. der Betreffende nicht die Begleitung und Unterstützung von Mitmenschen erhalten hat, die diesen Schritt womöglich verhindert hätten. Bei anderen steht oft eine Depression im Hintergrund, die nicht hat geheilt werden können. So richtig es zweifellos ist, dass Gott uns das Leben gegeben hat und deshalb allein er das

Recht hat, es uns wieder zu nehmen, so unangemessen wäre es, jeden Menschen, der sich selbst das Leben genommen hat, zu verurteilen, weil er gegen das Fünfte Gebot verstoßen hat.

Eine weitere Frage nach der angemessenen Umsetzung des Fünften Gebotes stellt sich beim so genannten finalen Rettungsschuss. Darf ein Verbrecher getötet werden, um zu verhindern, dass er andere Menschen tötet? Auch wenn diese Frage unter Hinweis auf das Gewaltmonopol des Staates bejaht wird, kann dies nur die ultima ratio sein.

Auch die Frage, ob es ethisch legitimiert werden kann, Kriege zu führen, hat hier ihren Ort. Diese Frage wurde innerkirchlich überaus kontrovers diskutiert, als der frühere Generalsekretär des Lutherischen Weltbundes anlässlich des Krieges im ehemaligen Jugoslawien im Jahr 1993 zum militärischen Eingreifen in Bosnien aufgerufen und sich dabei auf Artikel 16 der Confessio Augustana (Augsburger Bekenntnis von 1530) berufen hatte, in dem vom „bellum iustum“, vom „gerechten Krieg“, die Rede ist.

In den Bereich der ultima ratio fällt auch der so genannte Tyrannenmord. Vor der Frage, ob dieser Schritt legitim ist, standen z.B. die Attentäter des 20. Juli 1944.

Demgegenüber scheint die Frage der Legitimität der Todesstrafe vergleichsweise leicht zu beantworten zu sein. Kann hier doch darauf verwiesen werden, dass der Staat die Pflicht hat, seine Bürgerinnen und Bürger vor Verbrechen zu schützen, nicht jedoch das Recht, für begangene Verbrechen Rache zu nehmen. Die Möglichkeit, die eigene Bevölkerung vor weiteren Gewalttaten von Verbrechern zu schützen, ist auch durch die Verurteilung zu einer lebenslangen Haftstrafe gegeben. Eine Todesstrafe, wie es sie noch in einigen nordamerikanischen Bundesstaaten sowie auch in anderen Ländern gibt, ist dafür nicht notwendig. Zudem besteht bei jedem Urteil auch die Möglichkeit eines Justizirrtums, der nach einer vollzogenen Todesstrafe nicht mehr korrigiert werden kann.

Die Liste dieser Beispiele ließe sich noch verlängern. Aber bereits angesichts dieser Beispiele stellt sich die Frage, wann auf das Fünfte Gebot zurückgegriffen werden kann. Auf welche Formen des Tötens bezieht sich dieses Gebot?

Nehmen wir den hebräischen Text dieses Gebotes und seine Wortwahl in Augenschein:

In diesem Gebot steht in beiden Fassungen des Dekalogs das hebräische Verb רצח, das die Bedeutungen „töten“ und „morden“ hat. In der Tora-Ausgabe von W. Gunther Plaut (Die Tora. In jüdischer Auslegung. Herausgegeben von W. Gunther Plaut. Autorisierte Übersetzung und Bearbeitung von Annette Böckler. Mit einer Einleitung von Landesrabbiner Walter Homolka, Band II. Schemot. Exodus, Gütersloh: Kaiser, Gütersloher Verl.-Haus 2000) wird in Bezug auf dieses Verb und seine Bedeutungsgeschichte ausgeführt: „Dieses Verb bezieht sich im Allgemeinen auf eine nicht angeordnete Tötung [1], möglicherweise eine, die Blutrache nach sich zog. Mit der Zeit verband man רצח mit einer Tötung aus Hass und Böswilligkeit.“ (ebd., S. 225).

Die hebräische Sprache kennt auch andere Wörter für „töten“. So findet im ersten Samuelbuch im vierzehnten Kapitel (Vers 14) das Verb נכה hi. Verwendung, um das Töten im Krieg zu bezeichnen – und nicht das Verb רצח, das auch die Bedeutung „morden“ hat. In der seinerzeit mit Vehemenz geführten Auseinandersetzung um das Zitat von Kurt Tucholsky „Soldaten sind Mörder“ konnte man sich dementsprechend zur Begründung dieses Zitates nicht auf die Hebräische Bibel berufen, denn in ihr wird sprachlich zwischen dem Töten im Krieg und dem Morden unterschieden. Aus dem Fünften Gebot kann somit kein grundsätzliches Verbot von Kriegen abgeleitet werden. Ein absoluter Pazifismus ist durch dieses biblische Gebot dementsprechend nicht zu begründen, denn in ihm geht es um Mord und Totschlag, nicht um das Töten im Rahmen von militärischen Aktionen.

Ein Mord hat im Allgemeinen eine Vorgeschichte, in dem sich Hass gegen das spätere Opfer aufbaut, der schließlich in seiner Ermordung zur Eskalation kommt. Eine solche Vorgeschichte wird exemplarisch im Ersten Buch Mose im vierten Kapitel beschrieben, in dem dargestellt wird, wie Kain seinen Bruder Abel erschlug und wie es dazu kam. Diese Darstellung hat in der Übersetzung durch Martin Luther folgenden Wortlaut:

Es begab sich aber nach etlicher Zeit, dass Kain dem HERRN Opfer brachte von den Früchten des Feldes. Und auch Abel brachte von den Erstlingen seiner Herde und von ihrem Fett. Und der HERR sah gnädig an Abel und sein Opfer, aber Kain und sein Opfer sah er nicht gnädig an. Da ergrimmte Kain sehr und senkte finster seinen Blick. Da sprach der HERR zu Kain: Warum ergrimmst du? Und warum senkst du deinen Blick? Ist's nicht also? Wenn du fromm bist, so kannst du frei den Blick erheben. Bist du aber nicht fromm, so lauert die

Sünde vor der Tür, und nach dir hat sie Verlangen; du aber herrsche über sie. Da sprach Kain zu seinem Bruder Abel: Lass uns aufs Feld gehen! Und es begab sich, als sie auf dem Felde waren, erhob sich Kain wider seinen Bruder Abel und schlug ihn tot.

1. Mose 4, 3-8

Kain ergrimmte gegen seinen Bruder Abel; seine Wut auf seinen Bruder war so groß, dass er nach unten blickte und auf diese Weise jeden Blickkontakt mit ihm vermied. Er war so sehr in seiner Wut gefangen, dass er für niemanden mehr erreichbar war, weder für seinen Bruder, dem er keine Chance einräumte, ihn auf den Grund seiner Wut auf ihn anzusprechen, noch für Gott, der ihn eindringlich vor der Sünde als Folge eben dieser Wut warnte. Er ließ sich in dieser Situation nicht von Gott ansprechen und so kam es zur Eskalation und er schlug seinen Bruder auf dem Feld tot.

Im hebräischen Text steht an dieser Stelle zwar nicht das Verb רצח, das im Fünften Gebot verwendet wird, sondern stattdessen das Verb הרג, das die Bedeutungen „töten“ und „totschlagen“ hat. Aber wie das Verb רצח bezeichnet auch das Verb הרג an dieser Stelle eine Tötung aus Böswilligkeit. Und die Böswilligkeit, die Kain hier an den Tag legte, war eine Folge seiner unkontrollierten Wut. Ohne diese von Wut geprägte Vorgeschichte wäre es wohl nicht soweit gekommen, dass Kain so böswillig handelte und seinen Bruder letztlich wirklich erschlug.

In der Bergpredigt wird auf das Fünfte Gebot Bezug genommen, indem der dort verbotene Mord mit seiner Vorgeschichte in Verbindung gesetzt wird. Im fünften Kapitel des Matthäusevangeliums heißt es:

Ihr habt gehört, dass zu den Alten gesagt ist: „Du sollst nicht töten“; wer aber tötet, der soll des Gerichts schuldig sein. Ich aber sage euch: Wer mit seinem Bruder zürnt, der ist des Gerichts schuldig; wer aber zu seinem Bruder sagt: Du Nichtsnutz!, der ist des Hohen Rats schuldig; wer aber sagt: Du Narr!, der ist des höllischen Feuers schuldig. Darum: wenn du deine Gabe auf dem Altar opferst und dort kommt dir in den Sinn, dass dein Bruder etwas gegen dich hat, so lass dort vor dem Altar deine Gabe und geh zuerst hin und versöhne dich mit deinem Bruder, und dann komm und opfere deine Gabe. Vertrage dich mit deinem Gegner sogleich, solange du noch mit ihm auf dem Weg bist, damit dich der Gegner nicht dem Richter überantworte und der Richter dem Gerichtsdiener und du ins Gefängnis geworfen werdest. Wahrlich, ich sage dir: Du wirst nicht von dort herauskommen, bis du auch den letzten Pfennig bezahlt hast.

Matthäus 5, 21-26

Oft heißt es, hier werde das Fünfte Gebot verschärft, ja gar „überboten", in dem Sinne, dass im Gebot nur das Töten verboten werde, in der Bergpredigt dagegen bereits der Zorn und die Abwertung des Bruders als strafwürdig herausgestellt werden. Aber diese Gegenüberstellung greift zu kurz. Denn das eine ist von dem anderen nicht zu trennen. Zum Mord führt im Allgemeinen ein Weg, zu dessen Stationen Zorn auf das spätere Opfer und seine Abwertung als Person gehören. Jeder Schritt auf diesem Weg ist ein Schritt in die falsche Richtung. Wer auf jemanden wütend ist und sagt: „Dem könnte ich den Hals umdrehen!", meint dies natürlich in der Regel nicht wörtlich, aber auch eine solche Äußerung ist ein Schritt in die falsche Richtung. In der Bergpredigt wird demgegenüber nicht nur gesagt, dass solche Schritte nicht begangen werden sollen, sondern es wird die Alternative benannt; es wird gesagt, wie Schritte in die richtige Richtung aussehen, indem dazu aufgefordert wird, sich mit seinem Bruder zu versöhnen und mit seinem Gegner zu vertragen.

Das ist nun nicht dergestalt misszuverstehen, als ob Konflikte gleichsam unter den Teppich gekehrt werden sollen. Es gibt immer wieder Konflikte zwischen uns. Und diese Konflikte gilt es zu lösen, d.h. sie sind anzusprechen, und wenn sich bei einem oder gegebenenfalls auch allen Konfliktpartnern Wut aufgestaut hat, dann ist es für die Betreffenden unerlässlich, sagen zu können, dass und warum sie wütend sind. Nur wenn die Konflikte angesprochen werden, können sie gelöst werden. Nur dann ist es möglich, sich mit dem Bruder zu versöhnen und mit dem Gegner zu vertragen und somit eine Lösung des Konflikts zu erreichen, die für alle Konfliktpartner gut ist.

Die Schritte auf dem Weg in die richtige Richtung haben somit letztlich das im Blick, was für den Nächsten gut ist und was ihm hilft und ihn fördert. Martin Luther hat dies in seiner Erklärung des Fünften Gebotes in seinem Kleinen Katechismus entfaltet. Dort heißt es:

> *Du sollst nicht töten.*
> Was ist das?
> Wir sollen Gott fürchten und lieben,

dass wir unserm Nächsten an seinem Leibe
keinen Schaden noch Leid tun,
sondern ihm helfen und fördern in allen Leibesnöten.

Und somit ist dieses biblische Gebot für uns alle von Belang und keineswegs nur für diejenigen, die in der Gefahr bzw. Versuchung stehen, wirklich einmal einen anderen Menschen zu ermorden. Denn wir alle befinden uns in unserem Leben immer wieder in Konflikten mit unseren Mitmenschen und stehen damit vor der Frage, wie wir diese Konflikte bewältigen können. Das Fünfte Gebot beinhaltet nicht nur explizit das Verbot zu morden, sondern implizit auch das Gebot, Konflikte mit unseren Nächsten so zu bearbeiten, dass für uns wie auch für sie gute Lösungen gefunden werden.

Damit ist dieses Gebot eine Lebenshilfe, die uns in unserem alltäglichen Leben zu einer großen Hilfe werden kann.

Du sollst nicht ehebrechen.

Das Sechste Gebot ist kurz und prägnant formuliert: „Du sollst nicht ehebrechen.“ Es sind in der deutschen Übersetzung also nur vier Worte. In der Hebräischen Bibel wird dieses Gebot sogar nur mit zwei Worten zum Ausdruck gebracht: לא תנאף lautet dieses Gebot in Exodus 20, 14; die Formulierung des Gebotes besteht also aus der Verbform תנאף mit der vorangestellten Verneinung לא. In der Fassung in Deuteronomium 5, 18 hat es denselben Wortlaut, ist jedoch noch mit dem Kopula ו (zu Deutsch: und) verbunden, so dass es lautet: ולא תנאף. Aber auch in dieser Fassung sind es im Hebräischen nur zwei Wörter, da die Kopula ו kein eigenständiges Wort ist, sondern mit dem jeweils folgenden Wort zu einem Wort verbunden wird.

Was ist es genau, was durch diese beiden hebräischen Worte verboten wird? Um die Frage präziser zu formulieren: Welches verbotene Handeln wird durch das hebräische Verb נאף bezeichnet? Mit anderen Worten: Was ist mit dem Ehebruch gemeint, der im Sechsten Gebot verboten wird?

Im Buch Deuteronomium findet sich eine Definition dessen, was im Alten Israel als Ehebruch galt. Dort heißt es: „Wenn jemand dabei ergriffen wird, dass er einer Frau beiwohnt, die einen Ehemann hat, so sollen sie beide sterben, der Mann und die Frau, der er beigewohnt hat; so sollst du das Böse aus Israel wegtun“ (22, 22). Beide begehen gleichermaßen Ehebruch und beide werden gleichermaßen mit dem Tod bestraft. Aber wenn wir den hier dargestellten Fall näher in den Blick nehmen, so werden Unterschiede zwischen der Bewertung des Verhaltens der Frau und der des Mannes deutlich: Der Mann gilt als Ehebrecher, weil er in die Ehe der Frau eingebrochen ist. Ob er selbst verheiratet ist oder nicht, ist dabei irrelevant. Die Frau gilt dagegen als Ehebrecherin, weil sie ihre eigene Ehe gebrochen hat. Man wird dies auf die kurze Formel bringen können: „Der Mann kann immer nur eine fremde Ehe, die Frau immer nur die eigene Ehe brechen.“ (Helen Schüngel-Straumann, Der Dekalog – Gebote Gottes? [Stuttgarter Bibelstudien, Bd. 67], Stuttgart: Verlag Katholisches Bibelwerk 1973, S. 49). Eine verheiratete Frau gilt somit immer als Ehebrecherin, wenn sie mit einem anderen Mann als ihrem Ehemann schläft. Ein Mann hingegen gilt nur dann als Ehebrecher, wenn er mit einer verheirateten Frau schläft. Schläft er mit einer unverheirateten Frau oder mit einer Prostituierten, dann gilt dies nicht als Ehebruch. Wie ist diese unterschiedliche Wertung, die vor dem Hintergrund unserer Wertmaßstäbe nur als „doppelte Moral“ betrachtet werden kann, zu erklären?

Zum einen ist hier darauf hinzuweisen, dass das Eheverständnis im Alten Israel rechtlich geprägt war. Ein Ehebruch war ein Eingriff in die Besitz- und Rechtssphäre des Ehemanns der betreffenden Frau. Auch wenn die Frau nicht dergestalt zum Besitz des Mannes gehörte wie materieller Besitz, weil zwischen Sachen und Personen differenziert wurde, so gehörte sie dennoch im weitesten Sinne zur Besitzsphäre des Ehemannes. Dies galt umgekehrt nicht. Ein Ehemann gehörte nicht in die Besitzsphäre seiner Ehefrau.

Daneben gibt es noch einen weiteren Aspekt, der hier von entscheidender Bedeutung ist: In der patriarchalisch geprägten Gesellschaft des Alten Israel musste ein Ehemann die Gewähr haben, dass seine Nachkommen auch wirklich von ihm stammen. Dies war nur gewährleistet, wenn seine Frau sexuell treu war. Einen Ehebruch in diesem Sinne konnte ein Mann nicht begehen – auch dann nicht, wenn er verheiratet war –, weil er außerhalb seiner Ehe keine legitimen Nachkommen und Erben zeugen konnte.

Wenn wir uns dies vor Augen führen, dann kann dies für uns durchaus von historischem Interesse sein, aber betrifft es uns noch unmittelbar? Sicher nicht, denn in unserer gegenwärtigen Gesellschaft gilt die Gleichberechtigung von Mann und Frau. Da versteht es sich von selbst, dass die Ehefrau nicht zur Besitzsphäre des Ehemannes gehört. Zudem werden sich all diejenigen, die keine außerehelichen sexuellen Kontakte gepflegt haben oder pflegen, nun entspannt zurücklehnen können. Das Sechste Gebot betrifft sie nicht.

Ist es somit ein recht bequemes Gebot, das mit dem eigenen alltäglichen Leben im Grunde nichts zu tun hat und dieses somit auch nicht grundsätzlich in Frage stellt?

Wer so denkt, macht es sich ziemlich einfach. Zudem steht er in der Versuchung, sich über die zu erheben, die dieses Gebot nicht einhalten. Sollte das der Sinn dieses biblischen Gebotes sein: sich nicht in Frage stellen zu lassen und auf andere herabzublicken? Sicher nicht!

Eine solche Sichtweise wird es wohl auch schon zu früheren Zeiten gegeben haben. Und so wird sie bereits in der Bergpredigt kritisiert. Dort heißt es in Bezug auf das Sechste Gebot: „Ihr habt gehört, dass gesagt ist: ‚Du sollst nicht ehebrechen.‘ Ich aber sage euch: Wer eine Frau ansieht, sie zu begehren, der hat schon mit ihr die Ehe gebrochen in seinem Herzen“ (Matthäus 5, 27f.). Wer sich mit Blick auf das Sechste Gebot selbstgefällig zurücklehnt, wird sich angesichts dieser Aussage wohl nicht mehr so sicher sein können, dass dieses biblische Gebot nicht für ihn gilt, der wird durch diese neutestamentliche Aussage wohl aus dem „Schlaf der Sicherheit“ aufgeweckt – ganz so, wie es in der zweiten Strophe des Liedes ‚Sonne der Gerechtigkeit’ (EG 263, Ö: 262) heißt: „Weck die tote Christenheit / aus dem Schlaf der Sicherheit, / dass sie deine Stimme hört, / sich zu deinem Wort bekehrt. / Erbarm dich, Herr.“

Angesichts dieser Forderung stellt sich – wie auch in Bezug auf andere Forderungen der Bergpredigt – die Frage, ob sie überhaupt erfüllt werden kann. Hinsichtlich dieser Frage wurden und werden in der neutestamentlichen Forschung folgende Positionen vertreten:

- In diesen Forderungen zeigt sich eine radikale jüdische Ethik, bei der durchaus davon ausgegangen wird, dass die in ihrem Zusammenhang genannten Forderungen erfüllt werden können.

- Diese Forderungen gelten nicht für alle Menschen, sondern nur für Jüngerinnen und Jünger Jesu. Bei dieser Position wird somit von einer Zwei-Stufen-Ethik ausgegangen, nach der die Zehn Gebote für alle Menschen gelten, die Forderungen der Bergpredigt dagegen nur für diejenigen, die in der Nachfolge Jesu leben und somit in der Lage sind, einen höheren Grad an Gehorsam in ihrem Leben zu praktizieren.

- Diese Forderungen sind im Rahmen einer so genannten „Interimsethik“ (A. Schweizer) zu verstehen. Es wird davon ausgegangen, dass das Ende der Welt unmittelbar bevorsteht, und für diese überschaubare Zeit werden diese radikalen ethischen Anweisungen gegeben.

- Die Forderungen sind bewusst so formuliert, dass sie nicht erfüllt werden können, um den Menschen auf diese Weise ihre Schuld vor Augen zu führen.

Allein die Tatsache, dass es so unterschiedliche Auffassungen hinsichtlich der Frage gibt, ob die Forderungen der Bergpredigt erfüllt werden können, zeigt, wie ernsthaft diese Frage gestellt und diskutiert wurde und nach wie vor wird – diese Frage, die in Bezug auf das Sechste Gebot lautet: Können wir dieses Gebot so erfüllen, wie es in der Bergpredigt gefordert wird?

Wie können wir der Forderung dieses Gebotes in unserem alltäglichen Leben gerecht werden? Führen wir uns vor Augen, was Martin Luther in seinem Kleinen Katechismus über das Sechste Gebot geschrieben hat. Dort heißt es:

> *Du sollst nicht ehebrechen.*
> Was ist das?
> Wir sollen Gott fürchten und lieben,
> dass wir keusch und züchtig leben in Worten und Werken
> und ein jeglicher sein Gemahl lieben und ehren.

Das Wort „keusch“, das hier begegnet, gehört nicht zur Umgangssprache unserer Zeit. Sofern es überhaupt noch Verwendung findet, wird es in Bezug auf sexuelle Enthaltsamkeit gebraucht. Dieses Verständnis greift jedoch zu kurz, um die Erklärung des Sechsten Gebotes durch Martin Luther zu verstehen. Denn das Wort „keusch“ hat eine sehr viel weitere Bedeutung. Es geht auf das lateinische *conscius* zurück, zu Deutsch: bewusst, und meint ursprünglich bewusstes Christentum. Erst später wird dieses Wort in einem eingeschränkten Sinn verstanden und wird nun verwendet, um sexuelle Enthaltsamkeit zu bezeichnen. Martin Luther verwendet es nicht in diesem eingeschränkten Sinn. Das wird daran deutlich, dass er für alle Stände „Keuschheit“ fordert. Das, was er damit einfordert, können wir in unserem heutigen Deutsch am ehesten mit den Begriffen „Selbstdisziplin“, „Anständigkeit“ und „Persönlichkeitshaltung“

wiedergeben. Hinsichtlich des Sechsten Gebotes hat Luther also bei weitem nicht nur das Sexualverhalten der Eheleute im Blick, sondern auch deren sonstigen Umgang miteinander. Und dieses Verständnis Luthers hat nichts an Aktualität verloren. Es gibt Untersuchungen, die belegen, dass Paare nach sechs Ehejahren pro Tag im Durchschnitt vier bis fünf Minuten miteinander sprechen. Offensichtlich haben sie einander nichts mehr zu sagen. Die Schriftstellerin Françoise Sagan bemerkt dazu: „Von manchen Menschen glaubt man, sie seien tot, in Wahrheit sind sie nur verheiratet.“ (zitiert nach: Mathias Jung, Hört mich jemand? Leise Botschaften aus dem Verlies. Nach sechs Jahren Ehe reden Partner täglich noch durchschnittlich vier bis fünf Minuten miteinander, in: Publik-Forum Extra. Magazin für Spiritualität und Lebenskunst, Mai/Juni 2012: Lass uns reden. Leben ist Gespräch, S. 18f., hier S. 18).

Dies lässt aufhorchen, mehr noch: es lässt innehalten und fragen, wie wir in unseren eigenen Ehen und Partnerschaften miteinander umgehen. Die Frage nach dem Ehebruch ist die Frage nach dem, was eine Ehe zerbricht und woran sie zerbricht. Und diese Frage gilt es zu stellen, denn eine Ehe ist immer auch fragil. Der evangelische Theologe Jüngel sagt unter Anspielung auf Hoheslied 8, 6f. („Denn Liebe ist stark wie der Tod und Leidenschaft unwiderstehlich wie das Totenreich. Ihre Glut ist feurig und eine Flamme des HERRN, sodass auch viele Wasser die Liebe nicht auslöschen und Ströme sie nicht ertränken können.“), dass die Liebe „stark [ist] wie der Tod und doch überaus verletzlich“ (zitiert nach: Hermann Deuser, Die Zehn Gebote. Kleine Einführung in die theologische Ethik, Stuttgart: Philipp Reclam jun., 2002, S. 104). Die Liebe ist stark – keine Frage –, aber sie kann auch zutiefst verletzt werden. Leben Paare nur noch nebeneinander her, dann kann dies zu einem stillen Tod ihrer Liebe führen.

Das Sechste Gebot kann uns davor bewahren. Es kann uns wieder daran erinnern, wie wertvoll die Ehe ist, so dass wir im Blick behalten, was sie zerbrechen kann und woran sie zerbrechen kann, und das Unsrige tun, um dies abzuwenden.

Du sollst nicht stehlen.

Das Siebente Gebot ist – wie auch das Fünfte und das Sechste – ein Verbot, das kurz und prägnant formuliert ist. Es lautet: „Du sollst nicht stehlen.“ Kurz und prägnant ist es bereits in der Hebräischen Bibel formuliert. Wie auch beim

Fünften sowie beim Sechsten Gebot wird dieses Gebot dort mit nur zwei Worten zum Ausdruck gebracht: לא תגנב lautet dieses Gebot in Exodus 20, 15; die Formulierung des Gebotes besteht somit aus der Verbform תגנב mit der vorangestellten Negation לא. In der Fassung in Deuteronomium 5, 19 hat es denselben Wortlaut, ist jedoch – wie auch das Sechste Gebot – noch mit dem Kopula ו (zu Deutsch: und) verbunden, so dass es lautet: ולא תגנב. Aber auch in dieser Fassung sind es – wie auch beim Sechsten Gebot – im Hebräischen nur zwei Wörter, da die Kopula ו kein eigenständiges Wort ist, sondern mit dem jeweils folgenden Wort zu einem Wort verbunden wird.

Das Verhalten, welches durch dieses Gebot untersagt wird, wird im Hebräischen also durch das Verb גנב wiedergegeben. Dieses Verb kennen wir alle – auch wenn wir nicht des Hebräischen mächtig sind. Denn es hat über das Jiddische und Rotwelsche in Form des Substantivs *Ganove* in die deutsche Sprache Eingang gefunden. Und was ein Ganove ist, ist allgemein bekannt: ein Krimineller, ein Verbrecher. Dass dessen ungesetzliches Handeln bereits in einem der Zehn Gebote verboten wird, wird niemanden verwundern.

Aber dieses Gebot umfasst mehr, als sich auf den ersten Blick erschließt. Hier geht es um mehr und um anderes als das, was wir im Allgemeinen als Diebstahl bezeichnen. Das wird deutlich, wenn wir die Bestimmungen in Exodus 21 sowie in Deuteronomium 24 mit in den Blick nehmen. In Exodus 21 heißt es: „Wer einen Menschen raubt, sei es, dass er ihn verkauft, sei es, dass man ihn bei ihm findet, der soll des Todes sterben" (Vers 16). Und in Deuteronomium 24 lesen wir: „Wenn jemand ergriffen wird, der von seinen Brüdern, den Israeliten, einen Menschen raubt und ihn gewalttätig behandelt oder ihn verkauft: solch ein Dieb soll sterben, dass du das Böse aus deiner Mitte wegtust" (Vers 7). Auch in diesen beiden biblischen Bestimmungen begegnet das hebräische Verb גנב. Dieses Verb bezeichnet mehr als lediglich den Diebstahl von materiellem Gut. Hier geht es um den Raub eines Menschen. So sagt Josef mit Blick auf seine eigene Lebens- und Leidensgeschichte: „Denn ich bin aus dem Lande der Hebräer heimlich gestohlen worden" (Genesis 40, Vers 15a). Auch hier steht das hebräische Verb גנב. Das, was durch dieses Verb bezeichnet ist, ist also der Raub eines Menschen und somit eine der schlimmsten Arten der Freiheitsberaubung. Und dieses Verbrechen wird im Siebenten Gebot verboten.

Aber bei dieser ursprünglichen Bedeutung dieses Gebotes blieb es nicht. Denn dieses Gebot wurde bereits in der Hebräischen Bibel in einem erweiterten Sinne verstanden, so dass es nicht nur auf Menschen, sondern auch auf materielles Gut bezogen wurde. So heißt es im Buch Exodus, Kapitel 21: „Wenn jemand ein Rind oder ein Schaf stiehlt und schlachtet's oder verkauft's, so soll er fünf Rinder für ein Rind wiedergeben und vier Schafe für ein Schaf" (Vers 37; s.a. Genesis 30, 33). In diesem Vers findet das Verb גנב Verwendung, um den Tatbestand des Viehdiebstahls zu bezeichnen, d.h. dass dieses Verb somit nicht mehr nur in Bezug auf den Diebstahl von Menschen verwendet wird, sondern in diesem Fall auf Rinder und Schafe. Und in dem darauf folgenden Kapitel 22 wird ebenfalls dieses Verb benutzt, um Diebstahl zu bezeichnen. Damit ist deutlich, dass sich das Siebente Gebot bereits innerhalb der Hebräischen Bibel nicht mehr nur auf den Tatbestand des Menschenraubs, sondern auch auf den des Diebstahls im heutigen Verständnis bezieht.

Wenn in diesem biblischen Gebot das Stehlen verboten wird, dann können wir daraus folgern, dass das Recht auf Eigentum und somit auf materiellen Besitz durch die Bibel anerkannt wird, so wie dieses Recht auch im Grundgesetz für die Bundesrepublik Deutschland in Artikel 14 verankert ist, wo es heißt: „Das Eigentum und das Erbrecht werden gewährleistet." Indem Recht auf Eigentum besteht, ist ein Rahmen abgesteckt, in dem gesellschaftliches Leben gestaltet werden kann. Ohne materielles Eigentum kann in unserer Gesellschaft Gegenwart nicht gestaltet und Zukunft nicht geplant werden. Das ist in unserer Zeit so und das war zu früheren Zeiten nicht wesentlich anders.

Auch in der Bibel wird – wie wir bereits gesehen haben – das Recht auf Eigentum nicht in Frage gestellt. Allerdings wird in ihren Schriften ebenso klar gesehen und auch zur Sprache gebracht, dass materieller Besitz durchaus auch seine Risiken und Nebenwirkungen haben kann. Denn er bringt uns Menschen keineswegs immer das Glück, das wir uns oft von ihm erhoffen, sondern kann uns auch auf eine Weise verändern, die uns letztlich nicht gut tut. So heißt es im Buch Qohälät (Prediger Salomo): „Wer Geld liebt, wird vom Geld niemals satt, und wer Reichtum liebt, wird keinen Nutzen davon haben. Das ist auch eitel. Denn wo viele Güter sind, da sind viele, die sie aufessen; und was hat ihr Besitzer mehr davon als das Nachsehen? Wer arbeitet, dem ist der Schlaf süß, er habe wenig oder viel gegessen; aber die Fülle lässt den Reichen nicht schlafen" (Qohälät 5, 9-11). Dieser Aussage entspricht, was Jesus in seiner Auslegung des Gleichnisses vom Sämann im vierten Kapitel des Markusevangeliums über die Saat sagt, die unter die Dornen fiel: „Und andere sind die, bei denen unter die Dornen gesät ist: die hören das Wort, und die Sorgen der Welt und der betrügerische Reichtum und die Begierden nach allem andern dringen ein und ersticken das Wort, und es bleibt ohne Frucht“ (Verse 18f.). Reichtum kann betrügerisch sein und uns den Weg zum Wort Gottes auch verstellen.

Dementsprechend hat Martin Luther in seinem Großen Katechismus gesagt: „Woran du dein Herz hängst und worauf du dich verlässest, das ist eigentlich dein Gott“ (Unser Glaube. Die Bekenntnisschriften der ev.-luth. Kirche. Bearb. v. H.-G. Pöhlmann, Gütersloh, 5. Auflage, 2004, S. 587). Wenn wir unser Herz an unseren materiellen Besitz hängen und uns auf ihn verlassen, dann setzen wir ihn an die Stelle Gottes.

Vor dieser Gefahr ist auch die Kirche nie gefeit gewesen. Und so hat Franziskus von Assisi angesichts einer Kirche, die nach Macht und Reichtum strebte, ein Alternativmodell gelebt – ohne sich dabei allerdings von der Kirche abzuwenden. Er gestaltete das Leben gemeinsam mit seinen Brüdern in „heiliger Armut“. Vielleicht erscheint uns dieser Lebensweg als zu radikal, aber dass Franziskus dennoch Entscheidendes richtig gesehen hat, wird ihm nicht abgesprochen werden können. Auch unser Leben, unser individuelles Leben ebenso wie das Leben unserer Kirche, steht immer wieder in der Gefahr, sich durch die Orientierung am materiellen Besitz leiten zu lassen und sich dadurch selbst zu verlieren.

In dem Lied ‚Komm in unsre stolze Welt’ (EG 428) wird dies in aller Klarheit gesehen und Gott um sein Kommen in unsere Welt, in unser Leben gebeten. Die erste Strophe dieses Liedes lautet: „Komm in unsre stolze Welt, Herr, mit deiner Liebe Werben. Überwinde Macht und Geld, lass die Völker nicht verderben. Wende Hass und Feindessinn auf den Weg zum Frieden hin.“ Und die zweite Strophe hat den Wortlaut: „Komm in unser reiches Land, der du Arme liebst und Schwache, dass von Geiz und Unverstand unser Menschenherz erwache. Schaff aus unserm Überfluss Rettung dem, der hungern muss.“

Wie können wir mit dem, was wir haben, angemessen umgehen? Diese Frage hat unmittelbar mit dem Siebenten Gebot zu tun, denn unser Umgang mit unserem Besitz wirkt sich auf die Möglichkeit anderer Menschen aus, mit ihrem Besitz umzugehen bzw. überhaupt Besitz zu erwerben. Dies hat auch im Grundgesetz seinen Niederschlag gefunden. So heißt es in dem bereits zitierten Artikel 14 in Bezug auf das Eigentum auch: „Eigentum verpflichtet. Sein Gebrauch soll zugleich dem Wohle der Allgemeinheit dienen.“

Den Gedanken, dass es nicht nur darum geht, andere nicht zu bestehlen und/oder zu betrügen, sondern dass es um ihr Wohlergehen geht, bringt Martin

Luther in seinem Kleinen Katechismus zur Sprache. Er schreibt dort zum Siebenten Gebot:

> *Du sollst nicht stehlen.*
> Was ist das?
> Wir sollen Gott fürchten und lieben,
> dass wir unsers Nachbarn Geld oder Gut nicht nehmen
> noch mit falscher Ware oder Handel an uns bringen,
> sondern ihm sein Gut und Nahrung helfen bessern und behüten.

Gemäß der Erklärung des Siebenten Gebotes durch Martin Luther ist diesem Gebot also keineswegs Genüge getan, wenn „wir unsers Nachbarn Geld oder Gut nicht nehmen noch mit falscher Ware oder Handel an uns bringen". Denn hier wird mehr gefordert als darauf zu verzichten, ihm direkt zu schaden. Das, was gefordert wird, ist mehr: „ihm sein Gut und Nahrung helfen bessern und behüten".

Was kann das für uns in unserer Gegenwart bedeuten?
Eine der möglichen Antworten drängt sich angesichts der Finanzkrise förmlich auf. Wenn wir in den Blick nehmen, wer die Verursacher, wer die Gewinner und wer die Verlierer dieser Krise sind, dann wird schnell deutlich, dass diese Krise als Konsequenz der Übertretung des Siebenten Gebotes verstanden werden kann.

Eine weitere mögliche Antwort auf diese Frage zielt auf unseren Umgang mit der Schöpfung ab. Ein bekanntes Sprichwort sagt: „Wir haben die Erde von unseren Kindern nur geliehen." Die Schätze des Bodens, des Wassers und der Luft sind uns anvertraut, damit wir verantwortungsvoll mit ihnen umgehen. Wenn wir dies nicht tun, gefährden wir sowohl das Leben unserer Nachkommen als auch das unserer Mitmenschen auf der südlichen Halbkugel unserer Erde. Dann stehlen wir ihnen die Lebensmöglichkeiten. So gesehen ist auch der verantwortungsvolle Umgang mit den natürlichen Ressourcen eine Umsetzung des Siebenten Gebotes.

Das Siebente Gebot ermahnt uns also, mit jeglichem Besitz so umzugehen, dass unsere Nächsten davon keinen Nachteil haben, d.h. einerseits, ihnen ihren Besitz nicht zu stehlen und sie um ihren Besitz nicht zu betrügen, und andererseits, darauf zu achten, dass ihnen durch unseren Umgang mit unserem eigenen Besitz kein Schade entsteht. Bei Lichte besehen ist diese Ermahnung nichts

Neues. Aber es ist gut, dass wir als fehlbare Menschen immer wieder ermahnt werden, uns so zu verhalten.

Du sollst nicht falsch Zeugnis reden wider deinen Nächsten.

Das Achte Gebot lautet: „Du sollst nicht falsch Zeugnis reden wider deinen Nächsten". In beiden Fassungen dieses Gebotes in der Hebräischen Bibel, in Exodus 20, Vers 16, und in Deuteronomium 5, Vers 20, steht das Verb ענה mit der folgenden Präposition ב, zu Deutsch: antworten auf, aussagen gegen. Dies ist ein terminus technicus, der das Auftreten als Zeuge vor Gericht bezeichnet. In diesem Gebot geht es somit um die Wahrheit in Gerichtsverfahren. Im Alten Israel fanden in jeder Ortschaft an deren Tor die Gerichtsverfahren statt. Für die Verfahren waren zwei oder drei Zeugen erforderlich. So heißt es in Deuteronomium, Kapitel 19: „Es soll kein einzelner Zeuge gegen jemand auftreten wegen irgendeiner Missetat oder Sünde, was für eine Sünde es auch sei, die man tun kann, sondern durch zweier oder dreier Zeugen Mund soll eine Sache gültig sein" (Vers 15, s.a. Deuteronomium 17, 6). Damit gerechte Urteile gesprochen werden können, ist es unerlässlich, dass die Zeugen vor Gericht die Wahrheit sagen. Dies wird durch das Achte Gebot eingefordert.

Es geht bei diesem Gebot also nicht allgemein um Lüge. Dennoch ist dieses Gebot auch in diesem erweiterten Sinn verstanden worden, und zwar bereits innerhalb der Hebräischen Bibel. So steht in Levitikus, Kapitel 19: „Ihr sollt nicht stehlen noch lügen noch betrügerisch handeln einer mit dem andern" (Vers 11). Hier wird ganz allgemein die Lüge verboten, nicht nur die Falschaussage als Zeuge in einem Gerichtsverfahren. Die klare Ablehnung der Lüge findet sich auch im Neuen Testament. Die Weisungen für das neue Leben als Christinnen und Christen im vierten Kapitel des Epheserbriefes beginnen mit der Aufforderung, die Lüge abzulegen und die Wahrheit zu reden: „Darum legt die Lüge ab und redet die Wahrheit, ein jeder mit seinem Nächsten, weil wir untereinander Glieder sind" (Vers 25).

Folgt daraus nun, dass in der Bibel die Lüge grundsätzlich als verwerflich abgelehnt wird? Diese Frage sollten wir nicht vorschnell mit „Ja" beantworten, denn es gibt in der Bibel durchaus auch Texte, in denen die Lüge keineswegs verurteilt wird. In Genesis, Kapitel 31, wird geschildert, dass Jakob Laban anlog: „Und Jakob täuschte Laban, den Aramäer, damit, dass er ihm nicht ansagte, dass er ziehen wollte. So floh er mit allem, was sein war, machte sich auf und fuhr über den Euphrat und richtete seinen Weg nach dem Gebirge Gilead" (Verse 20f.). Diese Lüge wird mit keinem Wort kritisiert, ebenso wenig wie die von Rahel, die den Hausgott ihres Vaters gestohlen hatte (Genesis 31, 19b). Es wird im biblischen Text recht ausführlich dargestellt, wie Rahel ihren Vater Laban betrog und anlog, als dieser seinen Hausgott suchte. Dort heißt es: „Da ging Laban in die Zelte Jakobs und Leas und der beiden Mägde und fand nichts. Und ging aus dem Zelte Leas in das Zelt Rahels. Rahel aber hatte den Hausgott genommen und unter den Kamelsattel gelegt und sich darauf gesetzt. Laban aber betastete das ganze Zelt und fand nichts. Da sprach sie zu ihrem Vater: Mein Herr, zürne nicht, denn ich kann nicht aufstehen vor dir, denn es geht mir nach der Frauen Weise. Daher fand er den Hausgott nicht, wie sehr er auch suchte" (Verse 33 bis 35). Auch angesichts dieser Lüge wird keine Kritik laut.

Welche Bedeutung hat angesichts dieses ambivalenten biblischen Befundes nun das Achte Gebot für uns? Es steht außer Frage, dass auch wir – wie die Zeugen im Alten Israel – vor Gericht niemanden durch eine falsche Zeugenaussage belasten dürfen. Das ist unstrittig. Wie aber verhält es sich mit der Lüge? Gilt in jedem Fall, dass wir nicht lügen dürfen? Das wird heutzutage immer wieder in Frage gestellt. So steht auf dem Cover der ersten Ausgabe des Philosophie-Magazins ‚Hohe Luft' das Verbot „Du sollst nicht *lügen*!" Dieses Verbot ist dadurch noch betont, dass das Wort ‚lügen' unterstrichen ist und am Ende des Verbotes ein Ausrufezeichen steht. Und unter diesem Verbot steht die Frage: „Aber warum eigentlich nicht?" Diese Frage kommt der Wirklichkeit ziemlich nahe; können wir doch davon ausgehen, dass sich viele Menschen heutzutage angesichts des Verbotes zu lügen eben diese Frage stellen. Und auch dies ist nicht vorschnell zu verurteilen. Denn diese Frage ist komplexer, als sie auf den ersten Blick erscheinen mag. Gibt es Situationen, in denen wir lügen dürfen, ja mehr noch: in denen es sogar geboten ist, dies zu tun?

Angesichts dieser Frage wird oft auf Fälle verwiesen, in denen Patientinnen und Patienten eine Diagnose vorenthalten wird, um sie nicht in totale Resignation zu stürzen. Ich muss gestehen, dass mich diese Argumentation nicht überzeugt. Menschen, die sterbenskrank sind, wissen oder spüren dies im Allgemeinen sehr genau. Ihnen die Diagnose vorzuenthalten, sie womöglich direkt anzulügen, um ihnen diese Diagnose zu ersparen, entmündigt sie nicht nur zur Gänze, sondern raubt ihnen auch die Möglichkeit, über das zu sprechen, was sie am meisten beschäftigt und oft auch sehr belastet: die Perspektive, dass sie aufgrund einer unheilbaren Krankheit in absehbarer Zeit sterben werden. Es ist alles andere als schonend, sie damit allein zu lassen und ihnen die Möglichkeit zu verwehren, darüber sprechen zu können. Und oft wird hinter der vermeintlichen Rücksicht auf die sterbenskranken Patientinnen und Patienten, aufgrund derer diesen die Diagnose vorenthalten wird, wohl die eigene Unfähigkeit stehen, sich der Realität des Todes zu stellen und mit den Betroffenen über sie zu sprechen. Selbstredend gilt es hier, jeden Fall für sich in den Blick zu nehmen und die angemessene Lösung zu finden. Dabei kann es durchaus auch der richtige Weg sein, dem Betroffenen die Diagnose nicht mitzuteilen. Aber wie auch immer in einem solchen Fall entschieden wird, eine solche Entscheidung will gut überlegt sein. Eine allgemein gültige Legitimation der Lüge gegenüber den Betroffenen kann es hier nicht geben.

Bedeutet dies nun, dass es keine Fälle gibt, in denen eine Lüge ohne wenn und aber ihre Berechtigung hat? Nein, das bedeutet es keineswegs, aber solche Fälle sind immer Ausnahmefälle. Wenn Menschen in der Zeit des Nationalsozialismus Jüdinnen und Juden bei sich versteckt haben, mussten sie dies geheim halten und dabei nicht selten auch direkt lügen, um das Leben der Versteckten – und auch ihr eigenes! – zu schützen. Wenn da gesagt wird, dass sie damit nicht die Wahrheit gesagt haben, so ist dies zwar richtig, aber die Wahrheit, die sie verschwiegen oder verleugnet haben, hätte nicht dem Leben gedient, sondern dem Mord den Weg geebnet. In diesem Fall steht außer Frage, dass auch eine direkte Lüge zutiefst berechtigt ist, weil sie der Wahrheit dient, dass das Leben der Versteckten nicht durch Mörderhand ausgelöscht werden darf.

Es gibt ein weiteres Beispiel, das hier seinen Ort hat, ein Beispiel aus der Literatur. Viele von uns kennen den Roman ‚Jakob der Lügner' von Jurek Becker (Frankfurt a.M. [suhrkamp taschenbuch 774], 1982). Es geht in diesem Roman um Jakob Heym, der in einem jüdischen Ghetto in Osteuropa in das Revier geschickt wird, weil er die Ausgangssperre missachtet haben soll. Während er dort wartet, um sich bei dem Wachhabenden zu melden, hört er zufällig die folgende Meldung im Radio: „In einer erbitterten Abwehrschlacht gelang es unseren heldenhaft kämpfenden Truppen, den bolschewistischen Angriff zwanzig Kilometer vor Bezanika zum Stehen zu bringen. Im Verlaufe der Kampfhandlungen, die von unserer Seite …" (S. 14). Diese Nachricht gibt er an die anderen Bewohnerinnen und Bewohner des Ghettos weiter, um ihnen wieder Hoffnung zu geben. Um nicht in den Verdacht zu geraten, ein Spitzel der Gestapo zu sein, gibt er vor, ein Radio zu besitzen. Dadurch macht er seinen Leidensgenossinnen und –genossen neuen Mut. Immer mehr Neuigkeiten möchten sie von ihm erfahren und er erfindet immer neue und setzt damit sein begonnenes Lügen fort. Aber aus eben diesen Lügen schöpfen die Betroffenen neuen Lebensmut. Entgegen aller bitteren Realität ist dieser neue Lebensmut real. Es gibt keine Selbstmorde mehr. Wie sollen, ja wie können wir diese Lügen beurteilen? Darf aus Liebe und Barmherzigkeit gelogen werden? Gibt es das Recht zur Lüge in der Not, zur „Notlüge“?

Martin Luther betont in seiner Auslegung des Achten Gebotes in seinem Kleinen Katechismus, dass es darum geht, den Nächsten nicht „fälschlich [zu] belügen“, sondern „alles zum besten [zu] kehren“. Seine Erklärung dieses Gebotes lautet:

> *Du sollst nicht falsch Zeugnis reden wider deinen Nächsten*
> Was ist das?
> Wir sollen Gott fürchten und lieben,
> dass wir unsern Nächsten nicht fälschlich belügen,
> verraten, afterreden oder bösen Leumund machen,
> sondern sollen ihn entschuldigen, Gutes von ihm reden
> und alles zum besten kehren.

Hat Jakob der Lügner nun seine Leidensgenossen fälschlich belogen oder hat er alles zum besten gekehrt? Angesichts dieser Frage verbietet sich jede vorschnelle Antwort.

Dagegen gibt es viele Fälle, in denen die entsprechende Frage eindeutig beantwortet werden kann. Wenn von manchen Massenmedien Halbwahrheiten verbreitet werden, um die Auflage bzw. die Einschaltquote zu erhöhen, und dies dann mit dem Hinweis auf die Pressefreiheit begründet wird, dann ist sicher kein Fall gegeben, in denen Lügen legitim ist. Für Klatsch und Tratsch gilt Entsprechendes.

Grundsätzlich ist daran festzuhalten, dass die Ehrlichkeit die Grundlage des Vertrauens bildet, das ein gutes zwischenmenschliches Miteinander überhaupt erst ermöglicht. Wer lügt, stellt diese Grundlage in Frage. Das bekannte Sprichwort „Wer einmal lügt, dem glaubt man nicht, und wenn er auch die Wahrheit spricht“ bringt dies treffend auf den Punkt. Und so erinnert uns das Achte Gebot daran, dass Aufrichtigkeit und Ehrlichkeit im zwischenmenschlichen Umgang so wertvoll sind, dass nur in einem wirklichen Ausnahmefall eine Lüge ihre Berechtigung haben kann.

Du sollst nicht begehren deines Nächsten Haus.

Wenn wir uns nun dem Neunten Gebot zuwenden, dann stellt sich zunächst die Frage, was dieses Gebot beinhaltet, ja mehr noch: ob es vor dem Zehnten Gebot überhaupt ein eigenes, ein Neuntes Gebot gibt. Gehen wir von den beiden Stellen in der Hebräischen Bibel aus, in denen dieses Gebot begegnet, dann werden wir diese Frage nicht ohne weiteres bejahen können. In beiden Fassungen dieses Gebotes, in Exodus 20 wie auch in Deuteronomium 5, ist es mit dem folgenden Zehnten Gebot zu einem Vers zusammengefasst. Im zwanzigsten Kapitel des Buches Exodus heißt es: „Du sollst nicht begehren deines Nächsten Haus. Du sollst nicht begehren deines Nächsten Frau, Knecht, Magd, Rind, Esel noch alles, was dein Nächster hat“ (Vers 17). Auch in der anderen Fassung dieses Gebotes in Deuteronomium 5 begegnet diese Zusammenfassung mit dem Zehnten Gebot. Dort haben die beiden letzten der Zehn Gebote folgenden Wortlaut: „Du sollst nicht begehren deines Nächsten Frau. Du sollst nicht begehren deines Nächsten Haus, Acker, Knecht, Magd, Rind, Esel noch alles, was sein ist“ (Vers 21). Hier wird also zuerst die Frau des Nächsten genannt und dann sein Haus, Acker, Knecht, Magd, Rind, Esel sowie sein sonstiger Besitz, während in der Fassung in Exodus 20 an erster Stelle das Haus des Nächsten genannt wird und dann seine Frau, sein Knecht, seine Magd, sein Rind, sein Esel und was darüber hinaus sein Eigen ist.

Trotz dieser Unterschiede in der Aufzählung ist beiden Fassungen dieses Verses gemeinsam, dass sie aus zwei einzelnen Sätzen bestehen, auch wenn sie im hebräischen Text nicht mit Soph pasuq und Silluq voneinander getrennt sind, die am Ende eines Verses stehen und somit einem Punkt entsprechen, sondern mit einem Atnah, durch den längere Verse in zwei Teile gegliedert werden und der somit einem Semikolon entspricht.

Sind es nun zwei verschiedene Gebote oder handelt es sich um lediglich ein Gebot? Diese Frage hat unterschiedliche Antworten gefunden. In der jüdischen Tradition wird dies zusammenfassend als ein Gebot angesehen, ebenso auch im reformierten Katechismus. In der römisch-katholischen Tradition wie auch in der evangelisch-lutherischen wird dies dagegen auf zwei Gebote aufgeteilt. Das bedeutet jedoch keineswegs, dass es in der jüdischen sowie in der reformierten

Tradition jeweils nur neun statt zehn Gebote gibt. Auch da sind es insgesamt zehn Gebote, wobei die Zehn-Zahl der Gebote durch das Bilderverbot gegeben ist (vgl. den Beginn der Ausführungen über das Zweite Gebot).

Aber auch wenn die römisch-katholische und die evangelisch-lutherische Tradition hier die Gemeinsamkeit aufweisen, dass sie – anders als die jüdische sowie die reformierte Tradition – davon ausgehen, dass es sich hier um zwei Gebote handelt, so unterschieden sie sich doch inhaltlich in der Bestimmung dessen, worum es im Neunten Gebot geht. Denn in der römisch-katholischen Tradition wird die Fassung dieses Gebotes im fünften Kapitel des Buches Deuteronomium zugrunde gelegt, die den Wortlaut hat: „Du sollst nicht begehren deines Nächsten Frau“ (Vers 21a). Indem es somit ausschließlich darum geht, nicht die Ehefrau eines anderen Mannes zu begehren, ist dieses Gebot gleichsam eine Ergänzung des Sechsten Gebotes, in dem der Ehebruch verboten wird. Demgegenüber wird das Zehnte Gebot, das sich auf den zweiten Teil dieses Verses bezieht (Vers 21b: „Du sollst nicht begehren deines Nächsten Haus, Acker, Knecht, Magd, Rind, Esel noch alles, was sein ist.“), als Ergänzung zum Siebenten Gebot verstanden, in dem das Stehlen verboten wird.

In der evangelisch-lutherischen Tradition wird dagegen die Fassung dieses Gebotes im zwanzigsten Kapitel des Buches Exodus zugrunde gelegt, die mit dem Satz beginnt: „Du sollst nicht begehren deines Nächsten Haus“ (Vers 17a). Damit erschließt sich der Unterschied zwischen dem Neunten und dem Zehnten Gebot zumindest nicht auf den ersten Blick. Denn das Zehnte Gebot lautet mit Bezug auf die Fassung in Exodus 20, 17b: „Du sollst nicht begehren deines Nächsten Weib, Knecht, Magd, Vieh oder alles, was sein ist.“ Geht es in der evangelisch-lutherischen Tradition also in den beiden letzten der Zehn Gebote somit im Grunde um dasselbe?

Um diese Frage beantworten zu können, ist es weiterführend, sich die Bedeutung des Wortes „Haus“ vor Augen zu führen. Dass mit diesem Wort weit mehr gemeint ist als lediglich ein Gebäude, wird deutlich, wenn wir z.B. die Rede Josuas auf dem Landtag zu Sichem lesen. Im Rahmen dieser Rede sagt Josua: „Gefällt es euch aber nicht, dem HERRN zu dienen, so wählt euch heute, wem ihr dienen wollt: den Göttern, denen eure Väter gedient haben jenseits des Stroms, oder den Göttern der Amoriter, in deren Land ihr wohnt. Ich aber und mein Haus wollen dem HERRN dienen“ (Josua 24, Vers 15). Hier bezeichnet der Begriff „Haus“ die gesamte Familie Josuas, die Gemeinschaft aller, die zu ihr gehören, und zugleich auch den gesamten Hausstand. Er ist also ein umfassender Begriff. Was auch immer zu dem Nächsten gehört, wird zusammenfassend als des „Nächsten Haus“ bezeichnet. Damit geht es nicht um einzelne Dinge, die begehrt werden, sondern um das Ganze. Wenn im Neunten Gebot, wie es uns in der evangelisch-lutherischen Tradition überliefert ist, geboten wird „Du sollst nicht begehren deines Nächsten Haus“, dann sind somit nicht die einzelnen Objekte der Begierde im Blick, sondern das Begehren als solches. Es geht hier letztlich um Habgier, die aus Neid resultiert. Dass die in diesem biblischen Gebot verboten wird, hat seinen tiefen Sinn. Denn sie vergiftet die Atmosphäre des Zusammenlebens. Wer das, was zum Nächsten gehört, mit Neid betrachtet, der gönnt es seinem Nächsten nicht, der betrachtet seinen Nächsten und dessen Hab und Gut mit Missgunst. Und das macht ein gutes Miteinander mit dem jeweiligen Nächsten unmöglich. Das Gebot, nicht das Haus des Nächsten zu begehren, zielt somit auf die Möglichkeit eines guten zwischenmenschlichen Miteinanders – eines Miteinanders, das nicht von Neid getrübt ist und das z.B. in guten nachbarschaftlichen Beziehungen seinen Ausdruck findet. Ein Verhalten, das diesem Gebot entspricht, ist damit nicht nur negativ bestimmt, indem es dem Nächsten keinen Schaden zufügen möchte, sondern auch und vor allem positiv, da es das Wohlergehen des Nächsten im Blick hat. Das stellt auch Martin Luther in seiner Erklärung dieses Gebotes in seinem Kleinen Katechismus heraus, wenn er dort schreibt:

> *Du sollst nicht begehren deines Nächsten Haus.*
> Was ist das?
> Wir sollen Gott fürchten und lieben,
> dass wir unserm Nächsten nicht mit List nach seinem Erbe
> oder Haus stehen und mit einem Schein des Rechts
> an uns bringen,
> sondern ihm dasselbe zu behalten förderlich
> und dienstlich seien.

Es geht also nicht nur darum, unseres Nächsten „Haus“, also sein Hab und Gut, nicht „an uns [zu] bringen“, sondern auch darum, ihn dabei zu unterstützen, es zu behalten. Die Erfüllung des Gebotes ist somit ein Ausdruck von Nächstenliebe, weil sie auf das Wohlergehen des Nächsten ausgerichtet ist. Dass es bei der Erfüllung dieses Gebotes und auch der anderen Gebote letztlich um Nächstenliebe geht, hat der Apostel Paulus in seinem Brief an die Gemeinde in Rom zur Sprache gebracht, als er dort schrieb: „Seid niemandem etwas schuldig, außer dass ihr euch untereinander liebt; denn wer den andern liebt, der hat das Gesetz erfüllt. Denn was da gesagt ist: ‚Du sollst nicht ehebrechen; du sollst nicht töten; du sollst nicht stehlen; du sollst nicht begehren', und was da sonst an Geboten ist, das wird in diesem Wort zusammengefasst: ‚Du sollst deinen Nächsten lieben wie dich selbst.' Die Liebe tut dem Nächsten nichts Böses. So ist nun die Liebe des Gesetzes Erfüllung" (Römer 13, 8 bis 10).

Das Leben gemäß den biblischen Geboten, die in Form der Nächstenliebe in die Tat umgesetzt werden, ist die Alternative zu einer Habgier, die aus Neid resultiert. Dem wird wohl niemand widersprechen. Danach aber wirklich zu leben – das ist sehr viel leichter gesagt als getan. Der Neid scheint seinen festen Ort in unserem Leben zu haben. Er ist bereits unter Kindern festzustellen, die oft voller Neid auf die Markenartikel blicken, die andere Kinder tragen. Im Erwachsenenalter wird dieser neidvolle Blick dann nicht selten auf das größere Haus oder Auto des Nächsten gerichtet. Und wenn eine Kollegin oder ein Kollege eine Beförderung bekommt, auf die man selbst gehofft hatte, sind Neid und Missgunst auch nur allzu oft die Folgen. Nein, es ist in der Tat nicht leicht, die Haltung des Neids und der Missgunst zu überwinden. Sie scheint zu unserem menschlichen Leben dazuzugehören. Aber damit dürfen wir uns nicht abfinden. Denn sie ist gefährlich. Sie kann durchaus auch zu Mord und Totschlag führen. Das wird uns in der Bibel in aller Deutlichkeit vor Augen geführt, wenn im Ersten Buch Mose geschildert wird, wie Kain seinen Bruder Abel totschlug, weil Gott Abel und dessen Opfer gnädig ansah, ihn und sein Opfer dagegen nicht (Genesis 4, 3 bis 8).

Es ist gewiss nicht leicht, sich in jeder Lebenssituation vom Neid zu lösen. Aber wenn es gelingt, den Nächsten und dessen Hab und Gut nicht mit Neid zu betrachten, dann ist der Weg zu einem zwischenmenschlichen Miteinander geebnet, das von Wohlwollen geprägt ist. Und das ist ein Zuwachs an Lebensqualität. Denn wer immer nur das halbleere Glas zu sehen in der Lage ist, weil er anderes oder weniger besitzt als andere, wird seines Lebens nicht froh. Ein Glück, das von materiellem Besitz abhängig ist, ist letztlich kein Glück. Der Weg zu einem Glück, das diese Bezeichnung demgegenüber wirklich verdient, öffnet sich durch das Gebot, nicht auf andere neidisch zu sein – durch das Neunte Gebot: „Du sollst nicht begehren deines Nächsten Haus." Denn dieses Gebot zeigt den Weg zu einem Leben, das nicht durch Neid und Missgunst überschattet ist.

Du sollst nicht begehren deines Nächsten Weib, Knecht, Magd, Vieh oder alles, was sein ist.

Das Zehnte Gebot lautet in der evangelisch-lutherischen Tradition: „Du sollst nicht begehren deines Nächsten Weib, Knecht, Magd, Vieh oder alles, was sein ist“ und ist somit eng mit dem Neunten Gebot verbunden, da auch dieses Gebot mit den Worten beginnt: „Du sollst nicht begehren“. In der Fassung in Exodus 20, 17 begegnet in beiden Geboten die hebräische Verbform תחמד, jeweils verbunden mit der Negation לא bzw. – verbunden mit der Kopula ו – ולא. Es wird also in beiden Geboten dasselbe verboten: das Begehren bzw. Verlangen, das im Hebräischen durch das Verb חמד zum Ausdruck gebracht wird. In der Fassung in Deuteronomium 5, 21 steht in der Hebräischen Bibel beim ersten Verbot ebenfalls die Verbform ולא תחמד. Beim zweiten Verbot steht nicht diese Verbform, sondern stattdessen תתאוה. Hier begegnet also ein anderes Verb, das Verb אוה im Verbalstamm Hitpa’el. Mit diesem anderen Verb ist jedoch keine andere Bedeutung verbunden, denn אוה hat im Hitpa’el die Bedeutungen „begehren“, „gelüsten“ und entspricht in seiner Bedeutung somit dem Verb חמד. Aus der unterschiedlichen Wortwahl in diesen Verboten, die in der römisch-katholischen wie auch in der evangelisch-lutherischen Tradition auf zwei Gebote aufgeteilt werden, ist somit kein Unterschied abzuleiten.

Die Unterschiede zwischen diesen Verboten, oder – vorsichtiger formuliert – die unterschiedlichen Akzentsetzungen werden anhand der unterschiedlichen Objekte deutlich: Wenn im Neunten Gebot verboten wird, das Haus des Nächsten zu begehren, dann sind nicht einzelne Objekte der Begierde im Blick, sondern das Begehren als solches. Somit geht es hier letztlich um Neid und Missgunst, die dem Nächsten seinen Besitz nicht gönnen.

Beim Zehnten Gebot geht es dagegen um etwas Anderes. Denn nun werden die konkreten Objekte der Begierde in den Blick genommen: „deines Nächsten Weib, Knecht, Magd, Vieh oder alles, was sein ist“.

Wozu es führen kann, wenn die Frau des Nächsten begehrt wird, wird in anschaulicher Weise im Zweiten Samuelbuch im elften Kapitel gezeigt. Ich lese die ersten fünf Verse dieses Kapitels: „Und als das Jahr um war, zur Zeit, da die Könige ins Feld zu ziehen pflegen, sandte David Joab und seine Männer mit ihm und ganz Israel, damit sie das Land der Ammoniter verheerten und Rabba belagerten. David aber blieb in Jerusalem. Und es begab sich, dass David um den Abend aufstand von seinem Lager und sich auf dem Dach des Königshauses erging; da sah er vom Dach aus eine Frau sich waschen; und die Frau war von sehr schöner Gestalt. Und David sandte hin und ließ nach der Frau fragen und man sagte: Das ist doch Batseba, die Tochter Eliams, die Frau Urias, des Hetiters. Und David sandte Boten hin und ließ sie holen. Und als sie zu ihm kam, wohnte er ihr bei; sie aber hatte sich gerade gereinigt von ihrer Unreinheit. Und sie kehrte in ihr Haus zurück. Und die Frau ward schwanger und sandte hin und ließ David sagen: Ich bin schwanger geworden" (Verse 1 bis 5). Im Folgenden wird geschildert, wie David versucht, sich seiner Verantwortung für die Folgen dieses Ehebruches zu entziehen, indem er versucht, Uria dazu zu bewegen, mit Batseba zu schlafen, damit dieser glaubt, dass das von König David gezeugte Kind von ihm sei. Als ihm dies nicht gelang, plante er den Tod Urias. Die Ausführung dieses Plans wird im Bibeltext detailliert dargestellt: „Am andern Morgen schrieb David einen Brief an Joab und sandte ihn durch Uria. Er schrieb aber in dem Brief: Stellt Uria vornehin, wo der Kampf am härtesten ist, und zieht euch hinter ihm zurück, dass er erschlagen werde und sterbe. Als nun Joab die Stadt belagerte, stellte er Uria dorthin, wo er wusste, dass streitbare Männer standen. Und als die Männer der Stadt einen Ausfall machten und mit Joab kämpften, fielen einige vom Volk, von den Männern Davids, und Uria, der Hetiter, starb auch" (Verse 14 bis 17). Aus dem Ehebruch folgte somit der Tod des Ehemanns und dessen Ehefrau musste um ihn trauern. Auch dies kommt im Text zur Sprache, wenn es heißt: „Und als Urias Frau hörte, dass ihr Mann Uria tot war, hielt sie die Totenklage um ihren Eheherrn. Sobald sie aber ausgetrauert hatte, sandte David hin und ließ sie in sein Haus holen, und sie wurde seine Frau und gebar ihm einen Sohn. Aber dem HERRN missfiel die Tat, die David getan hatte" (Verse 26f.). Diese biblische Geschichte schildert somit anschaulich, wie die Übertretung des Zehnten Gebotes, in dem u.a. verboten wird, die Frau des Nächsten zu begehren, zur Übertretung des Fünften Gebotes führen kann, in dem das Töten verboten wird. „Aber dem HERRN missfiel die Tat, die David getan hatte" (Vers 27c) und so wird David vom Propheten Nathan mit seiner Tat konfrontiert (2. Samuel 12).

Durch seine Tat hatte der König David in die Lebensordnungen anderer Menschen eingegriffen und sie zerstört. Und diese Zerstörung der Lebensordnungen ist es, die durch das Zehnte Gebot verboten wird. Dies ist die besondere Akzentsetzung, durch die sich dieses Gebot vom vorhergehenden Neunten Gebot unterscheidet. Denn all das, was im Zehnten Gebot konkret genannt wird – „deines Nächsten Weib, Knecht, Magd, Vieh oder alles, was sein ist" – stellt als Gesamtheit eine Lebensordnung dar, die nur dann existieren kann, wenn nicht von außen in sie eingegriffen wird.

Im Buch des Propheten Micha steht am Anfang des zweiten Kapitels ein Weheruf über die Machthaber, die das Volk berauben. Dieser Weheruf lautet: „Weh denen, die Schaden zu tun trachten und gehen mit bösen Gedanken um auf ihrem Lager, dass sie es frühe, wenn's licht wird, vollbringen, weil sie die Macht haben! Sie reißen Äcker an sich und nehmen Häuser, wie sie's gelüstet. So treiben sie Gewalt mit eines jeden Hause und mit eines jeden Erbe. Darum spricht der HERR: Siehe, ich ersinne wider dies Geschlecht Böses, aus dem ihr euren Hals nicht ziehen und unter dem ihr nicht so stolz dahergehen sollt; denn es soll eine böse Zeit sein“ (Verse 1 bis 3). Das Verhalten, was hier angeklagt wird, ist das Zerstören der Lebensordnung der Menschen, deren Äcker und Häuser geraubt werden, und somit die Übertretung des Zehnten Gebotes.

Beim Zehnten Gebot geht es um die Lebensordnung des Nächsten. Aber es geht um mehr als lediglich darum, sie nicht zu zerstören. Es gilt vielmehr, sie zu erhalten. Darauf zielt auch die Erklärung dieses Gebotes durch Martin Luther in seinem Kleinen Katechismus:

> *Du sollst nicht begehren deines Nächsten Weib,*
> *Knecht, Magd, Vieh oder alles, was sein ist.*
> Was ist das?
> Wir sollen Gott fürchten und lieben,
> dass wir unserm Nächsten nicht sein Weib, Gesinde,
> oder Vieh abspannen, abdringen oder abwendig machen,
> sondern dieselben anhalten, dass sie bleiben und tun,
> was sie schuldig sind.

Es wird in dieser Erklärung nicht nur *via negationis* gesagt, was wir nicht tun sollen, damit die Lebensordnung unseres Nächsten nicht zerstört wird, sondern es wird auch gesagt, was wir tun sollen, damit seine Lebensordnung erhalten wird.

Wie kann das in unserem Leben, in unserer Gesellschaft konkret Gestalt annehmen? Ich erinnere mich an ein Beispiel, das ich wohl kaum für möglich gehalten hätte, wenn ich es nicht selbst erlebt hätte: Ein beruflich recht erfolgreicher Bäcker, der in Schleswig-Holstein tätig ist, erfuhr, dass die Öfen eines anderen Bäckers, der in derselben Region tätig war wie er, verbrannt waren.

Backen war jetzt nicht mehr möglich. Die berufliche Existenz dieses Bäckers schien zerstört. Und wie reagierte der erfolgreiche Bäcker? Er hat sich nicht etwa gefreut, auf diese Weise einen Konkurrenten weniger zu haben, sondern hat dem anderen angeboten, dass dieser seine Öfen mit benutzen könne, bis er wieder neue Öfen habe. Auf diese Weise wurde die berufliche Existenz des von dem Unglück betroffenen Bäckers gerettet. Das empfinde ich als eine beeindruckende Umsetzung des Zehnten Gebotes.

Als ich in Jerusalem gelebt habe, habe ich oft auf dem Markt in der Altstadt eingekauft. Und da passierte es, dass mir ein Ladeninhaber, bei dem ich meine Lebensmittel kaufen wollte, sagte, ich solle doch lieber zu seinem Nachbarn gehen und dort einkaufen, denn der habe an diesem Tag bisher nur sehr wenig verkaufen können.

Die Schilderungen dieser beiden Erlebnisse mögen auf den ersten Blick ein wenig weltfremd anmuten, aber sie sind so geschehen. Sie sind also – um ein bekanntes Sprichwort zu zitieren – nicht zu schön, um wahr sein zu können, sondern sie sind schön *und* wahr. Und das empfinde ich als ermutigend. Es ist möglich, sich gemäß dem Zehnten Gebot zu verhalten – und zwar nicht nur dergestalt, dass die Lebensordnung des jeweiligen Nächsten nicht zerstört wird, sondern auch dergestalt, dass wir dazu beitragen, dessen Lebensordnung zu erhalten. Es geht beim Zehnten Gebot darum, die Lebensordnung anderer zu respektieren und dies beinhaltet auch das Engagement für deren Erhalt.

Das Zehnte Gebot ist somit von höchster Aktualität. Betrifft es doch neben unserem Umgang mit anderen Menschen in unserer Gesellschaft auch noch weitere Bereiche unseres Lebens, so beispielsweise unseren Umgang mit der Schöpfung. Beuten wir diese auf eine Art und Weise aus, dass sie sich davon nicht mehr erholen kann, so stellt dies genauso einen Verstoß gegen das Zehnte Gebot dar wie die Ausbeutung von Mitmenschen, die die sie tragende Lebensordnung zerstört.

In dem Maße, in dem es uns gelingt, gemäß dem Zehnten Gebot zu leben und zu handeln, wird das Leben für alle – für unsere Nächsten, für die Schöpfung, von der wir ein Teil sind, und damit auch für uns selbst – reicher werden. Deshalb ist es so wichtig, dass wir durch dieses Gebot immer wieder daran erinnert werden, dass Lebensordnungen nicht zerstört werden dürfen, sondern vielmehr zu erhalten sind.

Der Autor

Dr. Hans-Christoph Goßmann, geboren 1959 in Husum, ist Pastor, Pastoralpsychologe und Gestalttherapeut. Er studierte evangelische Theologie, Erziehungswissenschaft, Judaistik und Semitistik mit dem Schwerpunkt Hebraistik in München, Kiel, Jerusalem, Münster und Tunis und war von 1992 bis 2005 Beauftragter der Nordelbischen Evangelisch-Lutherischen Kirche für den christlich-islamischen Dialog und Lehrbeauftragter am Fachbereich Evangelische Theologie der Universität Hamburg (Missions-, Ökumene- und Religionswissenschaft). In den Jahren von 2006 bis 2008 war er Pastor der St. Martins-Kirchengemeinde zu Tellingstedt und Beauftragter der Kirchenkreise Dithmarschens für den christlich-islamischen Dialog. Seitdem ist er Pastor der Jerusalem-Kirche zu Hamburg und seit 2009 Direktor der Jerusalem-Akademie und Mitglied im Vorstand der Gesellschaft für christlich-jüdische Zusammenarbeit in Hamburg. Seit 2011 ist er zudem Lehrbeauftragter an der Evangelischen Hochschule für Soziale Arbeit & Diakonie in Hamburg und seit 2012 Beauftragter des Kirchenkreises Hamburg-Ost für den christlich-jüdischen Dialog.

Zahlreiche Veröffentlichungen zur hebräischen Sprache und ihrer Didaktik sowie zum christlich-jüdischen und zum christlich-islamischen Dialog.

ÖKUMENISCHE PREDIGTBÜCHER

Band 1 *Klaus-Peter Lehmann*
Es ströme das Recht wie Wasser
Predigten und Ansprachen
2005. 100 Seiten. Paperback. € 9,80
ISBN 978-3-927043-23-7

Band 2 *Karl H. Asbrock*
Über Narren und andere Christen
Predigten und Radioandachten
2006. 100 Seiten. Paperback. € 9,80
ISBN 978-3-927043-24-4

Band 3 *Joachim Teetz*
Dem Leben zum Leben verhelfen
Predigten, Bildbetrachtungen, Ansprachen
2005. 104 Seiten. Mit 6 Farb- und 2 Schwarz-weiß-Abbildungen. Paperback. € 10,80
ISBN 978-3-927043-25-1

Band 4 *Hildebrand Henatsch*
Wilhelmsburger Predigten
2007. 92 Seiten. Paperback. € 9,80
ISBN 978-3-927043-28-2

Band 5 *Peter Godzik*
Leuchten wie des Himmels Glanz
Ausgewählte Predigten
2008. 168 Seiten. Paperback. € 16,80
ISBN 978-3-927043-34-3

Band 6 *Heinrich Wagner*
Glut
Predigten zum Lesejahr C / Mit Hörbuch
2012. 144 Seiten. Paperback. € 19,80
ISBN 978-3-927043-51-0